中俄（蘇）交往

天津檔案史料選編

天津市檔案館　編

天津出版傳媒集團
天津古籍出版社

下卷目録

下卷

一、國民政府外交部駐平津特派員公署爲華商擬與蘇商務處簽約定貨及合組公司事致天津市政府代電及封套（一九四七年一月十八日）

J2-2-653

第一股

第三科 最要 文六十二

天津市政府文電摘由紙

來文機關	事由	擬辦	批示
外交部駐平津特派員公署 代電	為前示奉商華商擬與蘇商路貿簽約定貨，茲由蘇聯商務部覆示一切情形，請查照。	組織公司或寄貨人在法律上均可出現，但應審慎。	照辦 二十二

附件

年 月 日 時收到

天津市政府收文 字 36.1.20 6094

文收 字第 號

外交部駐平津特派員公署

快郵代電

第一頁 共一頁

西蘇(361)字第1786號

摘由

天津市政府杜市長勛親鑒前承電諭華商擬與蘇商務處簽約定貨是否有限制及華商與蘇商可否合組公司等由當即遵囑電部請示頃奉本部一月十一日酉卅六字第〇〇六一三號代電上年十二月五日第十八號電悉關於華商擬與蘇商務處簽約定貨及合組公司各節經轉詢經濟部核復去後頃准該部電復略開(一)華商與蘇商務處定貨原爲中蘇商約及其附件之所許如貨品及手續均合於我國現行法令則法律上自無問題(二)華人與蘇人合組公司如係依我國公司法組織則公司法第卌

中華民國　年　月　日　午　點　分發出

校對
監印

外交部駐平津特派員公署

快郵代電

西蘇861字第1786號

第二頁 共二頁

摘由

二條、第一〇五條、第一一二六條均規定須半數以上在國內有住所、並無國籍之限制等由，查該部核復意見係就法律見地而言，至華商與蘇商合組公司一旨，因蘇聯商業國營，其中有無政治原因或背景不無可以注意之處，為避免將來發生可能的糾紛起見，在許予組織之先，應密洽主管機關，須特加審愼為要等因，奉此，相應電達查照為荷。外交部駐平津特派員季澤晉印子條

中華民國卅六年　月拾八日　　時　　點　分發出

對印

外交部駐平津特派員公署關防

外交部駐平津特派員公署

公文

發文字號	收文地址	收文機關	發文地址	發文日期
西蘇(36)字第1786號（　）計　件附　件	本市	天津市政府 杜市長勛親啓	署址：天津第十區馬場道三一六號 電話三一五三五五 電報掛號一二二三 北平辦事處：東交民巷大街十號 電話五、三七五九 五、〇二五五	中華民國卅六年一月拾八日

貼郵票處

平信	信
快信	信
掛號	號
航空	空
航快	快
航掛	掛
專送	送

4

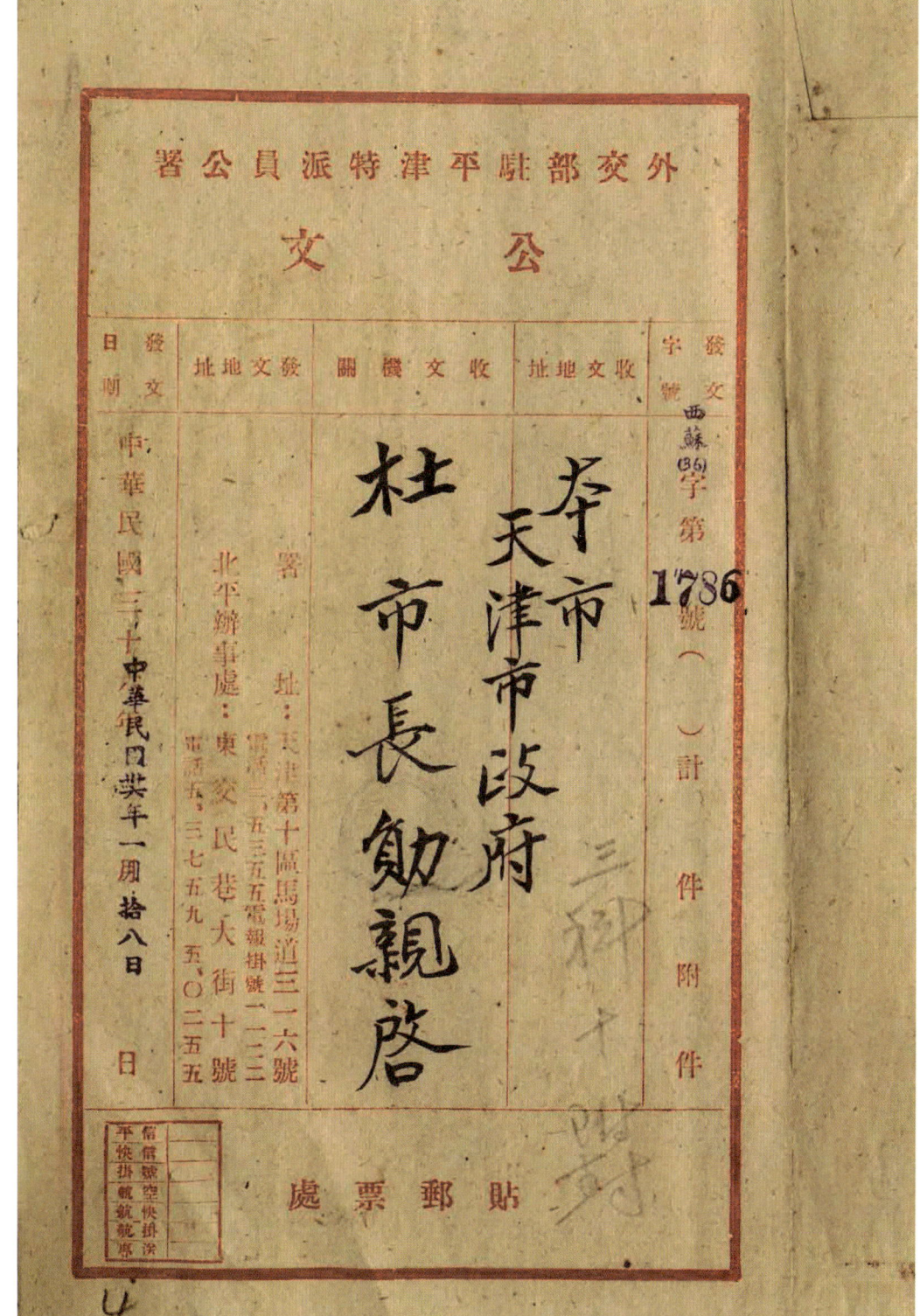

二、天津蘇聯僑民商會爲好士洋行請制止脚行搬運專利事致天津市政府外事處函（一九四七年一月二十日）

J9-1-377

天津蘇聯僑民商會

ТОРГОВАЯ ПАЛАТА при ОБЩЕСТВЕ ГРАЖДАН С. С. С. Р.
в ТЯНЬЦЗИНЕ

THE CHAMBER OF COMMERCE OF U.S.S.R. CITIZENS' SOCIETY
TIENTSIN

23

Тяньцзин, 20-th. January 1947

Mr. Thomas Liang
Director of Foreign Affairs Dept.,
Tientsin Municipal Government.
Present.

No. 653.

Dear Sir.

Enclosed please find a copy of letter from Messrs. Ostrevsky Bros. to our Chamber, contents of which are self-explanatory.

We request you to kindly give the matter your due consideration and to assist Messrs. Ostrevsky Bros. in the settlement of the case in question.

Generally speaking, the monopolies of cartage and delivery coolies, judging by many complaints by members of our Chamber, create a difficult situation and the interference of the Authorities in this matter will benefit the Export and Import business and will be greatly appreciated by the firms engaged in this trade.

Thanking you in anticipation of your kind
attention to the matter,
We remain, Dear Sir,
Yours faithfully

U.S.S.R. CITIZENS' CHAMBER OF COMMERCE
in Tientsin.

Honorary Secretary.

26

天津蘇聯僑民商會

ТОРГОВАЯ ПАЛАТА при ОБЩЕСТВЕ ГРАЖДАН С. С. С. Р.
в ТЯНЬЦЗИНЕ

THE CHAMBER OF COMMERCE OF U.S.S.R. CITIZENS' SOCIETY
TIENTSIN

25

Тяньцзин, ... 194

逕啟者今謹將本會會員好士洋行來函抄本一件奉
上其內容可自作申述本会深望
閣下对本問題不吝予以考慮並對該好士洋行鼎力援
助以謀本問題之解決一般而論根據本会多數会員之
控诉因腳行搬運之專利而產生困難情勢倘當局
對彼等是項行為予以制止實有利於出進口業者亦將
為經營該業者所感戴者也此致

天津市政府外事處

天津蘇联人民商会謹啟

38

三、天津市政府外事處爲好士洋行請制止脚行搬運專利事致天津市社會局公函（一九四七年一月二十八日）

J9-1-377

天津市政府外事處稿

室別	
事由	為准蘇聯僑民商會函以將士洋行因腳行搬運專利請予以制止等因函請查照辦理見復由
文別	函
送達機關	社會局
類別	
附件	如文

處長

秘書 主任

科員

辦事員 張瀲泉

中華民國卅六年

一月廿四日交辦 月日時擬稿 月日時核簽 月日時判行 月日時繕寫 月日時核對 月日時蓋印 一月卅日時封發

去文外字第十八號

檔案字第號

34

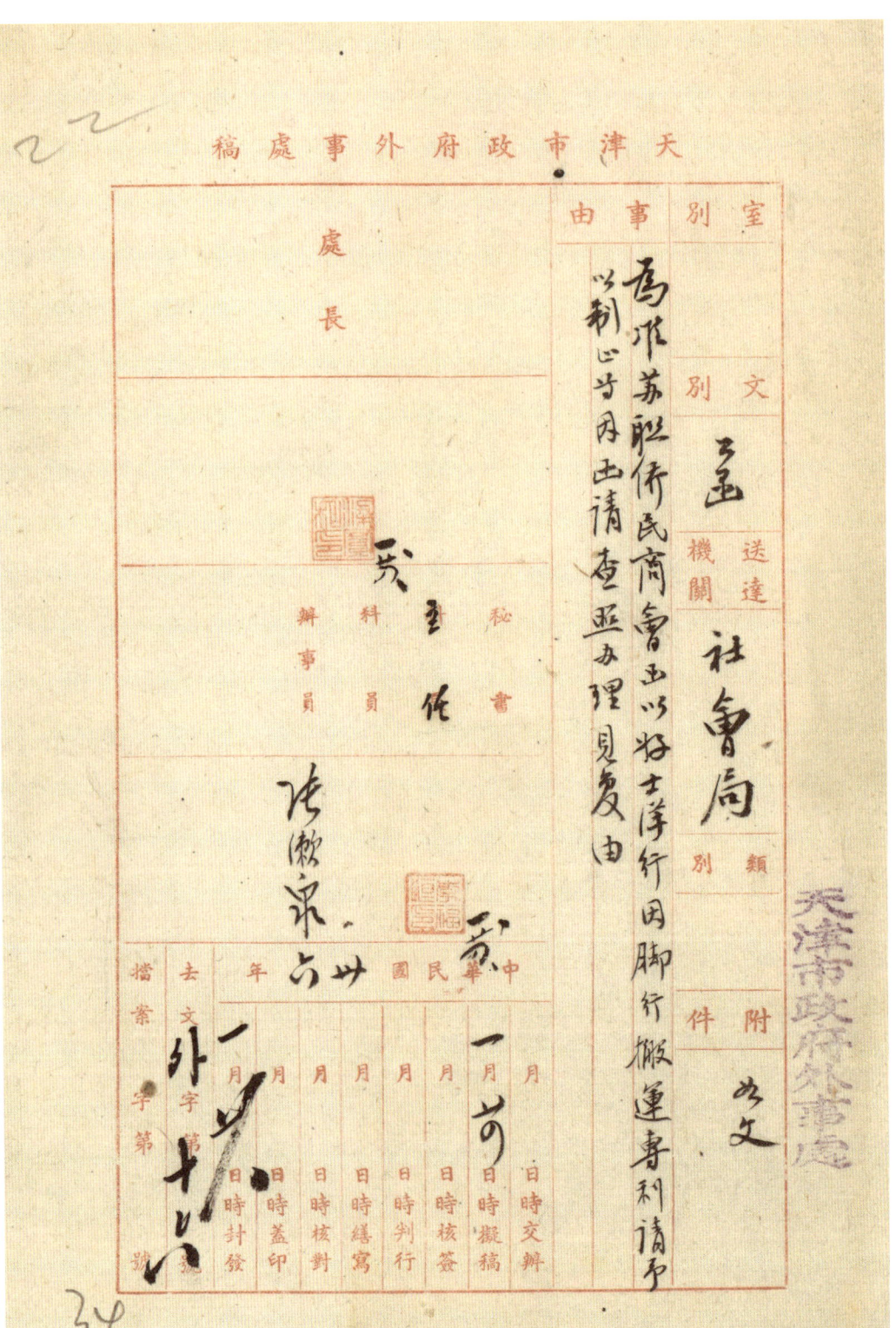

函　字第　号

案准天津蘇聯僑民商會函開逕啟者云云

所感戴等由准此相應檢同照抄蘇聯僑民

商會及將士洋行來函各一件函請

查照辦理見復為荷此致

天津市社會局

計函送　照抄蘇聯僑民會及將士洋行函各件

四、天津市政府公用局局長張錫羊爲改收渡費事呈杜市長、張副市長文（一九四七年二月三日）

J2-3-2934

最要
第四科
第三股

事由	為據渡口聯合辦事處呈請增加渡費等情可否改為每次收費壹百元請示遵由
批示	
擬辦	
附件	
備	

民國卅六年二月四日

天津市政府公用局呈

中華民國三十六年二月三日發 用四(36)二八五號

查據天津市各河渡口聯合辦事處主任張大裕呈以現據各船主聲稱，現因物價日漸增高，渡口船隻修理各費，較前亦均增漲，水手工資，亦須隨同物價，提高支給，每月收入，難維現狀，且現時電車票價，每張二百元，擺渡每次收費三十五元，同為市內交通工具，收費差額較鉅。懇請准將渡費提高，按照電車票價收費，俾資維持等情。據此，查關於擺渡渡費，前於三十五年九月，據船主聯合會呈為物價高漲，請准增價等情，當以是時擺渡每次收費二十元，電車票價每張一百元，擬將擺渡渡費與電車票按照一與三之比數核定，每次渡費增為三十

天津市政府文書處 收文 36.2.3 6861

五元．呈奉

鈞府府秘四字第八五五二號指令照准轉飭遵照在案。惟因市内五元及十元券幣缺乏找零困難．各處擺渡每次收費五十元者．頗屬不少。茲據前情．查核所稱物價高漲各節．尚屬實在可否准將渡費改按電車票價一與二之比數核定．每次收費一百元．嗣後物價降落．再行比照減低．以便公眾之處．理合具文呈請

鈞府鑒核示遵！

謹呈

市長杜

副市長張

天津市政府公用局局長張錫羊

90

五、天津市政府外事處處長梁寶和、公用局局長張錫羊爲報調查蘇聯領事擬請重建跳板案情形事呈杜市長、張副市長文（一九四七年二月四日）

J2-3-2934

次要

第四科 第三股

二〇、

事由：為呈報飭查蘇聯領事擬請重建跳板一案情形請鑒核示遵由

批示

擬辦

附件：如文

備考

天津市政府公用局呈

中華民國三十六年二月四日

用四(36)字第二九五號

案查前奉

鈞府丙秘肆字第五九四三號訓令略以蘇聯領事請在舊領事道渡口重建上下跳板一案究係如何情形，該處渡口是否應予改善，是否有妨美軍存放物資，檢發略圖一紙，飭即會同查明擬議具報等因；奉此，職錫羊遵派職公用局第四科科員劉季衡，職寶和遵派職外事處科員張先泰先後前往詳查，綜核送次報告，此案渡口西岸，舊有俄人所建跳板一

天津市政府收文 忠字 36.2.4 6926

座，前因被水冲毁，渡河行人改由南隣開灤碼頭上下，近因岸上堆煤甚多，通行不便，蘇聯領事，因有重建跳板請求，惟該處跳板，已由東岸駐屯美軍令該渡口船主吳恒海就原處所修建完竣。係由美軍供給木材鐵桶，並據吳恒海方面聲稱：尚有蘇聯領事館木板與伊等釘鐵混合修成。經職公用局函請工務局派員查勘，與碼頭工務亦無妨礙，美軍方面月給吳恒海美金六拾元，作為渡河月費，不再零收渡資，其蘇聯領事館人員渡河，亦係由此跳板上下。原請已無置議必要，至新建跳板，係在美軍物資對岸，行人來往，兩無妨礙。此案跳板，既係美軍主持修建，似應准予設立，以利交通。所有奉令查核此案情形，理合附繪渡口畧圖一帋，具文

呈報

鈞府鑒核示遵！再此案係由職公用局主稿，合併陳明。

謹呈

131

市長杜
副市長張

附呈渡口畧圖一帋

天津市政府外事處處長梁寳和

天津市政府公用局局長張錫羊

72

132

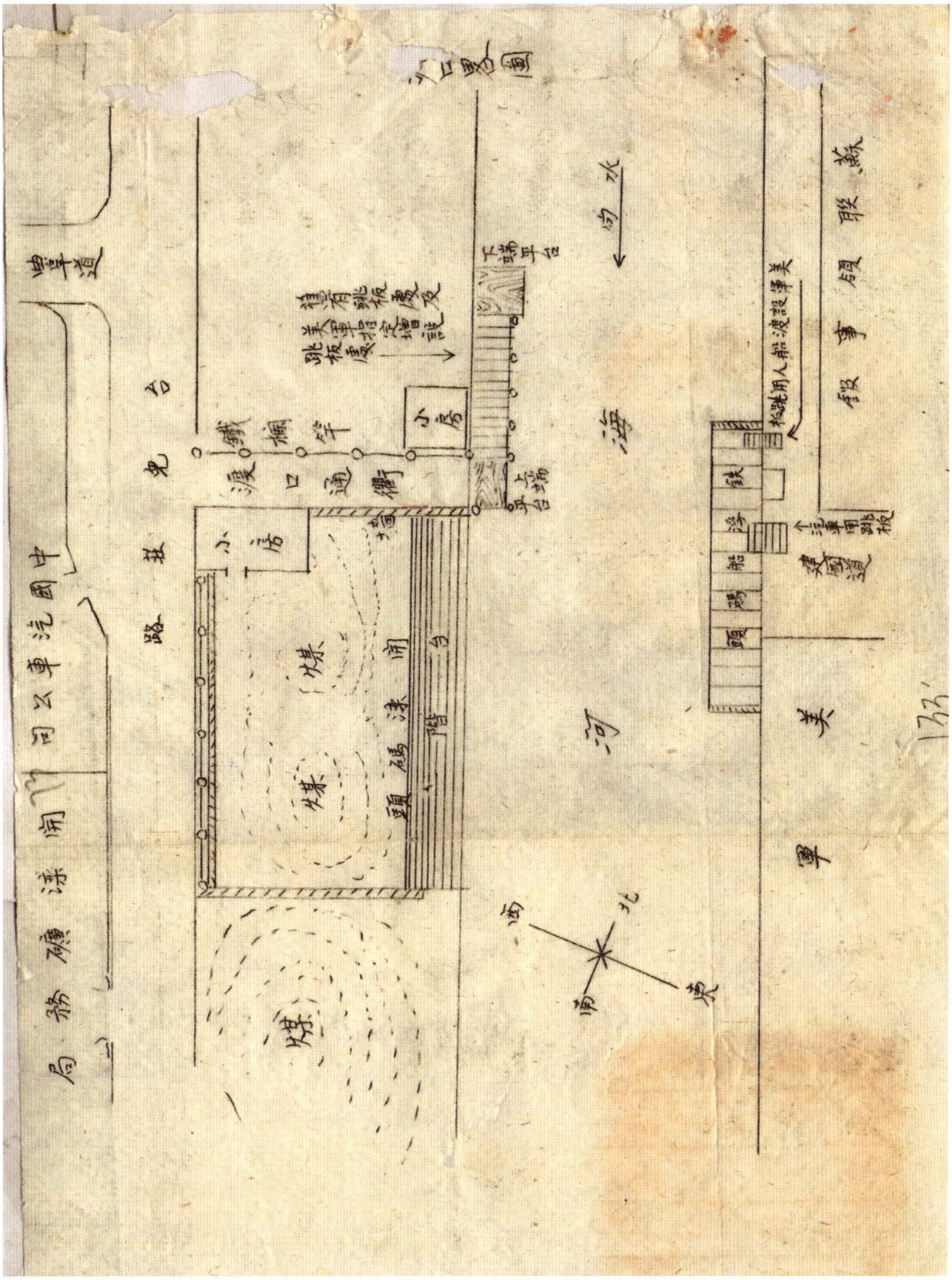
小房
小房
煤
煤
煤
美軍
北
南
東
西

六、天津市政府秘書處第三科爲華商擬與蘇商務處簽約定貨事致外事處便函（一九四七年二月五日）

J2-2-653

查閲於華商擬與蘇商務處簽約定貨一案准
外交部駐平津特派員公署電復其原文許敘
前承電詢等語本府查無卷據案關外交是
否前由　貴處主辦相應將本案移請
查照辦理見復為荷此致
外事處

天津市政府秘書處第三科

七、天津市政府外事處爲華商擬與蘇商務處簽約定貨事復秘書處第三科便函（一九四七年二月六日）

J2-2-653

5

查照案經本處詳查檔卷亦屬
無案可稽相應檢同原件送請
查照辦理為荷此致
秘書處第三科

天津市政府外事處

肩啓

中華民國卅六年捌月拾叁日

天津市政府外事處

八、天津市政府爲蘇聯領事擬請重建跳板案調查情形等已悉應准設立事指令公用局、外事處（一九四七年二月八日）

J2-3-2934

78

重要

天津市政府稿

来文：忠字第6926號

文別：指令

事由：據呈報遵查蘇聯領事擬請重建跳板一案情形仰知照由

送達機關：公用局、外事處

市長

副市長

二、十六 核

二、十五 核

秘書長

主任秘書

秘書處長

科長

股長

擬稿員

十六 核

姜

五、六

李敬彬

十六

中華民國卅六年

擬稿 二月十五日 時

繕寫 月 日 時

蓋印 二月十七日 時

發文 二月十八日 11時

歸檔 月 日 時

去文：字第三三五八號

檔案：字第 號

附件：中華民國卅六年貳月拾貳日收

134

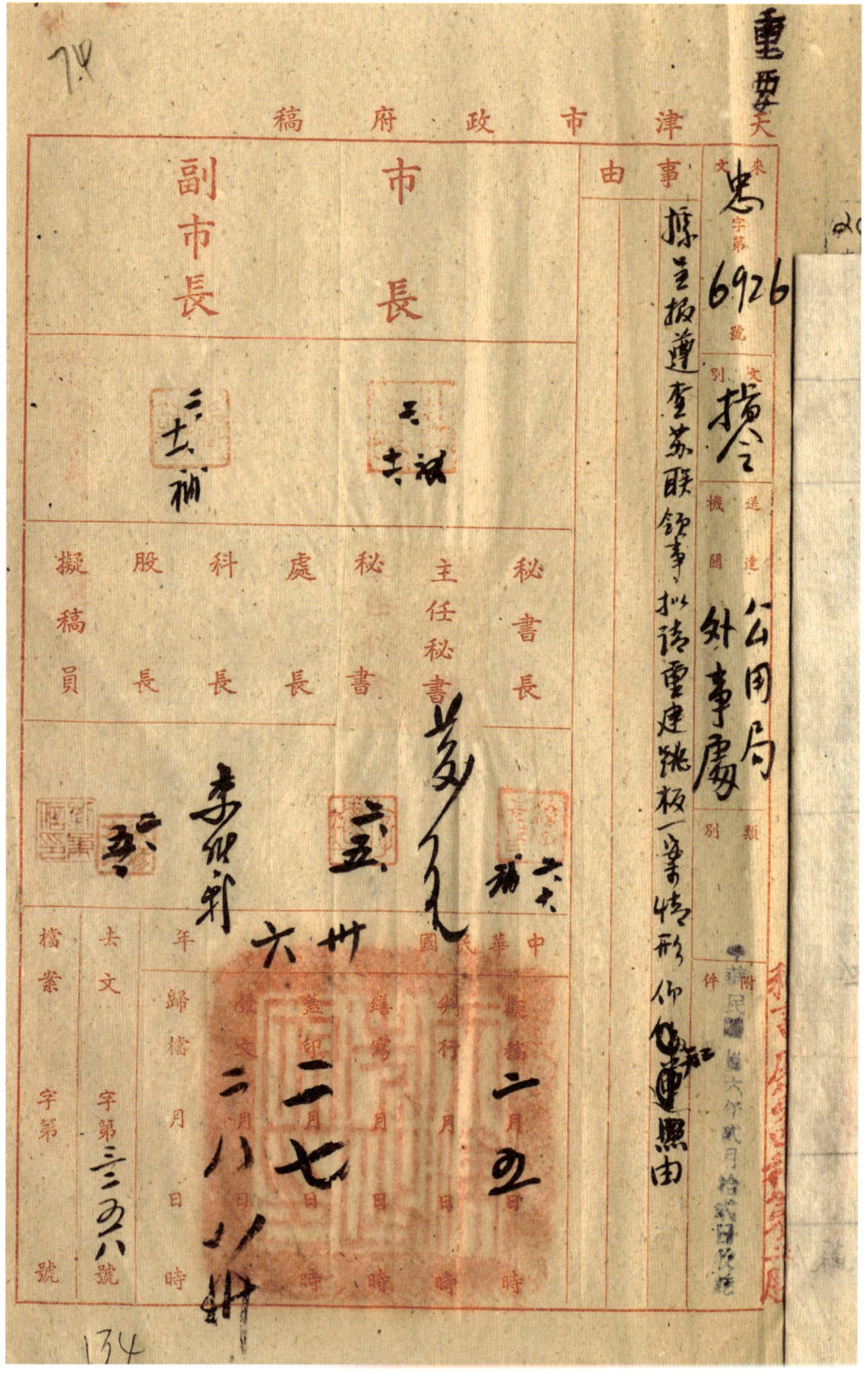

指令 [繁四(3)]字第3258號

令公用局 外事處（分行）

用四(36)字第二九五號會呈一件：為呈報協查蘇聯領事擬請重建跳板一案情形請鑒核示遵由

會呈暨附圖均悉。應准設立。仰即知照。圖存。

此令。

135

九、天津市政府爲請協助實施經濟緊急措施方案事致美國領事館、英國領事館、蘇聯領事館等公函（一九四七年二月二十一日）

J2-3-2244

39

天津市政府稿

來文字第　號	
文別	公函
送達機關	美、英、蘇聯、法、比、希臘、丹麥、瑞士各國領事館、義大利使館辦事處
附件	
事由	為行政院頒布經濟緊急措施方案自即日起實施希查照惠予協助辦理並轉告貴國在津僑民及工商行店一體遵照由

市長	杜建時
副市長	
秘書長	
主任秘書	
處長	
科長	
股長	
擬稿員	盧樹家

中華民國	繕稿	判行	蓋印	發文	歸檔	去文字第　號	檔案字第　號
三十六年	二月廿五日	二月廿 日	二月廿 日	二月廿六日	月 日 時	八四七號	

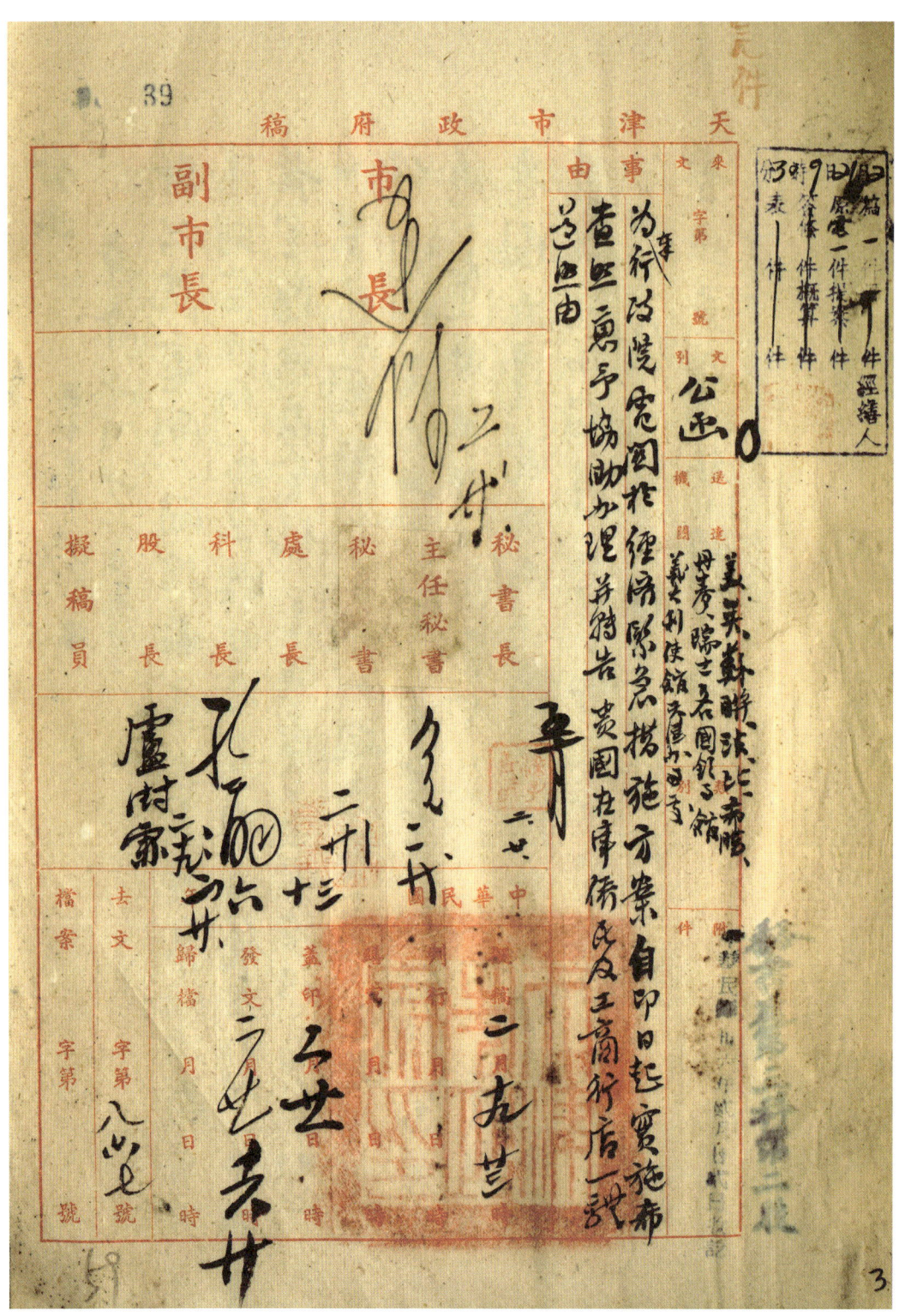

公函

財秘叁字第867號

本年一月十八日奉

行政院電開：國防最高委員會第(218)次常会決議制定經濟緊急措施方案內容摘要以即日禁止黃金條塊及金飾之買賣，違者沒收充公，(五)即日禁止外國幣券之流通與買賣，違者沒收充公，電仰遵照辦理等因，查上項經濟緊急措施，本府自即日起遵令嚴格執行，希即轉告

貴國在津僑民及工商行店一體切實遵照，其持有外國幣券，即向中央銀行天津分行隨附兑換國幣，除各項緊急措施詳細办法俟奉到另行抄送并分函外，相應函請

60

40

查照惠予協助辦理為荷！！

此致

美國領事館

英國領事館

蘇聯領事館

法國領事館

丹麥領事館

瑞士領事館

義大利使館駐津辦事處

比國領事館

希臘領事館

61

一〇、天津市政府爲華商擬與蘇商務處簽約定貨事訓令社會局（一九四七年二月二十四日）

J2-2-653

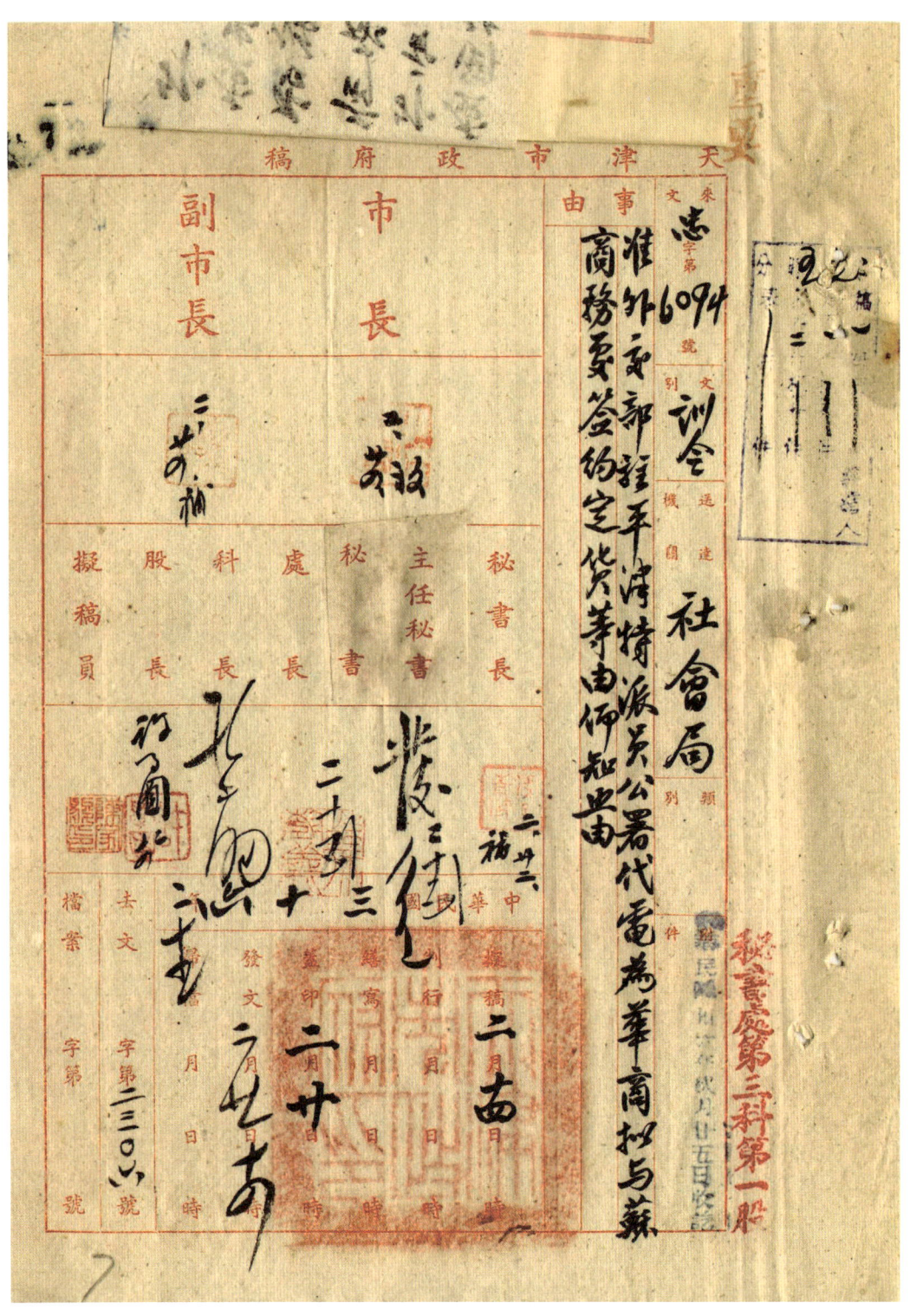

天津市政府稿

來文：忠字第6094號

文別：訓令

送達機關：社會局

事由：准外交部駐平津特派員公署代電為華商擬與蘇商務處簽約定貨等由仰知照由

市長

副市長

秘書長

主任秘書

秘書

處長

科長

股長

擬稿員

中華民國　擬稿二月廿四日

繕寫

蓋印　二月廿

發文

去文字第二三〇六號

檔案字第　號

秘書處第三科第一股

訓令　勇　字第2306號

令社會局

案准外交部駐平津特派員公署子篠西蘇(36)一七八六號代電內開：「前承電詢華商擬與蘇商務處簽約定貨是否有限制及華商與蘇商可否合組公司等由，當即遵照電部請示。頃奉本部一月十一日西卅六字第〇〇六一三號代電：上年十二月五日第十八號電悉。關於華商擬與蘇商務處簽約定貨及合組公司各節，經轉詢經濟部核復：查

8

後呈准法部電復略開（一）華商與蘇商務處定貨原為中蘇商約及其附件之所許如貨品及手續均合於我國現行法令則法律上自無問題（二）華人與蘇人合組公司如係依我國公司法組織則公司法第卅二條第一〇五條第一二六條均規定須半數以上在國內有住所並無國籍之限制等由查法部核復意見係就法律見地而言至華商與蘇商合組公司一層因蘇聯商業國營其中有無政治原因或背景不無可以注

9

意之要為避免將來發生可能的糾紛起見茲許寺組織之先應密洽主管機關須特加審慎為要籌備事宜相應電達查照等由、准此、合行令仰該局知照。

此令。

一一、蘇聯國駐天津總領事館爲分期造送蘇聯僑民清册事復天津市政府外事處公函（一九四七年四月三日）

J9-1-380

查蘇聯
是否已將
僑民表
送來

蘇聯國駐天津總領事館（公函）

00071

事由：為函覆分期造送蘇聯僑民清冊由

1. 關於蘇僑調查表
2. 關於外僑居留證及領館人員身份證

逕啓者頃准
貴處四月二日第一九四七號大函敬悉查閱於蘇聯僑民之職業、住址及電話號碼造送清冊一節業經本館通令蘇聯僑民迅速呈報來館以便彙轉惟以本館辦事人員無多一時趕辦不及故擬分作數起以收到該項材料多寡為限隨時造冊函送尚祈
惠予通融准函為荷因相

發文　字第　號
附件　件
中華民國三十六年四月三日

應函復煩請

查照為荷此致

天津市政府外事處

蘇聯國駐天津總領事館

14

一二、外交部駐平津特派員公署特派員季澤晋爲報蘇方擬在華發展商務情形事致外交部代電（一九四七年四月十日）

J10-1-464

編號

判行 月 日　核稿　擬稿　繕寫 月 日　附件

公呈代令書

（發文）僑商(36)字第2323號

四月九日

為呈報蘇方擬在華推銷產品銷路情形請鑒核由

外交部鈞鑒：茲據探悉蘇在華推銷之產品計有(一)皮貨(二)木料(三)煤油(四)山道林(Santonin)(五)鹿茸精(Pantocrine)(六)海參(七)鹹魚(八)紅黑魚子(九)人參(十)鹿茸(十一)海藥(十二)化學原料(十三)溫度計(十四)紙張(十五)銀兩等十五種。茲將各類貨物情形分陳如次：(一)皮貨——蘇產皮貨分三種(A) Arctic Fox White, Emisei Region, Raw, 1st grade;(B) Raccoon, Ussuri's Region, Raw, 2nd grade;(C) Ermine, Emisei Region, Raw, 1st grade，此等皮貨能偶曾由蘇運滬轉津但無甚銷路(二)木料——除駐署前次、

中華民國卅六年四月初 日發出

35

P.2

津

字第　　號

歸化區具報：桃木外被查尚有圓木一种，据云此种圓木輸華數量頗多，均在上海進口，統計二、三、四三个月全國許可進口分配量達一百餘萬元之譜。(三)煤油——每月煤油數量尚鉅，但因天津廿埠均設立油庫及倉儲設備，故無法輸運，第來自桂輸入之（三月貿易數目）價格則視承購商人之有無貯油設備而定高低。(四)山道年(Santonin)——此為殺蟲藥劑，係蘇聯特產，由輸入津廣大行經理銷售，計每年來津數一噸，價格七萬每斤達二百萬元，即每噸廿萬元美金。(五)鹿茸精(Pantocrine)——此項藥品因茲地無需要，來貨均由上海或廣州出售。(六)海參——亦係輸入滬上銷售

（旁注：油桶等；及承銷數量；獨家；華；自綏右；低核陳庸）

南方口埠數目恐頗鉅，六頃巨大之南廣大行獨家經理

8P

36

P.3

稽號

判行　月日　校稿　月日　擬稿　月日　繕寫　月日　附件

公函　呈　代電　令

（發文）字第　號

八）鹹魚皮以及蝦子一類貨物之，迄今為止尚無大量來貨（九）人參一項

產人參，因係人造，其藥力遠不及我東北之吉林參及韓國之高麗參

（三年或四年始能出產）為有效，且輸入又在禁止之列，故目下尚無進口（十）鹿茸

一此項藥品亦係重要貨物，價值有大量輸入，批發於各中國藥鋪銷售（十一）

海第一由蘇輸運來滬共計有二百噸以上（十二）化學原料——均運來華

之化學原料計有 Goetherite (black, natural), Phosphorus

(Red), Perosite (artificial) for producing dry

batteries), Ultramarin (for painting), Aluminium,

Potassium, Alum. 等（十三）溫度計一量少價微並非重要

民國　年　月　日發出

40

P.4

（密）陳（?）……一為糧要之輸入，天津進出口貿易商人等於一月間訂購五千噸，經陳請近被該當局批駁，計全華北進口糧食數量僅經核准為250噸。但華方因係巨輪前來大量裝運，故在目下鐵路無法運輸、交通極感困難之際，此項零星貨品無法轉運。每銀兩——此項物品在華係產自中亞細亞、烏拉山及高加索等地，因質佳良，價格甚昂，每公斤須洋卅五元美金，故來華但運英美各國製造精良珍貴之器皿輕易。茲擬英方務需稍因中英此際交通暢便，兩國貿易之溝通及發展，實屬最為合理及必要之舉。且中英雙方以貨易貨，均感需要。僅就大豆而言，目下英政府……之多，故爾後雙方交換互通

向轉入當局申請許可

41

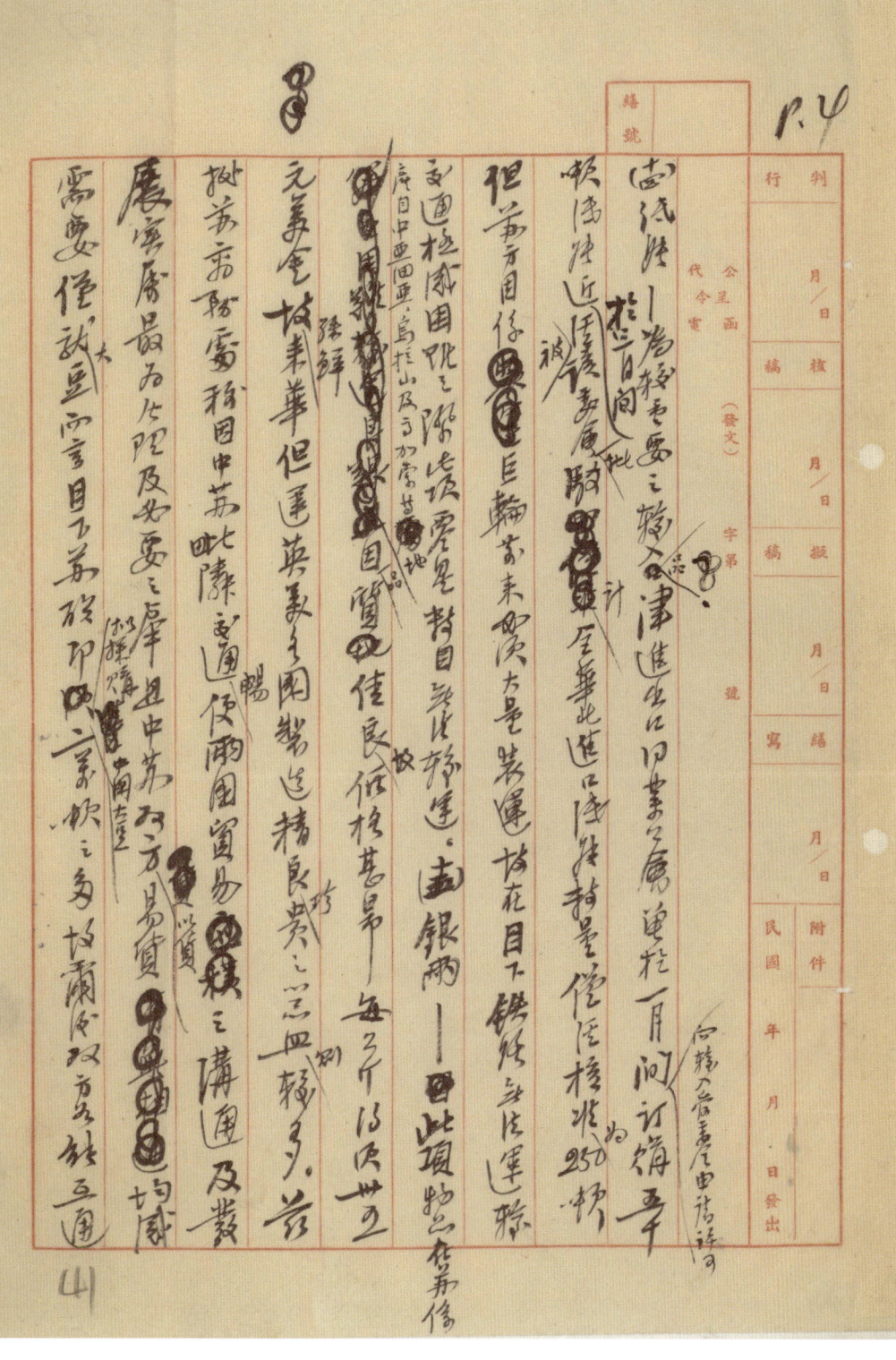

38

編號 5

行 判 月 日

稿 核 月 日

稿 擬 月 日

寫 繕 月 日

附件

民國 年 月 日發出

公函 呈 令 代電（發文） 字第 號

有無物物交易辦法希電要判云云 駐平津特派員季澤晉叩 印 卯 佳

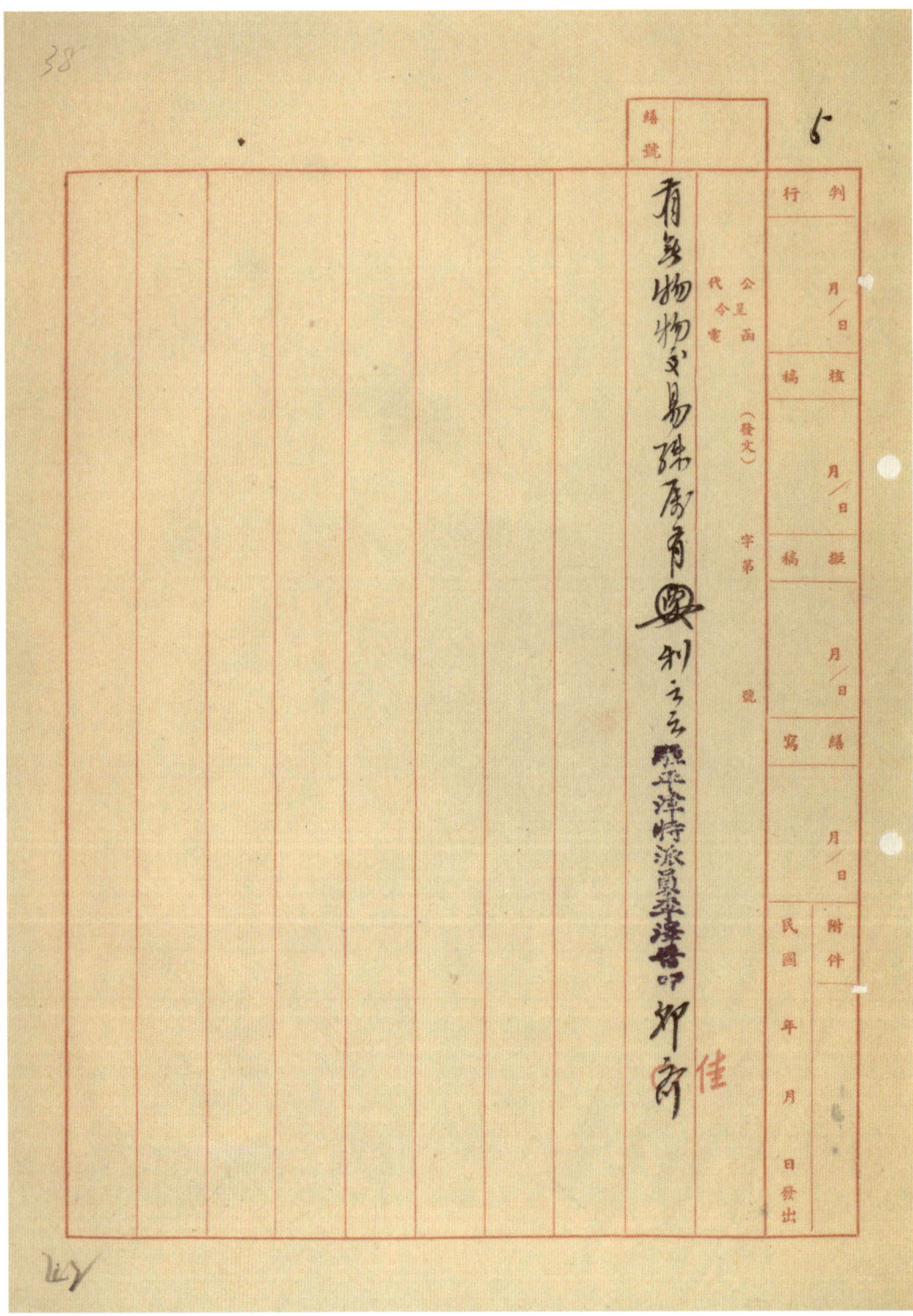

一三、天津市政府外事處爲駐津蘇聯總領事館聲請由蘇聯人民協會幫同辦理蘇聯僑民居留執照事致天津市政府警察局公函（一九四七年四月二十九日）

J9-1-380

天津市政府外事處稿

室別	
事由	為駐津蘇聯總領事聲請由蘇聯人民秘會幫同辦理欲表蘇僑度留抵旦廿語函請查核允復由
文別	函
送達機關	警察局
類別	
附件	

處長

秘書 科長 科員 辦事員

張煥泉

中華民國卅六年

交辦	擬稿	核簽	判行	繕寫	核對	蓋印	封發
月 日 時	四月廿五日 時	月 日 時	月 日 時	月 日 時	月 日 時	月 日 時	四月元日 時

去文外字第四五號

檔案字第 號

天津市政府外事處

函　字第　号

准驻津苏联国总领事声称，略以侨居津市之苏联侨民约有三千人，贵局饬发该侨等居留执照，每日只能发给二十余份，约需五个月始能办理完竣，可否由天津苏联人民协会帮同办理，以资迅速，请转商示知，等语，前来，查该总领事所请，是否可行，相应函请查核，见复。为荷。

此致

天津市政府警察局。

20

一四、天津市政府外事處爲催辦蘇僑清册事致蘇聯國駐天津總領事館函（一九四七年六月十日）

J9-1-380

天津市政府外事處稿

室別

事由：為函請迅予造送英僑清冊由

文別：函

送達機關：英駐領事館

類別

附件

處長

太霖　六、十、

秘書

科員：童能李福恒

辦事員：張澂泉

中華民國　卅六年

六月十日時擬稿

月日時交辦

月日時核簽

月日時判行

月日時繕寫

月日時核對

月日時蓋印

月日時封發

去文　字第　號

檔案　字第　號

查本處函請將本市
貴國僑民之職業住址及電話號碼造冊送交本處一案，
業經函准
貴館卅六年四月三日71号函復在卷。茲以事經多日，
迄未准函送前來，本處亟待需要，相應函請
查照迅予造送。為荷。
此致
蘇聯國駐天津總領事館

一五、外交部駐平津特派員公署特派員季澤晋爲請協助散居各地蘇僑返國事致天津市警察局、北平市警察局公函　（一九四七年七月十七日）

J10-1-47

32

与北平發案分廿自此抄

編號	
判行	七/日
核稿	月/日
擬稿	徐道 七.七
繕寫	七.九
附件	

公署代令（發文）西蘇字第3232、3233號

七、一七

中華民國卅六年七月拾日發出

頃准

貴局本日外字第5629號呈以辦理蘇僑返國登記情形送外交部乞令以備存查等由查關於蘇僑返國事本署曾奉外交部寄电男開：「本部准蘇聯大使館六月廿日照開蘇聯政府決定對於散居中國上海天津北平各地之蘇僑三千人攜同眷屬以及蘇聯籍孤兒一百五十人遣返蘇聯請外交部指示各地有關机関對於此項執行返蘇之蘇僑辦理離境予以[事實上可能之一切]協助等語本部業於七月四日答復蘇大使略開中國政府對於蘇聯政府決定遣僑回國一事並無異議（外交部並已通知北平天津上海各地有關机關）對於申請發給出境證之蘇僑凡經審查其確屬蘇聯國籍及依照中國國籍法原屬中國國籍而曾經依照該項國籍法之規定脫離中國之籍以取得

40

编號

美联国籍者於实践有关法令所规定之出境手续时一律予以必需之协助，为此请美大使馆通知平津沪之美领馆即将拟遣送返美之美侨名单连同所需有关证件分别开送上述三市之警察机关"等语，并将中国国籍法（着重其中第一条第四款之规定）及有关外人出境规则附带通知该大使馆促其注意"等因、

与北平警察局共为相应函复

准此，除由相应复请

贵局查照办理为荷

此致

天津市警察局

北平市警察局

特派员 李○○

一六、外交部駐平津特派員公署特派員季澤晋爲平津兩地自蘇聯宣布撤僑後蘇僑動態事致北平行轅李主任代電（一九四七年七月十八日）

J10-1-47

38

最速件
限即日
發出
打兩份
一份留部

編號

事由：家

北平行轅李主任鈞鑒頃准亥字第3194號代電敬悉(一)平津兩地自甲國宣佈撤僑後甲僑之無業者及無財產者紛紛呈請返國其有財產者則大部存觀望心理而呈請返國者亦多有懷疑(二)甲僑呈請返國者均在添置衣物因知蘇聯國內日用品奇缺其不返國而有資財產者則從事捐款工作以資助返國僑民中之窮苦者(三)返國命令宣佈後甲領事除在俄文日報正式公佈辦法外並組織各種講演會廣事宣傳並聞甲僑協會及領事館方面對於甲僑頗多勸說奉電前因理合電請鑒核 外交部駐平津特派員季澤晉叩 午巧

代電 公函 呈 令 電

（發文）西蘇(35)字第 號

判行 月 日
核稿 月 日
擬稿 葉 七月十八日 325
繕寫 月 日
校對 月 日 7/18

附件

中華民國三十五年七月拾 日發出

澤晉

三二八

47

原卷破损

一七、内政部警察總署爲辦理蘇聯遣僑返國簽證手續事致天津市政府代電（一九四七年八月二十日）

J2-3-7228

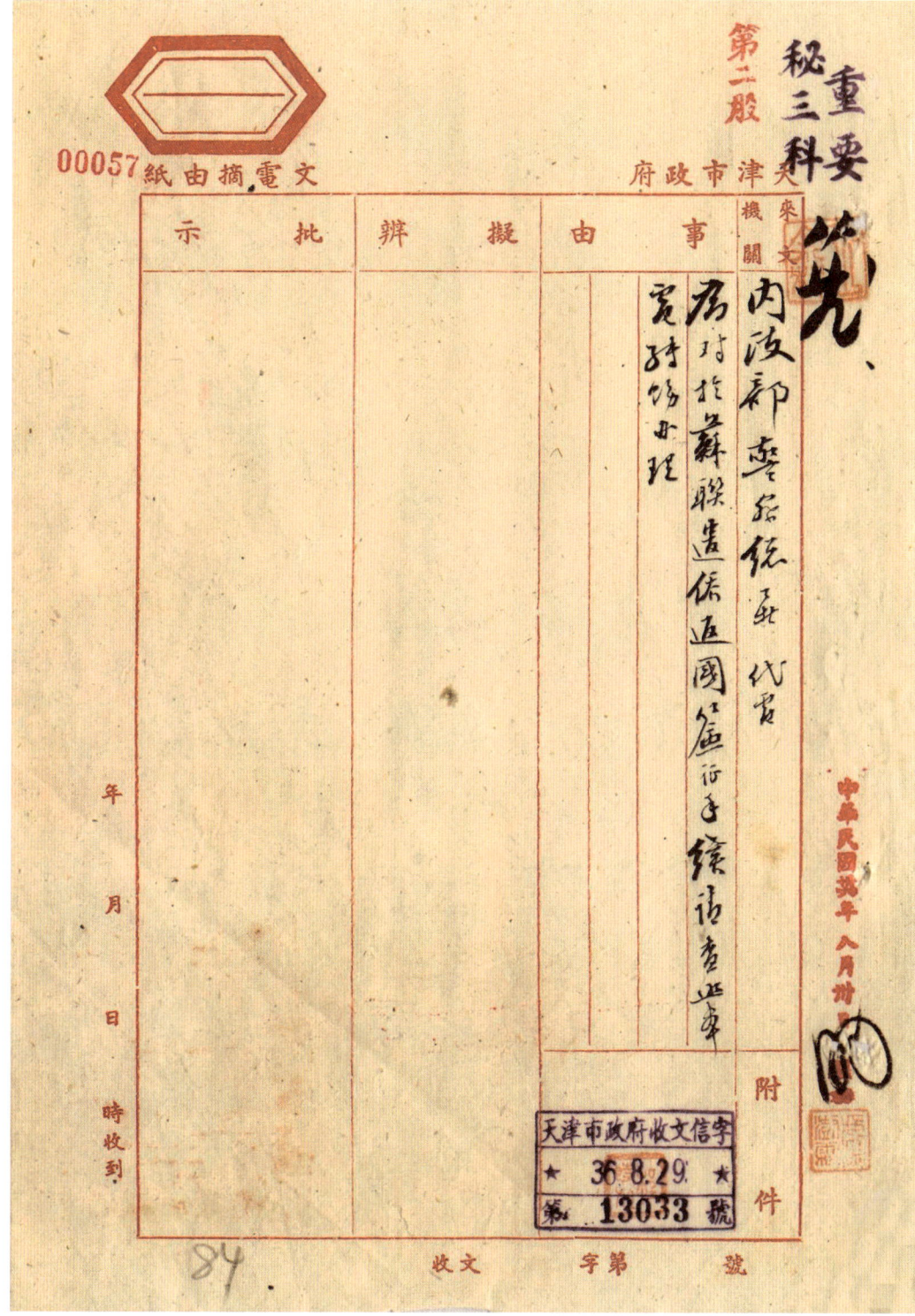

重要 秘三科 第二股

天津市政府文電摘由紙 00057

來文機關	事由	擬辦	批示
內政部警察總署代電	為對於蘇聯遣送僑返國應行手續請查照並轉飭辦理		

附件

中華民國卅六年八月卅日

年 月 日 時收到

收文 字第 號

84

內政部警察總署快郵代電

00058

（36）五字第13540號

事由

批示

天津市政府密鑒：查蘇聯遣僑，該國我雖允許對發給出境簽證事予以便利，但仍須依照法令完成各項手續。如有大批蘇僑申請發給出境簽證時，仍應按照外僑出境登記辦法第六條之規定，於出境人之原護照上加蓋出境登記戳記，切勿發給集體出境簽證，以免與我外人出入境檢察規章不合，而造成惡例。倘因蘇僑人數眾多，外事警察人員辦理出境登記一時人手不敷，可加派人員協助，以資應付。相應電請查照，轉飭辦理為荷。內政部警察總署（36）五未齊

監印張光謙

校對徐耀章

中華民國卅六年八月二十日發出

擬辦

附件

第 頁共 頁

（覆電請註明原來電年月日及字號）

351(210×290公厘)

收電 字第 號

一八、天津市政府爲辦理蘇聯遺僑返國簽證手續事訓令外事處、警察局（一九四七年九月五日）

J2-3-7228

天津市政府稿

來文	信字第13033號
文別	訓令
送達機關	警察局
類別	
附件	
事由	准警察總署代電對於蘇聯遣僑返國簽證手續請轉飭辦理等由仰遵照辦理由

00059

市長

副市長

秘書長

處長

主任秘書

秘書

科長

股長

擬稿員

中華民國 年 九月一日

九月四日七時

九月五日

九月三日

去文 字第 號

檔案 字第 11639 號

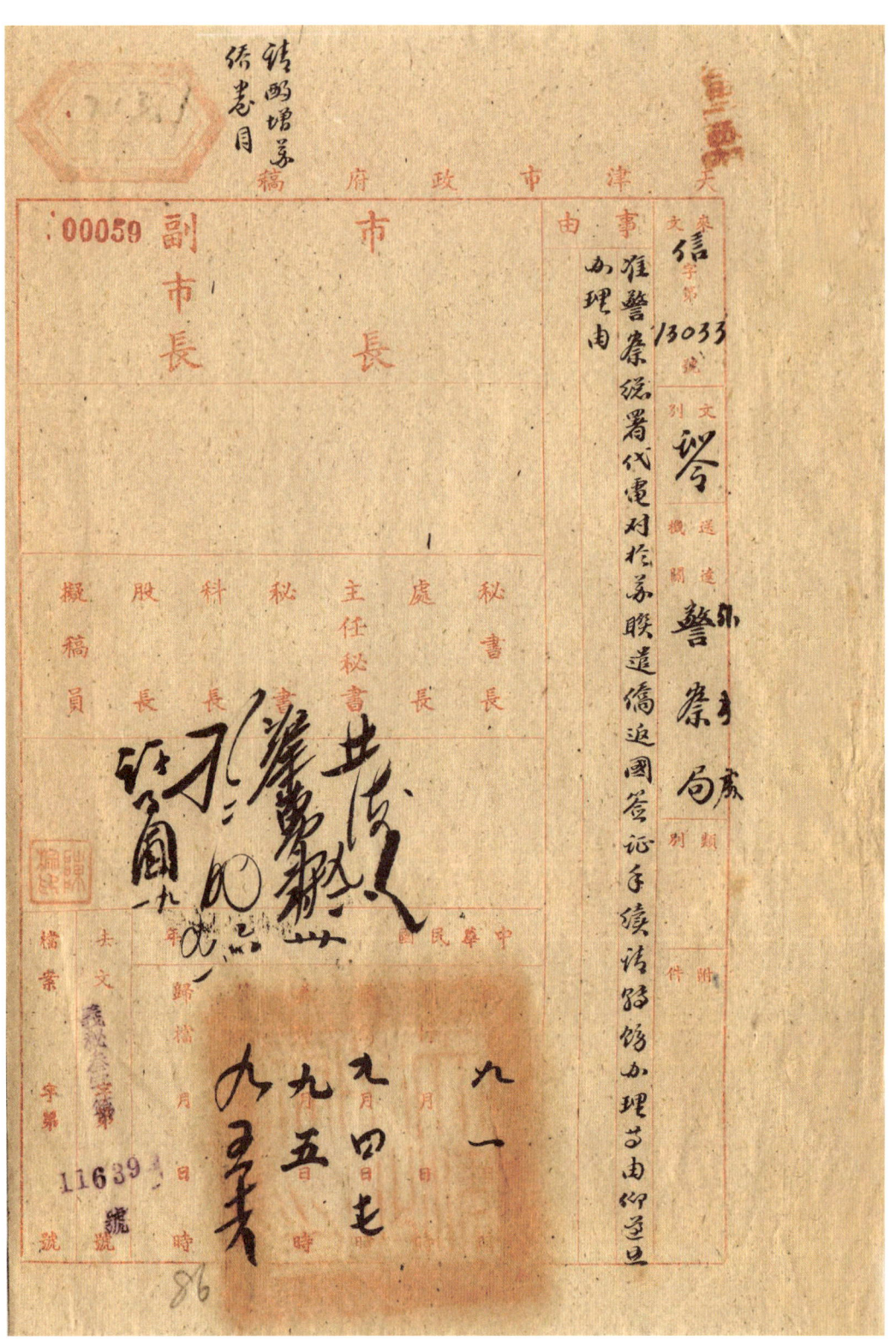

抄令

令警察局外事處

案准内政部警察總署(36)五未哿代電開：

「查蘇聯遣僑返國，我雖允許對彼給出境簽証事，云云相應電請查照轉飭辦理為荷！」

等由；准此，合行令仰該局處遵照辦理為要！

此令。

除分令警察局外事處外

一九、經濟部長陳啓天爲蘇僑商店撤退歇業不在禁止之列事指令天津市社會局（一九四七年九月十二日）

J25-3-1033

46

工商管理科

經濟部指令

48 1414 九.十五

中華民國卅六年九月十二日發出 京商（卅六）字第 61220 號

附件

事由：據呈請示蘇僑商店因撤退歇業者應否照准一案指復知照由

擬辦批示：

查經濟緊急措置方案第四項第四款之(乙)規定在經濟緊急措置時期內禁止關廠罷工或怠工而指令內所開係禁止關廠本案關於商店歇業自不在禁止之列是否有當謹擬批註 請 部核示 九.十五

擬送內經局部核示並查「關店」即「關廠」之誤以資遵照

可發

令天津市社會局

三十六年八月七日勸商字第一八六一號呈乙件為關於蘇僑商店因撤退歇業

收文 滬 字第 14760 號

70

者是否應予照准，請核示由。

呈悉。查經濟緊急措施方案第四項第四款之（乙）係規定在經濟緊急措施時期禁止開廠、本案關於商店歇業、自不在禁止之列，據呈前情，仰即知照！

此令。

部長陳啓天

監印曾用章 校對李懷榮

（297×420公厘）

71

二〇、蘇聯國駐津總領事館爲祝賀中華民國成立三十六周年事致外交部駐平津特派員公署函（一九四七年十月十日）

J10-1-546

外交部駐平津特派員公署公文摘由紙

收文	
日期	10月11日
字號	字　號
文別	函
來文機關或人名	英領館
發出日期	月　日
字號	字　號
附件	
歸檔日期	月　日
門類名稱	門類目

摘由	交辦	擬辦	決定辦法	備考
為函賀卅六週國慶日由	秘書室		十月十一日	

蘇聯國駐津總領事館

10

MINISTRY OF FOREIGN AFFAIRS OF U.S.S.R.
CONSULATE GENERAL

TIENTSIN, CHINA

Tel. 70114

October 10th,1947.

Mr.C.C.CHI,
Commissioner for Foreign Affairs,
Peiring and Tientsin,
Tientsin.

Dear Mr.CHI,

On behalf of my compatriots and myself I have the honour to express to you my congratulations on the occasion of the 36th Anniversary of the establishment of the Republic of China.

Sincerely yours,

I. Kourduff

I.F.KOURDUKOFF,
U.S.S.R. Consul General in Tientsin.

12

二一、天津市政府工務局局長劉如松爲蘇聯領事館申請修理門前道路事呈杜市長、張副市長文（一九四八年一月二十六日）

J2-3-2952

秘四科
第二股

事由：為奉通知擬議蘇聯領事館函請修理門前道路一案呈復鑒核由

擬辦

決定辦法

附件：如文

年 月 日 時到

天津市政府工務局呈

中華民國三十七年一月二十六日 (37)工字第72號

案奉

鈞府三十六年九月二十三日秘肆字第五二二號通知，為准蘇聯領事館函請修理門前馬路及便道等由，飭核議具復等因，附發原函一件。奉此，遵查本局於三十六年十月以前，忙於城防工事，十月以後，復

收文

天津市政府收文 37.1.27 第2044號

搶修二十億及五億八千萬元補路工程，致該處路面及便道未及修繕，且以該段路面（十一經路西段）情形尚較其他重要路線為佳，故本年度翻修道路計劃內亦未列入，僅列於養護計劃之內，俟本年度事業費核定後，再行彙其他應補修各路請款購料補修，理合檢同原函備文呈請

鑒核。謹呈

市長杜

副市長張

附呈繳原函一件

天津市政府工務局局長劉如松

147

二二、蘇聯國駐天津總領事館爲已通令所屬僑民商號遵限辦理商號登記事復天津市政府外事處公函（一九四八年二月三日）

J9-1-159

8

天津市政府外事處

來文機關	事由	擬辦	批示	備考
苏联總領事館	為已通令本國商號遵限办理商號登記由	擬備存 二、四		

附

字第一三〇號 卅七年二月四日時到

收文 外 字第 58 號

15

苏联國駐天津總領事館（公函）

事由：為已通令本國商号遵限辦理商号登記由

逕覆者：准

貴處元月廿七日第二六六號函以准社會局函為奉經濟部令凡未經登記業已創立之商号公司應依限登記一案請轉知本國駐津僑民等由准此除通令本國僑民一体遵照辦理外准函前因相應函復即請

查照為荷此致

發文　字第一三〇號

附件　件

中華民國三十七年二月三日

中華民國卅七年二月四日收到

10

天津市政府外事處

蘇聯國駐天津總領事館

17

二三、天津市政府爲修理蘇聯領事館門前道路事致蘇聯國駐天津總領事館公函及指令工務局（一九四八年二月三日）

J2-3-2952

次要

831.1
37/1

821.3

天津市政府稿

來文 社字第2044號

文別 公函 指令

送達機關 蘇聯國駐天津總領事館 工務局

附件

事由 為修理貴蘇聯國駐天津總領事館門前道路案復請查照由

市長

副市長

秘書長 主任秘書 秘書 處長 科長 股長 擬稿員

李

元.廿九.

元.廿九.

元.廿九.

中華民國 擬稿 元月廿九日 時

判行 月 日 時

繕寫 2月3日 11時

蓋印 二月三日 時

發文 二月三日 時

歸檔 月 日 時

去文 社字第2748號

檔案 字第 號

公函

前准

貴館第一〇四號函為修理館门前馬路及便道，囑飭工翻修一案，經飭據工務局查復：

「遵查本局卅六年十月以前，忙於城防工事，十月以後復搶修市道幹路，致該處路面及便道未及修繕，且以該段路面情形尚較其他重要路線為佳，故本年度翻修道路計劃內亦未列入，僅列於養護計劃之內，俟本年度事業費核定後再行彙其他應補修各路請款購料補修」

等情，除指令暫行飭妥為養護外，相應復請

查照為荷！

此致

蘇聯國駐天津總領事館

指令　　令工務局

呈一件為奉週知擬議蘇聯領事館函請修理門前道路一案呈復鑒核由

呈件均悉、除據情轉復外、仰~~即即真著護小~~（暫緩△即暫行△△△△）

候路政、件存。

此令。

二四、南京國民政府主席蔣介石爲保護蘇聯領館及僑民生命財産安全事致天津市杜市長電（一九四八年二月十三日）

J2-3-7520

713.2

00043

三件

重要

秘三科

第二股

天津市政府來電摘由紙

來電機關	事由	擬辦	批示
南京蔣主席丑文府交電	為保護蘇聯領館及僑民生命財產之安全指示二項由		

肖十三

中華民國卅七年二月拾三日收到

37年2月13日時收到

丑字第33號

天津市政府收文和字 收電 37.2.13 第3398號

62

00044

天津市政府抄錄來電紙

特急天津杜市長。密茲值剿匪軍事緊張之際我民間對於蘇聯領館及蘇聯僑民易生反感希即轉知所屬及地方行政長官(一)對蘇僑及其他外僑之安全隨時負責保護對擅自侵犯外僑生命財產之軍民應予嚴懲(二)在接近戰事之區域蘇僑或其他外僑如請求撤退應予以交通工具及其他必需之便利除另電北平何市長外希切實辦理電復中正丑文府交印

37年 2月 13日 時 譯

63

二五、南京國民政府主席北平行轅主任李宗仁爲保護蘇聯領館及蘇僑民等安全事致天津市杜市長代電（一九四八年二月十三日）

J2-3-7520

7632

秘三科 重要

第二股

天津市政府文電摘由紙

來文機關	事由	擬辦	批示
北平行轅 代電	為本轄對蘇聯領館及蘇僑并其他外僑隨時負責保護		

有廿三

附件

中華民國卅七年二月廿四日

年 月 日 時收到

天津市政府收文和字 37.2.23 第 4049 號

收文 字第 號

66

收文第 00047 號

國民政府主席北平行轅（代 電）

事由：爲奉轉對蘇聯僑民及蘇僑并其他外僑應隨時負責保護由

受文者：天津市杜市長

一、奉主席蔣廿文府交電以值茲剿匪軍事緊張之際我民間對於蘇聯僑民及蘇僑民易生反感希即轉飭所屬及地方行政長官

1. 對蘇僑及其他外僑之安全隨時負責保護對擅自侵犯外僑生命財產之軍民應予嚴懲

2. 在接近戰爭之區域蘇僑或其他外僑如請求撤退應予以交通工具或其他必需之便利

二、除分電外希切實辦理　電復＝

主任　李宗仁

發文日期　卅七年二月十三日

字號　府一字第五九八號

發文地點　北平

第　頁

檔號

67

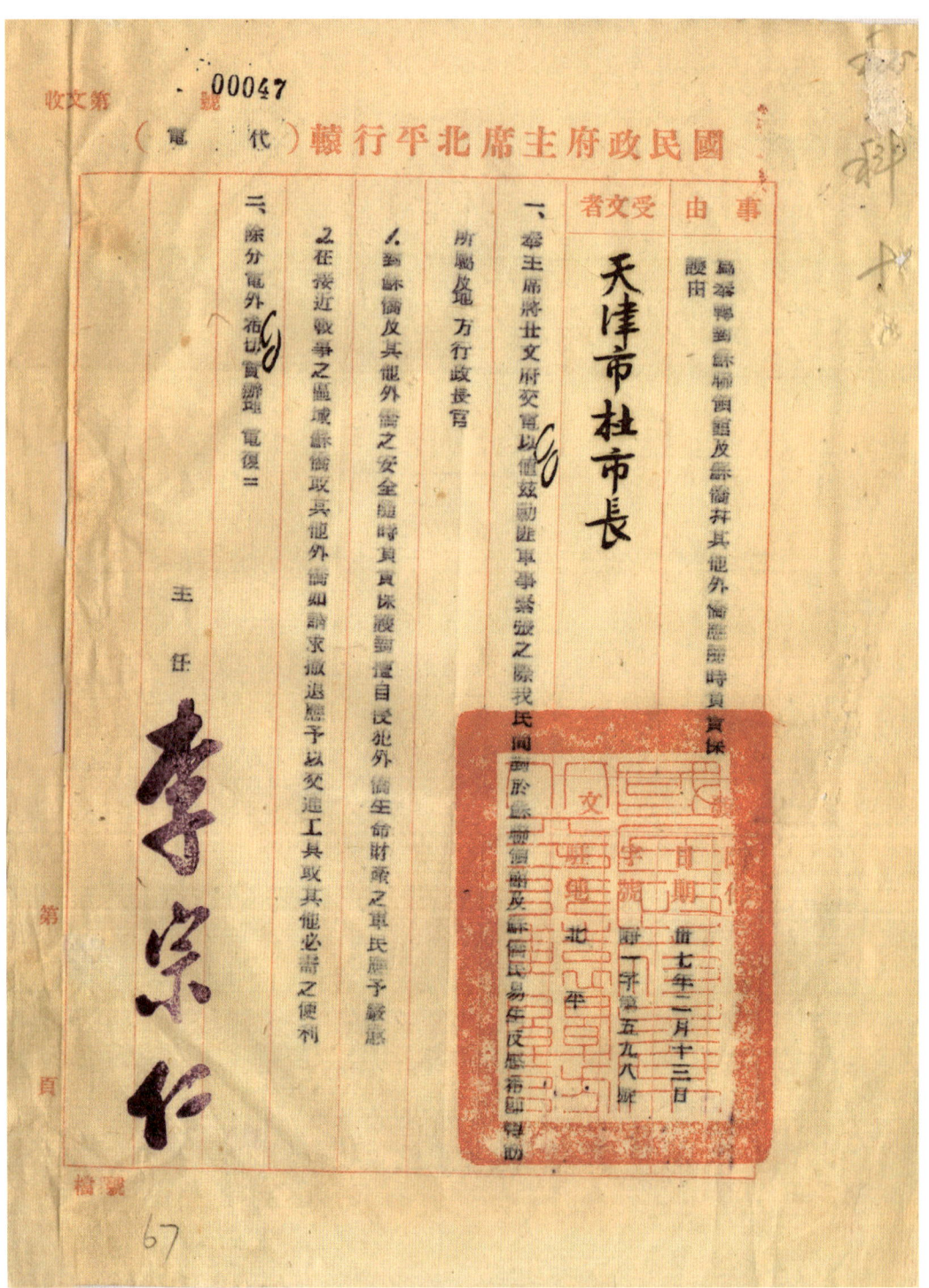

二六、天津市政府爲保護蘇聯領館及僑民生命財産安全事致南京國民政府文官處電及訓令警察局、民政局（一九四八年二月十九日）

J2-3-7520

天津市政府稿

來文	和字第5198號
文別	訓令 代電
送達機關	國府文官處轉奉 警察局 民政局
附件	三科二股

事由：奉主席蔣丑文府交電應保護蘇聯領館及僑民生命財產之安全指示二項飭遵並切實辦理等因除分令本市警察民政局外合行令仰遵照切實辦理並將辦理情形隨時具報由

市長

副市長

秘書長　主任秘書　秘書　處長　科長　股長　擬稿員

高晉賢

中華民國卅七年

擬稿 二月十六日
判行 月 日
繕寫 2月18日14時
蓋印 二月十九日
發文 二十九日
歸檔 月 日 時

去文 平警字第3792號

檔案 字第 號

64

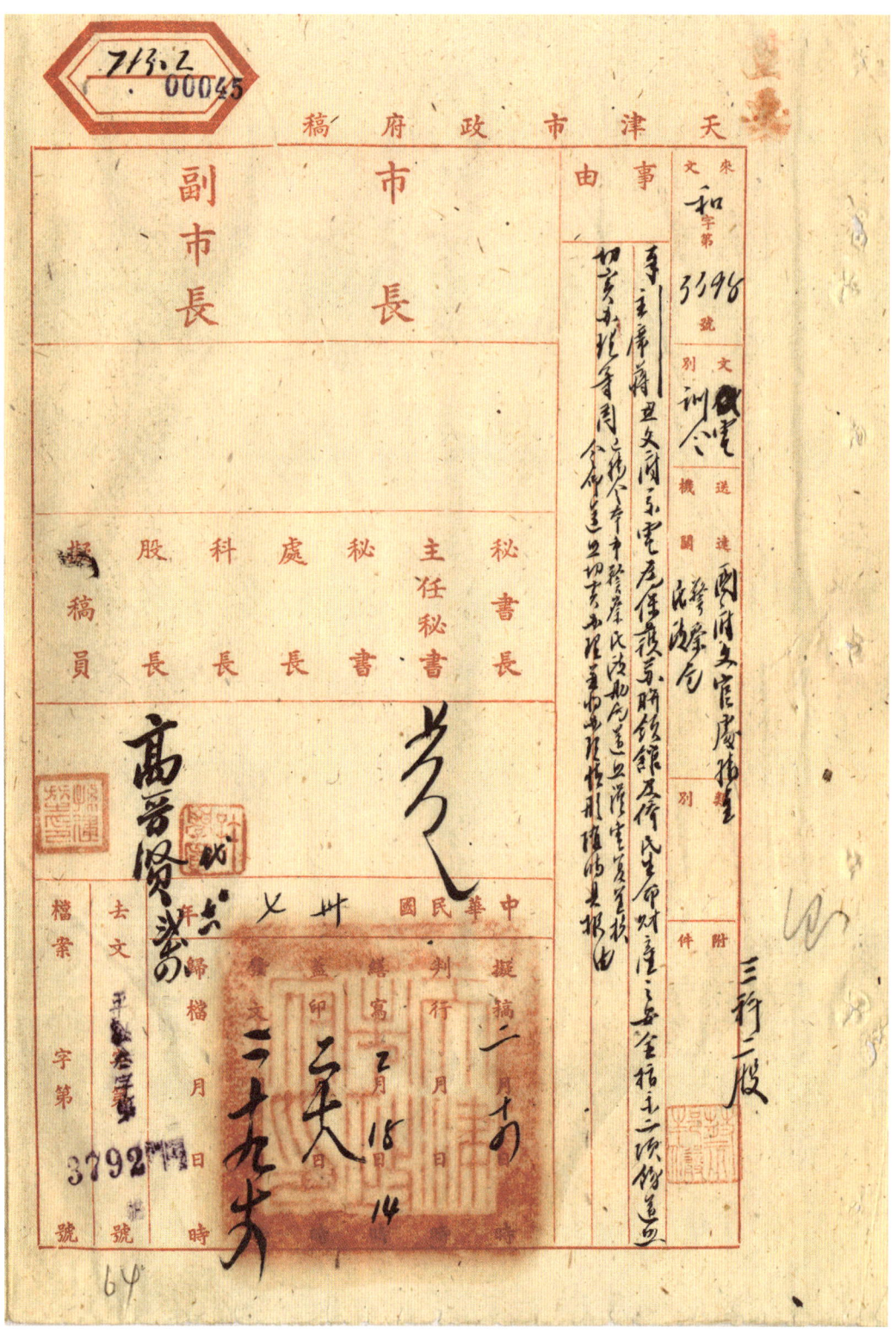

47

代电

南京国民政府文官处转主席蒋钧鉴：丑文府交特急电奉悉。除遵即转令本市警察、民政两局遵照切实办理外，谨电复鉴核。天津市市长杜〇〇叩丑巧。秘参印

一月十八日十时发

训令

令警察局、民政局

案奉

国民政府主席蒋丑文府交特急电开：「□密。兹值戡乱军事紧张之际，对希切实办理电复。」等因。奉此，除电复并分令外，合行令仰该局遵照切实办理，并将办理情形随时具报为要。此令。

65

二七、天津警備司令部司令馬法五爲保護蘇聯領館及其他僑民安全事致市政府杜市長代電（一九四八年二月二十三日）

J2-3-7520

7132

(1)

00050

重要 秘三科

第二股

天津市政府 文電摘由紙

有卅四日

來文機關	事由	擬辦	批示
天津警備司令部 代電	為蘇欽源及其代保民之安全應隨時保護	查此案本府已奉 主席蔣及 北平行轅先後電達,明府飭令保護民生,並切實遵辦在案,本件擬存 肓昔	存 二廿八

附件

中華民國卅七年八月廿五日 三

天津市政府收文 和字
37.2.24
第4285號

文 號 字 第

年 月 日 時收到

71

00050

(2)

秘三科 十

天津警備司令部代電

事由：為蘇領館及其他僑民之安全應隨時保護由

受文者：市政府杜市長

發文：中華民國卅七年二月廿三日 第豐○七二○

一、層奉主席丑文府電開「奉主席丑文府交電開「在此剿匪軍事緊張之際，我民間對於蘇聯領館及蘇聯僑民易生反感，希即轉知所屬及地方行政長官1對蘇僑及其他外僑之安全隨時負責保護，對擅自侵犯外僑生命財產之軍民應予嚴懲，2在接近戰爭之區域蘇僑或其他外僑如請求撤退應予以交通工具及其他必需之便利」」

二、仰即轉飭所屬切實遵照。

司令馬法五

72

二八、天津市政府民政局爲保護蘇聯領館及僑民事訓令第七區公所（一九四八年二月二十五日）

J36-A-1-10-165

7 7

內政股

天津市第七區公所文書摘由紙

事由	擬辦	決定	辦法
為奉 主席蔣特急電飭并劉亞寧召集談話對附對蘇聯領館及僑民們切實保安並將辦理情形隨時具報由	遵辦 三、廿六		

37年2月26日到

件

二八、廿八

收文 字第 150 號

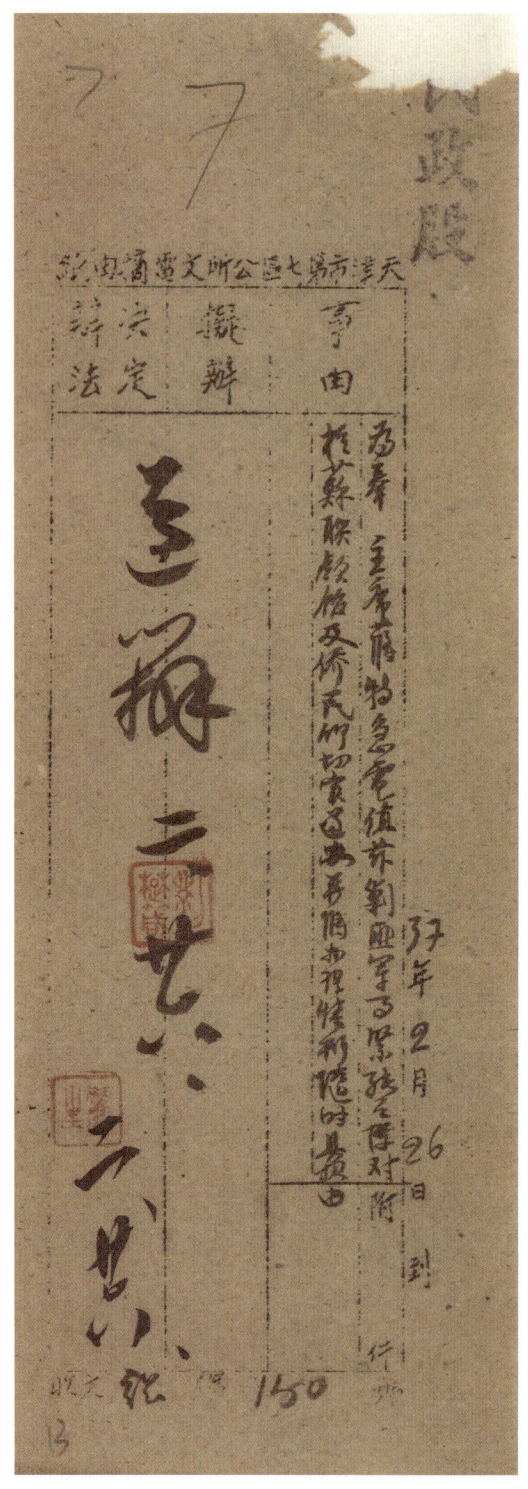

8

天津市政府民政局訓令

令第七區公所

案奉

市府轉奉　主席蔣丑文府交特急電茲值剿匪軍事緊張之際我民間對於蘇聯領館及蘇聯僑民易生反感希即轉知所屬及地方行政長官(一)對蘇僑及其他外僑之安全隨時負責保護對於自侵犯外僑生命財產之軍民應予嚴懲(二)在接近戰事之區域蘇僑或其他外僑如請求撤退應予以交通工具及其他必要之便利等因除分令外合行令仰該區切實遵辦并將辦理情形隨時具報。

此令。

14

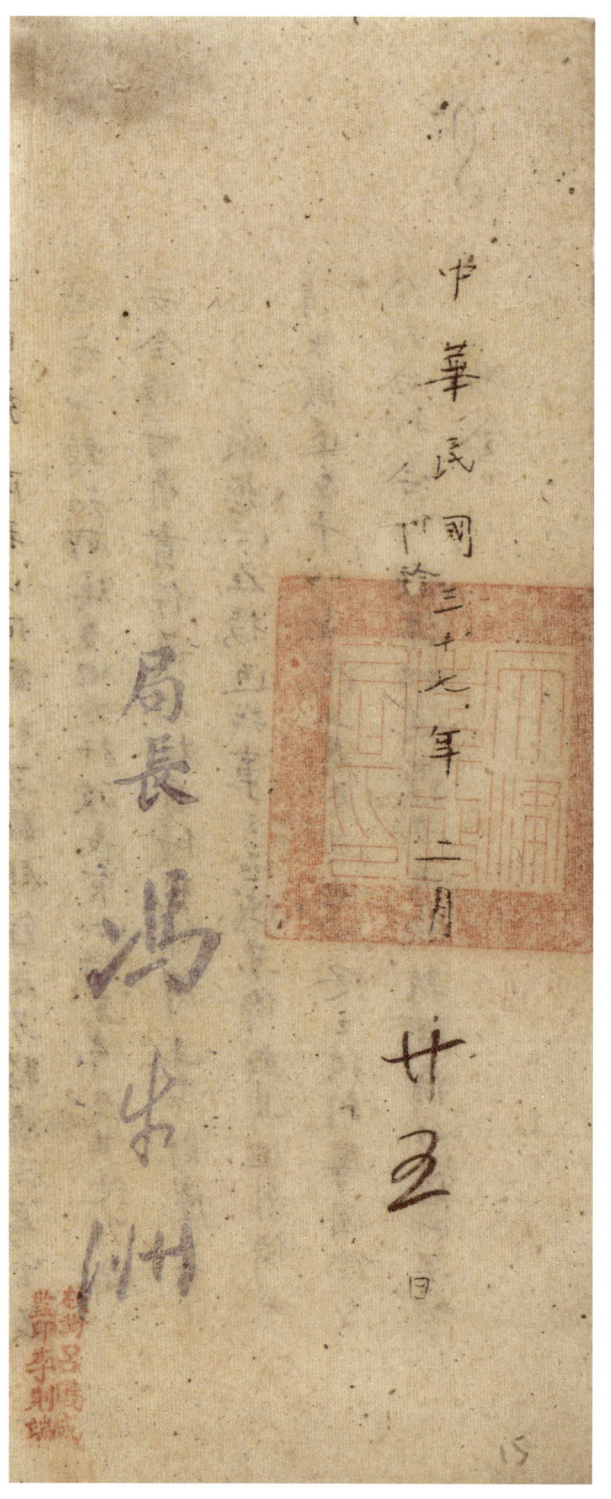

中華民國卅七年二月廿五日

局長 馮東洲

校對 呂國成
監印 李制瑞

二九、外交部駐平津特派員公署特派員季澤晋爲陳報蘇聯駐津商務代表赴滬、津市由秘書負責維持等事致部長、次長代電（一九四八年二月二十六日）

J10-1-464

代電（發文）

西蘇（37）字第4888號

部次長鈞鑒：蘇聯駐津商務代表畢可夫自去歲到任以來，因津市中蘇商务毫無開展，工作清閑，時常赴沪協助該地蘇聯商務代表处处理事务。天津方面仍由該处秘書蘇沃尔臣可夫負責維持，另有蘇侨兹尔佛洛麦也夫助理。該秘書充任繙譯。該兹尔佛洛麦也[夫]精通中英文，原為白俄，早年在哈尔濱鉄路局警务处任職。九一八事变後，日人主持鉄路局，該人仍得蝉聯，且与日人有勾結合作之嫌。勝利後由哈来津，旋即加入蘇聯國籍，並經營商業。去歲十月间到該代表处供職。現畢可夫代表仍在沪，暫帮同接收前中央信托局移交蘇方之茶葉，結束後尚須返津。職李〇〇叩

謹电奉聞

二十五

二廿五

二廿六

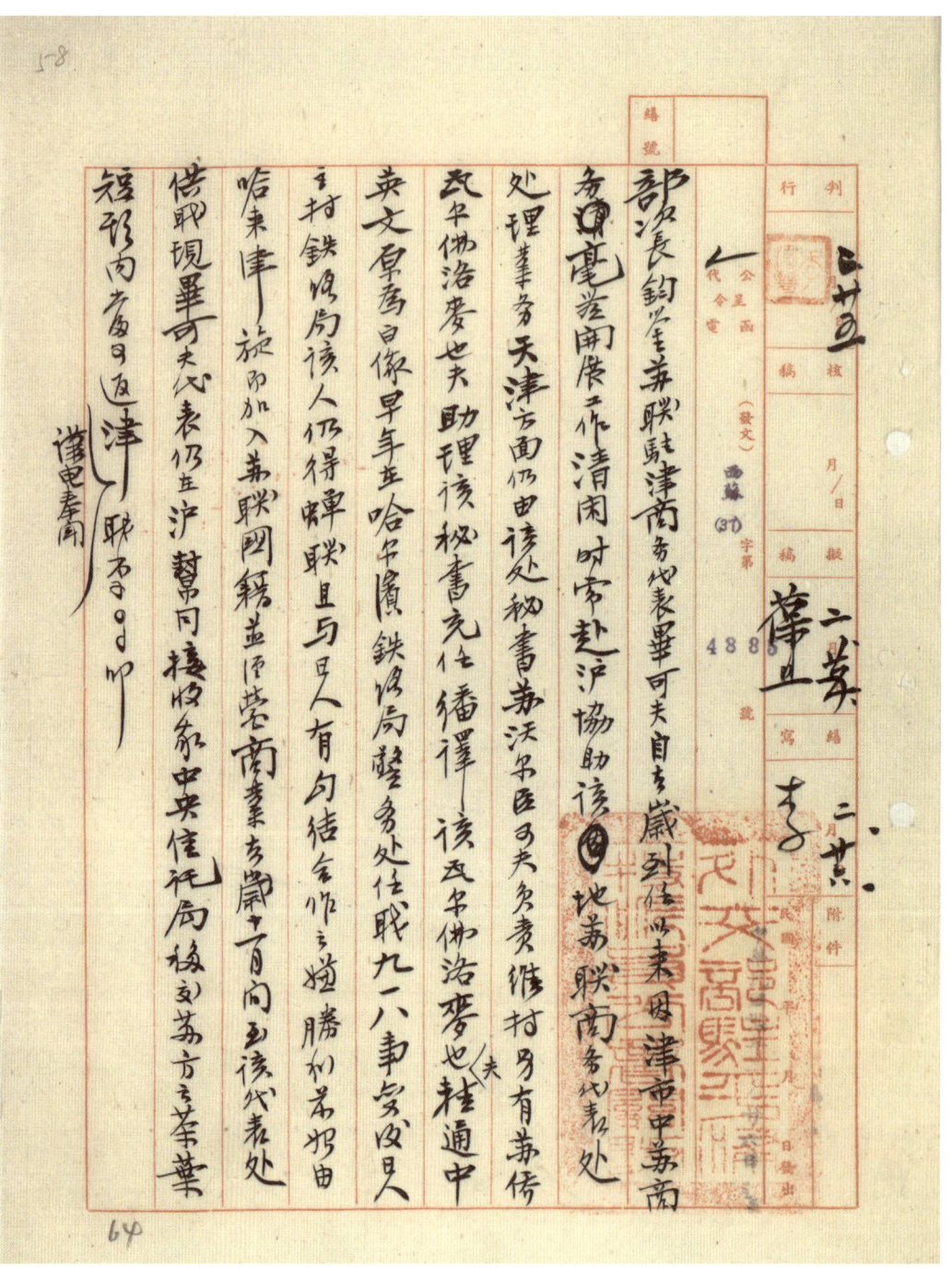

三〇、天津市政府爲核辦蘇聯僑民商會所請解釋解雇工人辦法事訓令社會局（一九四八年二月二十八日）

J2-3-7748

00147

天津市政府稿

來文：和字第3982號

文別：訓令

送達機關：社會局

類別：

附件：如文

事由：據蘇聯僑民商會呈為請求解釋解僱工人辦法以避糾紛等情仰查照逕飭並具報由

市長

副市長

秘書長　主任秘書　秘書　處長　科長　股長　擬稿員

中華民國卅七年

擬稿　二月廿四日　時

判行　月　日　時

繕寫　二月廿八日　時

蓋印　二月廿八日　時

發文　二月廿八日　時

去文　字第4639號

檔案　字第　號

54

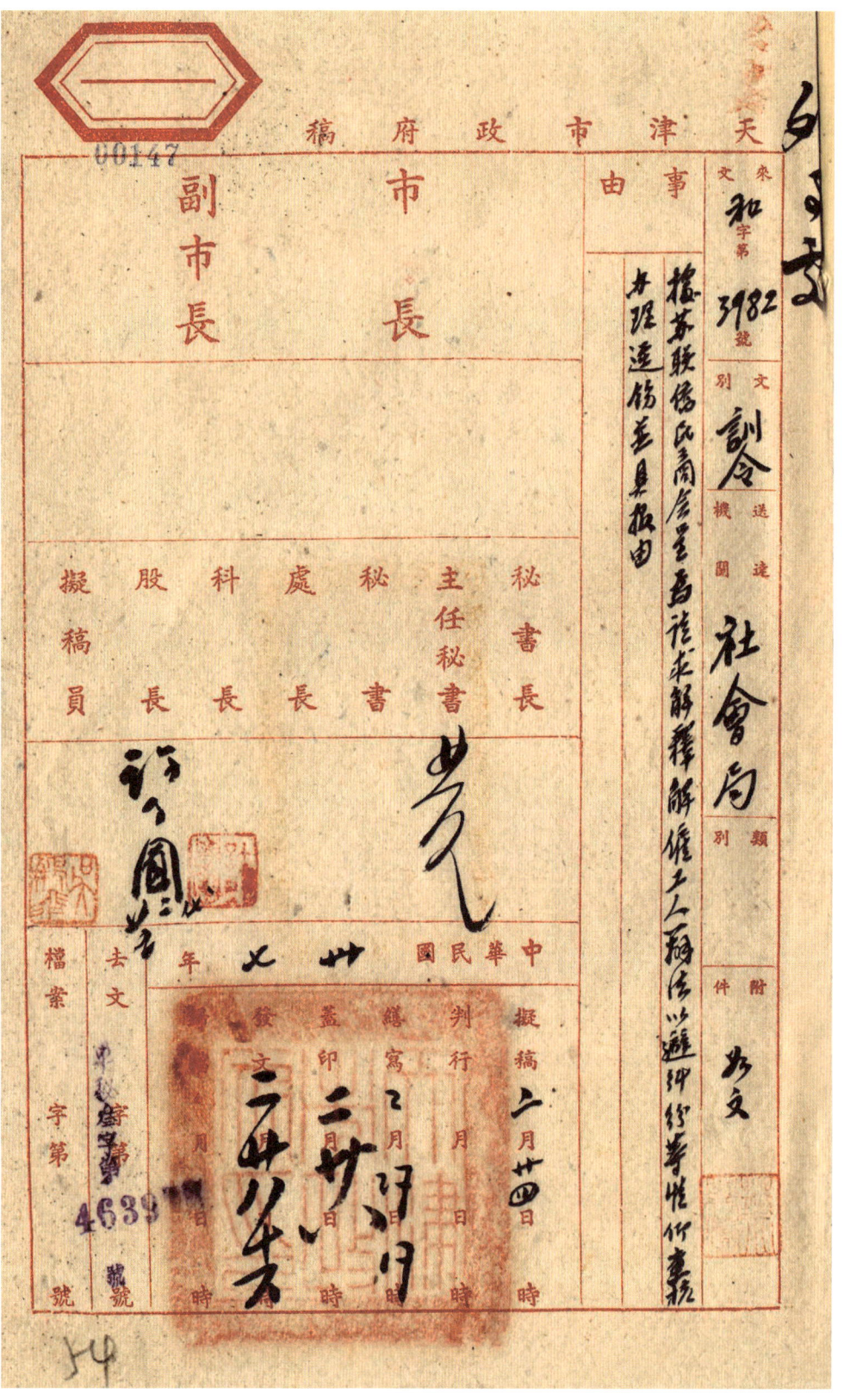

訓令

令社會局

案據本市蘇聯僑民商會呈為請求解釋解僱工人辦法，以免糾紛等情。據此，合行抄發原呈，令仰該局查核逕飭，並報府備查。為要！

此令。

附抄發原呈壹件

三一、天津市政府爲保護蘇聯領館及僑民安全事致北平行轅李宗仁代電及訓令警察局、民政局（一九四八年二月二十八日）

J2-3-7520

713.2
00048

天津市政府稿

來文	和字第4049號
文別	代電 訓令
送達機關	北平行轅 警察局 民政局
類別	
附件	

事由：奉北平行轅代電為奉令查封華聯銀行及華僑並其他外僑產業，仍應負責保護等因，已令本市警民機關切實遵辦，謹電復鑒核；並令切實遵辦具報由

市長
副市長

秘書長　主任秘書　秘書　處長　科長　股長　擬稿員

高靖賢

擬稿 二月廿　日
判行　月　日
繕寫 二月廿七日
校對　月　日
蓋印　月　日
歸檔　年　月　日　時

去文 府秘會字第4689號

檔案　字第　號

三科二股

445

68

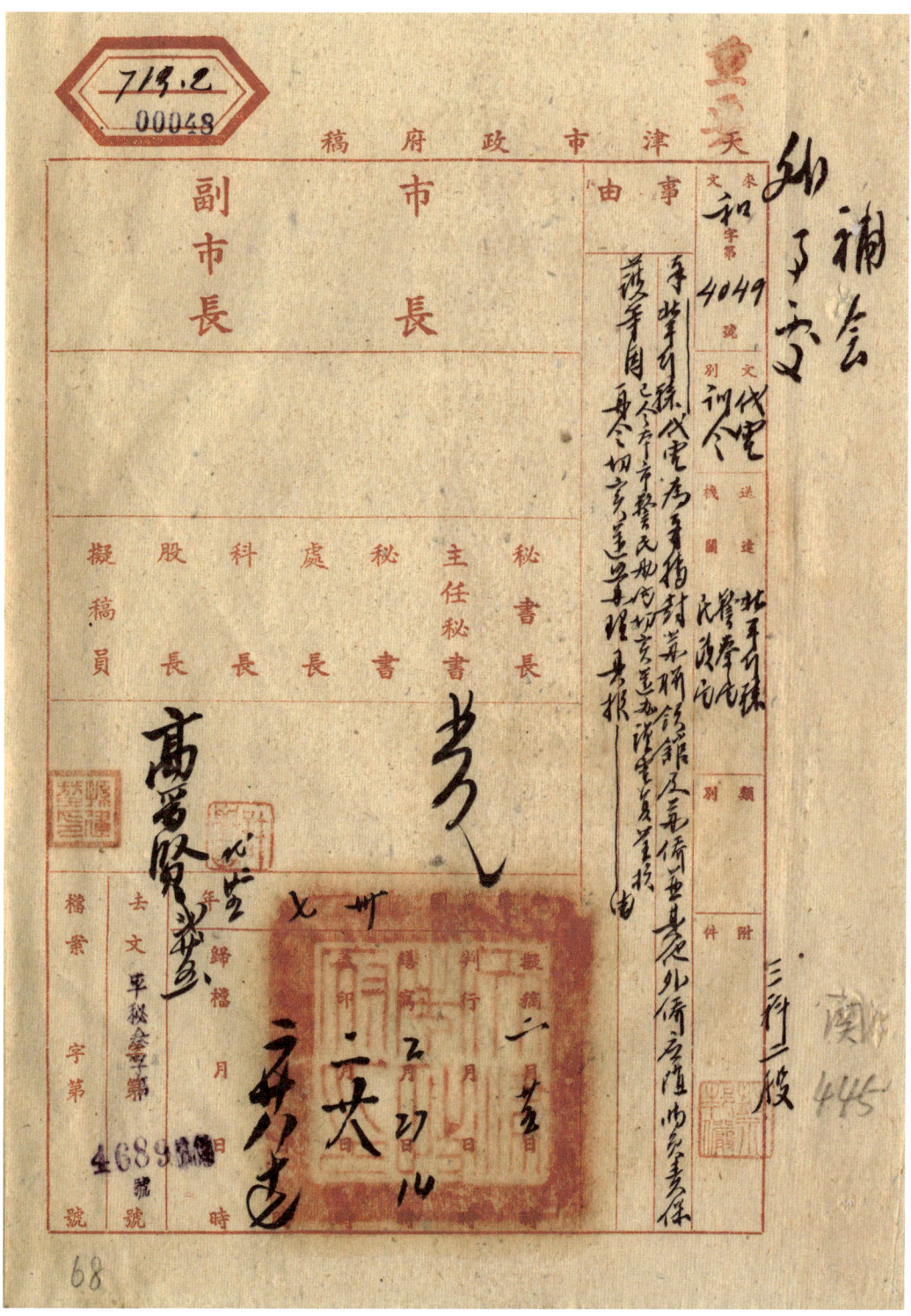

代電

北平行轅主任李鈞鑒：卅五年二月十二日峰一字第五九八號代電

奉悉。查本案前奉主席蔣巡電到府，已轉令本市警

察局、民政局、外事處切實遵示辦理在案。茲奉前電，除再轉令該局等

遵照外，謹電復，並請核示。天津市市長杜〇〇卯丑儉秘令印

副市長張〇〇代

訓令

令警察局、民政局

案奉

北平行轅卅五年二月十三日峰一字第五九八號代電開：

「一、奉 主席蔣丑文府交電飭，已飭切實辦理電復。」

等因。奉此。查本案前奉

主席蔣巡電到府，已於本年秘令字第三五九二號訓令

饬遵在卷。事实前因，除电复并分令外，合再令仰该厅遵照切实办理，并将办理情形随时具报！！

此令。

三二、外交部駐平津特派員公署爲蘇聯對外文化協會駐津代表已派副領事吉多福兼任事致天津市政府函（一九四八年五月十二日）

J9-1-123

4

天津市政府文電摘由紙

第一般

重要

外事處

來文機關	事由	擬辦	批示
外交部駐津特派員公署函	為准蘇聯駐津總領事館函以本館[illegible]蘇聯對外文化協會駐津代表一席業令已派副領事素多福充任云云希查照	存 查之代 五、十四 （外事處已收到蘇領館通知 查之）	

年 月 日 時收到

附件

天津市政府收文和字 37.5.13 11307號

收文 字第 號

民國卅七年五月拾四日

7

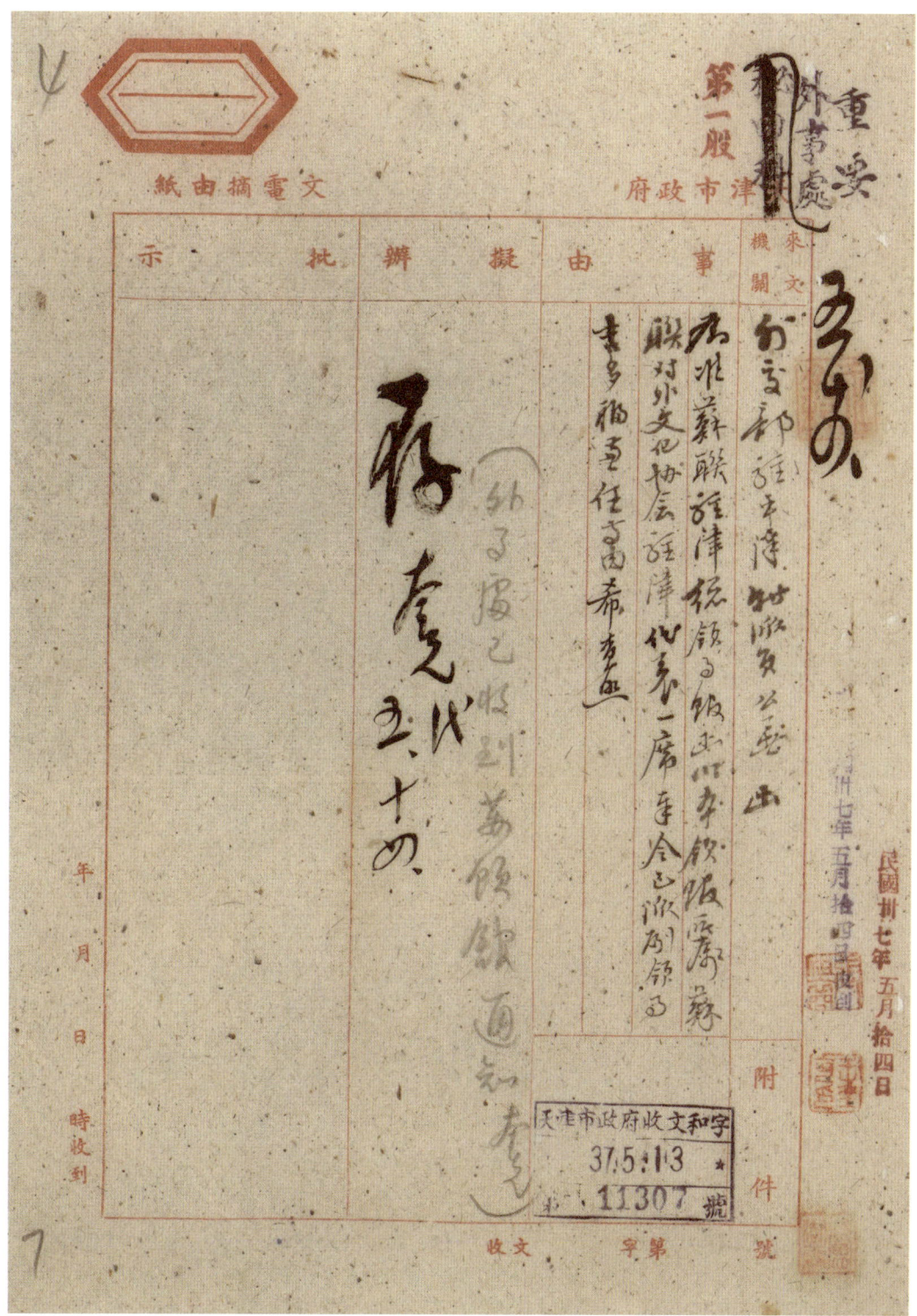

5

外交部駐平津特派員公署（ ）

發文函蘇（37）字第5380號

附件

中華民國卅七年五月拾二日

件

事由

逕准蘇聯駐津總領事館函開：

「逕啓者查本領館所屬（蘇聯對外文化協會駐津代表）一席奉令已派副領事吉多福兼任相應函達查照即請對於華國貴我兩國之文化關係惠予協助爲荷並順向閣下誠懇致敬」

等由相應函達即希

貴府查照爲荷

此致

8

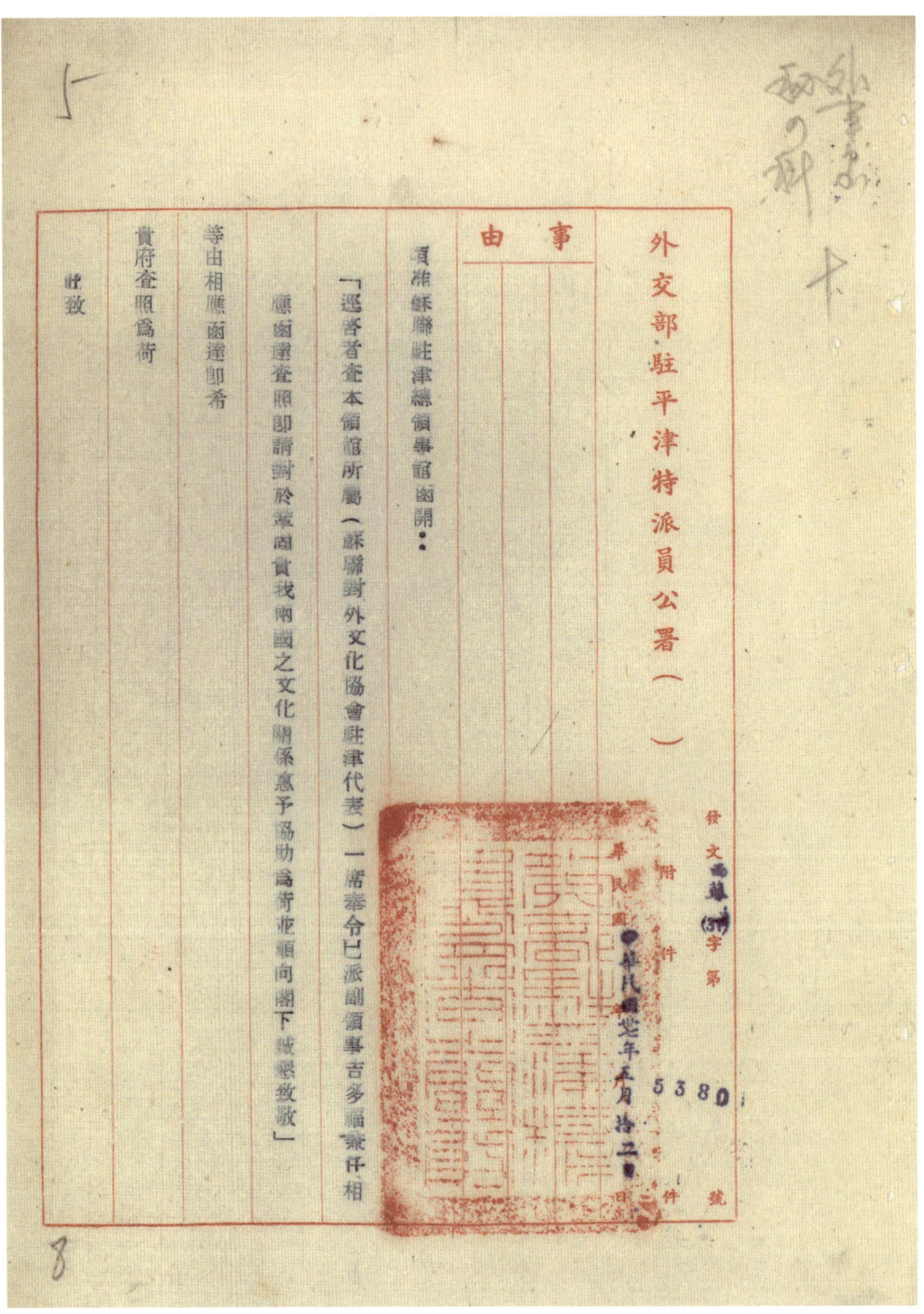

天津市政府

特派員 季澤晉

三三、外交部駐平津特派員公署爲協助設立蘇聯對外文化協會駐津代表處事致天津市政府公函（一九四八年五月二十一日）

J9-1-123

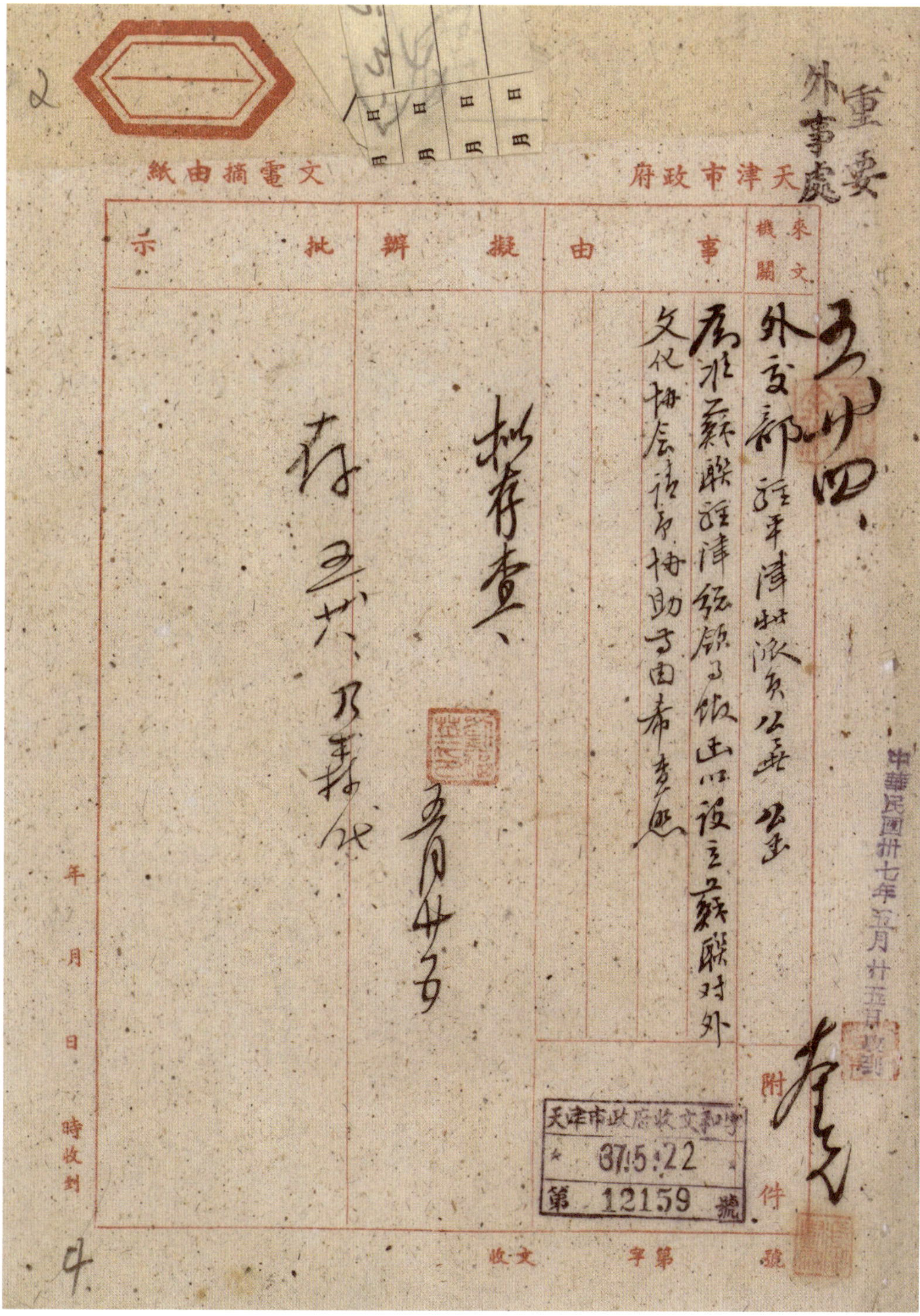
天津市政府文電摘由紙

重要
外事處

來文機關	事由	擬辦	批示
外交部駐平津特派員公署	為准蘇聯駐津總領事館函以設立蘇聯對外文化協會請予協助等由希查照	擬存查。五月廿五	存 五卅、乃峰代

天津市政府收文和字 37.5.22 第 12159 號

中華民國卅七年五月廿五日封發

附件

收文 字第 號

年 月 日 時收到

原卷粘连

外交部駐平津特派員公署（公函）

事由

頃准蘇聯駐津總領事館函開：

「查本領館現已覓妥本市浙江路第廿八號房爲蘇聯對外文化協會駐津代表處內設圖書閱覽室并時常展覽蘇聯文化照片相應函達查照即請惠予協助以鞏固貴我兩國之文化關係爲荷」

等由相應函達即希

貴府查照爲荷　此致

5

天津市政府

特派員季澤晉

6

三四、外交部駐平津特派員公署爲蘇聯駐津總領事顧德夫返國期間館務由副領事吉托夫代理事致天津市政府代電（一九四八年六月五日）

J9-1-21

重要 外事處

天津市政府文電摘由紙

來文機關	事由	擬辦	批示
外交部駐津特派員公署 代電	爲蘇聯駐津總領事顧洛夫請假返國館務由副領事吉托夫代理	擬登記存查	登記備查

附件

天津市政府收文和字 37.6.7 第13445號

年 月 日 時收到

文收 字第 號

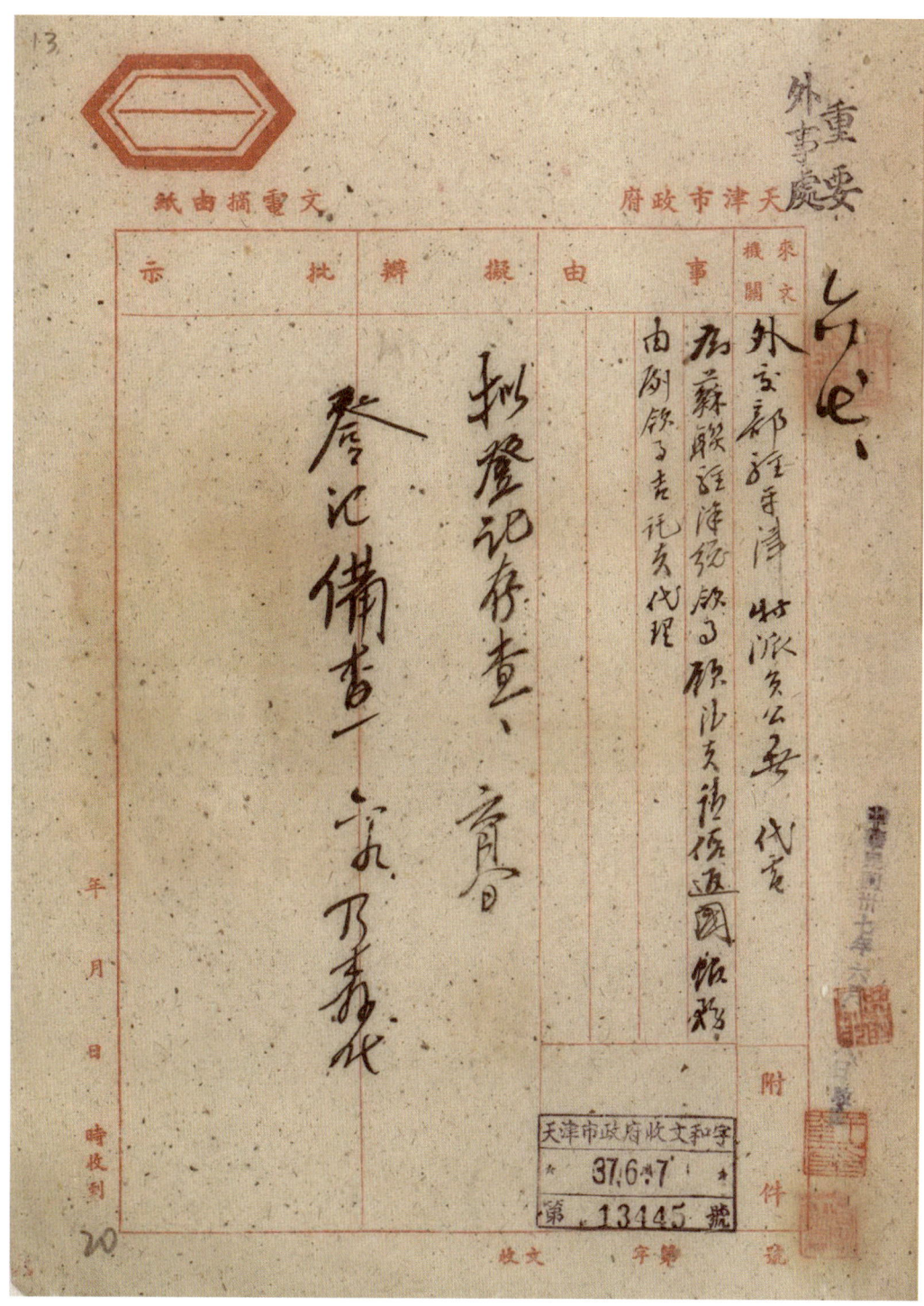

14

外事處

外交部駐平津特派員公署

快郵代電

第 禮使(87) 字第 549 號

頁共 5 字

摘由

天津市政府公鑒頃准蘇聯駐津總領事顧德夫函以該領事日內請假返國約四個月後返津在休假期內該館館務由副領事吉託夫代理等因相應電請查照為荷外交部駐平津特派員公署印已徵

中華民國廿三年六月初五日

中華民國

校對

監印

點

分發出

21

三五、外交部駐平津特派員公署特派員季澤晋爲陳報蘇聯駐津商務代表畢可夫仍在滬、津市仍由蘇沃爾臣可夫負責事致部長、次長代電（一九四八年九月四日）

J10-1-464

60

九二

代電

（發文）津（37）字第　號

部次長鈞鑒蘇聯駐津商務代表畢可夫現仍在滬聞將於日內前往台灣向泰中央信託局接收茶葉需時兩月然後來津　現在津方面仍由秘書蕭沃耳巴潤夫負責一俟畢可夫來津後蕭沃耳巴潤夫即將經滬返國謹電奉聞　職〇〇〇叩申

66

三六、外交部駐平津特派員公署特派員季澤晋爲中蘇貿易在華北方面不因改革幣制而改善事致外交部部長、次長代電（一九四八年九月四日）

J10-1-41

速

九二 副李送张副院长 共三页

编號　　判行　　校稿　　拟稿　　缮写　　附件

公呈函代令電　（發文）情 (37) 字第 6100 號

葆　九月二日　李 九月四日

中华民国卅七年九月初四日發出

部次长钧鉴：系政府此次改革币制，苏联在津人士颇为注意。我为此特往访苏联驻津商务代表处秘书萧沃身区阔夫(?)，据谈称：中国政府此次改革币制，加强物价管理，中外瞩目，实为一良好之政策。此政策之成功与否，端在严予管制，则可为预卜(?)。过去物价之波动，多为少数奸商所操纵，此次应彻底对此辈奸商予以制裁，此新措施定可收效。关于兑换金银外币，共根据近日情形可分为三类：第一类为少数人手中持有数两黄金或百数十元美钞(?)，来日之不能使用者往兑换；第二类为负债之商人，此种商人借债囤货，须要偿债，不得不将所有之硬货如金钞向银行兑换；

32

編號

公函 呈 代電 （發文） 字第 號

判行 月 日 核稿 月 日 擬稿 月 日 繕寫 月 日 附件

以便還債。第三類則為騙其（相當）盡本人持有金鈔，畏來日查抄，隨便以數十百兩市價兌換金元券，取得兌換憑證，後再以金元券在黑市上買回黃金，將來萬一有查抄情事，即可用此兌換憑證為搪塞之用。除此三類外，其持有金鈔之大戶尚未見有市價兌換者，似應鼓勵大戶領先兌換，以為表率。現大部持有金鈔者均抱觀望態度。另外此新政策之能否成功，頗與國內戰及美援有關。如內戰不停，消耗增多，支出過鉅，則通貨難免再為膨脹，物價將再上漲。美援應切實源源而來，然後可保物資之充足，否則物資

民國 年 月 日發出

41

編號

判行　　月　日
核稿　　月　日
擬稿　　月　日
繕寫　　月　日

公函　呈　代電　令

（發文）　字第　號

附件

民國　年　月　日發出

缺乏，物價仍不免於上漲，向於中英貿易無望，此方面並不因改革幣制而能有所改善，陷於停頓狀態中。以上等語，理合電請鑒核參考。職李[illegible]叩

三七、天津市油漆顏料商業同業公會爲俄人減税事致税務局函（一九四九年八月三日）

X90-Y-48

174

天津市油漆顏料商業同業公會用箋

第　頁

查本會此次辦理所得稅關於俄人毛斯加特核稅一節因國籍言語隔閡本小組依計未免過高可否酌予減低以輕負擔之處敬請

鈞局鑒核施行謹呈

天津市人民政府稅務局

中華民國卅八年八月二日

天津市油漆顏料商業同業公會

201

三八、第十稽征所爲調查俄國商店減税事呈天津市所得税推動委員會文（一九四九年八月四日）

X90-Y-48

175

案奉

鈞會臨秘發字第三〇六號通知以俄國商杏呈請減稅飭了解處理

等因經派員了解情況如下

一、該商係一蘇聯婦人獨自經營現在無意繼續營業打算到上海

去謀生

二、稅款一五七、七二五元已于七月十三日交庫但說是抗議下交款

三、視其舖內規模稅款確屬稍重已超過負担能力

根據以上情況該商稅款不免稍重但係參加絲綢呢絨紗布業

評議非本區領導究竟評議有無不公無從了解可否由鈞會領

導區予以適當處理謹報請

202

鑒核 謹呈

天津市所得稅推動委員會

附呈票呈一件

第十稽征所所長 [seal] 呈 八月四日

逕啓者查本店卅七年下半年所得稅經分配為人民券一五七、七二五元繳款通知書於本月十三日始行收到距離繳款期限七月十五日過近已無時間申請

鈞局准予減征業將稅款照繳茲謹以下列函請

鑒察即以本店之規模言一五七、七二五元稅額似嫌過高繳納如此鉅款頗感困難致使事業深受影響故謹請對本店營業情況予以瞭解俾將來根據本店實際營業情況及負担能力合理核定稅額為荷此致

天津市人民政府稅務局

俄國商店

俄國商店

地址十區宗封道七十一号

卅八年七月廿一日

204

三九、賽瑞布瑞倪克夫等爲申請設立蘇聯僑民信用社股份有限公司事呈天津市軍事管制委員會金融處文（一九四九年八月二十三日）

X2-C-779

11

財政部天津金融管理局摘由紙 01

來文機關	事由	擬辦	批示	備考
蘇聯僑民信用股份有限公司發起人賈爾布瑞倪克夫等	申請設立蘇聯僑民信用社股份有限公司，檢附章程、蘇僑名冊。	呈 閱。似可交審查組 辦。	發起人、股東之合作部份可令其補寄，其餘部份應即提出意見	信章程轉外事處乙份

附件：一、章程及發起人股東名冊共計二份

中國人民銀行天津分行金融管理科 收文第1700號 中華民國38年8月23日15時

審查組登記 第483號 中華民國38 8 23 15

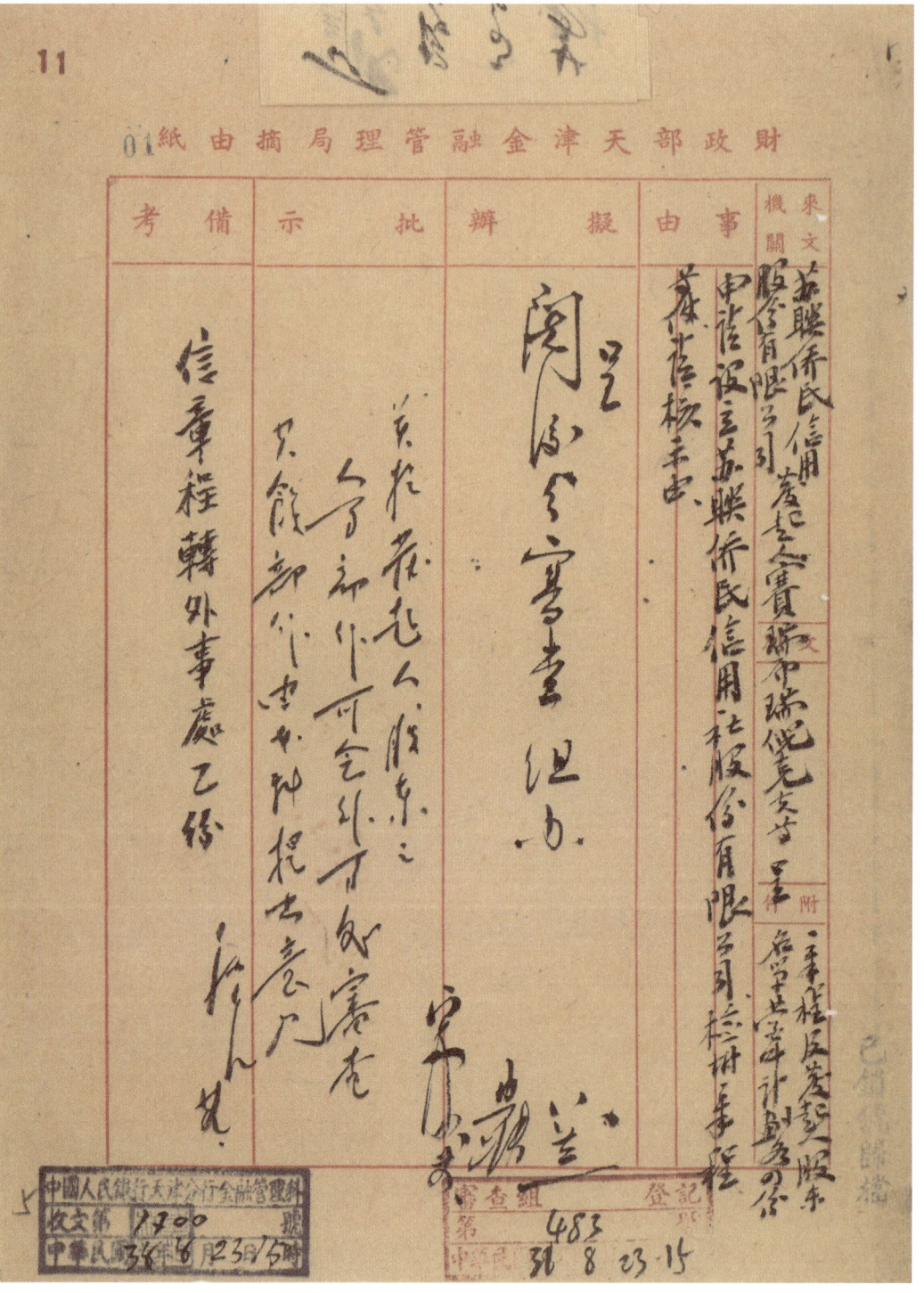

11

02

為申請設立蘇聯僑民信用社股份有限公司備具章程書類請核示由

為呈請事茲擬設立「蘇聯僑民信用社股份有限公司」理合遵章備具後開書類隨文附請

查核批示謹呈

天津軍事管制委員會金融處

附 章程 四份

發起人、董事、監察人名單 四份

股東名單 四份

營業計劃 四份

蘇聯僑民信用社股份有限公司設立發起人

賽瑞布瑞倪克夫（印）

聶甫洛克（印）

盧力滿（簽名）

什魯結爾（印）

雷文（印）

中華民國三十八年八月二十三日

6

03

天津蘇聯僑民信用社股份有限公司章程

第一章　總則

第一條　本社依照現行華北區私營企業管理暫行辦法組織之定名爲「天津蘇聯僑民信用社股份有限公司」

第二條　本社純係旅津蘇聯公民組織以服務蘇僑爲營業對象其目的在以最惠條件貸款與蘇聯公民工商業持有當地主管機關發給之營業執照合法經營本業者及個人因生活需要之小額貸款

第三條　本社股東之認許以蘇僑爲限

第四條　本社資本定爲人民券壹千貳百萬圓

第五條　本社總社設在天津市第十區大沽路二三八號如有必要時得呈准當地金融主管機關添設分社

第六條　本社營業期限暫定爲三十年期滿認必要情形得請求人民政府核准延長之

第七條　本社公告方式登載於本總社所在地之日報或以書面分別通知

第二章　股票

第八條　本社資本金壹千貳百萬圓（人民券）計分壹千貳百股每股爲壹萬圓

第九條　本社股票爲記名式股金於認股時一次交足股票由各董事簽署發給各股東存執

第十條　本社應立股東名簿登載股東之姓名及住址

第十一條　轉讓股票時讓方與受方偕具轉讓申請書經本社查核明確後方可更改

7

04

第十二條 股東印鑑於認股時備具二份交本社存查

第十三條 股票遺失或毀損時須正式以書面附具兩個保證人簽證後向本社提出經本社認可後於當地日報刊載三天 自登報日起滿三個月後如無糾葛發生始得補給

第十四條 股東會前一個月內或股東臨時會前十五日內股票停止轉讓

第十五條 所有轉讓或補發股票於本社發給時即應呈報 主管官署備案

第三章 營業範圍

第十六條 本社營業範圍如左

1 收受各種存款
2 辦理各種放款及票據貼現
3 區內滙兌
4 代理收付款項
5 工礦投資
6 保管貴重物品

第四章 股東會

第十七條 股東大會分為常會及臨時會常會規定應於每年二月以前召開之臨時會則應由董事會及監事會或依照持有股票總額百分之二十以上之各股東之要求而召集之

第十八條 本社董事會關於召開股東常會應在一個月以前依公告方式通知各股東須將開會日時地址及討論事項註明之

第十九條　每一股東無論其所持股票之多少僅有一表決權

第二十條　股東會所有一切決議應依多數贊成之方式表決之但每次開會須有全數三分之二之股東列席方能生效

第廿一條　如出席人數不足全體股東三分之二時則大會延期舉行並於七日內重行召開之重行召開之大會無論出席人數之多寡均認爲有效

第廿二條　各股東所有之提案應在召開股東大會前七日送交本社董事會以備綜合

第廿三條　股東因事不能出席股東會時得委託代理人但代理人出席時須提示該股東之委託書

第廿四條　股東大會主席及秘書經股東同意由股東中之不在董監會任職者選充之

第廿五條　股東大會之紀錄應在本社董事會保存之

第五章　董事會及監察會

第廿五條　本社董事會負責管理本社一切營業及其他事務並聘用解聘經理人等項其職權如左

1 本社股東大會由股東中選舉五人組織董事會任期一年

2 股東大會於有充分理由時在董事會董事任期未滿以前有權將其撤換

3 董事會董事得依照章程以及根據股東大會特別指示辦理本社一切業務

4 董事會由董事中選舉一人爲董事長

5 董事會之一切決議統由多數贊成之方式表決之如贊成人數與否決

05

9

人數相等則董事長得作最後決定

6 董事會之會議紀錄應由會議出席者全體簽署之此項紀錄應在董事會保存之

7 董事會會議由董事長召集之

第廿六條 爲監察本社一切事務由本社股東中選舉二人爲監察人任期一年

第廿七條 監察人有權隨時查閱本社賬簿文件及一切營業事務

第廿八條 監察人關於監察本社事務所作成監察報告書應提交股東大會核辦

第廿九條 監察會得包括天津蘇聯僑民團體監事一人以保持連繫

第六章 報告事項及分配紅利事項

第三十條 本社會計年度以公曆一月一日起至十二月三十一日爲一年度

第卅一條 每年度終了董事會負責編製本社年度書面決算該項決算應提交監察人審核並應經本社年度股東大會批准之

第卅二條 本社年度決算應參照下列資料編製之

1 有關一般業務之報告書

2 損益平衡表

3 負債目錄

4 財產目錄

5 收益及虧損賬目

6 分配收益之草案

06

第卅三條　董事會編製之決算以及監察人之報告書應在召開股東大會十日以前提交本社各股東以便查閱

第卅四條　決算時除自毛利中扣除一切開銷與業務上之虧損及折舊外其餘純利分配如下

甲　準備金百分之十

乙　捐稅百分之十

丙　天津蘇聯僑民團體學校、醫院、養老院及孤兒院維持費百分之若干於年終召集股東大會議決定之

丁　按照股東大會決議支付董監事報酬金、員工獎金及股票應得純益百分之若干於年終召集股東大會議決定之

第七章　停止營業

第卅五條　在股東大會有全體股東三分之二人數決議後或按照當地法律之規定及主管金融機關之命令本社得停止營業

第八章　附則

第卅六條　本章程在不違反政府法令下以出席股東大會三分之二人數通過後得呈報當地金融主管機關變更或增删之

第卅七條　本章程自呈奉　主管金融機關批准之日實行

07

11

天津[illegible]股份有限公司　發起人　董事　名單
監事　經理

發起人董事監事姓名	出生年	出生地	簡　歷
[illegible]魏克夫	一八九八年	生于[illegible]比利時	一九二二年來華 一九二七年開設[illegible]洋行任經理 一九四一年為天津[illegible]人[illegible]會委員 一九四七年被選為天津[illegible]會會長
[illegible]克	一九一三年	中國哈爾濱	一九三一年[illegible]比[illegible] 一九三八年來華　天津大多洋行任董事 一九四二年以個人名[illegible]出口行　曾為合[illegible]行 董事
[illegible]力[illegible]	一九一五年	中國哈爾濱	一九三〇年[illegible]哈[illegible]任董事 一九三六年任天津[illegible]出口 一九三九年在天津[illegible]公司任董事 一九四一年任天津[illegible]公司經理 一九四三年任[illegible]出口部經理 一九四九年[illegible]洋行任經理
[illegible]	一九〇二年	生于波蘭華沙	一九〇九年來華[illegible]洋行股東 曾任[illegible]會[illegible]會[illegible]行董事
[illegible]文	一九一一年	生于[illegible]	一九三六年來華在天津[illegible]汽車[illegible] 現為天津[illegible]洋行股東　曾任[illegible]會長 曾為合[illegible]行董事

12

08

監察姓名	出生年	出生地	簡歷
凱爾達	一八八二年	俄國凱山城	一九三六年來天津為喬德洋行股東經營皮毛商會繼續行商期間
西門諾夫	一八九二年	俄國	一九三七年來天津為遠東皮毛公司經理商會繼續行商期間

經理姓名	出生年	出生地	簡歷
普利沃羅普諾夫	一八八三年	俄國	一九二六年來天津為普瑞斯夫洋行股東 俄僑協會主席 遠東銀行經理 新商界聯合經理 會遠東銀行經理 蘇聯公民協會幹事等職

13

大連蘇聯僑民信用社股份有限公司營業計劃

本社如奉准開業依設立之宗旨於蘇聯僑民中進出口業、工業、商業以及個人之支持下每月可能吸收存款五千萬至七千萬其中可能以三千萬至四千萬貸放其貸放之對象除進出口業各工商業外凡僑民生活上之所需小額融資以及蘇僑慈善團體（須利或無利息）等均可利用本社又將來各大銀行對蘇商之信用及內容查詢事項本社亦當努力援助之

本年度營業概算如左（以一個月為標準計算）

活期存款 每日 一〇、〇〇〇、〇〇〇圓

通知存款 〃 四〇、〇〇〇、〇〇〇

（各平三〇） 月計

合計 一、五〇〇、〇〇〇、〇〇〇

信用貸款 每日 一五、〇〇〇、〇〇〇圓

抵押放款 〃 一五、〇〇〇、〇〇〇

慈善貸款 〃 五、〇〇〇、〇〇〇

存放同業 〃 一〇、〇〇〇、〇〇〇

存款準備金 〃 五、〇〇〇、〇〇〇

合計 一、五〇〇、〇〇〇、〇〇〇

本年度損益概算（以一個月作標準計算）

活存利息（日.5%） 三〇、〇〇〇圓

11 通知存款息（日.6%） 二四〇、〇〇〇

（各平三〇） 月計

八、一〇〇、〇〇〇

信用貸款息（日1.2%） 一八〇、〇〇〇圓

抵押放款息（1%日息） 一五〇、〇〇〇

慈善貸款息（日.6%） 三〇、〇〇〇

一〇、八〇〇、〇〇〇

利益 二、七〇〇、〇〇〇 除開支經費月七十萬圓各稅五十萬圓每月純益二百萬圓

15

四〇、天津市人民政府外僑事務處爲蘇聯僑民信用社股份有限公司章程提出意見事致金融管理科公函　（一九四九年九月一日）

X2-C-779

天津市人民政府外僑事務處用箋

事由

申請設立苏联僑民信用社股份有限公司檢來章程提出意見以便核示由

貴處轉來之苏联僑民信用社股份有限公司章程經我們審閱後有這樣幾点意見：

一、第四項所言之設立分社机構必應於事前取得我主管許可。

二、第十五項內第五款之規定須我內部商定似有出入应提出取消。

三、第二十四項內似应增加对股东之認許应以苏僑為限。

以上各点是否妥当請攷慮並賜覆為荷

此致

金融管理科

外僑事務處

九月一日

原档粘连

四一、天津市蘇聯僑民商會簡況（一九四九年九月一日）

X58-C-1066

18

團体名稱：天津市蘇联僑民商會
地址：天津市第十區泰安道四十二號
電話：三、一一九二號
宗旨：團結天津市蘇联僑民工商業，發展其業務以增加其福利，消除業務上之障碍以繁荣当地之经济，并代表各會員對外接觸、保障其合法利益，及協助主管当局實行有関工商業各項措施，并鞏固各会員向以及各会員與中國商人向之友誼，
任務：為實現上述宗旨本會自成立時起即規定一系列任務，為達成任務推行下列工作：
一、研究本会各会員之業務情况并尋求方法以改善之、
二、有系统的编製有関工商業之统計材料，以俄文翻譯政府有関工商業之法令，并以廣告或通函方式轉達本會各會員、
三、為各會員解釋政府法令，并供給有関工商業向題之参考資料、
四、供給各政府机関有関本會會員業務之資料，并解釋其

16

意義

五、協助各會員與政府当局市政当局以及各社會團体向解決一切有関工商業问題、

六、代各會員向各机関請求消除有関各会員業務發展上所發生之障碍并提出有利於國家经济及便利其業務之建議与計劃、

七、為協助各会員發展業務施行下列工作：於本會權限内出具各種證明書、編譯中俄文證件以及證明与鑑定工作、

八、以仲裁方式為各會員解决及和解商業糾紛、

成立日期：本會於一九四四年八月成立、在此以前曾對蘇联駐大連領事提議天津市蘇僑實有組織此種團体之必要、旋经蘇領事表示、於一九四四年復经当時天津主管当局批准、於一九四六年并经偽南京國民党政權核准訓令天津市政府社會局於一九四七年一月七日發給僑商立字第二號人民團体立案證書、

會員額數：截至一九四九年十二月一日本會共有會員商號一一七家（詳

20

情見所附會員名冊）

現在負責人：本會會務現由一九四七年九月廿日會員大会選出之下列會員負責管理：

理事會：會長　賽瑞布瑞倪克夫、副會長　雷文、副會長兼秘書　仕魯結爾、會計　布類記聶福、理事　巴達司基、古列爲池、伊福良德、哥幹司克、及德伯克夫、

監事會：監事長　安古記　上開各員均係名譽職并無薪津、

薪給職員：業務秘書　寇子明、翻譯　穆恒潤、收費員　韋尤諾娃、遞信員　周連發、

經濟狀況：本會主要收入係各會員每月所繳會費、此外并有少數發給證明書所收工本費、本會并無不動產、有下列動產（辦公室設備：打字機、傢俱、文具等、支出方面主要爲職員薪金、房租、購買紙張文具費用、燃煤水電費、電話費、報費、廣告費、車費以及其他雜費等、本會收支預算每月由理事會審核決定之、其數目以收支相抵爲原則但留少數金額作爲意外開銷、

68

21

一九四九年十一月份本会收支状况如下：

收入人民券一、七〇二、六三〇·一〇元　支出人民券一、五二四、二六九·七〇元、

一九四九年十二月一日结餘人民券一七三、三六〇·四〇元、

於天津解放後至一九四九年二月一日為止本会结存金额折合人民券二三、五四元、

對會務進行意見：根據本会所規定之任務并鉴於本会以往工作可見本会之存在對各会員言確有利益、蓋本会為蘇僑工商業之樞紐，經常解決有関各会員之業務向題、除極少數蘇商如飯館等業因其業務性質不屬於工商業而未参加本会外、本市各蘇僑廠商均為本会会員、准此以观更足証明本会实有存在之必要、本会不但以往即將来對政府亦有裨益、蓋对各会員推行政府法令、并囑其嚴格遵守各項法令不得或違、并對政府代表前来本会索要参考資料及辦理其他有関本会会員業務事項時無不尽力援助、

今後計劃：一、團结本市蘇联商人其目的在於用有組織的方法解決有関工商業向題、并增強其福利及發展其業務、

二、對各会員用公告或通函方式傳達政府法令、

三、便利政府机関解決与本会各会員業務有関之向題、

19

22

四、設法排除一切阻碍以利本会各会員業務之發展、
五、使本会各会員之業務納於正軌以發展经济、
六、協助本会会員解决有関其業務上所遂到之问題、
七、以仲裁方式解决各会員向所發生之商業纠纷问題、
八、對各會員解釋蘇聯公民應履行之義務以符合中蘇友好之意義、并對其曉諭●在理論上兩國主義既属相同即應以最大努力發展國内经济并協助政府實行各項政策、

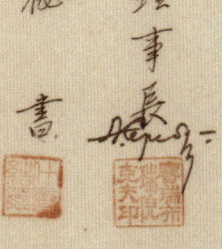

天津市蘇聯僑民商會

理事長

秘書

20

四二、中國人民銀行天津分行爲設立蘇聯僑民信用社股份有限公司事呈總行文（一九四九年九月十三日）

X2-C-779

13

14

中國人民銀行天津分行稿

來文	
第 號	1700 / 1823
文別	呈
送達機關	總行
類別	
附件	齊

事由：據蘇僑負責人寶籌錄市瑞俄克夫等呈請設立蘇僑民信用社股份有限公司附送章程等件經核尚無不合請鑒核給照由

經理
副經理

科長
副科長
覆核
組主任
擬稿員 吳雲翔

交辦	擬稿	判行	繕校	蓋印	封發
卅八年九月九日	卅八年九月九日	年月日	年月日	年月日	38 9 13

檔案 字第 1700 號

18

已銷號歸檔

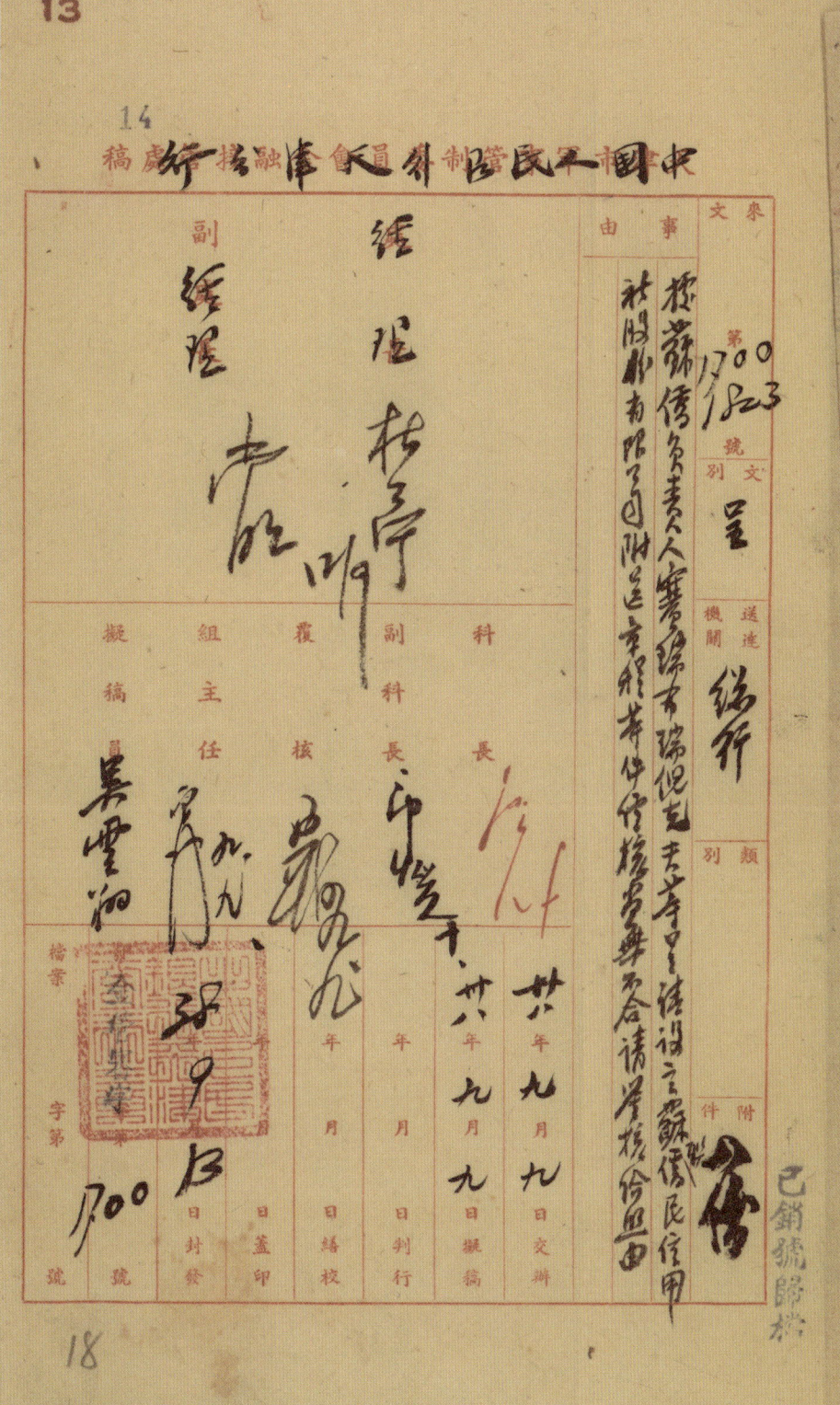

呈

查津市原有蘇聯僑商業合作銀行一家，前以無力增資，請撥鉅款存記，未予允許，乃自請停止清理，此項清理完後，因津市尚有一部分蘇僑需要有一金融機構，為其服務，該蘇僑負責人[illegible]賽瑞布瑞倪克夫等遂向本處要求請設立蘇聯僑民信用社股份有限公司，本處因中蘇友好關係，為照顧在津多數蘇僑之需要起見，以股東全部為蘇聯僑民，辦理存放款兑等此條件，以蘇僑為對象之精神，並兼此原則答

19

15

银付业管理办法原则之下，需得天津市人民政府外侨事务处同意，始许设立。兹谨先行呈送章程等件到行，经核尚无不合，理合检同原呈附件备文呈请

鉴核，给照以便办理登记。

此上

总行

天津分行 经理 何○○
副经理 冯○○

附呈：章程二份
发起人、董事、监察、经理名单六份
股东名单二份
营业计划二份

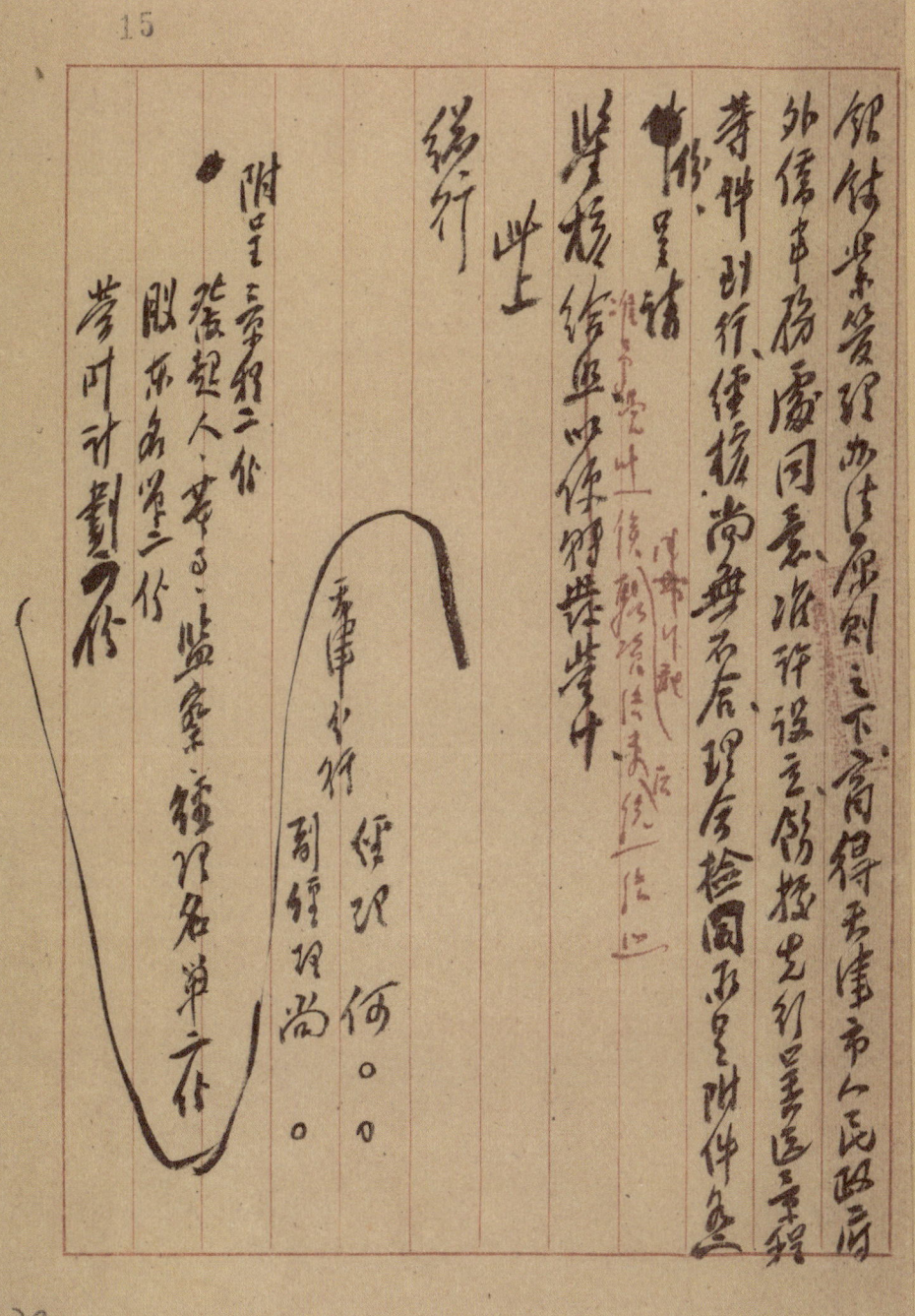

四三、天津市外僑事務處爲蘇商對工商税意見事致税務局公函（一九四九年九月二十六日）

X90-Y-38

天津市人民政府外僑事務處用箋

公函

商168号

中華民國卅八年九月廿六日

外字第636號

事由：為函轉苏商对工商稅意見之呈文由

苏商會及新药業苏商等曾前後呈函本處，提出对本年上半年度工商稅之意見，茲將所提各點與貴局聯系結果，擬作以下處理：

苏商对行業負担平衡、户與户間負担平衡及請求減免等向題，可由苏僑商會同時寫三份，轉呈該商所屬同業公會、貴局及本處，由同業公會評議。貴局應派幹部及時掌握，并隨時與本處取得聯系，以便公平解決，不生偏向。茲將所呈各函轉致貴局，希即參攷為荷

此致

稅務局

附苏商会函抄件、杷蘭金藥房及九家苏商營業房屋呈文乙紙

外僑事務處

九月 日

出字第1132號

敬啟者 前呈垂詢本會各會員對於繳納卅七年下半年所得稅以及即將開征之卅八年上半年工商業之意見，為此本會曾於本年九月七日召開全體會員大會討論此事，茲將各會員之意見臚列如下：

由各小組評議稅額分數，其方法固屬公平，而會員手選之小組應按照行業及營業狀況據實組成，較為妥當，且本會各會員認為各組組員應[illegible]設口民黨[illegible]情性，應以大多數排擠少數而達成其個人私之目的，以致損及少數組員之利益，對其商號分配稅額，若現欵以錯誤而不合理時，則對本會關於此節之意見書應予以考慮，蓋本會非對個別商人之實際情況實際瞭解，從不公平之某一此項意見書也。於此次大會上某某會員曾經舉出某些實例，如某些商號誤被指定加入不相符之小組，及負担過重或極不合理之稅額，甚至某些商號未經小組通知參加評議，即被小組擅自決定該商號所應納之分數。復查出口貿易直接[illegible]且整個與全市民生有關，故認為其負担稅額之等級實屬過高，因而本此大會上各會員提出願望減低進出口業負担稅額之等級，且認為對新

7

营业税评定纳税等级亦属较高应予减低，同时大会认为银行业所负担税款仍嫌过轻不符实际故其纳税等级应行提高此外为使各商号得知其所应负担摊税数额以及是否符合其负担能力起见拟在各小组分配税款分数以前预先了解每分等于税款若干元尤有应说明者即上次缴纳税款因收到正式缴款通知书日期距离最后缴款期限过短致使多数商号为筹足纳税所需之款项而陷于极为困难之境地并使某些商号不得不采取非常措施以致该商号等之业务迄今犹受不良影响因於征收卅七年下半年所得税本会认为不合理之处以及对本会某些组对会员分配税款不平各节本会曾提出意见并於本年七月十四日函达税务局在案但迄今未得答覆实属遗憾为此恳望 贵处对本会所提上述各项愿望与意见加以善意的考虑并提出相当办法俾将来分配及征收卅八年上半年工商业税时有所裨益为荷此致

6

天津市人民政府外侨事务处

理事长 赛路布瑞侯克夫

秘书 仕鲁格尔

一九四九年九月九日

8

四四、發起成立『中蘇友好協會』緣起（一九四九年九月）

X3-C-3490

發起成立「中蘇友好協會」緣起

十月革命揭開了人類歷史的新的一頁。它衝破了資本帝國主義的陣綫，在地球六分之一上面創立了社會主義的國家——蘇聯，並給全世界人民解放事業開闢了現實的道路。三十餘年來，世界上資本主義與社會主義兩個體系的發展呈現爲顯明的對照：前者日趨腐朽、沒落，其文化日益倒退、反動；後者則欣欣向榮，其文化蓬勃發展，光芒萬丈。這次出席世界擁護和平大會的中國代表團，曾參觀了蘇聯各方面的建設，目睹蘇聯國家之强盛和人民生活之幸福，傾慕不已。事實十分明白地表明了社會主義體系大大地優越於資本主義體系。蘇聯的方向乃是全人類應走的方向。

十月革命使中國人民的解放事業面目爲之一新。蘇聯對中國人民的解放事業給予莫大的同情和幫助，並以眞正平等的態度對待中國。所有這些就樹立了中蘇兩國人民的深厚友誼，而沒有這個友誼，中國人民的革命事業是決然不易成功的。

現在，中國革命大業在中國共產黨和毛主席領導之下，已經獲得了基本的勝利。今後我們的工作，除繼續肅淸敵人的殘餘以外，將是進行艱鉅的經濟建設和文化建設，把我們偉大的祖國從落後的農業國變爲先進的工業國。爲了順利地執行這個任務，我們必須要學習蘇聯建國的豐富經驗。我們相信，對於我國今後經濟文化建設的眞正的友誼的援助，只有從以蘇聯爲首的反帝國主義戰綫這一方面去找。

帝國主義者也不會從此就心甘意願地退出中國的，他們一定還要利用一切的可能，實行陰謀詭計，來破壞和阻撓我們的和平建設工作。我們要保障我們革命勝利的果實及和平建設工作，就必須要聯合世界上以平等待我之民族和各國人民，首先要聯合我們的偉大友邦蘇聯，共同奮鬥，反對帝國主義侵略勢力，爭取世界的永久和平。

有鑒於此，我們特發起成立「中蘇友好協會」，其任務是建立與鞏固中蘇兩國的文化經濟和各方面的聯系，介紹蘇聯的建國經驗和科學技術，發展和鞏固兩國人民的深厚友誼，爲爭取世界永久和平而奮鬥。希望全國各界愛國同胞，都能爲實現這一偉大的任務而努力。

四五、天津市人民政府外僑事務處爲蘇聯僑民信用社申請登記事致天津軍管會金融接管處函（一九四九年十一月十日）

X2-C-779

16

21

天津市人民政府外僑事務處用箋

事由：為詢問天津蘇聯僑民信用社申請登記事由

查天津蘇僑信用社曾於本年九月十六日赴 貴處申請登記。迄今將屆二月，未悉 貴處是否處理完畢，即希查明賜覆為荷。此致

天津軍管會金融接管處

外僑事務處
十一月十日

27

原档粘连

四六、天津市蘇聯僑民商會章程（一九四九年十二月十九日）

X58-C-1066

天津市蘇聯僑民商會章程

天津市蘇聯僑民商會章程

第一章　總則

第一條　本會定名為天津市蘇聯僑民商會以下簡稱「本會」西文稱
U.S.S.R. CITIZENS' CHAMBER OF COMMERCE IN TIENTSIN.

第二條　本會以圖謀會員營業之發展增進會員公共福利及矯正弊害及連絡彼此感情為宗旨

第三條　本會以天津市行政區域為區域事務所設於本市第十區泰安道四十二號

第二章　任務

第四條　本會之任務如左

一、籌議會員營業上之改良及發展事項

二、蒐集并傳遞有關於營業上之統計及其他消息事項

三、關於會員之調處及公斷事項

四、對於地方官局及其他機關為會員之代表以保障其商業上合法權利事項

五、辦理合於第二條所揭宗旨之其他事項

第三章　會員

第五條　凡已經核准登記之蘇聯僑商不論業別均應加入本會為會員

第六条　本会每一會員推派代表一人[illegible]以經理人主任人或店員為限

第七条　本会會員代表以有蘇聯國籍年滿二十歲者為限

第八條　有左列各款情事之一者不得充任本會會員

一、褫奪公權者

二、受破產之宣告尚未復權者

三、凡參加任何政治宣傳工作者

第九條　凡商號欲入本會者須經會員二人介紹並填具入會願書送審核其資

格無異議時方得入會並繳納入會費及會員費

第十條　會員有發言表決選舉及被選舉諸權及其他一切依法應享之權利

第十一條　會員須遵守本會章程服從命令各議決案並按時繳納會費凡會員三個月未納會費經本會書面通知催繳兩週後仍不繳納者開除其會籍

第十二條　凡會員喪失蘇聯國籍者即予停止其會員資格

第十三條　會員有不正當行為致妨害本會名譽信用由理事會檢舉者得按其情節輕重分別予以警告停權除名等處分但除名處分應依本章程第三十七條規定辦理之

第十四條　會員被除名後須繳還一切會員憑證如有欠費必須一律繳清

第十五條　倘本會會員經宣告破產或向法院聲明不能清償債務或對其債務簽立任何字據經向法院備案或公開向其債權人讓渡其財產者其會員資格因此而消滅並在未復權前對於本會之財產喪失使用或請求權利

第四章　組織及職權

第十六條　本會設理事九人組織理事會監事三人組織監事會均由會員大會就代表中用無記名連記法選舉之選舉前項理事監事時應另選候補理事三人候補監事二人

第十七條　理事會設常務理事三人由理事會就理事中用無記名連舉法互選之以得票最多者為當選常務理事有缺額時由理事會補選之其任期以補足前任任期為限

第十八條　理事會就當選之常務理事中用無記名單記法選任理事長一人以得票滿投票人之半數者為當選若一次不能選出時應就得票最多數之二人決選之

第十九條　監事互相推舉常務監事一人經常監督本會事務

前項所選之監事會得參加理事會之會議以便商議事務

第十九條　理事會之職權如左：

〡處理本會會務

〢對外代表本會

〣召開會員大會並執行其議決案

〤收受會費並支配會款

〥依會員之請求發給證明書

〦依會員之請求或本會須爲鑑定時得推委鑑定人

〧任用解職規定報酬並掌管一切職員及僕役及其工作

第二十一條　監事會之職權如左：

〡監察理事會執行會員大會之決議

〢審查理事會處理之會務

〣稽核理事會之財政出入

第二十二條　理監事任期二年每一年改選半數但得連任一期

如理監事因故中途出缺由各該候補人依次遞補之以補足原任之任期爲限

第二十三條　理監事均爲名譽職

第二十四條　理監事有左列各款情事之一者應即解任

〡因不名譽事故經會員常會或臨時會議決除名者

〢於職務上違背法令營私舞弊或有其他重大之不正當行爲經會員常會或臨時會令其退職者

〣發生本章程第八條各款情事之一者

〤會員資格喪失者

第二十五條　理事會下設司庫一人保管本會一切財産掌管收受會費保管會款並繳

應用正式隊伍並辦理本章程第三十三條所規定之總務股幹事一人
專管往來信件草擬稿件通告通知登記總務及其他事項

第五章　會議

第二十六條　會員大會分常會及臨時會

會員大會常會或臨時會之主席及書記由到會之會員推選之

會員大會各會員以一票決權爲限

會員代表因事不能出席會員大會時得以書面委託其他會員代表代理之

倘投票贊成或反對票數相同時由主席盡有取捨權

第二十七條　會員常會於每年十月間開會一次

第二十八條　會員臨時會議於理事會認爲必要或經會員全體三分之一以上連署請求或監事會函請召集時召集之

第二十九條　召集會員大會（常會或臨時會）應於十五日前通知之但緊急事項時得召集臨時會議

第三十條　會員大會~~(理事會及監事會亦同)~~以會員過半數之出席方得開會其決議以出席會員過半數之同意行之出席者不滿半數時得行假決議將其結果通告各會員於二星期內重行召集會議以出席者過半數之同意對假決議行其決議

第三十一條　會員大會爲變更章程會員之除名職員之退職或清算人之選任及關於清算之事項之決議以會員三分之二以上之出席出席代表三分之二以上之同意行之出席代表雖過半數而不滿三分之二時得以出席代表三分之二之同意行假決議將其結果通告各會員於二星期內重行召集會員大會以出席代表三分之二以上之同意對假決議行其決議

第六章　經費及會計

第三十二條　本會會費分爲下列三種
一、入會費
二、經常會費
三、臨時會費

第三十三條　前項會費之數額由會員大會決定或由理事會議決提請會員大會通過呈報主管官署核准

第三十四條　所有收據均歸司庫簽發但支票應經理事長聯名簽發如理事長外出或病缺時則由常務理事代簽
每年度賬目應於召開年常會前一個月末日結清該資產負債表應備略包括本會之資產負債情形亦由司庫備置並經監事會查核賬目報告單亦然賬目報告單及資產負債表經具備查核者得由會員在開會前隨時查閱並行詢問

第七章　解散及清算

第三十五條　本會之解散須經會員大會以會員人數四分之三以上出席由出席會員三分之二以上之同意方得決議呈報主管官署核准

第三十六條　本會之解散經核准後應委託清算人清算本會之事務

第三十七條　清算人有代表本會執行清算解除一切事務之權

第三十八條　清算完結後本會所有餘剩之資產款項及財產均照會員大會決議處置之

第八章　附則

第三十九條　本章程如有未盡事宜須經會員大會依照前第三十一條規定之程序之議決呈報主管官署修改之

第四十條　本章程須呈准主管官署備案後施行

四七、中蘇友好協會天津分會關於徵求會員的通知（一九四九年）（推算）

J200-1-61

中蘇友好協會天津分會關於徵求會員的通知

中蘇兩大民族的親密合作，是全人類最高利益之一，特別是中國人民的最大利益。毛主席指示說：「眞正友誼的幫助，只能從蘇聯一方面去找。」在我中國人民數十年來，前仆後繼，爲爭取中華民族解放的艱苦鬥爭之中，祇有蘇聯以眞誠無私的國際主義精神，始終不渝地同情和支持我們，當我中華人民共和國開國奠基之始，蘇聯是第一個用滿懷的熱忱，伸出雙手，歡迎我偉大中華人民共和國出現於世界，第一個和我國建立正式外交關係的國家，今後在我國人民建設工業，走向富强、獨立、自由的事業上，中蘇兩大民族的友誼無疑地是最重要最可靠的保證之一，爲增進與鞏固中蘇兩國人民兄弟般的友誼合作，促進中蘇兩大民族的一切智慧和經驗的交流，中蘇友好協會業已成立，我天津分會籌委會業已開始工作，並曾起草與公佈了章程草案，凡居住本市之公民，贊成本會宗旨者，均歡迎申請入會，凡本會會員均有下列權利與義務：

一、有參加本會所組織的各種演講，集會和學習的權利。

二、有選舉與被選權。

三、有依照優待價格訂購本分會出版品之權利。

四、有按期交納會費之義務。

五、有承担本分會一定工作之義務。

希能踴躍入會。

中蘇友好協會天津分會籌備會

月　日

四八、中蘇友好協會天津分會章程草案（一九四九年）（推算）

J202-1-437

中蘇友好協會天津分會章程（草案）

第一章　總則

第一條　本分會依據中蘇友好協會總會章程第三章第六條第三項之規定，定名爲中蘇友好協會天津市分會。

第二條　本分會宗旨是發展和鞏固中蘇兩國的友好關係，增進中蘇兩國文化經濟及各方面的聯繫和合作，介紹蘇聯政治、經濟、文化建設的經驗和科學成就，加强中蘇兩國在爭取世界持久和平的共同鬥爭中的緊密團結。

第二章　會員

第三條　凡居住本市的公民贊成本分會宗旨，願意遵守本分會章程，並有會員二人之介紹者，均可向所在地方或工廠、機關、學校的中蘇友好協會組織申請加入，經批准登記後，得爲本會會員。凡旅居天津市的蘇聯公民亦得依同樣條件申請加入本會爲會員。

第四條　本分會會員的權利和義務如下：

（一）有參加本分會所組織的各種演講、集會和學習的權利。

（二）有選舉權和被選舉權。

（三）有依照優待價格訂購本分會出版品的權利。

（四）有按期交納會費的義務。

（五）有承擔本分會一定工作的義務。

第三章　組織機構

第五條　本分會組織系統如下：

（一）天津市設分會

（二）本分會以下可在適當區域、工廠、機關、學校等處，應人數之多寡及機關之大小，得設支會及支分會。

（三）支分會受支會領導，支會受分會領導，本分會受總會領導。

第六條　各支會支分會均得簡稱爲某區、某工廠、某機關、或某學校中蘇友好協會。

第七條　支分會及支會以會員大會爲權力機關、分會以代表會爲權利機關。在會員大會或代表會閉會時間，其所選出的支會、支分會幹事會或分會理事會爲各級領導機關。

第八條　本分會的代表會每年召開一次，支會及支分會會員大會每半年召開一次。

第九條　本分會代表會和各級會員大會的職權，是聽取理事會或各級幹事會的會務報告，批准工作計劃，選舉正副會長及理事會或幹事會。

第十條　本分會爲主持全市會務設會長一人，副會長若干人，正副會長由本分會全市代表會選舉之，但第一屆正副會長由成立大會選舉之。

第十一條　本分會爲領導全市會務，在正副會長下設理事會，由全市代表會選舉理事若干人組成之，但第一屆理事會由成立大會選舉之。

第十二條　本分會理事會爲處理日常工作，得在正副會長指導下設幹事會，由正副會長指定總幹事一人，副總幹事若干人幹事若干人組織之。幹事會得按工作需要，設立秘書處、組織部、服務部、研究部等工作機構，其辦事細則另訂之。

第十三條　本分會理事會各區支會、支分會、幹事會的組織規則，得按各地區工作需要，自行規定之。

第四章　經費

第十四條　本分會經費來源爲：

（一）會員會費；

（二）本分會出版物的收入；

（三）演出展覽等收入；

（四）捐助和補助。

第十五條　本分會收支須有預算和決算

第五章　附則

第十六條　本章程如有未盡事宜，得由本分會代表會或理事會決議行之。

第十七條　本章程經本分會成立大會通過後實行。

229

229

四九、華北對外貿易管理局爲免收蘇聯駐華商務代表天津分處運費事復天津鐵路管理局函（一九五〇年二月七日）

X91-Y-474

華北對外貿易管理局

文別	建財秘字第35號
事由	函復蘇聯駐華商務代表即蘇聯駐華大使館之一部份由
送達機關	天津鐵路管理局
附件	賬單兩張

局長　副局長　主辦公室任　秘書室 六日

會：業務室 三日　此函業經外事處會同擬定

主管部門　擬稿　經辦　校對　繕寫　收發

貿業字第6613號

一九五〇年貳月七日

華北對外貿易管理局稿

據津財稽字第三十二號函由開於蘇聯駐華商務代表託運汽車暨貨品問題查蘇聯駐華商務代表之處乃蘇聯駐華大使館之一部份貴局既已奉令免收蘇聯大使館由滬遞運之運費則蘇聯駐華商務代表之處應付之運費自應免收特此函達並檢同原賬單送請洽辦為荷此致

天津鐵路管理局

華北對外貿易管理局

五〇、天津市人民政府外僑事務處爲轉送蘇聯僑民信用社修正後章程事致天津市軍管會金融接管處公函（一九五〇年四月二十五日）

X2-C-779

天津市軍事管制委員會金融接管處文電摘由紙

來文機關	事由	擬辦	批示	備考
外事處	爲轉送蘇僑信用社修正以之章程由	呈閱後分二科		
文別：函				
附件：章程貳份				

天津市軍事管制委員會金融接管處 收文第 903 號 1950 4 25

1

27

天津市人民政府外僑事務處用箋

公函　外字第一〇三六號
一九五〇年四月廿五日

事由：爲轉送蘇僑信用社修改後之章程由

蘇僑信用社呈請在本市設立。業經市財委呈請中財委批准，中財委已原則上同意開業，唯尚有數點需加修改。現該社已將修改後章程送來，特轉送貴處兩份請即與主管機關速緊准予開業，並請迅予覆示爲荷

此致

天津市軍管會金融接管處

天津市人民政府外僑事務處

（印：天津市人民政府外僑事務處）

附天津蘇僑信用社章程兩份

38

[illegible]

第1章 [illegible]

第1條 [illegible]（[illegible]）

第二條 [illegible]

第三條 [illegible]

第四條 [illegible]

第五條 [illegible]

第六條 [illegible]

第二章 [illegible]

第七條 [illegible]

第八條 [illegible]

第九條 [illegible]

第十條 [illegible]

第十1條 [illegible]

第十二條 [illegible]

第十三條 [illegible]

第十四條 [illegible]

第三章 [illegible]

第十五條 [illegible]

1、[illegible]

2、[illegible]

3、[illegible]

第四章 [illegible]

第十六條 [illegible]

第十七條 [illegible]

第十八條 [illegible]

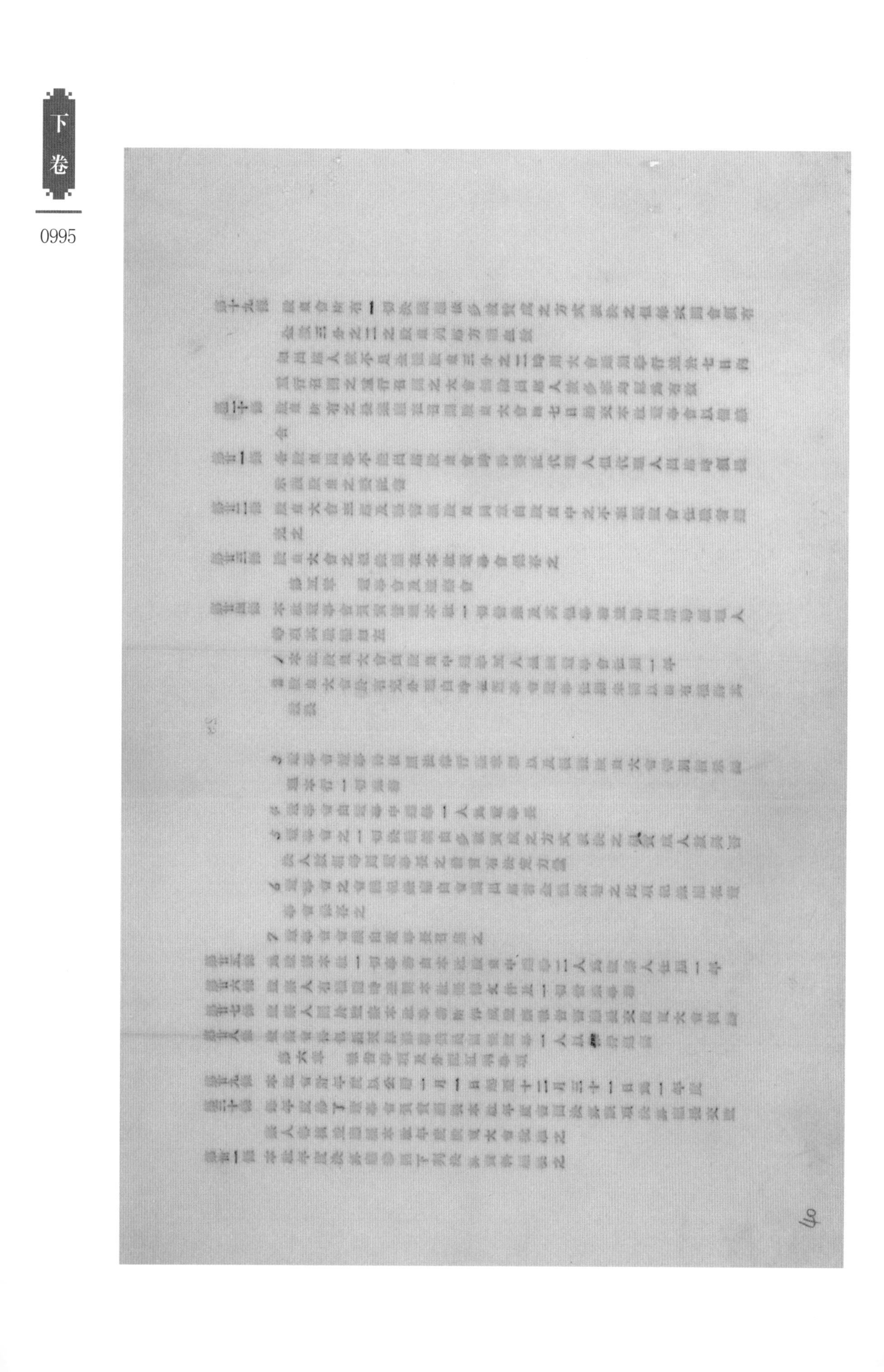

40

41

天津縣聯合民信用社股份有限公司營業計劃

本社係聯合同業依設立之經旨於聯合民中進出口業、工業、商業以及個人之支持下每月可能吸收存款五千萬至七千萬其中可能以三千萬至四千萬貸款其貸款之對象除進出口業各工商業外凡個民且沿上之按譜小額謀貸以及聯合民善團體（無利或低利息）等均可利用本社又將來各大銀行對聯商之信用及內容並佈事項本社亦當努力協助之

本年度營業預算表（以一個月份標準計算並一九四九年六月三十日情況作成）

活期存款每日	一〇、〇〇〇、〇〇〇圓	信用貸款每日	一五、〇〇〇、〇〇〇圓
定期存款每日	四〇、〇〇〇、〇〇〇圓	抵押放款每日	一五、〇〇〇、〇〇〇圓
		證券貸款每日	五、〇〇〇、〇〇〇圓
		存放同業每日	一〇、〇〇〇、〇〇〇圓
（合集三〇）月 計		存款準備金每日	五、〇〇〇、〇〇〇圓
合計	一、五〇〇、〇〇〇、〇〇〇圓	合計	一、五〇〇、〇〇〇、〇〇〇圓

本年度損益預算（以一個月作標準計算）

活存利息（日0.3%）	三〇、〇〇〇圓	信用貸款息（日1.2%）	一八〇、〇〇〇圓
定期存款息（日0.6%）	二四〇、〇〇〇圓	抵押放款息（1%日息）	一五〇、〇〇〇圓
（合集三〇）月 計		證券貸款息（日0.6%）	三〇、〇〇〇圓
	八、一〇〇、〇〇〇圓		一〇、八〇〇、〇〇〇圓
利息	二、七〇〇、〇〇〇圓	除開支經費月七十萬圓各從五十萬圓每月純益	

二百萬圓

42

五一、天津市人民政府公共衛生局爲通知醫院診所應照章徵税事致天津市人民政府外事處函（一九五〇年四月二十六日）

X58-C-295

天津市人民政府衛生局（公共）（函）

事由：為准函囑調查決定蘇聯醫院請免工商税一案茲奉衛生部通知醫院診所應照章征税請轉知該院遵照由

發文：衛五字第1564號
一九五〇年四月廿六日

受文者：天津市人民政府外僑事務處

准四月六日外字第九八七號函請調查決定蘇聯協會請免工商稅一案，茲奉中央衛生部通知略開：醫院診所均應繳納營業稅，附財政部來稱工商業稅條例係營業稅與所得稅之統稱，自應照章征稅，各等因。函請查照轉知該院遵照為荷！

局長 李克鴻
副局長 劉璞
蔡公琪

監印 盧
校對 姜允宏

38·8·4000

66

五二、天津市人民政府財政經濟委員會爲批准設立蘇聯僑民信用社股份有限公司事指示金融處（一九五〇年五月八日）

X2-C-779

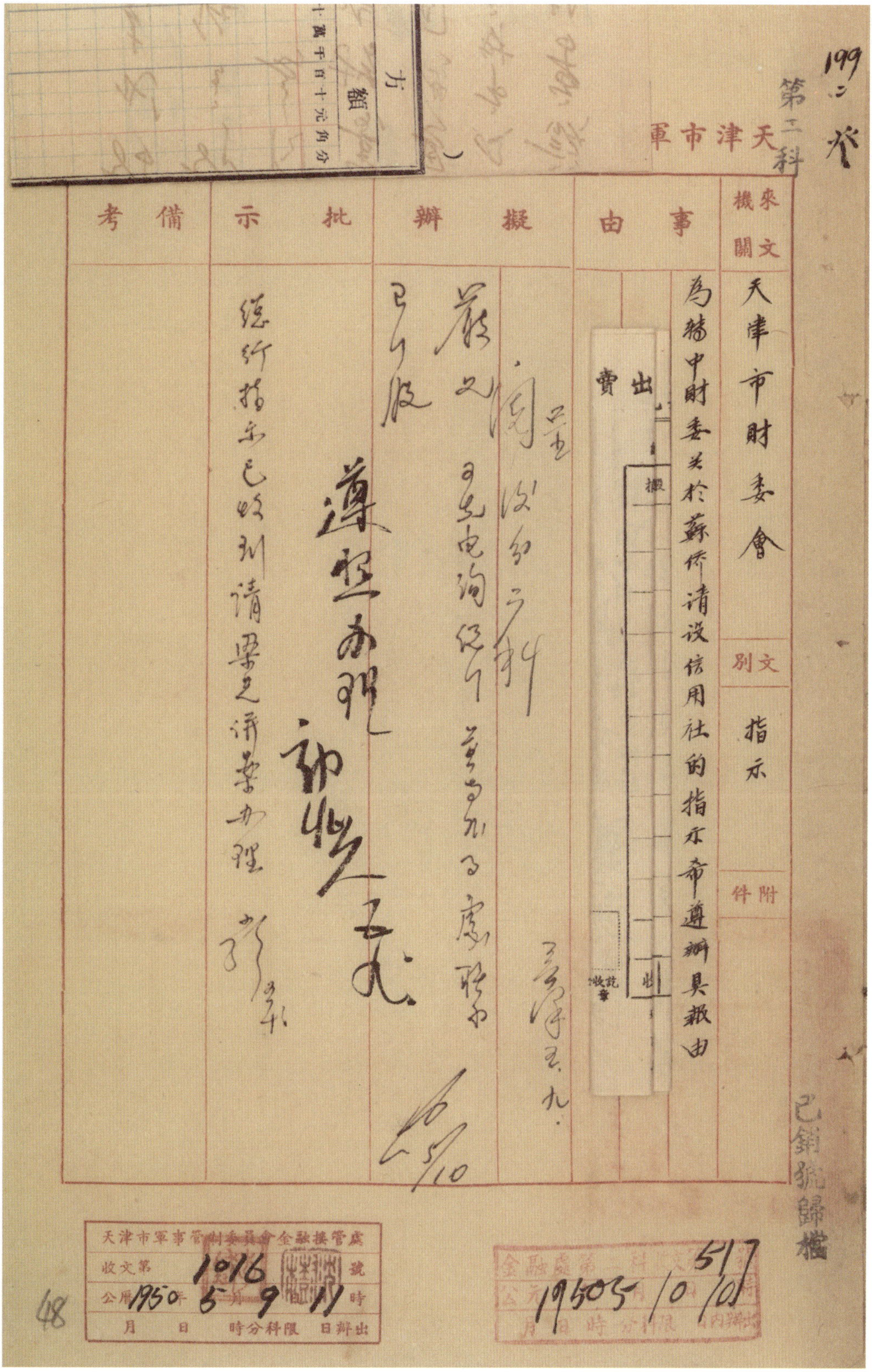

天津市軍 第二科 199二

來文機關	事由	擬辦	批示	備考
天津市財委會	為轉中財委关於蘇修請設信用社的指示希遵辦具報由	閱後分二科 五.九 已電詢總行當如何處理 5/10	遵照辦理	總行指示已收到 請照總行指示辦理

文別：指示

附件：

天津市軍事管制委員會金融接管處 收文第1016號 1950年5月9日11時

金融處第一科 517 1950.5.10

已銷號歸檔

48

3

34

天津市人民政府財政經濟委員會 指示

事由：為轉中財委關于蘇僑請設信用社的指示希遵照辦理具報由

財經字第七二號

一九五〇年五月八日

指示　金融處

奉中央財委會財經外字第二十號指示略開：「關于天津蘇僑請設信用社股份有限公司一案，同意你會意見，至批准設立，可由當地金融主管機關辦理。」等因，用特轉知，即希遵照辦理具報。

並抄致

外事處

工商局

主　任　黃　敬

副主任　劉秀峰

　　　　李耕濤

（印章：天津市人民政府財政經濟委員會印）

（印章：……劉之章）

49

五三、天津市軍事管制委員會金融接管處爲批准蘇聯僑民信用社成立及修正章程核定資本事致天津市人民政府財政經濟委員會報告（一九五〇年五月二十五日）

X2-C-779

7

己發

40

天津市軍事管制委員會 金融接管處稿紙

錫副稿送王處長

來文	第 1016 1029 號
文別	報告
送達處所	財委會
附件	

事由：爲報告批准蘇聯僑民信用社成立及修正章程核定資本經過情形請核備由

處長
副處長
軍事代表

主任秘書
科長
擬稿

[illegible]
[illegible] 五、廿二、

郭[illegible] 五月廿六、
一九五〇年五月廿六日
一九五〇年五月廿五日
金管（一）字 1019

報告

查蘇僑代表賽瑞布瑞倪克夫等呈請設立蘇聯僑民信用社一案，曾於本年五月九日奉財經計（50）字第七二一號指示開：奉中央財委會指示：天津蘇

58

金融處第二科已登記 524 送 廿六日十時半
己錄號歸檔

侨请设信用社批准设立可由当地金融主管机关办理」转知遵照办理具报」等因；复奉人民银行总行指示内开：「呈文附件均悉。据陈天津市苏侨信用社云云，本即转知该社发起人查照办理」等因；当经与外事处洽商批准设立在案。本处遵照前案即予批准设立，资本额定为一亿元，分两次缴验，乃由本处通知该社发起人准予该社资本修订。团体与人民银行总行指示再加修正，资本额定为一亿元。该社先将已筹妥之资金六千万元呈缴备验，其余四千万元限本月底前筹足补缴。兹有批准该社设立及修正章程核定资本经过情形，除分报外理合报请

59

41

鉴核备案

此上

天津市人民政府财政经济委员会

处长何○○

副处长高○○

60

五四、中國人民銀行天津分行爲批准蘇聯僑民信用社成立及修正章程核定資本事致總行報告（一九五〇年五月二十五日）

X2-C-779

8

已發

42

天津市軍事管制委員會金融接管處稿紙 分行

來文	第1016 1029號
文別	報告
送達處所	總行
附件	

事由：為報告批准蘇聯僑民信用社成立及修正章程核定資本經過情形請核備由

經理
副經理
金融處

主任秘書 新如 五、廿三
科長 吳雲翔 五、廿二、
擬稿 趙鈞 五廿二、

一九五〇年五月二十三日
一九五〇年五月廿五日
金管(二)字第1029號

金融處第二科已發記

已銷號歸檔

624

報告

查蘇僑代表人寧瑞布瑞倪克夫等呈請設立蘇聯僑民信用社一案本年五月九日奉津財委會指示丙開本市中央財委會指示略開關於天津蘇僑

61

请设信用社股份有限公司一案同意你会意见呈批
准设立可由当地金融主管机关办理并通用特转知
即希遵照办理具报等因十日复奉
钧行总发字第一六〇号关于苏侨信用社章程应修
正各点希转知查照的指示当与苏侨事务处洽商拟定
准设立及资本问题经商定即予批准设立资本额定为一
亿元分两次缴纳由金融处通知该社发起人霍尔布瑞
便克夫等准予设立章程内营业范围为不收受苏侨
各种存款不办理苏侨各种放款只代理苏侨收付款项
以符合第三条所称限于以服务苏侨为营业对象之精神

62

43

資本額定為一億元，繳先將已籌妥之資金六千萬元呈繳本行備驗，其餘四千萬元限本月底前籌足補繳。兩有批准蘇聯僑民信用社設立及修改章程、核定資本經過情形，除分報外，理合報請

鑒核備案。

謹上

總行

天津分行經理 何〇〇

副經理 尚〇

63

五五、中國人民銀行總行爲批准蘇聯僑民信用社成立及修正章程核定資本准予備案事指示天津分行（一九五〇年五月三十日）

X2-C-779

9

天津市軍事管制委員會金融接管處文電摘由紙

第二科 1772 六、八

來文機關	事由	擬辦	批示	備考
總行	关於所報批准蘇聯僑民信用社設立及修正章程核定資本情形准予備案的指示	閱後分二科 呈 〔簽〕 六、三	郭〔簽〕 6.3 〔簽〕 6/3	存 李〔簽〕 六、五 〔簽〕 〔簽〕 6/3
文別：指示				
附件				

天津市軍事管制委員會金融接管處 收文第 1265 號 公元 1950 6 2 17 時

金融處第二科收文第 673 號 公元 1950 6 3 日 15 時

已銷號歸檔

64

文件用完務請賜還文書

收文總6132號
50年6月2日收 12.2

45

中國人民銀行總行

總管字第一九四號

關於所報批准蘇聯僑民信用社設立及修正章程核定資本情形准予備案的指示

指示天津分行

金管(二)字第一〇二九號呈悉。所報蘇聯僑民信用社先予批准設立，資本額定爲壹億元，分兩次繳驗，并先將已籌妥之資金六千万元呈繳本行備驗，其餘四千万元限本月底前籌足補繳，至章程內營業範圍應予修正各點，已通知修正具報，所有批准蘇聯僑民信用社設立及修正章程核定資本經過情形請核備等情，經核尚無不合准予備案，希即知照。

8.46號804—20.7×28.5公分

65

原档粘连

一九五〇年五月三十日

中國人民銀行印

行長南漢宸

副行長胡景澐

66

五六、天津市人民政府公共衛生局爲財政部函請參酌辦理蘇聯醫院請免工商税事致天津市外事處函（一九五〇年五月）

X58-C-295

天津市人民政府衛生局（函）

事由	擬辦	批示	受文者
為准函囑調查決定蘇聯醫院請免工商税一案兹復本抄財政部函第二條之規定請參酌辦理由			外僑事務處

發文 衛五 字第 1758 號　一九五〇年五月　日　時發

附件

中華民國　年　月　日　時收　收文　字第　號

中華民國　年　月　日　時交辦

中華民國　年　月　日　時擬辦

准四月六日外字第九八七號函囑調查決定蘇聯醫院請免工商税一案業於四月二十六日以衛五字第一五六四號函覆請轉知該院應照章征税辦理在案兹查財政部一九五〇年四月八日致衛生部財税字第一一四號函内第二條規定其原文如下「工商業税係營業税與所得税之統稱非僅以純工商業為征課之對象醫院或診所皆有獨立營業行為自應照章征税惟依條例精神不問教會紅十字會或私營醫院診所其施診部份只收藥費而不超過成本者可以免征至於社會衛生事業應加照顧一節條例内之計算分業税率表及減征行業範

38·8·4000

68

圖表內已另有規定」茲抄致
貴處查照參酌辦理爲荷。

局長 李允修
副局長 劉璞
蔡公琪

天津市人民政府衛生局

校對姜允中
監印盧建中

61
49

五七、天津市軍事管制委員會金融接管處爲蘇聯僑民信用社開業事致天津市人民政府財政經濟委員會報告（一九五〇年六月二十二日）

X77-C-79

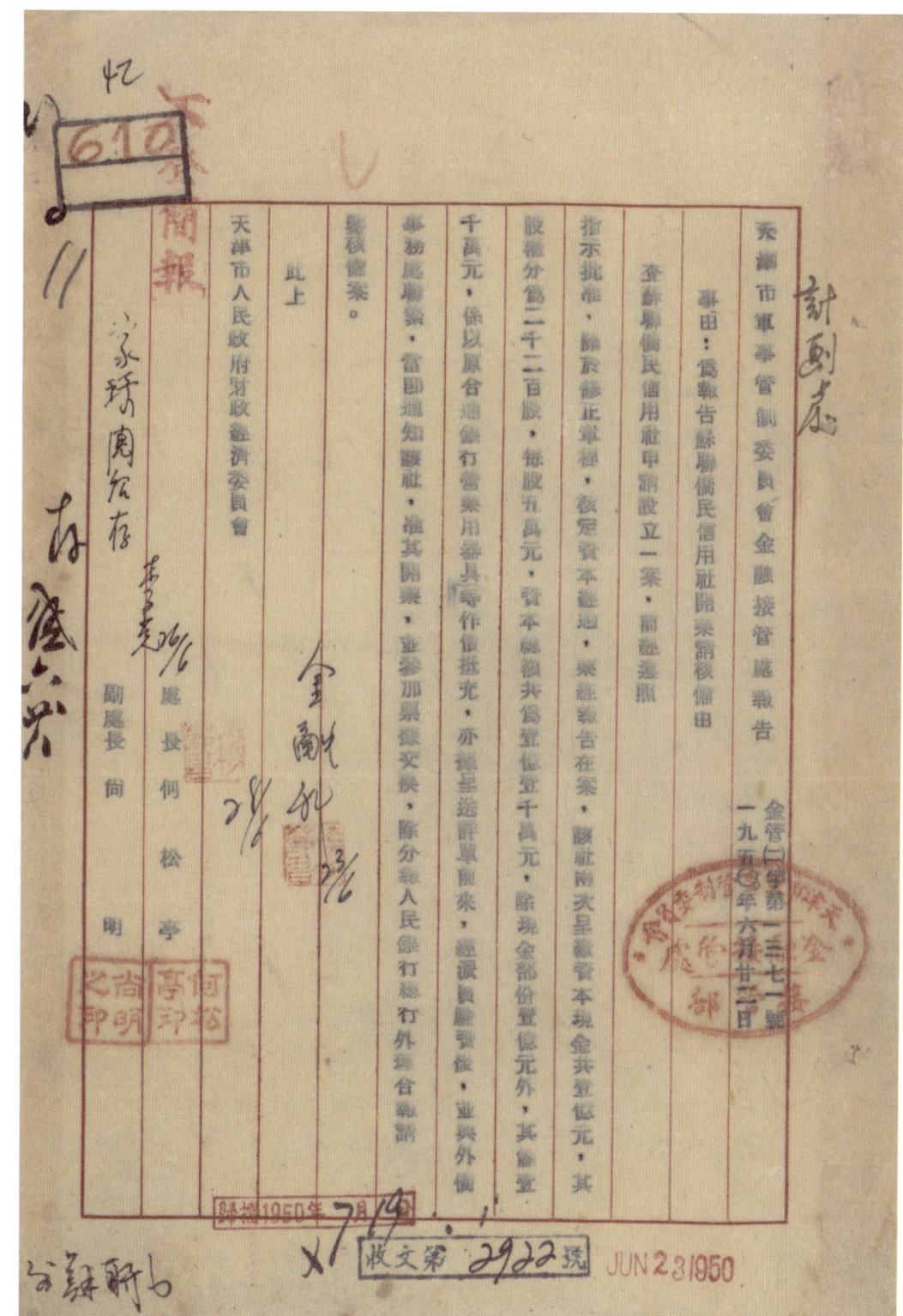

簡報

天津市軍事管制委員會金融接管處報告

金管(二)字第一三七一號
一九五〇年六月廿二日

事由：爲報告蘇聯僑民信用社開業請核備由

查蘇聯僑民信用社申請設立一案，前經遵照指示批准，飭於修正章程，核定資本總額，業經報告在案，該社兩次呈繳資本現金共壹億元，其股權分爲二千二百股，每股五萬元，資本總額共爲壹億壹千萬元，除現金部份壹億元外，其餘壹千萬元，係以原合通銀行營業用器具等作價抵充，亦據呈送詳單前來，經派員驗收後，並與外僑事務處聯繫，當即通知該社，准其開業，並參加票據交換，除分報人民銀行總行外，理合報請鑒核備案。

此上

天津市人民政府財政經濟委員會

處長 何松亭

副處長 尚明

五八、天津市軍事管制委員會金融接管處爲准予蘇聯僑民信用社開業及資金發還運用事致蘇聯僑民信用社通知、致外僑事務處函（一九五〇年六月二十二日）

X2-C-779

13
14

天津市軍事管制委員會 金融接管處稿紙

60

已發

一科

通知抄副稿送 財委會 工商局 稅務局 證管服務所 銀錢業同業公會 外商銀行 中央 銀行

來文字號	1299 1311 1371
文別	通知 函
送達處所	蘇聯僑民信用社 外事處
附件	二件

事由：據該社呈繳資金明細表及開業資金來源證明由
通知蘇僑信用社准其開業文一件並抄副稿送達各別
函轉由

處長 副處長 軍事代表

主任秘書 科長 擬稿

全銜
字第　　號

通知　蘇聯僑民信用社

該社呈繳資金明細表證應准開業並予照准核由

查該社呈繳資金、明細表證、應准該開業、並准

金融處第二科已登記

已錄歸檔

一九四九年六月廿二日
金管字第1371

封發號
檔案號

82

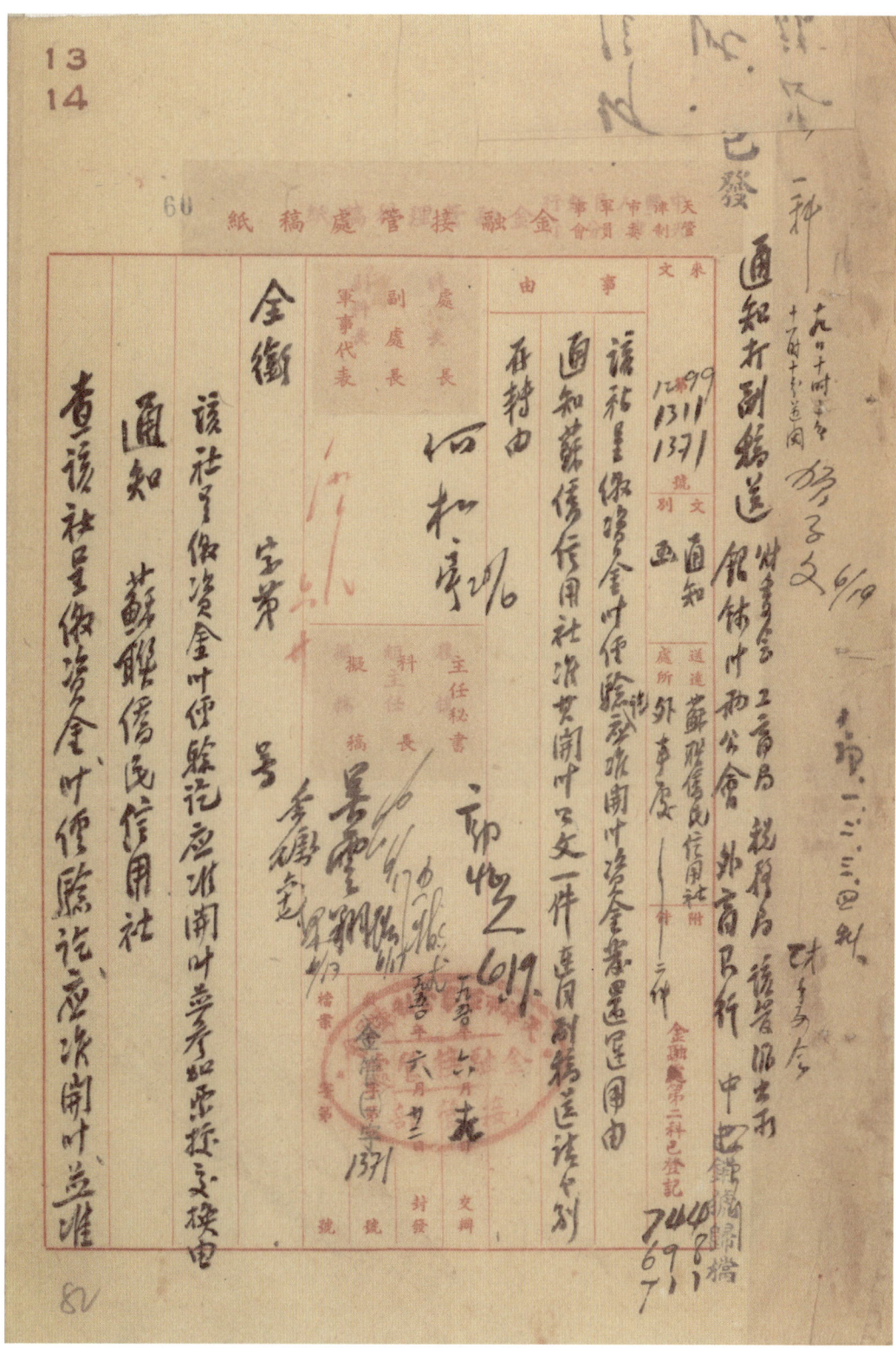

於開付之日，參加票據交換，該社兩次所繳資本現金之民券共計壹億元，即予發還運用，可逕赴人民銀行天津分行營業部洽領，并向該部辦理參加票據交換手續，除分行外希即遵照並將開付日期具報備查。

特此通知

處長何〇〇

副處長尚〇

函

茲送上批准蘇聯僑民合作社開付通知一件，即請

貴處轉發該社營業登記證，證據陳報人民銀行備案

查照，即予填發通知副稿一份，併請

83

61

察存，此致

外僑事務處

並通知不通知副稿存

處長何○○
副處長尚○○

84

五九、天津市軍事管制委員會金融接管處、中國人民銀行天津分行爲蘇聯僑民信用社開業請發營業登記證事致天津市人民政府財經委員會、總行報告（一九五〇年六月二十二日）

X2-C-779

16

已發

63

天津市軍事管制委員會 金融接管處稿紙

來文	第1311/1371號
文別	報告
送達處所	財委会 稽核所
附件	

事由：为报告批准苏联侨民信用社开业[redacted]请核备[redacted]并请饬发该社营业登记证以便转发收执由

處長　副處長　軍事代表

主任秘書　科長　擬稿

交辦　封發　號

報告

查苏联侨民信用社前经呈（申请设立一案）
指示批准，并饬依照章程核定资本，俟开业时候报
告去后，兹据该社将资本现金共壹億元，并股东名册

金融處第二科已登記
已發
744

87

（会稿）

二千二百股，每股五万元，资本总额共为壹亿壹千万元，除现金部份壹亿元外，其馀壹千万元，系以原合通银行营业用器具等作价抵充，兹据呈送详单前来，经派员检查后，并无外债手续需要，当即通知该社，准其开业，并予加盖[illegible]换发，再查本市非本市营业营业者，须请领证照，常请开中国人民银行总行外，该社营业[illegible]一份，并即填发营业执照，除分报人民银行总行外，理合报请津财委会核备[redacted]案。再请钧[illegible]发给该社营业登记证，以便转发收执。

再查本年该处津市分社营业登记证，业经陈报为该社预留一份，因系华北人民政府所颁，现在似不适用，拟

此上

天津市人民政府财政经济委员会

总行

天津分行经理 何〇〇

副经理 尚〇

六〇、蘇聯僑民信用社股份有限公司爲定期開業并參加交換事致金融處函（一九五〇年六月二十四日）

X2-C-779

17

天津市軍事管制委員會金融接管處文電摘由紙

來文機關	事由	擬辦	批示	備考
蘇聯僑民信用社	為本社定於本月廿六日開市并參加票交請查照由	閱後交二科 呈	同意 6/26	秘分別通知兩公會及外商銀行知照
文別：函				
附件				

第二科 191

已銷號歸檔

天津市軍事管制委員會金融接管處 收文第 1468 號 公曆 1950 年 6 月 26 日 10 時

金融處第二科收文第 797 號 公元 1950 年 6 月 26 日 16 時

天津蘇聯僑民信用社股份有限公司
天津十區大沽路二三八號

КРЕДИТНОЕ ОБЩЕСТВО ГРАЖДАН СССР В ТЯНЬЦЗИНЕ
(С ОГРАНИЧЕННОЙ ОТВЕТСТВЕННОСТЬЮ)
SOVIET CITIZENS' CREDIT CORP. OF TIENTSIN, LTD.

Тел.: 325
325
CABLE ADDRESS
SOVCITO

Тяньцзин, ...
238, Таку Лу

逕啓者 敝社遵奉
金融處批准定於公曆一九五零年六月二十六日參加交換同時開業專函
奉告
此致
金融處台

SOVIET CITIZENS' CREDIT CORP. OF TIENTSIN, LTD.
Director　　Manager

敬 一九五〇年六月二十四日

90

六一、天津市銀行商業同業公會爲蘇聯僑民信用社已批准成立并參加交换事致建業銀行函（一九五〇年六月三十日）

J200-1-81

109

建業銀行天津分行來文封面紙

來文機關	銀行公会
文別	新P4函
收文日期	1950年[illegible]月[illegible]日 時
收文號數	544
事由	为苏联侨民信用社已批准成立并参加交换请查照由
各股	總務　會計　營業
	傳閱　存款　出納
	承辦
副襄理	
經理	文悉 股換 查照
歸檔	日期　年　月　日
	卷號　A.3.1

116

逕啓者接奉金融處六月廿九日金管(二)字第一四六七號通知內開查蘇聯僑民信用社業已批准設立茲據該社呈稱本社遵奉批准定於一九五〇年六月廿六日開業同時參加交換等情希即轉行各會員行查知照等因相應函達

查照此致

貴　業銀行

天津市銀行商業同業公會啓

新字第一九四號

一九五〇、六、三十、

六二、金城銀行天津分行爲蘇聯僑民信用社已批准成立及各行莊客户清户時將未用支票全數收回事致東處函（一九五〇年七月三日）

J211-1-4567

140

金城銀行號信用箋

屬通字第五八號第全頁

摘由：函抄公會來函希查照由

逕啓者茲接銀行公會新字第一九四號函轉金融處通知蘇聯僑民信用社業已批准設立并参加交換事又接新字第一九五號函轉金融處通知爲各行莊與客戶清戶時務須將未用支票全數收回轉用將公會來函照抄附奉即希查照爲荷此致

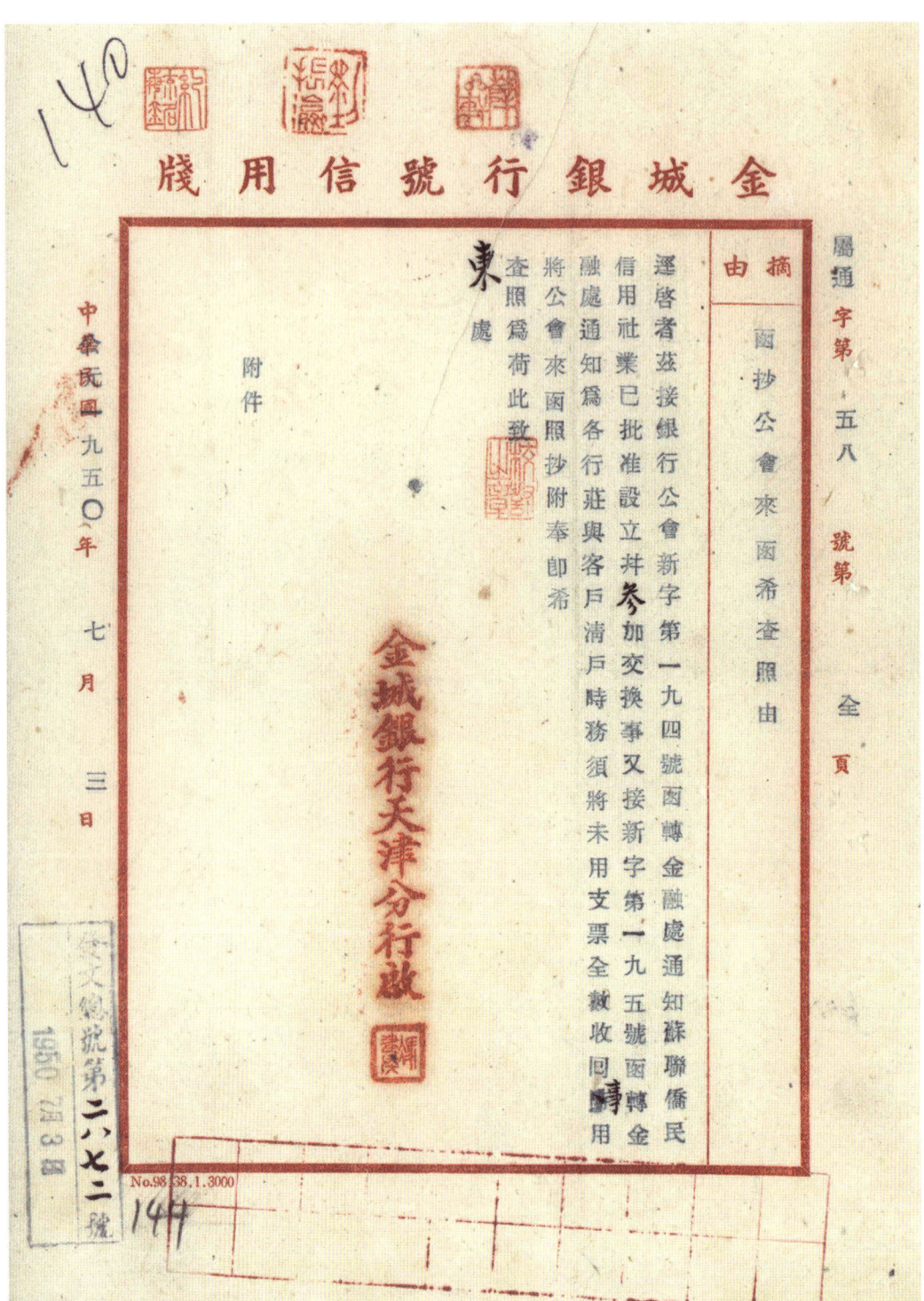

東處

附件

金城銀行天津分行啟

中華民國一九五〇年七月三日

發文總號第二八七二號

1950 7月3日

No.98.38.1.3000

144

六三、華北對外貿易管理局爲非建設及生活必需的蘇聯商品禁止進口事復天津日報社函（一九五〇年七月四日）

X91-Y-438

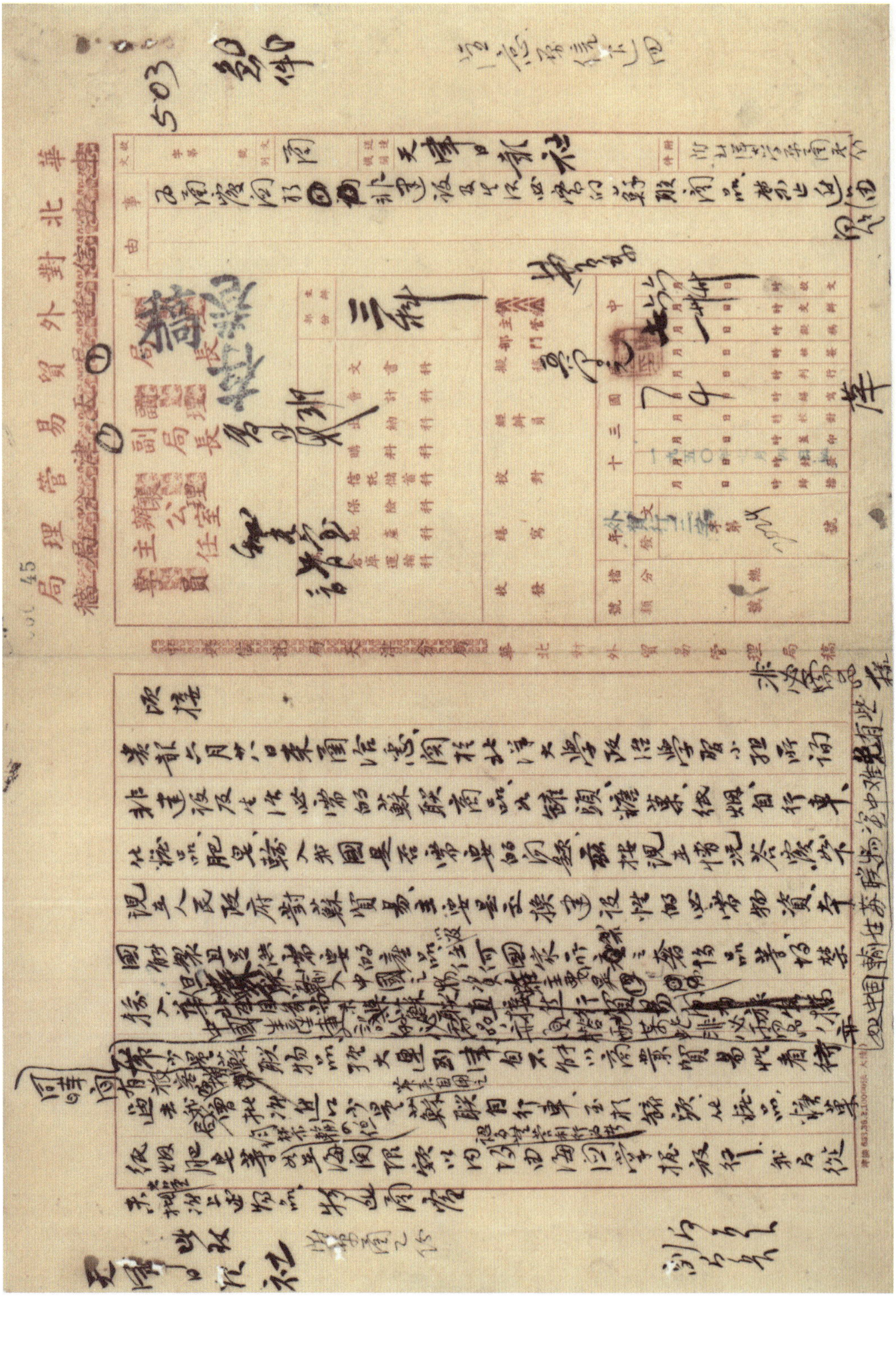

六四、蘇聯對外文化協會駐津辦事處簡况（一九五〇年七月）

X58-C-333

(一) 苏联对外文化协会驻津办事处(ВОКС)

地址 十区浙江路28号

电话 3-2737

(二) 宗旨 介绍苏联文化

(三) 成立时期 一九四六年

过去负责人由苏驻津领事馆秘书乌斯(Усс)兼该会代表

(四) 过去国民党统制时期,活动大受限制且邮寄困难,仅有少数苏联照片杂志及报纸等供人阅读

(四) 最近状况

1. 负责人 由苏驻津代总领事吉多福(ТИТОВ)兼该会代表

2. 工作人数 中籍雇员二人担任编译照片及管理图书工作

每月薪金约折玉米面八百斤

3. 设备情况 除苏联报纸杂志照片外,现有苏联书籍二千余册

涉及政治理论、教育、自然科学、文学等各方面,其中以俄文本佔大多数

4. 工作进行概况 目前书籍尚不外借仅供阅览

(五) 经济情况 一切经费均由莫斯科苏联对外文化协会直接发给

(六) 今后计划 拟放映苏联影片,设置无线电按时收播苏联广播节目,加增介绍苏联文化

(七) 对业务进行有何意见 该会因原係职员过於缺乏,致拟定计划目前难以实现

2 1

六五、天津市人民政府財政經濟委員會爲蘇聯專家回國應予免驗事通知天津海關、税務局（一九五〇年八月十四日）

X90-Y-128

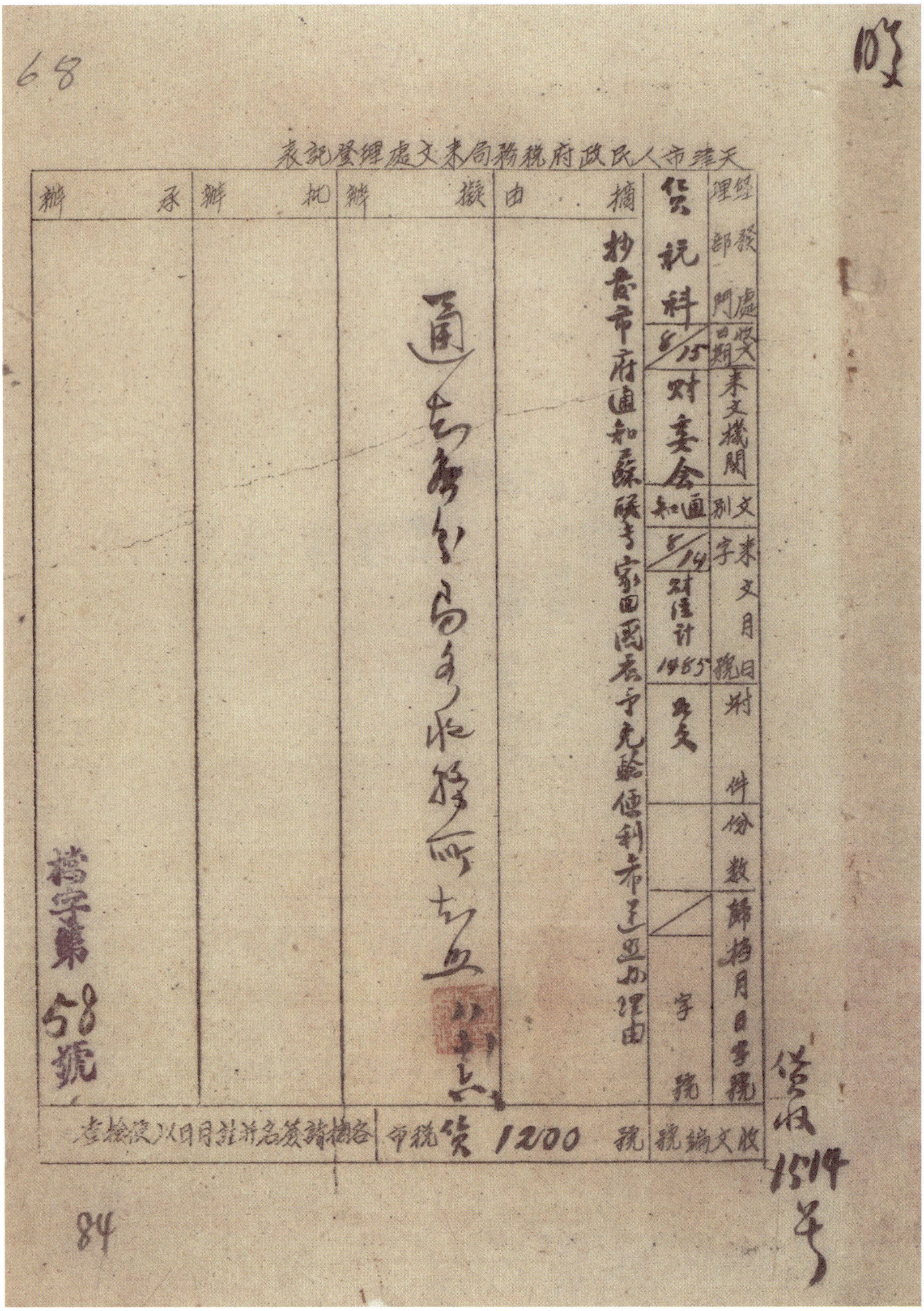

68

105

天津市人民政府税务局来文处理登记表

经发处理部门	货税科
收文日期	8/15
来文机关	对委会
文别	通知
来文月日字号	8/14 对经计1485号
附件份数	五页
归档月日字号	字号
摘由	抄发市府通知苏联专家回国在津免验便利希遵照办理由
拟办	通知各分局予以便利 [illegible] 八、十五
批办	
承办	
收文编号	货税字1200号

各栏请签名并注明日月以便检查

档字第58号

货收1514号

84

69

（批示手迹）

天津市人民政府 **財政經濟委員會** 通知

財經計（50）字第1483號

一九五〇年八月十九日

事由：抄發市府通知蘇聯專家回國應予免驗便利希遵照辦理由

天津海關　稅務局

茲抄發天津市人民政府津秘字第四一九五號通知一件，即希遵照辦理為要。

特此通知

抄附天津市人民政府通知一件

主　任　黃　敬

副主任　劉秀峰

　　　　李耕濤

85

70

抄件

天津市人民政府通知

津秘字第四一九五號
公曆一九五〇年八月六日

事由　為蘇聯專家回國，應予以免驗便利由

公安局

奉

政務院一九五〇年七月二十九日政財齊字第一一五號通知：「據本院財政經濟委員會報稱：『蘇聯專家返國，經過滿洲里關車站檢查所時，應予以免驗便利，以示禮遇。今後凡由北京起程的專家，擬由海關總署辦理免驗手續，由各地起程的專家，由大行政區人民政府或軍政委員會辦理免驗手續。』本院同意財委意見，希遵照辦理。」等因。即希遵照辦理。

特此通知

本件抄致

市財經委員會

外僑事務處

市長　黃　敬

副市長　劉秀峰

周叔弢

86

校對之章

六六、公營工業管理局楊成局長赴蘇領館介紹天津市工業情況及公私關係等問題（一九五〇年九月十九日）

X58-C-85

No.20　外出報告　阎宜青　九月十九日

陪公營工業管理局楊成局長赴蘇領館為唐平科介紹天津市工業情况及公私關係等問題

一、工作經過

本日下午四時，陪工業局楊局長赴蘇領館，與蘇領事唐平科談以下幾問題：

1. 天津解放後工業恢復及發展過程、成績及缺點，如何克服困難。

2. 工業之經營管理方式，有無成本計算，是否有利潤。

3. 公私關係間存在那些問題。

此外，唐平科提出下列問題，楊局長允日後予以解答：

1. 工會所起之作用及目前任務。

2. 各工業部門之比重（資金、週轉額、利潤）

3. 各工業部門之職工及技術人員數字。

4. 有無破壞情事發生。

晚七時，唐平科晚餐招待，九時回處。

二、檢討

事先對唐平科欲瞭解之具体問題不够明確，未能充分準備，以致一部分問題及統計數字只好留待下次解答，說明經常工作之搞不好。~~對工業方面情况瞭解不夠，未能及時周密考慮，而其原因……~~

石 20/9　周 20/9　宜

第　　頁

2 X

六七、蘇聯首任駐津總領事費姆·馬特維耶夫抵津及拜會情況（一九五〇年九月三十日）

X58-C-80

蘇聯首任駐津總領事弗·姆·馬特維耶夫抵津

蘇聯首任駐津總領事弗·姆·馬特維耶夫於九月廿八日晨二時四十五分抵津。赴站歡迎者有天津市人民政府副市長劉秀峰及外僑事務處處長章文晋。當日下午三時馬特維耶夫總領事偕副領事唐平科赴市府外僑事務處拜會章文晋處長并約定翌日拜會市長及公安局長。廿九日上午十時馬特維耶夫總領事偕副領事唐平科往市府拜謁：黄敬市長、劉秀峰、周叔弢副市長在市府接見。在座者有市府秘書長吴硯農及外僑事務處處長章文晋等。當日下午三時馬特維耶夫總領事赴公安局拜會許建國局長

97

六八、蘇聯駐津總領事在中蘇友協幹部大會的講演稿　（一九五〇年九月）（推算）

X58-C-80

Товарищи и друзья! （总领事在中苏友协干部大会的讲演词）

Сегодня народы Советского Союза и наши друзья за границей празднуют 33 годовщину Великой Октябрьской Социалистической Революции.

Этот праздник также отмечает наш друг и сосед-великий Китайский народ.

33 года прошло с тех пор, как рабочие и крестьяне в царской России свергли на одной шестой части земного шара власть помещиков и капиталистов, уничтожили систему эксплоатации человека человеком и установили свою родную советскую власть.

Великая Октябрьская Социалистическая Революция явилась самым выдающимся событием в истории человеческого общества.

Она есть прежде всего революцией интернационального мирового порядка, т.к. означала коренной поворот во всемирной истории человечества от старого, капиталистического мира к новому социалистическому миру.

Система социализма, созданная в Союзе Советских Социалистических Республик за 33 года показала свою необычайную силу и жизненность и Советский Народ с законной гордостью смотрит на результаты своей борьбы и работы.

Время, в которое мы живем, войдет в историю, как великая Сталинская эпоха.

Народы всего мира следят за событиями в Советском Союзе с пламенной надеждой на будущее. Советский Союз-это маяк ярко освещающий путь к освобождению для всех трудящихся.

Вот почему каждый год все прогрессивное человечество во всем мире отмечает историческую годовщину 7 ноября.

26 26

После окончания Великой Отечественной войны советские люди под руководством коммунистической партии и великого Сталина осуществляет успешный и быстрый переход от социализма к коммунизму.

Великий корифей науки тов.Сталин доказал полную возможность построения коммунизма в СССР ,ибо все необходимые условия для осуществления этой задачи в Советском Союзе имеются на лицо, они созданы Великой Октябрьской Революцией и заложены в рожденном этой революцией социалистическом строе.

Вдохновленный великой программой коммунистического строительства,которую тов.Сталин изложил в своей исторической речи 9 февраля 1946 г.,советский народ одерживает все новые славные победы.

33 годовщину Великой Октябрьской Социалистической Революции,советские люди встречают в обстановке новых выдающихся достижений на всех фронтах строительства коммунизма,новых успехов в борьбе за прочный и длительный мир.

В величайших успехах советской страны трудящиеся всего мира видят образец для себя ,пример которому они желают следовать.

По пути социализма ,на который в результате Великой Октябрьской революции первой вступила наша страна,теперь идет уже целый ряд стран Европы и Азии. Рост революционного движения в капиталистических государствах свидетельствует о том,что на путь,ведущий к коммунизму ,стремятся стать и другие народы.

Тов.Молотов в своей речи в 1947 г.сказал"Великая Октябрьская Социалистическая революция раскрыла глаза народам,что век капитализма приходит к концу,и что открыты надежные пути к всеобщему миру и к великому прогрессу народов. Судорожные усилия империалистов под ногами, которых колеблется почва, не спасут капитализма от приближающейся гибели. Мы живем в такой век, когда все дороги ведут к коммунизму."

Всемирно-историческое значение Великой Октябрьской Социалистической Революции заключается не только в том, что она открыла собой новую эпоху в истории человечества, но и в том, что она неизмеримо ускорила процесс революционного движения в других странах, ускорило создание предпосылок социализма во всем мире. Использование опыта строительства социализма, накопленного трудящимися нашей страны, стало законом развития революционного движения во всем мире.

Международное значение Советского Союза наглядно демонстрируется ныне той огромной политической, моральной и материальной поддержкой, которую оказывает Советский Союз странам народной демократии, вступившим на путь социалистического строительства.

Опираясь на всемирно-исторический опыт Социалистической Революции в России, опираясь на могущество Союза Советских Социалистических Республик, трудящиеся стран народной демократии ведут борьбу за мир, за демократию и социализм.

Со времени Великой Октябрьской Социалистической Революции судьбы Китая тесно переплелись с победоносной историей Сов. Союза.

Об этом хорошо сказал вождь китайского народа т. Мао Цзе-дун " Китайцы обрели марксизм в результате применения его русскими. До Октябрьской революции китайцы не только не знали Ленина и Сталина, они не знали также Маркса и Энгельса.

Орудийные залпы Октябрьской революции донесли до нас Марксизм-Ленинизм. Октябрьская революция помогла прогрессивным

30
28

中俄（蘇）交往天津檔案史料選編

элементам мира и Китая применить пролетарьское мировоззрение для определения судьбы страны и пересмотра своих собственных проблем. Итти по пути русских-таков был вывод".

На всем протяжении многолетней и упорной борьбы против феодального и империалистическог гнета, за объединение своей растерзанной чужоземными поработителями, родины, за свою национальную независимость китайский народ встречал неизменное сочуствие советского народа. Еще в 1919 г. Советское Правительство первым обратилось к Китаю, как к равному партнеру в международных делах и добровольно отказалось от всех привилегий, которые в свое время были силой вырвано у китайского народа царской Россией.

В самые сложные и трудные периоды своей борьбы за национальное существования китайский народ встречал полное понимание со стороны Советского Союза.

Решающая победа китайского народа над его внутренними и внешними врагами стало возможной в результате разгрома фашистских агрессоров, в осуществлении которого главную роль сыграл Советский Союз, руководимый великим Сталином. Советское государство и возглавляемый им демократический лагерь оказали всемерную поддержку новому Китаю с первых его шагов на международной арене. Советский Союз первым признал Китайскую Народную Республику. Он принял близко к сердцу нужды и интересы народно-демократического Китая и дал китайскому народу многочисленные доказательства своей искренней и безкорыстной дружбы.

Китайская реакция и ее вашингтонские правители возлагали не малые надежды на то, что им удастся на долго затянуть изоляцию Китайской Народной Республики.

31
29

Они хотели применить в отношении нового Китая, туже подлую политику " санитарного кордона ",которая в свое время была пущена ими в ход против молодой Советской Республики. Но если эта политика потерпела полный провал три десятилетия назад , когда советское государство в одиночку противостояло обширной коалиции капиталистических правительств,то в наше время империалистическая тактика не имела уже никаких шансов на успех.Китайский народ ни одной минуты не чувствовал себя одиноким,ибо плечем к плечу с ним стоят государства демократического лагеря,возглавляемые великой социалистической державой -Советским Союзом.

Впервые за всю свою многовековую историю китайский народ обрел подлинную свободу ,независимость и национальный суверенитет.Режим народной демократии, установленный в Китае, высвободил и разбудил гиганские потенциальные силы народных масс,ранее скованные угнетательским строем. Перед новым Китаем открылась широкая дорога к прогрессу, к небывалому хозяйственному и политическому под"ему. В этом свете особенно велико значение договора и соглашений от 14 февраля 1950 года подписанные между Советским Союзом и Китайской Народной Республикой.

Советско-Китайский Союз и дружба,провозглашенные в договоре, заключенным на 30 лет,целиком служат делу сохранения и защиты мира на Дальнем Востоке и во всем мире.Оба союзных государства много перенесшие от вторжения империалистов,об"единяют свои силы для совместной борьбы за поддержания мира и всеобщей безопасности. Как Советскому Союзу, так и Китайской Народной Республике чужды какие-либо агрессивные захватнические стремления.Все их помыслы направлены к миру и совпадают таким образом с интересами подавля-

32 30

ющего большинства человечества. Как об этом сказано в договоре, основная его задача-не допускать повторения агрессии и нарушения мира со стороны Японии или какого либо другого государства, которые прямо или косвенно об"единились с Японией в актах агрессии

Тов. Мао Цзе-дун высоко оценил значение этого договора, так он в июне 1950 года сказал:"Этот договор с одной стороны дает нам возможность широко и быстро развернуть строительство внутри страны, а с другой стороны - дает стимул к усилению борьбы народов во всем мире за мир и демократию против войны и угнетения."

Прошел всего лишь один год со дня образования Китайской Народной Республики, но за этот короткий срок трудолюбивый китайский народ, разгромивший гоминдановскую клику и сбросивший ярмо многовекового гнета, добился значительных успехов в деле политического, экономического и культурного преобразования в деле строительства нового демократического Китая.

Тов.Сталин в своей поздравительной телеграмме по случаю первой годовщины Китайской Народной Республики тов.Мао Цзе-дуну писал: "Желаю великому Китайскому народу и Вам лично дальнейших успехов в строительстве независимого народно-демократического Китая."

Успехи, достигнутые мужественным и трудолюбивым народом Китайской Народной Республики во всех областях политического, экономического и культурного строительства, не дают покоя американским империалистам и их холопам из гоминдановской клики, чьи агенты по указанию заокеанских хозяев ведут подрывную работу в республике. Имея целью разжечь войну на Дальнем Востоке, американские поджигатели , предпринявшие вооруженную интервенцию в Корее, захватили

33 ~~31~~

остров Тайван, не раз совершали провакационные налеты на китай - скую территорию.

Советский народ вполне разделяет гневное возмущение ки - тайского народа по поводу провакационных актов агрессии со сто- роны американских империалистов в отношении Китая и как в Со - вете Безопасности так и на Генеральной Асамблее ООН поддержи- вает все законные требования Китайской Народной Республики.

С каждым днем все ширится и крепнет дружба великих народов СССР и Китая - как залог мира во всем мире.

" После Октябрьской Революции в нашей стране, - говорил тов. Молотов В.М. -победа народно-освободительного движения в Китае является новым сильнейшим ударом по всей системе мирово- го империализма и по всем планам империалистической агрессии в наше время. Понятно, что между Советским Союзом и Китайской На- родной Республикой установились дружественные отношения. Заклю- ченный в феврале месяце договор о братском Союзе между СССР и Народной Республикой Китая превращает советско - китайскую друж- бу в такую великую и мощную силу в деле укрепления мира, рав - ной которой нет и не было в истории человечества "

Цветущая дружба почти между 700 миллионами людей нового Китая и Советского Союза внушает страх империалистам и приводит их в бешеную ярость. Они видят, что эта великая сила стоит на пути осуществления их планов войны и мирового господства, они видят что сила представляет собой могущественное, живое воззвание к миру и дружбе среди народов.

Сегодня в день годовщины Великой Октябрьской Революции советский народ шлет братский привет великому 475 миллионному китаийскому народу, завоевавшему свободу и не зависимость сво-

34 ~~30~~

ей страны и успешно укрепляющему ~~xxxx~~ народно - демократический строй

В этот день мы также шлем свой братский привет корейскому народу, героически защищающему независимость своей страны и всем народам колониальных и зависимых стран, борющихся за свою свободу и национальную независимость.

В настоящее время во всех странах проходят народные собрания в защиту мира, которые вносят предложения по укреплению мира и принимают наказы делегатам на Второй Всемирный Конгресс сторонников мира - усилить борьбу за мир, заявить о непреклонной решимости народов всех стран отстоять дело мира. Это требование мира стало лозунгом сплачивающим всех прогрессивных людей, искренним требованием масс. Под Стокгольмским воззванием уже подписалось более полумиллиарда ~~людей~~ человек.

Силы, борющиеся за дело мира, никогда не были столь могучими и организованными как в настоящее время. Теперь все видят, что идея борьбы за мир, провозглашенная Великой Октябрьской Революцией, овладела сотнями миллионами людей во всех странах.

Миллионы мужчин и женщин, активно выступающих против войны, охвачены единодушным стремлением добиться расширения рядов сторонников мира, еще большего об"единения людей доброй воли, ~~борющихся против~~ поджигателей войны. Нет сомнения, что предстоящий Второй Всемирный Конгресс сторонников мира будет способствовать дальнейшему росту и сплочению сил мира во всем мире.

" Мы не хотим войны и сделаем все возможное чтобы предотвратить ее, но пусть однако никто не подумает, что мы запу -

35 ~~33~~

ганы тем, что поджигатели войны бряцают оружием. Не нам, а империалистам надо бояться войны " -говорил тов. Маленков в своем докладе на торжественном заседании Московского Совета год тому назад.

О чем говорит исторический опыт?

Он говорит о том, что первая мировая война, развязанная империалистами, привела к победе Октябрьской Социалистической Революции в СССР.

Исторический опыт говорит далее о том, что вторая мировая война, развязанная империалистами привела к утверждению народно - демократических режимов в ряде стран центральной и юго - восточной Европы, привела к победе великого китайского народа

Могут ли быть какие либо сомнения в том, что если империалисты развяжут третью мировую войну, то эта война явится могилой уже не для отдельных капиталистических государств, а для всего мирового капитализма ".

Неугасимую волю к миру в сердцах сотен миллионов трудящихся зажег великий вдохновитель и организатор борьбы за мир тов. Сталин. Имя великого знаменосца мира окружено беспредельной любовью народных масс всех стран.

Со всех концов земного шара в эти дни Октябрьские дни стекается в Москву поток писем, приветствий, горячих поздравлений советскому народу, тов. Сталину.

Трудящиеся всего земного шара знают, что где Сталин - там победа! Сотни миллионов простых людей всего мира еще теснее сплачивают свои ряды вокруг могучего Советского Союза, вокруг великого вождя и учителя всего прогрессивного человечества тов. Сталина.

36 34

Да здравствует мир во всем мире!

Да здравствует 33 годовщина Великой Октябрьской Социалисти - ческой Революции!

Да здравствует Великий Сталин!

37 35

1.

同志们和朋友们，　　（译件）

今天苏联人民和我们国外的朋友们都在庆祝伟大的十月社会主義革命三十三週年纪念。

我们的朋友和鄰居——伟大的中国人民，也在庆祝这個節日。從沙俄時代工人和農民在佔地球六分之一的土地上，推翻了沙皇時代地主和資本家的政权，消滅了人剝削人的制度，建立了自己親愛的苏維埃政权，從那個時候起，已经过三十三年了。

伟大的十月社会主義革命是人类历史上最卓著的事件。这個革命首先是世界性的革命。因为这個革命是全世界人类历史從腐朽的資本主义世界走向新的社会主义世界的基本轉折点。

三十三年来，在苏維埃社会主义共和国联盟所建立的社会主义制度，顯出了空前的力量和生命力。苏联人民以应有的驕傲心情看到自己斗争和工作的结果。

我们生活的時代，将以伟大的斯大林時代記載在历史上。

全世界的人民，都注視着在苏联所發生的事件，並对他们的将来，寄有热烈的希望。苏联是照耀着一切劳動人民走向解放道路的明亮的灯塔。

这就是为什么全世界的進步人类，每年都要庆祝这历史性的纪念日——十一月七日。

在伟大的衛国战争结束以後，苏联人民在共產党和伟大的斯大林的領導下，勝利地和迅速地從事於社会主义过渡到共產主义的实現。

伟大的科学指導者斯大林同志，証明了在苏联建設共產主义的充分可能性，因为苏联已经具備了实現这個任务的一切必要條件。这些條件是伟大的十月社会主义革命所創立的，並且在由这個革命所產生的社会主义制度裏得到了保証。

斯大林同志在一九四六年二月九日历史性的演講中，說明了共產主义建設的伟大綱領。苏联人民受到这個伟大綱領的啟發，獲得了日新月異的光荣勝利。

苏联人民在每一個共產主义建设的前綫上，取得了卓著的新成就，在

38

36

争取巩固持久和平的斗争中，取得了新的胜利。就是在这种环境下，苏联人民在迎接伟大的十月社会主义革命的三十二週年纪念日。

全世界劳動人民，在苏联的伟大成就中，看到了自己的模範，看到了他们所願意学習的榜様。

由於伟大十月革命的结果，我们国家第一个所走的社会主义道路，現在已经成为了欧州和亚洲許多国家的道路。各資本主义国家革命運動的生長証明了許多其他国家的人民也正在努力走向共產主义的道路。

莫洛托夫同志在他一九四七年的講演中説，伟大的十月社会主义革命使得各国的人民睁開了眼睛，使得他们認識到資本主义的世纪已经走向末路。引向全世界和平和各民族伟大進步的可靠和光明的道路都已经打開了。

基礎已经動摇的帝国主义者所做的一切疯狂的掙扎都不能够挽救資本主义面臨的滅亡。我们是生存在条条道路引向共產主义的世纪。

伟大的十月社会主义革命所具有全世界历史性的意義，不僅僅在於它在人类历史上開闢了新的時代，而且在於它無比的加速了其他各国革命運動的進展，促進了全世界建立社会主义的準備条件，利用我国劳動人民所積累的社会主义建設经驗，变成了全世界革命運動的發展規律。苏联所给予走向社会主义建設的人民民主主义国家巨大的政治上，道义上及物質上的支持，明顯地表現了苏联所具備的国际性意义。

各人民民主国家的劳動人民，依靠着全世界历史性俄国社会主义革命的经驗，依靠着苏联的威力，在進行着争取和平民主和实現社会主义的斗争。

自從伟大的十月社会主义革命之時起，中国的命運，就与苏联勝利的历史紧密地结合在一起。中国人民的领袖毛澤東同志曾经説过：「中国人找到馬克思主义，是经过俄国人介绍的，在十月革命以前，中国人不但不知道列寧、斯大林，也不知道馬克思、恩格斯。十月革命一声砲響，给我们送来了馬克思列寧主义。十月革命帮助了全世界的也帮助了中国的先進份子，用无產階级的宇宙观，作为观察国家命運的工具，重新考慮自己的问题。走俄国人的路——这就是结論」

中国人民为反封建及帝国主义的压迫，为争取被外国侵畧者所蹂躏的祖国的统一，为争取民族的独立，進行了多年的斗争堅决，而在这斗争的过程中，中国人民得到了苏联人民始终不渝的同情，苏联政府早在1919年就在国际關係上第一个以平等的地位对待中国，並自願地取消了沙皇俄国以武力從中国人民手

39
37

中東所奪取的一切特权。

中国人民在争取民族生存的最複雜最困難的斗争時期，遇到了苏联深刻的了解。

中国人民能够在反抗国内外敌人的斗争中取得决定性的胜利，是由於粉碎法西斯侵略者的结果。而在粉碎法西斯的战争中，由偉大的斯大林所領導的苏联起了主要的作用。苏联和它所領導的民主陣營，從新中国走向国际舞台的第一步，就给予它尽可能的支持。苏联第一個承認了中華人民共和国，它親切的体会到人民民主中国的一切困難和利益，並用許多实际行動証明了它对中国人民真摯的和大公無私的友誼。

中国反動派和它華盛頓的主子們，抱了很大的希望，企图長期孤立中華人民共和国。他們想对新中国採用防共封锁樣的卑劣手段，当年他們对年青的苏維埃共和国也曾採取过同樣的卑鄙手段。但是這個政策在卅年前，当苏联孤独地和资本主义国家的廣大集团对立的時候，已被全面粉碎了。那么今天，帝国主义的策略，就更沒有任何成功的机会。中国人民時時刻刻都不是孤立的，因為有以偉大的社会主义苏联為首的民主陣營的国家和它並肩存在着。

中国人民在它幾千年的历史上第一次取得了真正的自由独立和民族自主。在中国所建立的人民民主制度解放了並唤醒了以前被压迫制度所束縛的廣大人民的巨大的潛力。在新中国的面前展開了走向進步，走向政治经济的空前高潮的廣闊道路。在這方面1950年2月14日苏联和中華人民共和国所簽訂的條約和協定，具有尤其偉大的意义。以卅年為期的條約所奠定的中苏同盟和友誼是完全為保卫遠東及全世界的和平而服务的。由於帝国主义的進犯而遭受到重大的損失的兩個同盟国家，把所有的力量联合起来，共同為保持全世界的和平与安全而斗爭。苏联和中華人民共和国都沒有任何侵略的企图。他們的願望，都是為了和平，也就是和被压迫的大多數人类的利益相符合的。正像条件中所說的，他主要的任务是不允許日本和在侵略行動中直接或間接与日本勾結的任何一個国家重新發動侵略和破坏和平。

毛澤東同志給予這個條約很高的估價，正像他在1950年6月所說的，這個條約一方面使得我們能廣泛的而迅速的展開国内的建設，在另一方面也鼓舞全世界的人民加强為爭取和平民主及反对战争和压迫的斗爭。

40 中華人民共和国成立了僅僅一年，但是已粉碎了国民党匪幫和擺脫了几千年压迫的

4.

勇敢的爱好劳动的中国人民，在这短短期间内，在改造政治经济文化的事业中，在建設民主新中国的事業中已经達到了顯著的成就。

斯大林在中華人民共和国首届国庆日致毛澤東同志的賀电中說："我希望偉大的中国人民及您们人在建設独立的人民民主中国的继續成功。"

勇敢和爱好和平的中華人民共和国的人，在政治经济及文化各方面建設中所達到的成就使美国帝国主义者和它的走狗国民党匪帮感到不安。国民党的特务服從着海外主子们的指示，在共和国内進行着破坏的工作。在朝鲜進行武装干涉的美国战爭挑撥者，为了在遠東發動战爭，侵略了台湾并屡次向中国国土進行空襲挑衅。

苏联人民对美帝国主义者对中国人民的挑衅行为与中国人民感到同样的憤慨，并在安理会及联合国大会上支持中華人民共和国的合理要求。中苏两国偉大人民的友誼日益發展与鞏固起来。这是全世界和平的保证。

莫洛托夫同志說："在我国十月革命後，中国人民解放運動的勝利是对整个世界帝国主义体系与今天一切帝国主义侵略計劃一个最有力的新的打击。很可理解的，在苏联与中華人民共和国之间建立了友誼的关係。二月所簽訂的苏联与中華人民共和国之间的兄弟合盟条约，把中苏友誼变成了人类历史上空前未有的强大力量。"新中国与苏联七万万人之间友誼的發展，喚起了帝国主义的驚惶与他们瘋狂的咆哮。他们看見了这个偉大的力量会阻礙他们实現發動战爭及統治世界的計劃，他们看見这种力量是世界人民走向和平及友誼的强大生動的号召。

今天在偉大十月革命的纪念日，苏联人民向取得祖国自由及独立并勝利地鞏固人民民主制度的偉大的四億七仟五百万中国人民致以兄弟的敬礼。

在今天这个日子，我们同樣也向英勇保卫祖国独立的朝鲜人民与为爭取民主独立的殖民地及附属国的人民致以兄弟的敬礼。

現在世界各国都在召开保卫和平大会，他们提出鞏固和平的草案，并向参加第二届世界保卫和平大会的代表们，提出加强和平的斗爭，声明全世界人民坚决保卫和平事業的决心。这和平的要求是团结一切進步人民的口号，是群众真挚的要求，已经有五億以上的人民在斯德哥尔摩宣言的号召下簽了名。

爭取和平的力量，從未有过像今天这樣强大及有组织。現在人民都会看

41

39

到偉大十月革命所提出的爭取和平的思想，已經獲得了五万万以上人民的擁護。

千百万的積極反对战爭的男女都有一致的願望来加强擁護和平的隊伍，把願与战爭挑撥者作斗爭的人們更緊密的团结起来。無疑的，即將召開的第二屆世界保卫和平大会，会促進世界和平力量的继續生長与团结。

"我们不要战爭，并要尽到一切努力来制止战爭，但是任何人不要以为我们是被战爭挑撥者的備战嚇倒了。不是我们害怕战爭，而是帝国主义害怕战爭"——馬林可夫同志一年前在莫斯科苏维埃盛大会议上的報告中說。

历史的经驗說明了什么？它說明帝国主义發動第一次世界大战的结果是苏联十月革命的胜利。

其次，历史经驗又說明了，帝国主义者發動第二次世界大战的结果是中欧東南欧的許多国家，確立了人民民主制度与偉大中国人民的胜利

難道还有任何的疑问，假使帝国主义者敢於發動第三次世界大战，那末這個战爭就不僅是個别資本主义国家的墳墓，而且也是全世界資本主义的墳墓。

爭取和平偉大的鼓舞者与組織者斯大林同志在億万劳動人民的心靈裡燃起了对和平不可熄滅的意志。和平旗幟象徵的偉大的斯大林的名字，得到了全世界人民大众無限的熱愛。在这十月的日子裡，~~從世界各角落像~~，給苏联人民与斯大林同志的賀电与熱烈的祝賀，從世界各角落像雪片似的向莫斯科飛来。全世界劳動人民都知道斯大林在那裡，那裡就有胜利。全世界億万普通人民把自己的隊伍更緊密地团结在强大的苏联周圍，团结在全世界進步人类的偉大領袖与導師斯大林的周圍。

全世界和平万岁！

偉大的十月社会主义革命卅三週年纪念万岁！

偉大的斯大林万岁！

42 如

六九、天津市人民政府爲抄發政務院關於蘇聯駐華商務代表處在天津等地設立分處事通知財委會（一九五〇年十月十六日）

X77-Y-86

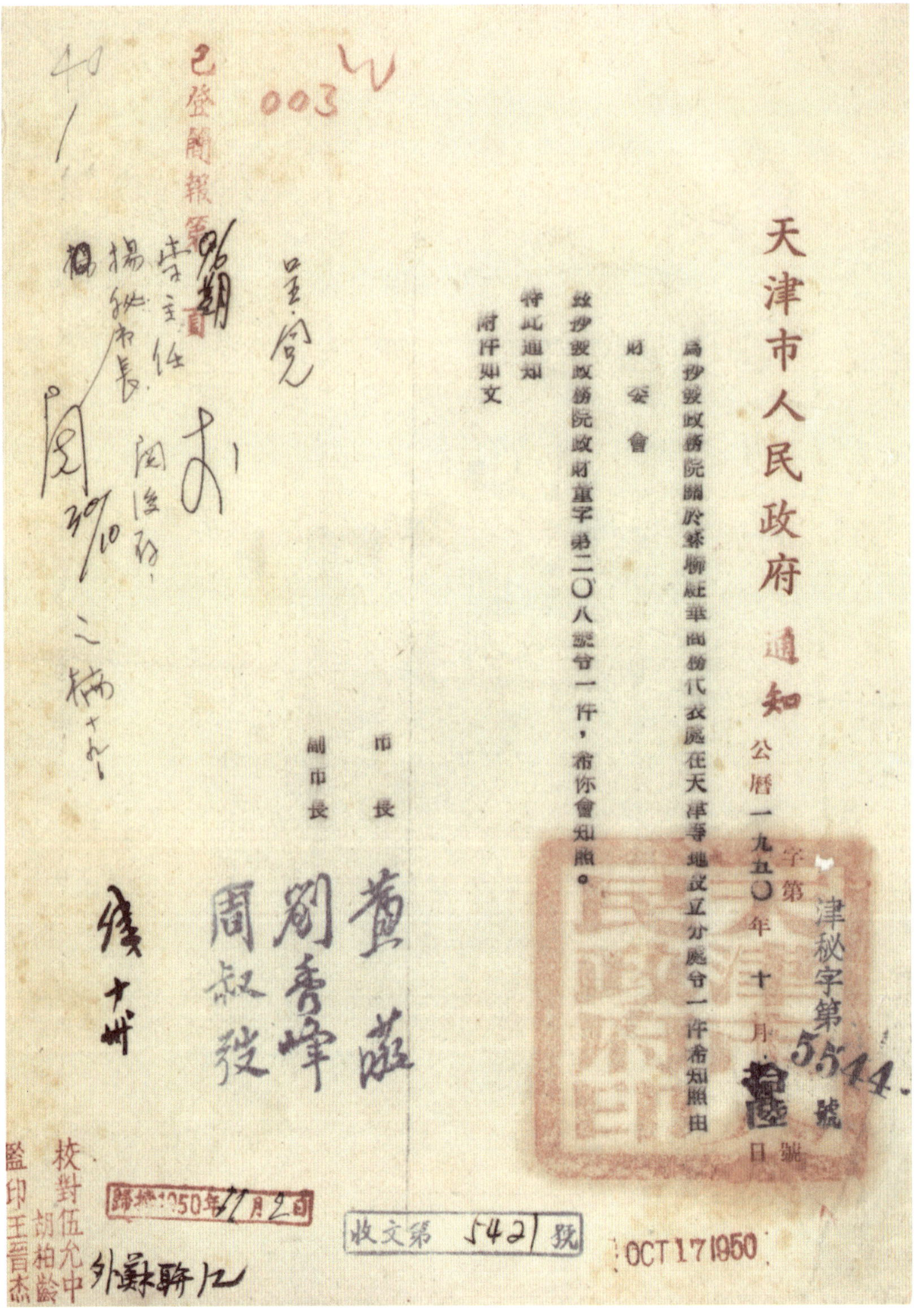
天津市人民政府通知

津秘字第5514號

公曆一九五〇年十月　日

為抄發政務院關於蘇聯駐華商務代表處在天津等地設立分處令一件希知照由

財委會：

茲抄發政務院政財董字第二〇八號令一件，希你會知照。

特此通知

附件如文

市長　黄敬

副市長　劉秀峰　周叔弢

已登簡報第　期

呈閱

校對　伍允中　胡柏齡

監印　王眘杰

歸檔1950年11月2日

收文第5421號

OCT 17 1950

外蘇聯12

41

抄附中央人民政府政務院令

政財董字第二〇八号
一九五〇年十月廿七日

蘇駐華商務代表處在哈爾濱等地設立分處希轉知各該地區知照。

東北人民政府，華東、中南、西北軍政委員會，天津市人民政府。

據貿易部轉據蘇聯駐華商務代表處第六六四號函：「查蘇聯駐華商務代表處在中華人民共和國各城市開辦分處程序，業經蘇聯對外貿易部與中國貿易部間於一九五〇年四月十九日以交換文書規定在案。根據上述，本代處已在中國哈爾濱、瀋陽、大連、天津、上海、廣州及迪化（烏魯木齊）等地開辦分處，特請貴部將關於以上各商務代表分處之存在均與上述文書相符，轉飭各該地方官憲知照。」

望即轉知你府、會所轄以上所列設立分處的地區知照。

中央人民政府政務院

此件抄致
財政經濟委員會
貿易部
蘇聯駐華商務代表處

七〇、天津市人民政府外事處爲同意蘇商大陸油廠申請爲進出口商事致華北對外貿易管理局函（一九五〇年十一月二十二日）

X91-Y-341

000 50

外字第1630號

外僑字第三號

申請為進出口商

茲有蘇商大陸油廠，經本處初步審查，原則上同意所請，即希

查照為荷

此致

華北對外貿易管理局

外僑事務處

天津市人民政府外僑事務處

附：申請表貳份（乙份請轉工商局）

一九五〇年十一月廿二日

另一份存檔記卷

（此聯由外貿局存查）

七一、天津市人民政府工商局爲蘇商大陸油廠申請兼營進出事致外事處函（一九五〇年十二月二十日）

X58-Y-333

查外商字第三號義商大陸油廠
申請乃兼營進出一案，經本局審查後，同意其兼營。其
應辦手續亦已於十二月廿日辦理完竣。即希
查照為荷

此致

外僑事務處

（此聯請處理完畢後立即退還外事務處）

50年12月20日

工商局

23
4 22

七二、華北對外貿易管理局爲蘇商大陸油廠申請爲貿易商事致外事處函（一九五〇年十二月）

X58-Y-333

查外閩字第三號苏商大陸油廠

申請為貿易商一案，經本局審查，同意其所請。本局應辦手續業於十二月九日辦理完竣，並於十二月　日轉請工商局覆核，（已發特字第一三一號營業證）。

特此函覆即希查照爲荷

此致

外僑事務處

華北對外貿易管理局

華北对外貿易管理局

一九五〇年十二月　日

（此聯請處理完畢後立即退還　外事处　）

22

B 78

七三、蘇聯三專家來津講學工作經驗總結（一九五〇年）

X52-Y-7

82 39

蘇聯三專家來津講學工作經驗總結

1. 組織聽衆範圍及人數：

生物小組座談會

因會場與席位所致，由各部門選派代表出席参加，共計出席單位四十二個，出席人數共計127人，机關佔50%，大學佔28%，中學佔22%詳見下表：

生物小組座談會出席人數統計表：

類別	出席單位	出席人數	%	備註
中學	23	28	22%	市一中、二中、三中、四中、市女一中、女二中、廣東、木齋、師院附中、南開、滙文、省師、浙江、公安、河東、中西、新學、聖功、津沽、進修、津華、耀華、中紡三校、
大學	7	36	28%	南開、津沽、河北師院、河北醫學院、山東醫學院、山東、南大生物系
机關	12	63	50%	塘大衛生院、教育局、衛生局、中央醫院、天津日報、卄兵团、總工會、供應運輸處、中蘇友協、天津商品檢驗局、農墾局、清河農場
合計	42	127	100%	

農墾局参加講學會範圍

本局内各科室及各所屬單位，除留下進行經常業務外，在席位分配可能範圍内，爭取盡量出席聽講，本局共計出席人員是223人局内139人外場84人、

2. 事前搜集與整理座談會問題的方法是什麼？那一類的問題比較多？

我們搜集問題的方法是以貫澈下去集中上來的辦法，具体的說就是由領導上把講演會的内容貫澈到本局各科以及各場，以各單位集体提出問題，經過整理後再集中統一整理，再進行開會審查，譯成俄文提出、

查本局於本年一月即成立米丘林學會分會，並以立即展開生物科學概況，遺傳及其变異的業務學習，全体工人較比已有初步的概念。

首先是有關原則性理論性質的問題較少共計12題、其次即是有關中蘇農業生物學的具体方法上的問題較多，共計是39題，再其次是不倫不類的問題較比不多，共計是8題，總共

44

3P-1

提出59個問題，我們提到座談會上是第一類型的題目、

3. 群眾的反映

一、孟德爾、摩爾根、維斯曼等是抽象的意識着存在，主觀的反動的唯心論者，而米丘林的學說以客觀事實証实了生物的客觀環境影响本体之变异可以遺傳，否定了遺傳並不是受永恒不变的基因的影响，是唯物論的、

二、孟德爾等反動的唯心論學說把達尔文的進化論學說給以傳業欺騙世界人類，而米丘林學說是達尔文學說的最高階段，亦就是解釋生物學的進化，而米丘林是指出如何控制生物進化的道路，是為人民服務的科學、

三、過去來中國講學的（如傳教以及辦學校）唯心論的反動集团們都是些以假文化來征服和欺騙我們的，而努日金教授來中國的講演是实心实意的和耐心的來帮助我們的，的確是"良師益友"，因此更進一步的明確了誰是中國的國際朋友與敵人了、

四、過去的反動集团統治者們，孟德爾、摩爾根等反動的唯心論欺騙人民，荼毒人民，而人民的領袖列寧、斯大林如何關心這些堅苦卓絶的人民科學的工作者與人民事業的、

五、在未聽講以前，認為蘇联在社會科學方面有驚人的創造與改進，以及向唯心論者的反動集团們鬥爭，在聽講後初步的認識到在自然科學方面亦有向唯心論者作正確的尖銳的鬥争，並且米丘林學說勝利了，且成為國際的生物唯物論者、

4. 我們這次工作，關於講演、座談會、訪問招待的优缺点、

优点

一、中餐西吃是切合實際要求的辦法、

二、座談會提出的問題較比準備的很妥當、

三、在準備工作一般的很充足，特别是对座談會開法都認為圓滿、

四、一般对翻譯的能力較比好評

五、聽眾都很熱烈的而且很守紀律的、

缺点

一、耀華礼堂加上中蘇两國國旗及馬、恩、列、斯、毛的像片佈置，同時播音机應用两國較比方便

二、中間休息時間應該事前規定、

三、獻旗在第三講終了後是否妥當、

45

84 40

四、中國的茶水在蘇联人是不習慣的，應用紅茶較比妥當、

五、應準備較好的紙煙，以表敬意、

5. 經驗教訓：

一、進一步的認識了蘇联，認識了真理，認識了偉大的米丘林科學向自然鬥爭的精神，用人力可以改变世界，給我們自然科學工作者，增加了很大的信心、初步的解决我們的糊塗觀念、对我們的实際工作上除了不少的阻碍、

二、在前两次的講話，有時說的快些，另一方面我們的聽講能力低，感到領會有些困難，在第三次較前两次易懂也更有興趣的、尤其是專題的米丘林生物科學，查其主要原因是翻譯與聽衆都進一步的提高了能力、除少數外大部分是輕鬆愉快的聽講，没有退却的現象、情緒都飽滿、

三、了解蘇联的農業新情況，使我們興奮並決心迎頭趕上去，加速完成落後中國的農業建設工作、同時我們更希望這樣的講演，在可能範圍內爭取越多越好、

中央農業部
米邱林學會

46

七四、中蘇友好協會總會關於若干組織細則的暫行規定（一九五〇年）

X52-Y-5

中蘇友好協會總會關於若干組織細則的暫行規定

爲便於全國各地中蘇友協執行全國第一次工作會議的各項決定，茲再將各有關單位協商特規定有關組織細則要項，以供各地執行。

一、友協全體會員入會辦法：

1、在各群衆團體的基層組織中新發展友協組織時，可酌採團體會員制（在各基層單位，其成員已全部或絕大部份參加友協者，可不必改爲團體會員制；其未參加者可個別或集體吸收入會）。發展團體會員時，爲避免 別會員發展重複，特規定在工廠中以工會，學校中以學生會和教育工會，農村中以農會，機關如已成立機關工會者以機關工會爲發展友協團體會員對象。（如工廠、學校、農村中未參加工會、學生會或農會的人員，均可以 人資格向所在單位友協支會申請入會。）

2、人民解放軍全體指戰員和工作人員爲一單位參加總會爲團體會員。但各級部隊并可與所在地友協取得聯系，參加當地友協活動。

3、團體會員入會手續：發展團體會員應根據該團體全體成員完全自願的原則，事先須進行充分 ，經該團體成員開會討論，通過，全體通過或以多數而決議，然後由該團體代表人在志願書上簽名，向所在地方分會申請批准，方可爲正式會員。如經討論後在各團體中仍有部份成 別成員不贊成加入友協者，則不成立團體會員，其贊成者可以 人會員資格加入。

4、團體會員繳納會費以 人會員繳納數字界方法行之。人民解放軍之團體會員會費繳納問題另定。

二、團體會員組織方法：

1、在各工廠、學校、機關、農村等單位中，如一 團體會員能包 該單位全體友協會員時，此團體即相當於友協支會而不另設立友協支會。此團體內可推定若干人組成工作委員會，計劃領導該單位之友協工作。在上述各單位中，如只一 團體會員尚不能包 各該單位全體友協會時，可另設立支會。此支會可包 一 或一 以上之團體會員及其他 人會員。但爲避免重 ，支會各幹事可由該支會所屬之團體會員中友協工作委員兼任一部或大部。

2、人民解放軍各級軍政首長即爲各級部隊友協之正副會長。其各級政治機關的宣傳部門負責人即爲各級友協正副總幹事。各級部隊友協可不另行組織機構。

三、發展會員對象：

只要願意增進中蘇友好、學習蘇聯、贊成本會會章而願入會志願書者的中國人民，應不分黨派、階級、信仰都可以按志願書入會。未滿公民年齡之兒童，如能上述條件，亦可以吸收入會。

四、會員轉移手續：

會員轉移時，應攜帶會員證到所在友協支會申請轉移，經支會批准，再帶會員證前往所到友協支會登記即可。凡未發會員證之地區，可由所在友協支會寫信直接介紹到所到友協支會。

七五、天津市人民政府工商局爲同意蘇商東方油廠申請復業事致外事處函（一九五一年一月十七日）

X58-Y-334

查外開字第二號英聯商東方油廠申請復工一案，經本局審查後，同意其復工。其應辦手續亦已於元月十七日辦理完竣。即希查照為荷

此致

外事處

五一年元月十七日

（此聯請處理完畢後立即退還外僑事務處）

41

七六、天津市各界人民慶祝中蘇友好互助同盟條約簽訂周年大會記録（一九五一年二月十四日）

X43-C-897

天津市各界人民慶祝中蘇友好互助同盟條約簽訂週年大會紀錄

一、日期：一九五一、二、十四、下午二時

二、地址：中国大戏院

三、主辦：中蘇友协天津分會

四、主席：黃松齡（中蘇友协天津分會副會長）

五、主席团：黃敬等二十二人　即席通過

六、黃松齡致開會词：中蘇友好同盟條约的主要内容：(一)两国共同制止日本或与日本勾结的任何国家重新侵略和破坏和平、(二)两国忠诚合作参加保卫世界和平的国际活动、(三)两国保證平等互助發展彼此的经济和文化、簽约一年来由於双方忠實履行使我国在经济、文化、国防上都得到顕著的成就、结果使全世界局面起了重大变化、和平陣營力量強大了、侵略陣營力量削減了、我們要號召人民全力反对美帝重新武装日本的陰謀、

174

110

七、蘇联驻津總領事馬鐵夫讲话：中蘇兩大國人民有着偉大而具歷史性的傳统友誼、一連串有一九二〇年中蘇條约一九三七年中蘇互不侵犯條约一九五〇年二月十四日又由兩國首長（斯大林毛澤東）簽订中蘇友好同盟互助條约、這一條约表現着中蘇兩國人民的友誼更進入一新階段、并亦更進一步团结合作、由於兩國团结合作、美帝侵略陰謀立即破產并即失敗、

八、外交部蘇联東歐司徐一新司長讲话：中蘇簽约一

175

年来的成就、從国内看中蘇條约促成中蘇文化交流、我們獲得蘇联先進經驗在生產和建设方面都有實例可以證明、從国外看中国在国际地位已大大提高、在聯合国大會上蘇联代表始終抱着一定態度就是凡是有利於中国的問題蘇联無不盡力支持凡是不利於中國的問題蘇联無不堅决抵抗、蘇联代表甚至在联合国内大小三十多個會裏因為没

176

111.

有中国代表参加而退出会議、這是帝国主義（国家）根本作不到的事、中蘇两大国人民依据條約精神团结合作在爭取世界持久和平方面一定起着極大作用、

九、方紀宣讀毛澤東主席周恩来外長致斯大林大元帥維辛斯基外長賀電

十、蘇聯領事馬鐵夫宣讀斯大林維辛斯基致毛主席周外長賀電

177

十一、通過「反对美帝重新武装日本抗議書」

178

七七、天津市人民政府外事處爲同意蘇商聯華洋行申請歇業事致天津對外貿易管理局函（一九五一年三月二十三日）

X91-Y-531

113

外欧字第二〇号

兹有苏商联华洋行申请欧字

，经本处初步审查，原则上同意所请，即希

查照为荷

此致

天津对外贸易管理局

天津市人民政府外事处

一九五一年三月廿三日

（此联由外贸局存查）

外事处收文 2093 号

外政发137

七八、天津市外事處爲請緩徵蘇聯商務代表處天津分處石棉五箱之貨物税事致財委會公函（一九五一年四月二日）

X58-C-100

文别	附件	拟稿	急件	密件	投递方法	缮写份数	核稿	判行	缮写	校对	发文日期	监印	事由
函	件	阎平言 2/3	急			两份	又成 2/3	章	沈居 2/4	沈居 王	1951年2月2日	九	为请发还苏联商务代表处天津分处石棉五箱之货物税由

五一年一月廿一日我处接奉外交部致上海外事处并抄致我处之办交字第(五一)一二八号指令，关于苏联商务代表处各地分处公用物品进口免税等事，内有以下指示及规定：“……基于苏联商务代表处为苏联驻华大使馆之一部分，其免税待遇应按互惠原则并参照国际惯例按下列规定办理：(一)各该处各地分处公用物品进口应凭该代表处之证明书可准免予征税……”

(二)查有苏联驻商务代表处天津分处由苏联运来该处公用石棉五箱，共重三五八公斤，该处曾征货物税。根据上项指令之精神，该代表处天津分处之公用进口物品应予免税，但具体办法我处正请示外交部，为此请暂予发还该项货物税，俟接奉指令后再决定。特此函达，请速予考虑示复为荷。

外交字第0001号

文別	附件	擬稿	急件	密件	投送方法	繕寫份數	核稿	判行	繕寫	校對	發文日期	監印	事由
	件					份					195 月 日		

此致

市税务局

财委会

转致

商税分局

外事处

五七年三月五日

38 檔號 2,2

天津市人民政府外事處稿紙

七九、天津市人民政府工商局爲中蘇鐵路聯運及國内鐵路負責運輸事轉知天津市花紗布公司（一九五一年四月十四日）

Q185-C-13

歸檔日期	年 月 日
項 號	儲
類 案	運
總 號	886

收文編號 1225
收文日期 51.4.16

1—10

天津市人民政府工商局 （通知）

事由：為轉知中貿部關於中蘇鉄路聯運及國內鉄路負責運輸等問題指示知照由

附件：

發文：一九五一年四月十四日
津工商業字第三四三號

主送機關：天津市花紗布公司

抄送機關：

擬辦：

批示：儲運室
儲運室 存查 4.17.
查存批

頃奉中央人民政府貿易部貿辦運161號（大字號）指示內開：「四月一日中蘇鐵路實行聯運後，國內各重点車站亦办理負責運輸，爲解決有关問題，分別指示如下：

一、中蘇聯運必須以一票直達，目前滿綏兩口岸出口貨物，如蘇方不能提出到站，入口貨物我方不能提出到站時，我方祇有暫按國內運輸办理，在滿洲、綏國境站倒車，再另行分別託運，惟應盡最大努力，爭取一票直達，以省手續。（現本部已電我駐蘇商務代表团請蘇方迅提出我出口貨之到站）

二、滿綏口岸局对於非聯運貨物，應按照老办法負責辦理，並應與蘇方聯系，迅速接運，勿使積壓。

三、國內鉄路各重点站負責運輸，只限於負責站相互間办理，如發到站有一非負責站者，仍由貨主自理。（負責站名希洽当地路局）

四、負責運輸貨物，貨主不派人押運，貨物由鉄路承運时起至收貨人提取貨物時止，由鉄路負責，到站後以印章憑鉄封接收，並應檢視件數点清数目。

五、以上各点，微特別提促注意者，其他各問題應參照有关規章办理。」

特此轉知，即希你公司遵照執行爲要。

局長 杜新波

副局長 馬力克

八〇、天津蘇聯公民協會爲從輕核定税率事呈天津市税務局文（一九五一年四月二十五日）

X58-C-295

來文摘由紙　　編號

來文機關或人名：[illegible]民協會	國籍：
收文編號：外收字 5893 號	收到日期：1951 年 4 月 30 日

附件：

摘由：為請減輕稅收由

交辦：商務科 2/5 與僑務科速辦　[illegible]經收[illegible]僑務科 [illegible]

建議與批示：[illegible]辦 2/5　交[illegible]辦 2/5

處理經過：

~~18~~

檔號

14

ва все время сокращаются.

Ввиду этого мы очень просим Вас отнестись к нашей просьбе с Вашей обычной внимательностью и дать нам наиболее благоприятный ответ.

ОБЩЕСТВО ГРАЖДАН С.С.С.Р.
в гор. Тяньцзине

Зам. Председатель П.И. Ефанов. Секретарь В.С. Гуревич.

天津市税務局 副本 天津市人民政府外事處

關於我会所推行之全部工作與[illegible]除經濟狀況及收入來源各節業於本年一月十九日去函內詳述在案。此外，你局根據該函已經了解我会的組織。你税務局第十分局於上星期又將我会代表邀去告以我会俱樂部會堂、電影、與球房，應與其他外僑俱樂部同樣繳納捐税等語。據我会得悉天津市現有外僑俱樂部兩處，即天津俱樂部與鄉藝俱樂部。我会代表當說明蘇僑俱樂部不能被視為與上開俱樂部處於同等地位，因為上開外僑俱樂部純係娛樂場所，而我会俱樂部以本質言之則係文化與休息場所，其基本任務為推行蘇僑文化教育工作，與上開外僑俱樂部完全不同。對于此節，擬請加以了解，以免落於錯誤。茲再根據一月十九日去函，擬請顧及我会所處之經濟困難狀況，對于我会之公共文化教育而非商業機構，從輕核定税率。我会此種請求，并非旨在規避捐税，實因收入來源繼續銳減，有以致之。除分函外事處外，為此懇請你局對于我会所請一節，仍予以深切照顧，并希示給圓滿答復為荷

天津蘇聯公民協会
副会長葉凡諾夫
秘書古列外赤

一九五一年四月廿三日

Общество Граждан СССР в Тяньцзине
天津蘇聯公民協會

15XX

八一、天津市人民政府外事處爲各機關團體與本市蘇聯僑民協會往來須先通過該處事呈市政府文（一九五一年五月十六日）

X58-C-93

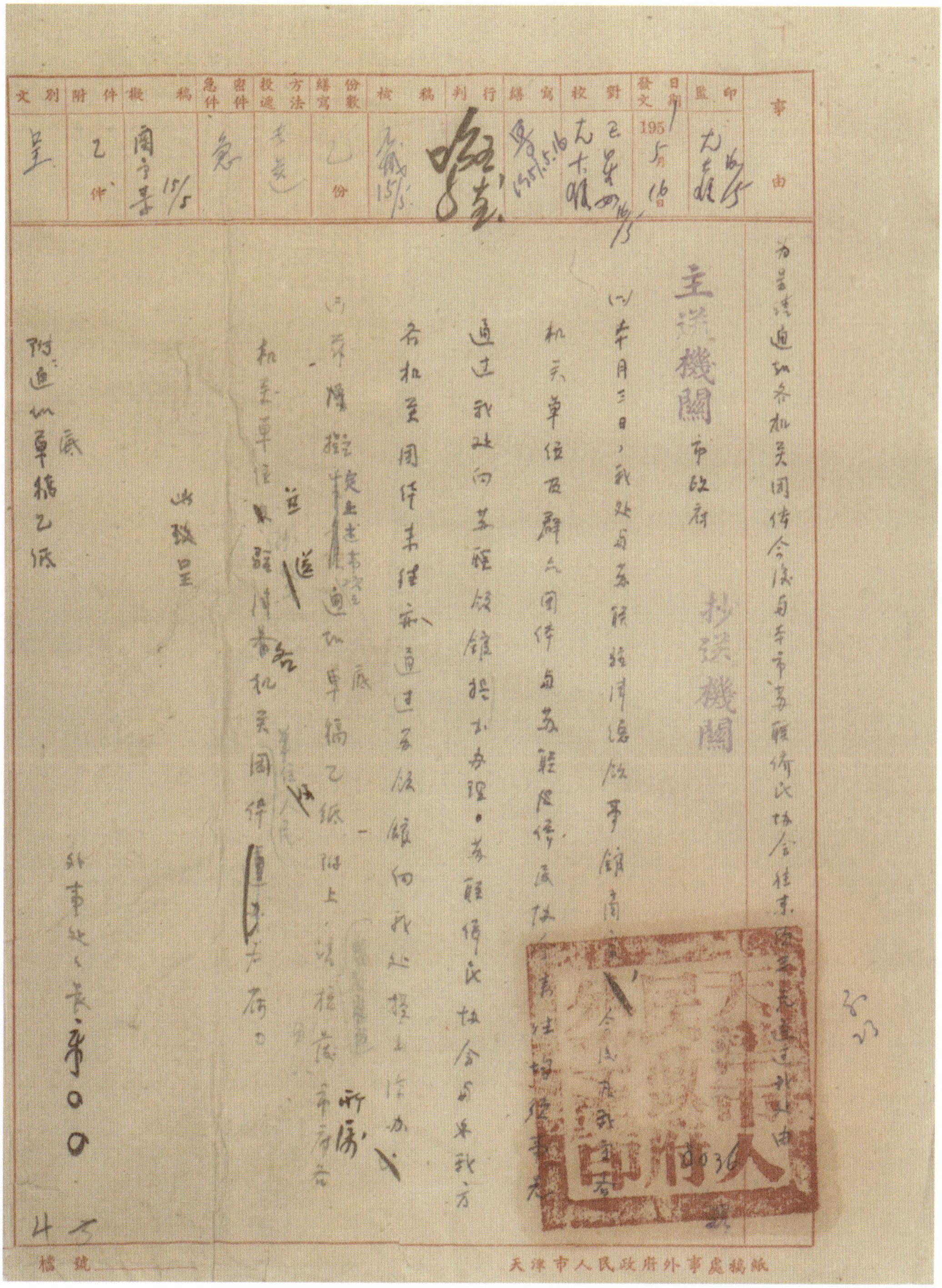

文别	附件	拟稿	急件 密件	投递方法	缮写份数	校稿	判行	缮写	对校	日期 发文	监印	事由
呈	乙件	周子英 15/5	急	专送	乙份	盛 15/5	[illegible]	1951.5.16	已	1951年5月16日	15/5	为呈请通知各机关团体今后与本市苏联侨民协会往来须通过我处由

主送机关 市政府

抄送机关

(一)本月三日，我处与苏联驻津总领事馆商定：今后本市各

机关单位及群众团体与苏联侨民协会往来[illegible]

通过我处向苏联领馆提出办理。苏联侨民协会与我方

各机关团体来往，亦通过苏联领馆向我处提出（转）办。

(二)兹拟定通知单稿乙纸，附上，请核后市府[illegible]

机关单位转告各机关团体[illegible]

此致

呈

附通知单稿乙纸

外事处处长 章○○

档号

天津市人民政府外事处稿纸

八二、天津市人民政府爲各機關團體與本市蘇聯僑民協會往來應先通過本府外事處事通知市屬各單位（一九五一年五月十九日）

X152-C-105

秘書室

天津市人民政府（通知）

（收文承辦單位）

事由：為各机関團体與本市某級僑民協会徐來應先通過本府外事處由

附件：

發文：一九五一年五月十九日

津秘（51）字第三一一六號

主送机関：市屬各单位

抄送机関：駐津各机関

擬辦：[illegible]

批示：[illegible]

一九五一年五月廿五日[illegible]

收文 秘（51）字第1569號 1951年 月 日 時收

23

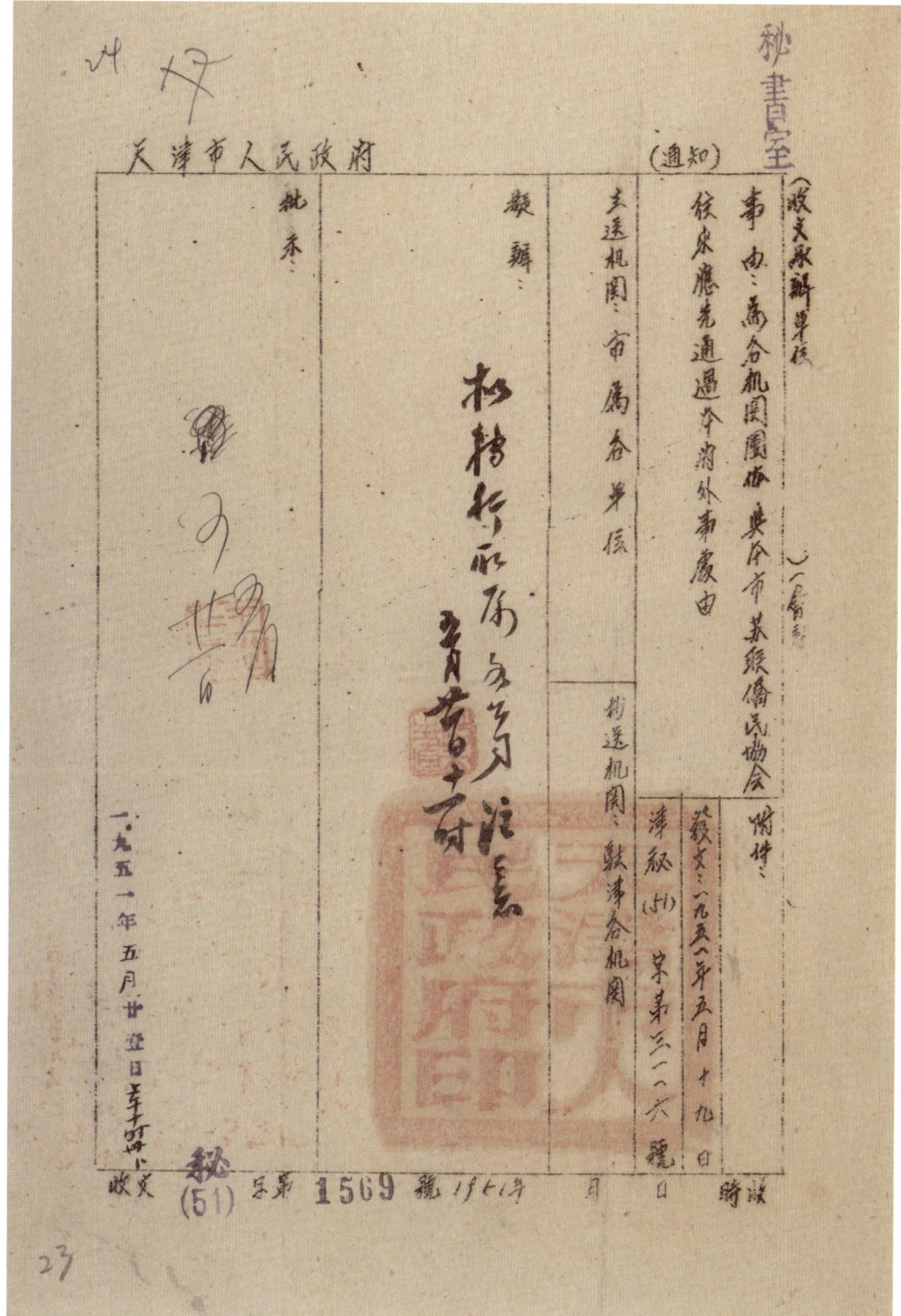

會、各機關團體與本市蘇聯僑民協會（包括其婦女部、青年部等）過去時有往來，或互相參加各種集會，或舉行聯歡，多未經過人民機關考慮區別具體對象。事關兩國人民友誼，影響治安。茲為今後建立雙方友好關係，業由本府外事處與蘇聯駐津總領事館商定，凡我機關團體與蘇聯僑民協會來往，均須事先通過本府外事處向蘇聯駐津總領事館提出辦理，蘇聯僑民協會與我方各機關團體來往，亦通過蘇領館向外事處提出洽辦。希即注意遵照。

市長 黃敬

副市長 許建國 周叔弢

核對 伍允中 胡伯齡

監印 王晋杰

八三、天津市人民政府爲天津國外運輸公司與蘇聯等國商務代表往來是否須經外交機關事致外事處函（一九五一年六月十三日）

X58-C-816

天津市人民政府（函）

事由：為據天津國外運輸公司反映該公司時有蘇聯及各新民主主義國家商務代表來洽託運事項是否亦須經過外交機關許可問題，希你處批覆由。

主送機關：外事處

抄送機關：

擬辦：[illegible]

批示：

附件：

發文：一九五一年六月 日 津秘(51)字第3857號

收文 [illegible]字第105號 1951年6月19日 時收

C26

據天津國外運輸公司六月十六日津外運秘字第1684號函："本公司因業務關係，時有蘇聯及各新民主主義國家駐京、津商務代表，親來商談託運事項，除重大問題，請示中央人民政府核示外，一般問題均由本公司當面辦理或處理，類此情事是否亦須經過外交機關的許可？請示覆。"即希你處根據本年六月七日本府津秘字第3623號通知擬覆。

六月十八日

校對 伍允中 胡柏齡
監印 王晉杰

八四、天津市人民政府外事處關於天津國外運輸公司與蘇聯等國商務代表往來是否經外事處的意見（一九五一年六月二十一日）

X58-C-816

〇

外事处

天津国外运输公司与苏联等国商务代表往来应否经

经外事处

意见：(一)重大问题除请示中央外，应通知外事处。

(二)解答及处理一般业务范围内具体问题如订运事项可与之直接联系。

(三)解答、处理非业务范围内之问题或供给材料（凡有关本公司内部情况、数字及）等须经过我处请示。

即外业务以外

发行方面以应主要求协

试行/

正式以文件往来。

属于业务范围的可由该公司自行联系，大事仍应报请示。属于业务以外的，如关于政治、经济、重要物资事项，应通过外事处联系。

天津市人民政府外事处硬缄

閱 11/6

月 日

八五、鐵道部天津鐵路管理局爲與蘇聯駐津商務代表團聯繫應否直接辦理事致外事處函（一九五一年七月十四日）

X58-C-816

鐵道部天津鐵路管理局 函

津運商字第900.號

事由 關于蘇聯駐津商務代表團與我局聯系有關運輸問題應否直接辦理請函示由

天津市人民政府外事處

一、政務院一九五一年五月廿一日政秘字第三五四號命令略示所有各國在華機關團體或人員接洽公務者必須事先徵得中央外交部或各地外事機關之同意，不得直接聯系

二、關于蘇聯駐津商務代表團，經常因運輸貨物與我局聯系要車問題，今後應否直接辦理請煩示復爲荷。

天津鐵路管理局局長郭洪濤

天津鐵路管理局局長

公元一九五一年七月十四日

5 交 6

原外事机关往来卷32号 C32

八六、天津市人民政府外事處關於蘇聯有無由第三國家通過蘇聯運送貨物至中國之規定致外交部的請示（一九五一年七月十九日）

X58-C-912

2.

文别	附件	拟稿	急件 密件	投递方法	缮写份数	核稿	判行	缮写	校对	发文日期	监印	事由
呈文	X 件	劳林 13/7	X	寄去	乙 份	贾			梁	195 7月19日	九 7/19	为请示关于苏联有无第三国家通过苏联运送货物至中国之规定由

外商字第　号

主送机关 外交部　抄送机关

一、我处近有本市贸易商三泰华行来处询问关于苏联有无由第三国家通过苏联运至中国之规定事，并谓该行在瑞士买货一批，由瑞士运至捷克，然后经苏联运中国。并谓已接瑞士厂商及捷克国家对外贸易公司来信，云为欲经苏联，则须取得该国货物过境许可证等语。

二、关于苏联国家有无此种规定，请指示以便答复。如有规定，应经何种手续，亦请一并示知。

天津外事处处长 章文晋

萧 35号

(69)

档号

天津市人民政府外事处稿纸

八七、天津市人民政府外事處爲私商對蘇聯及各人民民主國家之貿易均應經中國進口公司事復《天津日報》公函（一九五一年七月二十五日）

X58-C-824

文别	附件	拟稿	急件 密件	投递 方法	缮写 份数	核稿	判行	缮写	校对	发文 日期	监印	事由
公函	乙件	阎宁孝 25/1	急	专送	乙份					195		为函复私商对苏联及各人民民主国家之贸易均应经过中国进口公司由

主送机关　天津日报

抄送机关

（一）本月十九日接　贵报读者来信俱转为来私商公利源询向苏联商务代表处天津分处地址来信一封，请我处予以中答复。

（二）据我处了解目前我私商与苏联及各人民民主国家进行贸易均应经过中国进口公司，不得与该国商务代表直接往来。故请通知该商与中国进口公司联系为荷。

附公利源来函乙件

外事处

档号　交15

原存机关　天津市人民政府外事处

交50

C30

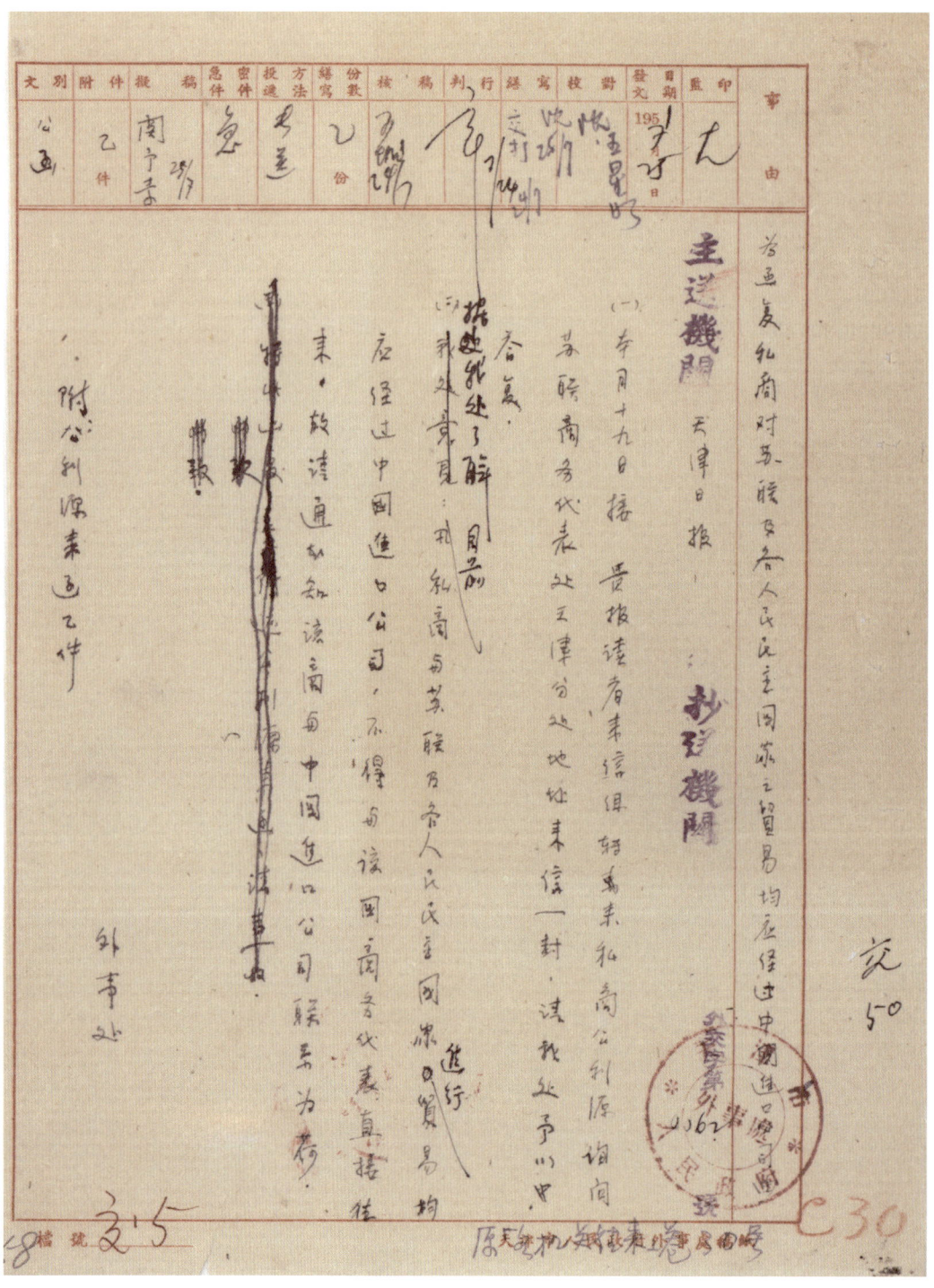

八八、天津鐵路管理局天津分局天津站爲向蘇領館補收東北段運雜費事致天津市外事處函（一九五一年八月三十日）

X58-C-94

天津鐵路管理局天津分局天津站　函　　津站貨字第五八九號

事由：請轉向蘇聯領事館補收高爾基運來汽車東北段運雜費由

天津市人民政府外事處

七月十八日由高爾基發來汽車壹件（箱裝）聯運單五三二九三號收貨人天津蘇聯領事館須向收貨人核收到達國的運雜費一二六二五四〇〇元當收貨人提取貨物時聲稱曾與哈爾濱蘇聯國外運輸公司訂有合同規定東北段運雜費應由哈爾濱蘇聯國外運輸公司交付關內段在到站由我館交付鐵道部業已了解等情七月廿一日經分局運輸科盧股長指示先收關內段運雜費二八八一六〇〇元事後向上級連系是否有此項辦法故我站請蘇聯領事館留具「倘發生異議由本領事館負責支付」之證明書現我站收到分局運輸科及管理局商務科之電話與鐵道部詢問部內不知該項合同仍應向收貨人核收東北段運雜費九七四三八〇〇元等情我站接指示後經與

貴處電話連系准我站備函代向蘇聯領事館交涉補收特此函達即希協助爲荷

此致

敬禮

天津鐵路管理局天津分局天津站

公元一九五一年八月廿日

28

八九、天津市蘇聯公民協會社會救助部工作簡況（一九五一年八月）

X58-C-294

天津蘇聯公民協會社會救助部 地址曲阜道一〇五號 電話三局兒七九及〇九八一。

本部有下列兩支部：一、公共食堂 二、孤兒院。

本部宗旨——救助貧苦蘇聯公民。

社會救助委員會在本協會創辦之前即已展開業務，當時之名稱為互助金庫，該組織曾有其自己之會員，按月繳納費用，曾發放一時捐助，自其基金中曾給予蘇聯貧苦公民以臨時救助金，其救助金曾分為償還性的與不須償還者兩種，無利息但須有會員二人作保。

現在救助委員會由下列人員組成：

主任委員，本協會理事 新亞克　　秘書 由積極分子女公民 撒仁娜充任

分委員八人。

本部經常分發金錢，麵包及其他物品與貧苦蘇聯公民，每日由各委員於本會地內輪流值日接收申請及發放，而於其他部門領取物品之單據，例如：在本會醫院免費住院及診療，由公共食堂領取免費午飯，煤，麵包以及其他。

除臨時救助之外，尚有永久性質之救濟。

蘇聯公民協會公共食堂 地址十區澳門路七號 電話三局三七七四。

本食堂之宗旨為供給蘇聯公民以富於營養之午餐，按最低價格，並以社會救助部項下發放免費午飯與貧苦僑民。

本食堂係在一九四八年十月開設，當時之難題為食物及煤炭價格之無限增漲。

食堂委員會主任委員為女公民兩布司琴娜，副主任女公民阿布拉莫娃，秘書娃爾佛洛美耶娃，及委員十七人輪流值日，監視廚房及發放飯食。

此外尚有雇員——收款員一人，女廚師二人。

45

2

動產之部有食堂之設備—碟、刀、叉、鍋等
不動產部分專供食堂應用爐子。
本食堂之經濟狀況以自給自足為原則，午飯共分廉價及正價兩種。

正價午飯每日四十份 按一七〇〇元及一五〇〇元
廉價午飯每日三十六份 按一〇〇〇元

按上數量每日共七十六份，其中收費自出者二十五份，社會救助部代付者五十一份。
舊救給孤兒院及貧苦公民之午飯均由社救部付款。

一 本協會社會救助部孤兒院，地址十區澳门路七號，電話三三七七四。
本院收容之兒童為孤兒及其雙親貧苦不能養育之兒童。
本院於一九四八年十一月組成，初期只有兒童三人，嗣後增至六人，現在已有十四人。
本院兒童之及齡者已入學，完全由社救部供給一切，並有常設醫生維持兒童之健康。
孤兒院委員會由女公民福列衣曼任主任委員，特拉哈夫吉多次任秘書，此外有七人任委員擔任輪流值日協助兒童作業，監督兒童行為，清潔及衛生。
本院有雇員一人—女管理員。

46

ОТДЕЛ СОЦИАЛЬНОЙ ПОМОЩИ ПРИ ОБЩЕСТВЕ ГРАЖДАН С.С.С.Р.

Адрес - 105 Чуфу Тао Тел. 30879 и 30981

Организация имеет два подотдела:

1/ Общественная Столовая
2/ Детдом

Цель Организации: - оказание помощи нуждающимся гражданам
Соцбытовая Комиссия открыла свою деятельность еще до основания О-ва когда функционировала так называемая Касса Взаимопомощи. Эта О-ция имела своих членов, платящих ежемесячный членский взнос. Принимались единовременные пожертвования и из образовавшегося фонда давались временные пособия совгражданам, нуждающемся в них. Пособия были возвратные и безвозвратные. Беспроцентные, но требовалась гарантия 2 членов Организации.

В настоящее время Комиссия Социальной Помощи состоит из:
Председателя, Члена Правления А.И.Синяка
Секретаря из Актива гр-ки Т.Н.Сажиной
и 8 членов Комиссии

Организация выдает денежные пособия, хлеб и продукты совгражданам находящимся в затруднительном матерьяльном положении. Ежедневно члены Комиссии дежурят в помещении О-ва, принимая заявления и давая квитанции на право получить то или другое от других Организаций засчет Соцпомощи: амбулаторный прием в Госпитале, прием в Госпиталь бесплатные Обеды из Столовой, уголь, хлеб ит.п.

Кроме этой единовременной помощи дается помощь постоянного характера

Общественная Столовая при О-ве Граждан СССР
Адрес: угол 38 и41 улиц - Аомен Лу №7 10 район
Телефон 33774

Столовая имеет своей целью дать гражданам питательный, хороший обед по минимальной цене. Неимущим гражданам обед выдается за счет Отдела Социальной Помощи.
Эта организация была открыта в ноябре 1948 года, когда вопрос о продуктах питания делался очень трудным из за вздорожания их и поднятия цен на уголь.

Во главе Столовой Комиссии стоит председательница А.П.Капустина и ее заместит гр-ка Абрамова, Л.Г. и секретарь Варфоломеева, Н.П. кроме того имеется 17 членов, несущих дежурства во время приготовления обедов и их выдачи.
Кроме этих общественных работников, имеются платные: кассир и две поварихи.
Имущество - инентарь столовой - тарелки, ножи, вилки , кастрюли и пр
Из недвижимого инвентаря имеется печь, специально построенная для Столовой О-вом граждан. Имеются припасы - крупы и пр.
Экономическое положение: столовая существует на самоокупаемости.
Имеется два рода обедов - удешевленный и нормальный.
Выдается в день нормальных обедов - 40 по 1.700 и 1500
удешевленных обедов - 36 по 1.000
За все обеды выданные Детдому или неимущим гражданам платит Соцпом
~~В процентном отношении~~ платных обедов - 25
Оплачиваемых Соцбытовой комиссией - 51

47
~~45~~

ДЕТДОМ при Отделе Социальной Помощи О-ва

Адрес Угол 38 и 41 улиц Аомен Лу № 7 10 район
Телефон 33774

В Детдом принимаются дети-сироты, или дети, родители которых из-за тяжелого материального положения не имеют возможности содержать детей.
Организация открыта в ноябре 1948 года и вначале имелось трое детей вскоре стало шесть, в настоящее время имеется 14.
Дети посещают Школу, получают полное содержание за счет Соцбыта О-ва
Имеется постоянное наблюдение врача за состоянием здоровья детей
Во главе Детдома стоит Комиссия спредседательницей М.А.Фрейман и секретарем Б.Трахтенгерц. Кроме того имеется еще 7 членов комиссии производящих дежурство в Детдоме, помогают готовить уроки, наблюдают за поведением детей , чистотой и гигиеной.
Имеется одна платная сотрудница - заведующая Детдомом.

48

九〇、天津蘇聯公民協會爲請求准許成立商業部事致外事處公函（一九五一年九月十日）

X58-C-1085

來文摘由紙　　編號______

來文機關或人名：文聯民協會	國籍：
收文編號：外收(51)字0704號	收到日期：1951年9月11日

附件：

摘由：為請求准許成立商業部由

交辦：商務科洽 與僑務科連系

建議與批示：

處理經過：

檔號 26

天津
蘇聯公民協會
十區曲阜道一〇五號
電話三〇九八一號 三〇八七九號

ОБЩЕСТВО ГРАЖДАН СССР
В ГОР. ТЯНЬЦЗИНЕ

USSR CITIZENS' SOCIETY OF TIENTSIN

Тел.: 30981, 30879

Тяньцзин, 10 Сентября 1951

105, Чуфу Дао
105, Chufu Tao

公函第661號

天津市人民政府外事處趙同志：

我們在本年三月三十一日致貴處的第二三四號函裡曾請求准許我會成立商業部。對於我會在此期間和哈尔濱蘇联僑民協會洽商共同经营商業事貴處亦有所聞。因為我會沒有得到貴處●許可所以我會和他們簽訂協議也沒能舉行。鉴於上述各節我會理事會懇請貴處对本年三月卅一日我會的請求惠予考慮并准許成立商叶部、因為這個商叶部的成立对我會言、現在比任何時期都重要。深望貴處能對這一個對我會很重要的問題早作决定、謹此預先致謝。

Общество Граждан СССР в Тяньцзине
天津蘇聯公民協會

天津蘇联公民協會會長 葉發諾夫

代秘書 賽瑞布瑞優克夫

一九五一年九月十日

77

天津蘇聯公民協會
十區曲阜道一〇五號
電話 三〇九八一號 三〇八七九號

№ 661

Тел.: 30981, 30879

ОБЩЕСТВО ГРАЖДАН СССР
В ГОР. ТЯНЬЦЗИНЕ

USSR CITIZENS' SOCIETY OF TIENTSIN

Тяньцзин, 10 СЕНТЯБРЯ 1951

105, Чуфу Дао
105, Chufu Tao

БЮРО ПО ДЕЛАМ ИНОСТРАННЫХ РЕЗИДЕНТОВ
в Г.ТЯНЬЦЗИНЕ.

ВНИМАНИЮ ТОВАРИЩА ЧЖАО СЫ ВЭЙ.

Нашим письмом от 31 го марта с.г. за № 234 мы обратились к Вам с просьбой разрешить нам открыть Торгово-Промышленный Отдел при Обществе Граждан СССР в Тяньцзине.

Вам также известно, что в течение этого периода между Тяньцзинским и Харбинским обществами велись переговоры о совместной торговой работе.

Ввиду того, что разрешение на открытие Торгово-Промышленного Отдела при Обществе Граждан СССР в Тяньцзине нами от Вас еще не получено, -подписание соглашения с ними задерживается.

Принимая во внимание вышеизложенное, Правление Общества Граждан СССР в Тяньцзине настоятельно просит Иностранный Отдел рассмотреть его просьбу от 31 го марта и выдать разрешение на открытие Торгово-Промышленного Отдела при Обществе Граждан СССР в Тяньцзине, существование которого в данное время является более чем когда либо жизненно необходимым для нашей организации.

В ожидании от Вас скорого разрешения этого важного для нас вопроса в положительном смысле, -за что заранее Вас благодарим.

ОБЩЕСТВО ГРАЖДАН С.С.С.Р.
в гор. Тяньцзине

Зам. Председателя
П.И.Ефанов.

За Секретаря
А.И.Серебренников

78

九一、天津市人民政府外事處爲對蘇聯公民協會申請附設工商科提供意見事致市財委、工商局、外貿局函（一九五一年九月二十日）

X58-C-1085

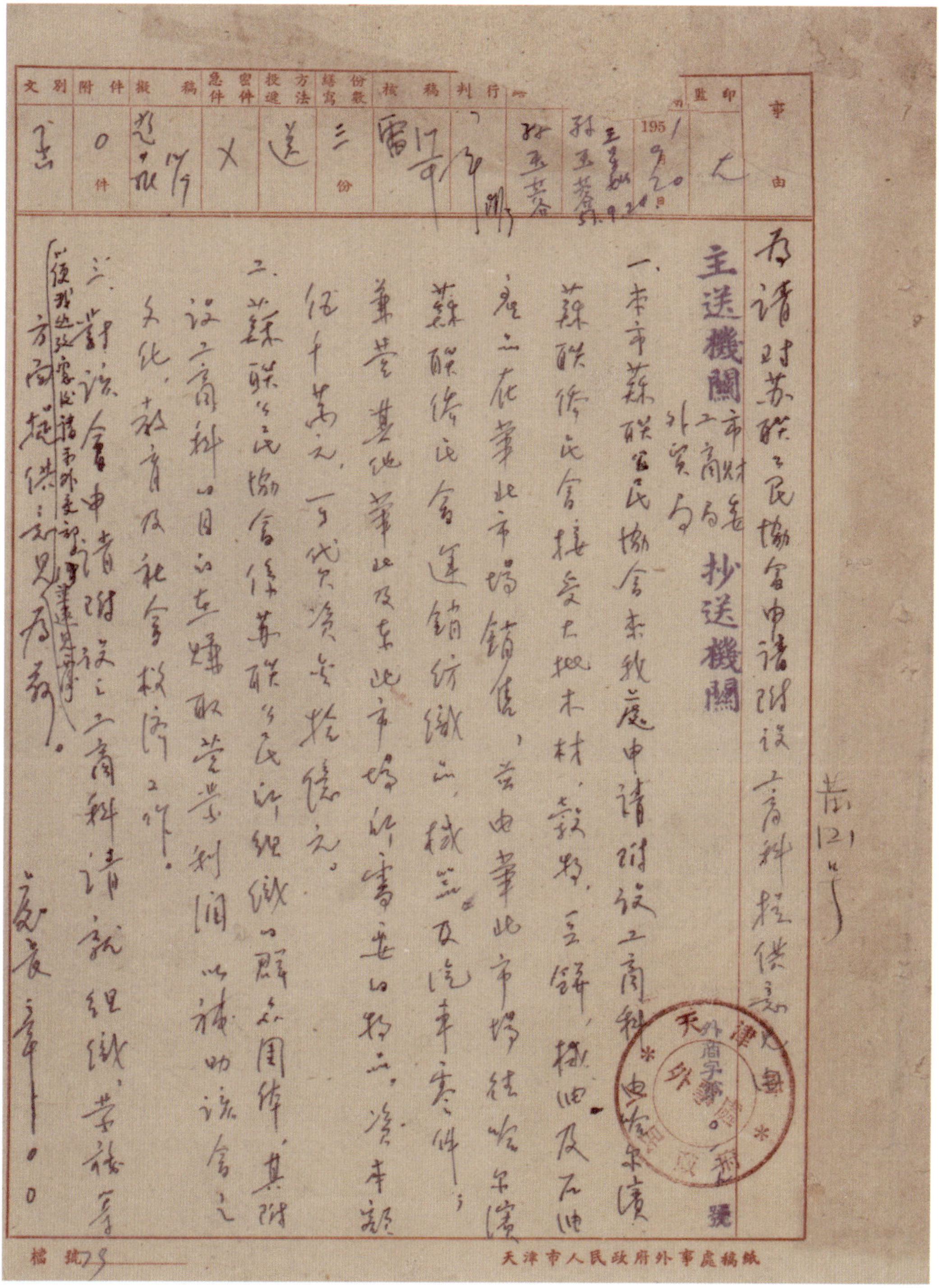

文別	附件	擬稿	急件 密件	投遞方法	繕寫份數	核稿	判行		監印	事由
函	0件	[illegible]	文	送	三份	[illegible]	[illegible]	1951/9/20	大	為請對蘇聯僑民協會申請附設工商科擬供意見由

主送機關：工商局 市財委 外貿局
抄送機關

一、本市蘇聯僑民協會來我處申請附設工商科，蘇聯僑民會接受大批木材、鋼料、五金、機油及石油產品在華北市場銷售，並由華北市場往哈爾濱蘇聯僑民會運銷紡織品、機器及汽車零件；兼營其他華北及東北市場所需要之物品。資本額約千萬元，可代其資金出於總會之。

二、蘇聯僑民協會係蘇聯僑民所組織之群眾團體，其附設工商科目的在於賺取營業利潤以補助該會之文化、教育及社會救濟工作。

三、對該會申請附設工商科請就組織、營業等方面提供意見為荷。

（復我處政字[illegible]）

處長 章〇〇

天津市人民政府外事處 [illegible]

檔號 73　　天津市人民政府外事處稿紙

九二、天津市人民政府工商局爲蘇聯公民協會不得對外經營業務賺取利潤事復外事處函（一九五一年九月二十六日）

X58-C-1085

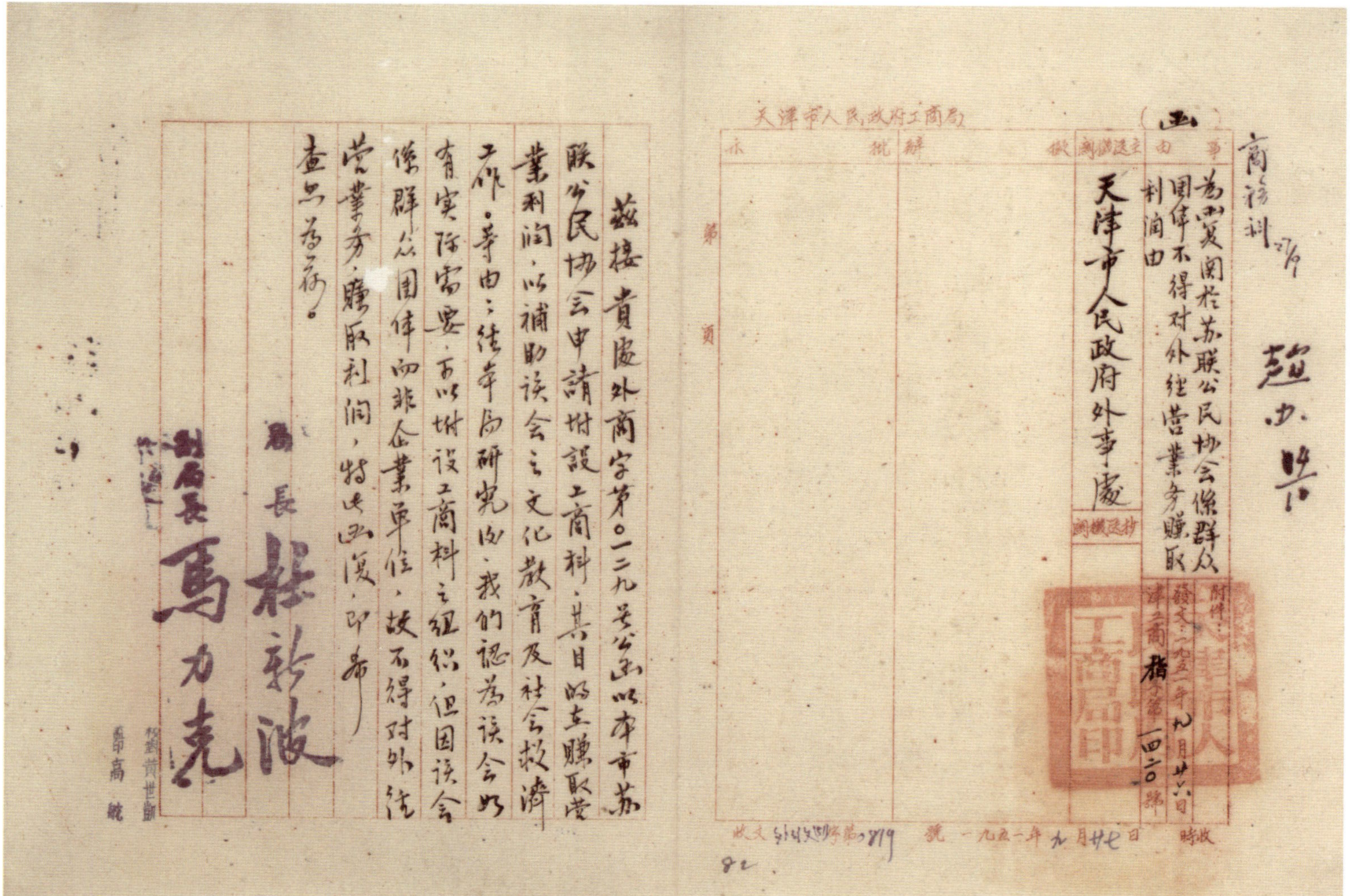
天津市人民政府工商局

（函）

商務科

趙办。

事由：为函复关于苏联公民协会係群众团体不得对外经营业务赚取利润由

主送机关：天津市人民政府外事處

抄送机关：

附件：

發文：一九五一年九月廿六日 津工商稽字第一四二〇號

收文 第819號 一九五一年九月廿七日 時收

批示

拟办

兹接

贵處外商字第〇一二九号公函以本市苏联公民协会申請增設工商科，其目的在賺取營业利潤，以補助該会之文化教育及社会救濟工作。等由；經本局研究后，我們認為該会如有實際需要，可以增設工商科之組織，但因該会係群众團体而非企業單位，故不得对外經營業务，賺取利潤，特此函復，即希查照為荷。

局長 楊新波

副局長 馬力亮

核稿 黄世勛

擬稿 高航

82

九三、華北對外貿易管理局爲蘇聯公民協會附設工商科意見事復外事處公函（一九五一年九月二十七日）

X58-C-1085

華北對外貿易管理局 公函

津外貿行政字號

事由：爲復關於蘇聯公民協會附設工商科之意見由

一、九月廿日外商字第一二九號公函敬悉，

二、蘇聯公民協會本身係社團法人，故就組織上言，該會成立工商科經營業務，不妥當，如有必要，可按一般僑商性質經營，無須採用群衆團體名義。

三、該科所陳業務爲國內貿易性質，本局無意見。

此復

天津市人民政府外事處

局長 李琢之

副局長 高目新

民 一九五一年九月廿七日

（印：中央人民政府貿易部天津對外貿易管理局印）

繕 校對 監印 汪 路

九四、外事處爲蘇聯商務代表處天津分處及蘇、波駐津領事館進口物品免税事致財委會、海關、税務局公函（一九五一年十月十三日）

X90-Y-252

142

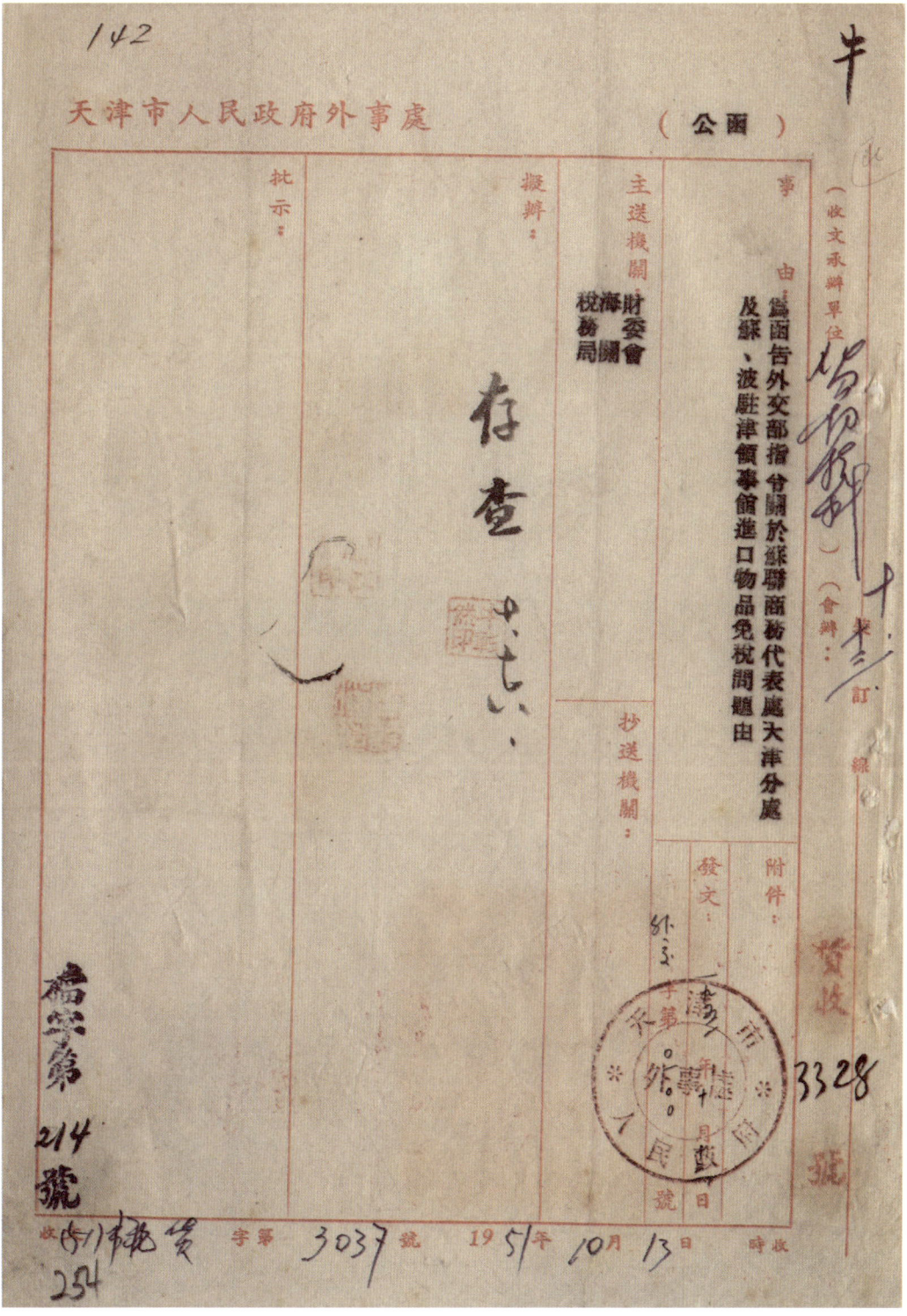

天津市人民政府外事處 （公函）

事由：為函告外交部指令關於蘇聯商務代表處天津分處及蘇、波駐津領事館進口物品免稅問題由

主送機關：財委會 海關 稅務局

抄送機關：

擬辦：存查 十.十六.

批示：

附件：

發文：外交字第 號 年 月 日

（收文承辦單位 ） （會辦： ） 裝 訂 線

天津市人民政府外事處

資收 3328 號

編字第 214 號

收 51津貨 字第 3037 號 1951年 10月 13日 時收

254

奉外交部發辦交字第51三一四號指令：「……關於蘇聯商務代表處天津分處及蘇、波駐津領事館物品進口免稅問題，因「中華人民共和國對各國外交官及領事官的行李物品進出國境徵、免、驗、放優待暫行辦法」及「中華人民共和國對各國外交官及領事官豁免稅費暫行辦法」業經政務院第一〇二次會議批准，日內即可施行，我部亦將於近期與海關總署及稅務局等商定各地具體執行辦法，然後統一指令各地外事處，故在上述指令未到達你處前，你處可根據我部發辦交字第51一八七號指令之精神由你處與當地有關部門商洽暫緩征收。」特此轉達，請查照為荷。

處長

校對 王星如

監印 尤大瑾

255

九五、天津蘇聯公民協會爲工商科開業事致外事處函（一九五一年十月十五日）

X58-C-1085

來文摘由紙

編號＿＿＿＿＿＿

來文機關或人名：蘇聯僑民協會	國籍：
收文編號：外僑(57)字0946號	收到日期：1951年10月15日
附件：	
摘由：關於工商科問題	
交辦：商務科 15/10　　趙 17/10	
建議與批示：	
處理經過：	

檔號 84

天津蘇聯公民協會
十區曲阜道一〇五號
電話三〇九八一 三〇八七九

Тел.: 30981, 30879

ОБЩЕСТВО ГРАЖДАН СССР
В ГОР. ТЯНЬЦЗИНЕ

USSR CITIZENS' SOCIETY OF TIENTSIN

Тяньцзин, 11 ОКТЯБРЯ 1951
105, Чуфу Дао
105, Chufu Tao

№ 733

БЮРО ПО ДЕЛАМ ИНОСТРАННЫХ РЕЗИДЕНТОВ
в г.ТЯНЬЦЗИНЕ.

ВНИМАНИЮ ТОВАРИЩА ЧЖАО СЫ ВЭЙ.

10 го сентября с.г. нами было послано Вам письмо за № 661 с просьбой о выдаче разрешения на открытие Торгово-Промышленного Отдела при Обществе Граждан СССР в Тяньцзине.

Ввиду того, что открытие такового, как мы уже писали, является в данное время для нашего Общества более, чем когда либо жизненно необходимо, мы позволяем себе снова беспокоить Вас просьбой сообщить нам в каком положении находится данный вопрос.

ОБЩЕСТВО ГРАЖДАН С.С.С.Р.
в гор. Тяньцзине

Зам. Председатель
П.И.Ефанов.

Секретарь
З.С.Гуревич.

天津市人民政府外事處公鑒

本年九月拾日呈文第六六壹號呈請天津蘇聯公民協會工商科開業事件，呈請工商科開業許可，但至今尚未蒙批准。工商科開業之意義前函業已說明，而該工商科之開業乃我蘇聯公民協會生存輸軸，深望早日批准，同時有何指示，尚請賜知為荷。此致
敬禮

天津蘇聯公民協會
副會長 耶法諾夫
秘書 古列維奇

85

九六、天津市人民政府外事處爲蘇聯公民協會附設工商科事呈外交部文（一九五一年十月二十二日）

X58-C-1085

文別	附件	擬稿	急件	密件	投送方法	繕寫份數	核稿	判行	繕寫	校對	發文日期	監印	事由
呈	[illegible] 件	趙[illegible] 27/10	急		郵	份	魯 24/10				195 月 日		呈請關於蘇聯公民協會附設工商科指示由

送商務科再加研究，以[illegible]
[illegible]

主送機關 外交部
抄送機關

外管字第　號

一、本市蘇聯公民協會為補助其文教及救濟工作，來我處申請附設工商科，自哈爾濱蘇聯僑民會採定大批木材、穀粉、豆餅、植物油及石油產品在華北市場銷售；並經哈爾濱蘇聯僑民會運送紡織品、機器及汽車零件在東北市場銷售。兼營其他華北與東北市場所需要的商品。資本額人民幣伍仟萬元，可貸資金擔保之。蘇聯領事館希望准其設立，且願協助指導其業務活動。

二、本市工商局根據政務院財經委員會一九五〇年四月二十五日嚴禁機關部隊及學校經營商業的指示，認為：(1)該會如有實際需要，可以附設工商科之組織，但因該會係群眾團

事由	印監	發文日期	對校	繕寫	判行	核稿	份數繕寫	方法投遞	密件急件	擬稿	附件	文別
		195 年 月 日					份				件	

主送機關

抄送機關

外商字第　號

係而非企業單位，故不得對外經營業務。已 對外貿易管理局認為：蘇聯公民協會本身係社團法人，故就組織上言，該會成立工商科經營業務，不妥當，如有必要，可按一般僑商性質經營，無須採用群眾團體名義。已

三、我處研究以後認為：

（甲）外商經營國際貿易，似不妥當，以限於本地經營為宜。該蘇聯公民協會所申請者既係國際貿易，且其所申請經營之木材，穀物，豆餅及紗布皆為我專業公司統銷者，故不擬准其所請。

（乙）為了照顧該會經費之困難，並促進其文教及救濟工作，

檔號 88　　天津市人民政府外事處稿紙

文别	附件	擬稿	急件	密件	投遞方法	繕寫份數	核稿	判行	繕寫	對校	發文日期	監印	事由
	件					份					195 年 月 日		

主送機關

如該會申請經營本地商業，擬予批准，但須另設企業單位（因我政府規定团体不得經營商业）并須遵守我一切有關法令。

是否有当，請 裁奪示遵。此呈

天津外事處處長 □

抄送機關

外商字第 號

檔號 39　　天津市人民政府外事處稿紙

九七、谷立維爲准予出售大陸油廠及不動産事呈外事處文（一九五一年十月二十三日）

X58-Y-333

來文摘由紙

編號＿＿＿＿＿＿

來文機關或人名：谷正綱	國籍：
收文編號：外聯字10487號	收到日期：1951年10月26日

附件：

摘由：呈為准予出售大陸油廠及不動產事

交辦：商務科 29/10　趙 30/10

建議與批示：先轉僑務科審查有無問題 7/11
①大陸油廠原址爲僑光紗廠可以賣，但要外匯不可能。
②馬場道房子係法國產業，是否可以賣，請僑務科核復。 7/11
先請僑務科核查 9/11

處理經過：大陸油廠去年上週來此聲稱擬[illegible] 14/8/52
(此案擬請僑務科核定見已52.8.10[illegible])
谷正綱：申請出售廠房問題已[illegible]，不擬再出據。([illegible]) 10/9/52

檔號＿＿＿＿＿＿

24

呈為准予出售大陸油廠及不動產事　竊僑民綠於一九三六年决定在天津設立提鍊植物油的大工廠以製造各種植物油當時由於僑民見到中國缺乏這種工廠見到華北有着豐富的製油原料（油籽）和便利的港口，有使這種油類輸出到歐美各國的可能性如果有裝備提取和精鍊的機器來製造有和歐美各製油工廠競爭的可能性因為明顯易見的以提鍊的方法能使油的產量增加百分之七—八能使油籽餅的品質良好一般地來說能使產品成本減低對於這些考慮曾邀僑民的岳父參預這些計劃因為他持有為此目的所需要的資本（法國錢幣法郎）同年（一九三六）僑民向法國訂購榨油機器製造食用的植物油的真空精鍊機器以及清除氣味的機器但是由於接受這批訂購機器的工廠未能按期發來機器結果耽擱了提鍊部門（工廠）的建立恰在這個時候發生了七七事變以及由此連續而發生各種事故重新使僑民設立提鍊油廠的計劃陷於停頓日本侵入中國也就霸佔了僑民的工廠自然地迫使僑民擱下了製油計劃的实現一直到战爭結束可是战爭的結束也並沒有給僑民帶來緩和因為在一九四七年也就是战爭後經過了二年當战後情况剛有些穩定的時候偽國民党政權的蕭某及其隨從畢嘉次基以恐嚇詐財為目的將僑民押在監獄裡直到中國人民解放大軍解放了天津經中國人民法庭重審僑民的案情才由監獄裡釋放出來出獄後僑民立即着手修建整個工廠修建這些年來空閒着不用而將近破壞的機器和其他的設備更為了响應政府新民主主義經濟政策的號召建造了洋灰鐵筋的新建築和此新機器全部建造費超過二萬美元現在正是以提鍊的方法來裝置製油工業的設備和進一步發展工廠的時候了而美國竟於侵略朝鮮之餘鬧出禁止輸出經濟封鎖等種種令人深為可憾的怪事僑民在一九三六年乃五十歲人到現在已經六十五歲而所獲到的祇是十五年々歲的消耗再說僑民有二子皆已達到使其在故鄉的語言上需要有專門教育的年齡僑民前在法國共住十二年和法國籍女人在巴黎結婚生二子，二子於一九三九年來天津同僑民住在一起現在他們希望回歸原籍為了在故鄉的語言上得到深造因此僑民恭請

鈞處准許僑民出賣工廠俾能藉此瞻顧着自己的家屬出售工廠所得的代價要以外滙々到法國

22

25

或香港或者是准許僑民將出售工廠所得的售價由僑民自行酌量折變爲出口物資在這種情况下僑民準備
犧牲所投資本的一部願作相當的讓價以達到出售的目的同時僑民再向
鈞處呈請准許僑民之妻將其坐落在馬場道一百五十八號現在由中國、波蘭合營輪船公司租賃
着的不動產出售　恭請
鈞處鑒核准予所請實爲德便
謹呈
天津市人民政府外事處

申請人　谷立維
國籍　蘇聯　男　六十五歲
住址　天津十區雲南路四號
謹呈

公元一九五一年十月二十三日

23
26

TELEPHONES 34505 31938 30312

Бюро по Иностранным Делам. Октября 18-го,1951 г.
Тянзин.

Обращаюсь с просьбой рассмотреть нижеследующее мое заявление.

В 1936 году я решил построить в Тянзине большой экстракционный и рафинационный завод по выработке различных растительных масел, который явился бы первым заводом этого рода в Китае. Богатые источники сырья/семян/ в Северном Китае и наличие порта делали возможным экспорт масел в различные государства Европы и Америки, а работа экстракционными аппаратами давала возможность конкурировать с другими производителями в Европе и Америке, ибо, как известно, при работе экстракционным способом добывается на 7-8% больший выход масла, лучшее качество жмыхов и общее удешвление производства. По этим соображениям, я привлек к участию в этих планах моего тестя, который распологал необходимыми для этой цели капиталами во французских франках.

Мною в том же 1936 году были заказаны во Франции пресса, вакуум аппараты для рафинации и деодоризации с,едобнаго масла, а также экстракционные аппараты. Однако, фирма, у которой были заказаны экстракционные аппараты не могла выполнить в срок данный мною заказ, вследствие чего постройка экстракционнаго отделения/завода/ задержалась. К этому времени начался "инцидент у Лугоушао", и последовавшие затем события снова задержали выполнение моих планов с постройкой экстракционнаго завода.

Приход японцев и фактическая оккупация ими моего завода вынудили меня, разумеется, отложить реализацию моих планов до окончания войны. Но и окончание войны не принесло для меня облегчения, ибо в 1947 году, т.е. через два года после окончания войны, когда послевоенное положение начало немного стабилизироваться, гоминдановские власти в лице Сяо и его помошника Бинецкаго посадили меня в тюрьму с шантажной целью, где я и пробыл до освобождения Тянзина Китайской Народно- Освободительной Армией. После освобождения из гоминдановской тюрьмы и пересмотра моего дела в Китайском Народном Суде, я немедленно занялся капитальным ремонтом завода, ибо за годы простоя машины и оборудование успели испортиться и кроме этог я, согласно призыва Новой Демократической Власти, построил новое железобетонное здание и несколько новых машин, -всего на сумму свыше 20,000 /двадцать тысяч/амер. долларов.

Теперь настало время для дальнейшего расширения завода и установки оборудования для производства масел экстракционным способом. Но, к глубокому сожалению, в связи с событиями в Корее, американским эмбарго, блокадой и прочее, я моих планов выполнить не могу и добился только того, что будучи в 1936 году человеком в возрасте 50-ти лет мне сегодня уже 65 лет Потеряв, таким образом, 15 лет. Кроме этого мои два сына достигли такого возраста, когда нужно давать им специальное образование на их родном языке Я прожил во Франции в общем 12 лет. Женился в Париже на француженке и там

28
26

中俄（蘇）交往天津檔案史料選編

2.

же родились у нас двое сыновей, которые проживают здесь со мной с 1939 года. В настоящее время они имеют намерение вернуться на родину, для того чтобы там продолжать свое образование. По этим причинам, я прошу дать мне разрешение на продажу завода, для того чтобы я имел возможность последовать за своей семьей. Само собою разумеется, что мы сумеем это сделать только в том случае, если стоимость завода будет выплачена мне во Франции или в Гнконге или, если мне будет разрешено вывезти на эту сумму экспортные товары и распорядиться ими по своему усмотрению. В этом случае я выражаю готовность пожертвовать частью вложенных капиталов и пойти на известные уступки при определении продажной цены. Одновременно обращаюсь с просьбой разрешить моей жене продать принадлежащее ей имущество, находящееся на Чачандао № 15в, которое сдано в аренду польско-китайской пароходной компании.

大滐油商 張紐董

27
36

九八、天津海關爲退還棉布進口税及工程受益費事致中國花紗布公司天津分公司函（一九五一年十一月二日）

Q185-C-19

116　11/2　147

津海關用箋

歸檔日期	年　月　日
項　號	財
類　號	
總　號	4789

收發編號	4657
收到日期	51年11月3日

副本

總字第一一八三號

十月四日(51)花財字第〇一九四三號函及附件均悉。案奉海關總署通字第二三九號命：「本年向蘇新國家訂購之棉布，除免徵進口關稅外，其工程受益費等地方附加稅捐應按各地規定辦理」。查本關同例對於免徵關稅各貨，其工程受益費亦均照免，故你處由普拉斯杰輪及和平輪進口之兩批棉布，除退還已徵之進口稅外，其工程受益費亦一併退還。茲隨函退回進口稅收據兩紙，即希查照。

此致

中國花紗布公司

附件：進口稅收據 AI 391145、391129 兩紙

本件已抄送中國花紗布公司天津市公司

中華人民共和國天津海關

啓一九五一年十一月二日

財務室：沿办，送中花花紗布公司天津市公司。11.5

副　　牛股長　查　[illegible]

九九、天津市人民政府財政經濟委員會爲蘇聯公民協會申請附設工商科意見事復外事處函（一九五一年十一月九日）

X58-C-1085

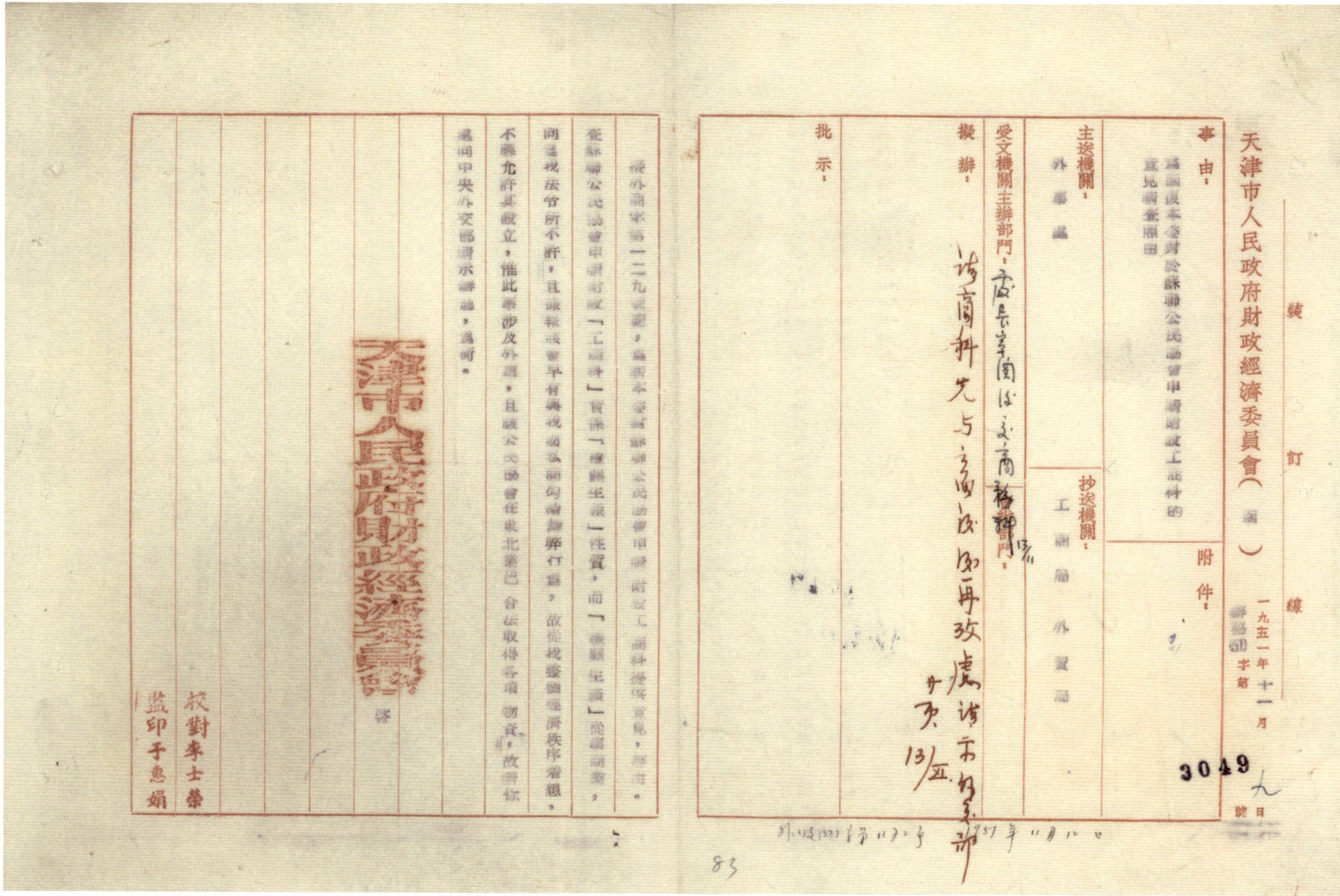

天津市人民政府財政經濟委員會（函）

一九五一年十一月九日

財經(51)字第3049號

事由：為函復本委對於蘇聯公民協會申請附設工商科的意見請查照由

附件：

主送機關：外事處

抄送機關：工商局 外貿局

受文機關主辦部門：處長室閱 [illegible] 交商務 [illegible] 13/11

擬辦：請商科先与交涉處 [illegible] 再攻慮請示外交部 [illegible] 13/五

批示：

接外商字第一二九號函，為徵求本委對蘇聯公民協會申請附設工商科提供意見，等由。

查蘇聯公民協會申請附設「工商科」實係「僑辦生意」性質，而「僑辦生意」既屬商業，

同為我法令所不許，且據報該會早有與我國私商勾結舞弊行爲，故從我整個經濟秩序着想，

不應允許其設立，惟此事涉及外事，且該公民協會在東北業已合法取得各項物資，故請你

處向中央外交部請示辦理，為荷。

天津市人民政府財政經濟委員會 啓

校對 李士榮

監印 于惠娟

外收(門)字第1132号 1951年11月12日

83

一〇〇、天津蘇聯公民協會爲經濟窘迫請免徵筵席税事致天津市税務局公函（一九五一年十二月二十四日）

X58-C-295

來文摘由紙

編號

來文機關或人名：蘇聯公民協會	國籍：
收文編號：外時四序 1505 號	收到日期：1951年12月26日

附件：

摘由：以該僑等窘迫，請免徵筵席捐由

交辦：僑務科 26/12 [illegible] 27/12 [illegible] 27/12

建議與批示：

處理經過：

檔號 [illegible]

137

天津蘇聯公民協會
十區曲阜道一〇五號
電話 三〇九八一 三〇八七九號

Тел.: 30981, 30879

ОБЩЕСТВО ГРАЖДАН СССР
В ГОР. ТЯНЬЦЗИНЕ

USSR CITIZENS' SOCIETY OF TIENTSIN

Тяньцзин, ______ 195__

105, Чуфу Дао
105, Chufu Tao

公函第九〇二號

逕啟者茲以稅務第十分局要求本會繳付筵席捐人民幣一、二〇四、八〇〇元事，特向　貴局提出下述事項：

查本年一月十九日本會曾以第一一八號公函請求　貴局免征本會捐稅，同時並將本會之組織、目的、任務及其經濟狀況詳為介紹。自是時起迄今已將近一年，本會之經济狀况不但未見好轉且更形惡化。因鉴於天津蘇联公民协会在本質上并非營业的而是社會性的組織，其目的是在文化方面滿足會員的需要及對因失业或其他原因處境困難的會員加以救濟，故我等深信　貴局能对本問題重予考慮并免征本會捐稅為荷。此致

天津市稅務局局長

天津蘇联公民协會副會長　葉法諾夫

秘書　谷列維赤

抄送天津市人民政府外事處

一九五一年十二月二十四日

138 113

一〇一、蘇聯公民俱樂部簡介（一九五一年）

X58-C-294

1.

蘇聯公民俱樂部

一、天津蘇聯公民協會俱樂部位於十區曲阜道一〇五號，電話三局〇八九一及〇八七九。

二、於蘇聯公民之間執行羣眾文化工作，在自己之俱樂部中團結蘇聯公民。

三、本部於一九四四年創辦協會之同時所組成。日敵佔領時期，本部爲唯一許可按裝短波收音機之處所，所有蘇僑駐於此（當時本部設於前英界二十號路一三五號）以聽取祖國之消息、領袖之命令，由此可能聆會祖國之真實情況。在本部內曾紀念所有節日，各種演出、講演，更爲僑民聚會之所。

一九四六年戰爭終了後，白俄俱樂部及其他白俄組織因大部白俄申請並取得蘇聯國籍，移交與本會。所有屬於白俄公會之各部門根據該會全體大會之決議均移交與蘇聯公民協會。本會及俱樂部先後遷於十區濱江路七號（舊三十八、與四十一號路轉角）。

一九四七年猶太俱樂部根據其全體正式會員決議，資產與負債全部移交與本會。此項決議之促成係因該部之決大多數之會員爲蘇聯公民，且依照一九四七年六月一日蘇聯公民全體大會之訓示：蘇聯公民應須團結於天津蘇聯公民協會之一環。

四、一九四八年十月本部遷至曲阜道一〇五號。

俱樂部委員會管理本部，該會委員爲聘任職，但爲與理事會之聯系起見，由理事會派理事充任該會首長，該首長對理事會負責。

該委會以主任委員即本會理事潤維奇·潤夫及委員十人組成之，委員輪流值日並兼任該部其他各項委會之事務。僱用職工三十五人。

不動產爲曲阜道一〇五號之房地建築。

動產部分爲食堂、廚房、劇廳、客廳等之設備。

五、收入部分有食堂、電影、演劇、音樂會、春康游息及其他事宜。

33

2.

本部不能自給自足故經常由協會貼補之.

六、擴展文教業務.

七、茲以地勢狹小及本部之物質情況所限不能作必要之修補及添置用俱.

~~30~~
34

КЛУБ ГРАЖДАН СССР

I. Клуб Общества Граждан С.С.С.Р. в гор. Тяньцзине

105 ЧУФУ ДАО Тел: 30891 и 30879

2. Проведение культурно-массовой работы среди советских граждан и объединение советских граждан в стенах своего Клуба.

3. Клуб организован в 1941 году одновременно с организацией О-ва Во время японской оккупации это было единственное место, где было разрешено радио в короткой волной и совграждане собирались в Клубе, тогда помещавшемся на 20 улице, дом 125, слушать последние сводки с Родины, Приказы Вождя и таким образом имели возможность знать действительное положение на Отечественной Войне. . В Клубе отмечались все Торжественные Дни, делались постановки, читались лекции, это было место встреч совграждан.

В 1945 году, после окончания Войны, Клуб, принадлежащий русской колонии-эмигрантской, был передан, как и все другие организации, советсой колонии, т к большинство эмигрантов подало ходатайство о восстановлении в правах гражданства и получили его Принадлежавшие им организации были ими переданы Совобществу, согласно постановлению общего собрания членов Национального Клуба Клуб, а позднее и Общество, перешли в новое помещение Аомен Лу № 7 10 район /угол 38 и 41 улиц/

В 1949 году, другая Организация - Еврейский Клуб " КУНСТ", по решению Общего Собрания Действительных Членов, передала весь актив и пассив Кунста в Общество Граждан. Это решение было вынесено потому, что подавляющее количество членов Кунста являлись советскими гражданами и по "Наказу" Общего Собрания Советских Граждан от I го июня 1949 года, должно было произойти объединение всех советских граждан вокруг Общества Граждан СССР в гор Тяньцзи

4. В Октябре 1949 года Клуб перешел в помещение на ЧУФУ Лу 105

Клуб управляется Комиссией называемой Совет Клуба. Комиссия кооптированная, но во главе ее стоит член Правления, делегированный для связи с Правлением и отвечающий за деятельность Клуба перед Правлением.

Совет Клуба в настоящее время состоит из Предс Чл Правления А.П.Ковыркова и II членов Совета, несущих дежурства по Клубу и работающих в различных комиссиях Клуба.

Платных сотрудников по Клубу 35 человек

Недвижимое имущество - Здание по Чуфу Тао под № 105

Движимое - все оборудование ресторана, кухни, театрального зала гостинных, зал и пр

5. Доходы Клуба поступают от Буфета, Кинопостановок, спектаклей, концертов, семейных игр и пр

Обычно Клуб не может свести бездефецитно своей сметы и получает дотацию от О-ва

6. Расширение культурно-просветительной деятельности

7. Помещение мало и матерьяльное положение Клуба не позволяет произвести необходимые ремонты и пополнить недостающий инвентарь.

35

一〇二、關於開展中蘇友好月宣傳工作的計劃提綱——給總會的報告（一九五二年一月二十三日）

X58-C-68

關於開展中蘇友好月宣傳工作的計劃提綱　一九五二年十一月廿三日

——給黨委的報告

根據中蘇友好協會第一次全國代表會議的決議和天津分會關於中蘇友好同盟互助條約簽訂三週年紀念宣傳工作的通知的精神，並參考去年十一月十七日中蘇友好月的[illegible]經驗，[illegible]全體師生展開為期一個月的中蘇友好宣傳運動。特擬出宣傳工作的計劃提綱如下：

(一)總的要求

[illegible]

(二)工作日程

① 十一月廿三日將中蘇友好月的宣傳工作計劃提綱報告[illegible]，十一月廿四日[illegible]。

② 十一月廿五日[illegible]中蘇友好同盟互助條約[illegible]。

③ 十二月[illegible]。

④ 十二月[illegible]。

⑤ 十二月[illegible]。

⑥ 十二月[illegible]「中蘇友好月宣傳工作計劃」[illegible]。

⑦ 十二月[illegible]。

⑧ 一月[illegible]「中蘇友好同盟互助條約」[illegible]。

⑨ 二月[illegible]。

⑽由中共女支会作了计划于二月十日三八节宣传活动周，[illegible]各界妇女会同二十日至廿八日在[illegible]举行宣传周的活动。

⑾二月十一十七日间，召开各界妇女代表[illegible]「对于」……等问题，推（派）代表[illegible]（[illegible]计划未成）

⑿二月十四下午由女会在中国[illegible]召开[illegible]大会一次，[illegible]（天津[illegible]）[illegible]女会[illegible]一次，[illegible]召集[illegible]会一次[illegible]女支会[illegible]

⒀二月底由女支会[illegible]开[illegible]一次[illegible]（[illegible]）[illegible]大会[illegible]会一次，[illegible]女会[illegible]

根据上面的材料，同志们可以看出本[illegible]工作的计划，由之可据定。

附：

在本年宣传部所已向的宣传会议上，我们所用的宣传材料：

(一)对天津の报、北方日报
①在二月十四日出版的「纪念特刊」
②由女支会在中华女界日[illegible]宣传[illegible]
(二)对「宣传手册」「上海书店」「新史书」「天津学生」——在二月[illegible]
「中华女界同盟五四特刊」「全国女界宣传手」[illegible]「宣传提纲」[illegible]
(三)对全、市、县各级党部的女部——在二月[illegible]
[illegible]运动「中华女界日」的运动，[illegible]
[illegible]宣传工作。
(四)对女[illegible]宣传部——[illegible]
[illegible]宣传工作。
(五)对市级报纸——
[illegible]「中华女界日」报告一次。
(六)对[illegible]报——[illegible]二月[illegible]报告二至三次。

敬礼

中央宣传部

一〇三、天津市中蘇友好協會關於『天津市各界人民慶祝中蘇友好同盟互助條約訂立二周年紀念大會』内容草案致石城函（一九五二年二月）

X58-C-68

天津市中蘇友好協會

石城同志：

送上十四日大会中苏草案，请研究应否可以并修改。

又主席团名单亦请审核，主名次排列先后，望研究示知。

草此，即致

敬礼！

杨正民上。

六月七日。

附件

又：大会应否请波兰领事，付领事，巴斯曼，贾丁罗夫，商务代表及其他外侨，请代拟名单为盼。

地址：十區重慶道五十五號　電話：三局三五四〇號

10

天津市中蘇友好協會

天津市各界人民庆祝中苏友好同盟互助条约订立二周年纪念大会程序草案

时间地点：二月十四日下午二时至五时在中国大戏院

程序：

一、开会

二、通过主席团名单并请上台（附名单）

三、奏乐——中苏国歌

四、主席致开会词——由付会长杨石先代张国藩担任（因[illegible]患病了）

黄市长致开会词

五、黄市长（改黄火青）讲话

李华生副部长讲话

六、马铁夫总领事讲话

七、各界代表讲话

工：黄火青（改他人）

民建：李烛尘

最后进行情况

保衛世界和平反對美國侵略委員會天津分會

地址：十區重慶道五十五號　電話：三局三五四〇號

天津市中蘇友好協會

民盟：孟秋江
民革：楊亦周
青聯：張洪三 孔 何啟君
婦聯：羅雲
八、呼口号
九、散会

地址：十區重慶道五十五號 電話：三局三五四〇號

天津市中蘇友好協會

主席团名单　廿八人

黄敬
黄火青
杨成武
黄松龄
周叔弢
马铁夫 结缺事
李耕涛
李烛尘
孟秋江
杨亦周
张淮三
何啟君

杨英
吴砚农
张逢时（李华生）
章文晋
杨石先
张国藩
羅雲
何揮
朱宪彝
刘再生
方纪
潘长有
刘蓬福
张倫
穆芸芳

中國人民保衛世界和平反對美國侵略委員會天津分會

地址：十區重慶道五十五號　電話：三局三五四〇號

9

一〇四、天津市外事處爲蘇聯駐津領館囑代查蘇僑在聖路易學校學籍事呈外交部文（一九五二年三月一日）

X58-C-103

事由	為蘇聯駐津領館囑代查証明蘇僑GEORGE WILDNER在聖路易學校學籍請核示由
主送機關	外交部
抄送機關	
文別	呈
附件	X件
擬稿	王憲章 五二.二.廿六
急/不急	急
繕寫份數	一份
核稿	韓 28/2
判行	29/Ⅱ
繕寫	沈
校對	王
鑑印	王
封發	王

注意事項

一、本年二月二日，蘇聯駐津領事館交予我處蘇僑G. WILDNER在天津聖路易學校51年度四月份畢業証書一紙，囑代查天津是否有此學校，該証書是否真實，要求我處代出書面証明，並声稱蘇大使館曾向我外交部要求過此類証明，我外交部亦曾辦過此類証明。

二、經查：

①50年三月間我政府處理聖路易學校時該校所呈學生名單中，並無G. WILDNER名字，唯於51年度六月間該校確有一批學生畢業，但未呈報此項名單，於今年八月該校即行停辦，現在校長竇世宇已出境，故未能查明該僑確否係此批畢業生之一。

②審核該証書上竇世宇之簽字及聖路易學校戳記均與該校所呈文件上之簽字戳記相符，可斷定該証書係聖路易學校所發者。

三、我處擬予蘇領館書面証明"天津確有聖路易學校，於51年度六月間該校曾有一批卒業生，查核該証書上之校長簽字及學校戳記均真實，可認定該証書係該校所發者"如斯証明當否請

核示。

天津市外事處處長 王〇〇 印

（印章：天津市人民政府 外僑字第……號 一九五二年三月一日）

僑 20 歸

天津市人民政府外事處稿紙　檔號

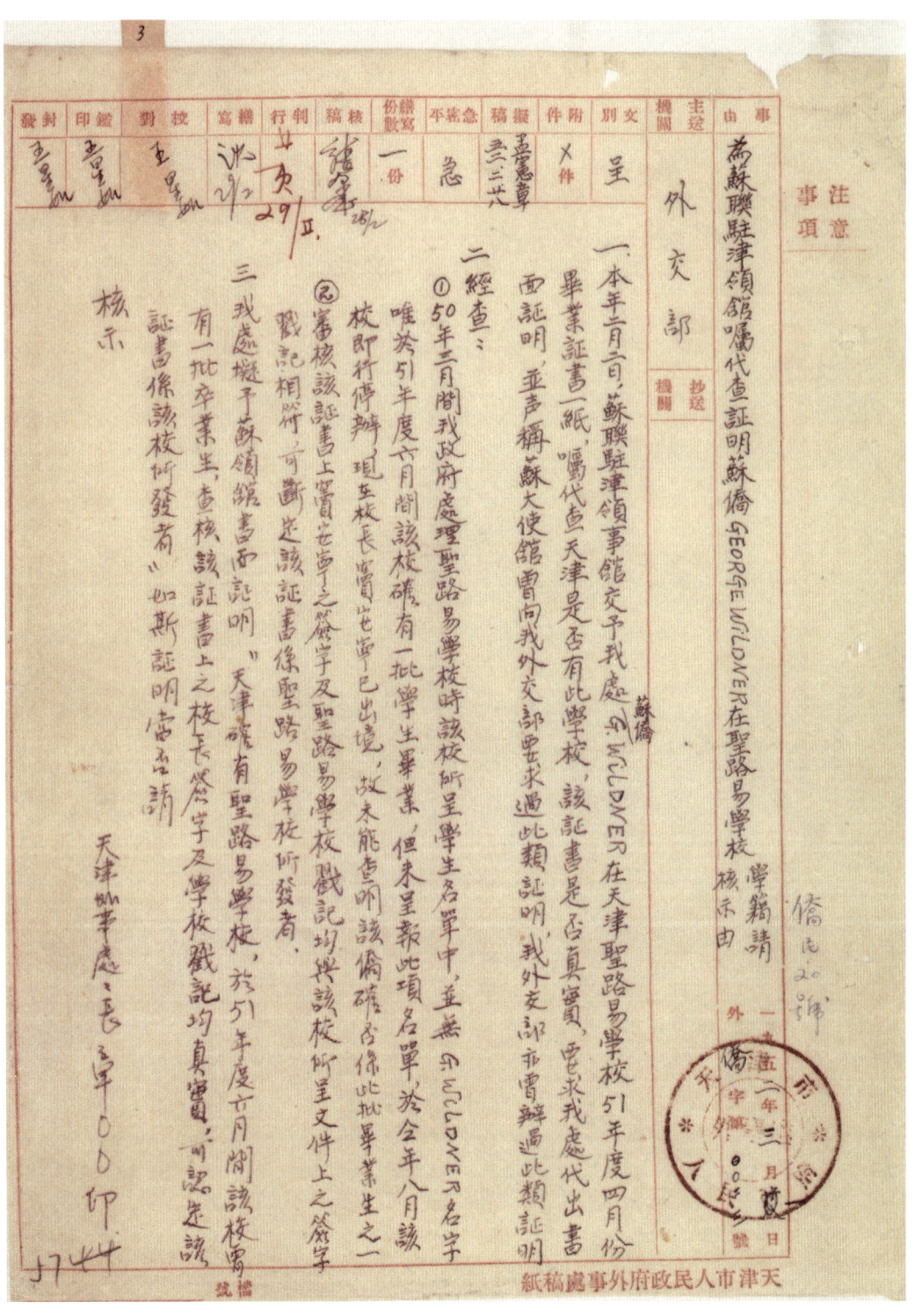

一〇五、天津海關爲催辦蘇聯駐津商務代表處報運進口物品手續事致天津市人民政府外事處函（一九五二年三月三十一日）

X58-C-102

津海關用箋

總字第一三九六號

查根據現行對蘇聯商務代表處及其人員進口公私用品免稅待遇的規定：各地區商務代表分處進口上述物品須向各地人民政府外事處請求，經各地人民政府外事處同意後，書面通知海關免稅放行。茲查附表所列蘇聯駐津商務代表處所報運進口物品，業經我關准予先行提貨，隨後補辦手續，惟各該項貨物經放行後已逾數月，迄未補辦手續，爲此特函請你處惠予轉飭該代表處迅予照章辦理手續以清積案爲荷。

此致

天津市人民政府外事處

中華人民共和國天津海關

（啓）一九五二年三月廿一日

一〇六、天津市人民政府工商局爲同意俄國商店歇業事致外事處函（一九五二年四月七日）

登簿字60號

查外歇字第七七號蘇聯俄國商店歇業其

申請歇業一案，經本局審查後，同意其

應辦手續亦已於四月七日辦理完竣。即希

查照爲荷

此致

外事處

（此聯請處理完畢後立即退還外事處）

天津市人民政府工商局

52年4月7日

15-2

一〇七、蘇領館及蘇聯駐華商務代表處天津分處參觀農村報告（一九五二年九月）

X58-C-102

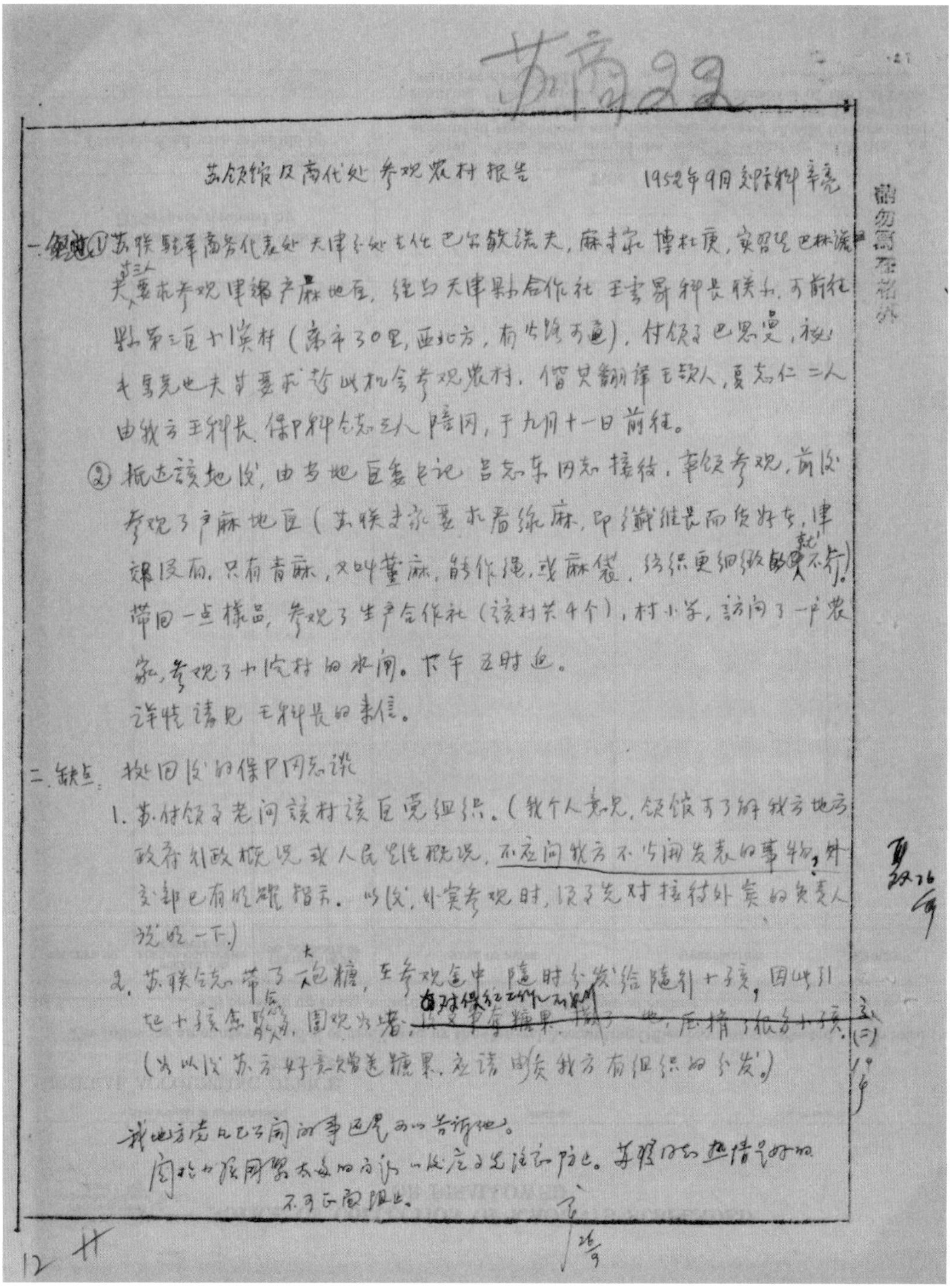

苏商22

苏领馆及商代处参观农村报告　　1952年9月 交际科 辛亮

一、经过：①苏联驻华商务代表处天津分处主任巴尔敏诺夫，麻[袋]专家博杜庚，实习生巴林诺夫等三人要求参观津郊产麻地区，经与天津县合作社王[重昇]科长联系，可前往县第三区小滨村（离市30里，西北方，有公路可通）。付领事巴思曼，秘书马克也夫等要求借此机会参观农村，偕其翻译王钦人、夏志仁二人，由我方王科长、保卫科仑同志二人陪同，于九月十一日前往。

②抵达该地后，由当地区委书记吕志东同志接待，率领参观，前后参观了产麻地区（苏联专家要求看线麻，即纤维长而质好者，津郊没有，只有青麻，又叫苘麻，能作绳或麻袋，纺织更细致的就不行）。带回一点样品，参观了生产合作社（该村共4个），村小学，访问了一户农家，参观了小滨村的水闸。下午五时返。

详情请见王科长的来信。

二、缺点：据回后的保卫同志谈

1. 苏付领事老问该村该区党组织。（我个人意见，领馆可了解我方地方政府行政概况或人民生活概况，不应问我方不公开发表的事物，外交部也有明确指示。以后，外宾参观时，须事先对接待外宾的负责人说明一下。）

2. 苏联同志带了大包糖，在参观途中随时分发给随行小孩，因此引起小孩[急聚跟随]，围观为堵，~~后又拿出糖果，撒了一地~~[有碍保卫工作不利]，后搞得很多小孩。（为以后苏方好意赠送糖果，应请由我方有组织的分发。）

我地方党的工作同志事后可以告诉他。

关于小孩围聚太多的问题以后应当先注意防止。苏联同志热情是好的，不可正面阻止。

[请勿写在格外]

夏 26/9

12 H

一〇八、中蘇友好協會總會關於舉行『中蘇友好月』的通知（一九五二年十月八日）

X52-Y-19

中蘇友好協會總會關於舉行『中蘇友好月』的通知

會宣字第五四五號
一九五二年十月八日

今年十一月七日是蘇聯偉大的十月社會主義革命三十五週年紀念節。為了慶祝這個節日，並為了蘇聯建設成就的具體事實，在我國人民群衆中廣泛地宣傳社會主義和共產主義，進一步發揚中蘇兩國人民的友好團結精神，本會決定從十一月七日起至十二月六日在全國舉行『中蘇友好月』，並邀請蘇聯對外文化協會派遣代表團和文工團前來參加。為此，特通知如下：

一、在上述日期（十一月七日至十二月六日）內，全國中等以上城市均須依照本地具體情況大規模地舉行為期一週的群衆性的『中蘇友好月』的活動；凡蘇聯代表團和文工團到達的地方，從十一月初起進行準備，在蘇聯代表團抵達之日，正式開始這種活動；縣以下的區、鎮、鄉村，也應根據當地具體條件，採用各種方式，集中地或分散地進行這種活動。

二、『中蘇友好月』的活動，必須吸引和動員廣大群衆參加，其範圍應包括工人、農民、兵士、知識分子、工商業者。活動的形式和方法應力求生動活潑，多種多樣。這些形式和方法包括：組織講演會、報告會、座談會和廣播；演放電影、幻燈；舉辦晚會、展覽會；設立宣傳站、宣傳棚和屋頂廣播；出壁報、黑板報；發宣傳小冊子、畫冊；在報刊上登載文章及宣傳資料等。凡蘇聯代表團和文工團到達的地方，應組織他們和廣大群衆見面，邀請他們講話和表演，並應組織我國各界著名人物如作家、科學家、教授、學者以及勞動英雄與他們見面並座談。

三、這次『中蘇友好月』的活動中應爲今後中蘇友協的日常工作打下良好基礎。因此，各地友協在『中蘇友好月』中應力謀發展和鞏固自己的組織。在已有基層組織的地方要着重鞏固組織；在尚未建立基層組織的地方，要把基層組織建立起來。

望各總分會、省市分會趁早進行準備，召集當地有關部門和人民團體成立籌委會或辦公室，訂出具體計劃，並定期加以檢查。運動結束即及時總結。目前各地準備情況望適時報告總會。

此致

天津市中蘇友好協會

中蘇友好協會總會 啓

3

一〇九、青年團天津市工委關於舉行『中蘇友好月』活動的通知（一九五二年十月二十二日）

X3-C-4289

通知

市字第五十七號

團津市工委　十月廿二日

（發至各中層團委）

十一月七日是蘇聯偉大的十月社會主義革命卅五週年紀念日，中蘇友好協會總會決定從十一月七日到十二月六日在全國範圍內舉行『中蘇友好月』。青年團中央亦於十月廿日發出通知號召團員與廣大青年參加『中蘇友好月』活動。天津市全體青年團員及青年應首先響應這一號召：積極參加『中蘇友好月』的各種慶祝活動，進一步認識十月社會主義革命的世界意義、蘇聯在保衛世界和平事業中所起的偉大作用及中蘇友好同盟是我國和平建設事業的有力保障，並學習蘇聯青年建設祖國的榜樣，努力掌握文化科學知識，迎接祖國的大規模建設工作。為此：

（一）各級團的組織應大力向團員和青年進行以下幾方面的宣傳：

(1)為我們即將開始的大規模經濟建設打下思想基礎，蘇聯社會主義與共產主義的經濟、文化建設成就，及蘇聯人民的幸福生活。

(2)資本主義社會內部危機和矛盾的加深與社會主義制度優越性的對比。

(3)中蘇同盟與世界和平力量的強大。

(4)蘇聯先進經驗在我國建設事業中所起的偉大作用。

(5)中國的前途必定要走社會主義的道路。

（二）動員團員和青年積極參加中蘇友協分會及各單位支會舉辦的慶祝會、遊園、『中蘇友好之家』等活動。

（三）組織團員及青年收聽關於十月革命節的廣播講演、觀看蘇聯電影、參觀分會舉辦的蘇聯先進經驗展覽會，並盡可能的進行漫談和討論。

（四）團組織應根據情況參加『中蘇友好月』的各種籌備工作。

（五）每個團員除積極參加活動外，並應向親友及周圍群眾進行廣泛的宣傳，使各階層人民都能進一步加強對於中蘇友好的認識。

註：各中層團委應按照此通知精神及要求向各基層支部及時進行傳達（通知全文刊登於十月廿三日天津日報）。

一一〇、天津縣中蘇友好協會關於開展『中蘇友好月』的工作總結報告（一九五二年十二月四日）

X3-C-4529

天津市中苏友好协会

关于开展"中苏友好月"的工作总结报告

458

一九五二年十二月四日

天津市"中苏友好月"的工作总结报告

[illegible]

[illegible]

（一）工作开展的情况

①縣里展覽開始以後，各區利用縣展覽資料[illegible]了全縣　四個區委員、縣文教股[illegible]組了三十四個，在此基礎上[illegible]有步驟地[illegible]開展宣傳文化，縣人民政府及各村[illegible]村、[illegible]共進行了二十四次，中蘇友好[illegible]四百三十多場，並依據[illegible]（[illegible]村[illegible]）文工團，[illegible]二十二萬多人[illegible]，[illegible]進行了[illegible]宣傳。

②各村除召開了大會座談外，有的村還更進一步明確中蘇友好[illegible]，召開了大會、小組座談會、[illegible]分化、分發、分[illegible]、分人口中內部[illegible]，[illegible]同[illegible]，[illegible]有人[illegible]了教育。

③[illegible]三個[illegible]覽、[illegible]三萬八千多人，[illegible]二萬多人，全縣百[illegible]個[illegible]十七人，[illegible][illegible]。

④[illegible]進一步[illegible]中蘇友好，[illegible]國際主義[illegible]，[illegible]國際主義[illegible]大組織。

[illegible]

55

六、几点体会：

(1)根据各区的典型材料的普遍深入的宣传教育、自十一月八日至十二月四日、我县受教育群众二十三万人口中（不包括十岁以下的小孩以有疾病者）都受到了大会、晚会、电影、幻灯、图片、等不同类型的教育、一般受到了六至七次教育、受到四次教育者约占全县二十三万人口的80%。由于受教育次数的不等、在群众中的接受程度也有所区别、大体可分为以下三种类型、(1)知道苏联没有压迫、没有剥削是保卫世界和平、中心是支援苏联的前哨、并在各方面表现出以实际行动者、即为全县全部的人口二十三万人口的30%（党团员与先进分子的积极份子、工人、教员、较大的学生等均属之）(2)只知道苏联好、是爱好和平的国家不是侵略、会时也知道对中国有帮助、我们应同苏联学习、但不知为什么要学习、知道是祖国的建设、不知和平的意义、中国是支援苏联的、只不知怎么支、有的半知半解者约占55%（大部都是农民）(3)对苏联的认识分析不开的有对苏联的怀疑思想、知道中苏友好只听说苏联好、总是模模糊糊看他5%（都是老太太、年老人和少数没有参加过各种政治活动）其中个别少数认识不够正确、对苏联以美国的世态看不清、认为："国民党说美国好、共产党说苏联好"、这些都是过去的顽固人员、受国民党的毒害深者、王良西东子村树清（八区党员）说"苏联的国家很强、不能帮助中国、美国帮助中国的不是不多"。

(2)通过这项友好月的活动、一般干部群众提高了（过去认为中苏友好协会是可有可无的一个组织、入了会中也没有工作、很少参加活动、多一个组织多一个包袱、对会议、当局任务只有工作使命、总觉着友协组织不如其他部门重要等）的错误思想、树立了正确的认识、认清了中苏友好的重要意义、参加了中苏友好协会即是加强了国际主义思想、当一个会员即有责任中苏友好的义务、一般干部群众通过这次运动、克服了对友协组织、都纷纷要求入会、现在大批会员中苏友好的积极份子、七区东兴庄孟东鲜村群众自动组织、一天负责七个村的宣传工作。

③咸沽中苏友好农场接收失败经验、能为群众本身利益、故以实际教育群众、在群众觉悟提高的基础上、有力的推动了当前的秋耕工作、（一）民宣委刘子铎除向群众报告外、并组织全村群众、去津南农场参观拖拉机耕种、讲解说明拖拉机作用、一个机子一天能耕四百五十亩地、耕七寸深、能抵一百五十个大牛耕（又最多能耕五寸深、不误农民们的粮食多、大家要深耕细作、使群众认识了秋耕的好处、各村掀起了秋耕热潮、南吴八口村从前全村只出四犁子耕地、经过这次的实际教育、全村最多时一天达到一百四十张犁下耕地、大天当中完成了将近四千亩的秋耕任务、并普遍作到深耕细耙、农民转移了说：「地不深耕粮不多打」、（要）能够依靠苏联老大哥的办法」、大民前营村姜德安的农业生产合作社使用了苏联郭瓦廖夫的「小地段劳动作」、互相比较、集中优点、普遍使用」的先进工作法、该社最高每亩产量达一千三百六十斤、创造了争取向苏联的水稻每亩收产一九〇〇斤看齐。

56

四、发展的问题与现存的问题：

第　　页

1、发展的问题：

①在最初的时期、有的区村把当前中苏友好月中心工作看成单纯、认为宣传中苏友好、会影响秋耕、作完了秋耕再宣传中苏友好、②农村形势不着重于开会的人怕开会、不开会的人始终不来、干部也不想法、漏掉落后的户、个别进行教育、有的村会没少开、解决问题不多、干部宣传抓不住中心、不能与本村或当地情况结合起来、脱离实际、使之能依靠的东西往下念、使群众越听越糊涂、成为大小收效不大、如七区东股只会按照文件上念（念了三张）、也有的村干部学习后就放松教育群众、自己必须有先进的资本、来提高自己在生产和教育群众、所以有些群众集合开会后、又各自形成会前散开、在最中苏友好的实际人民的生活最好的例子、不能说是如何将来的、只会使群众不相信、

2、现存的问题、

①在最近中苏一般未能很好结合、经过这次中苏友好月群众觉悟一般提高了一步、群、

[illegible]

[illegible]

[illegible]

[illegible]

[illegible]

[illegible]

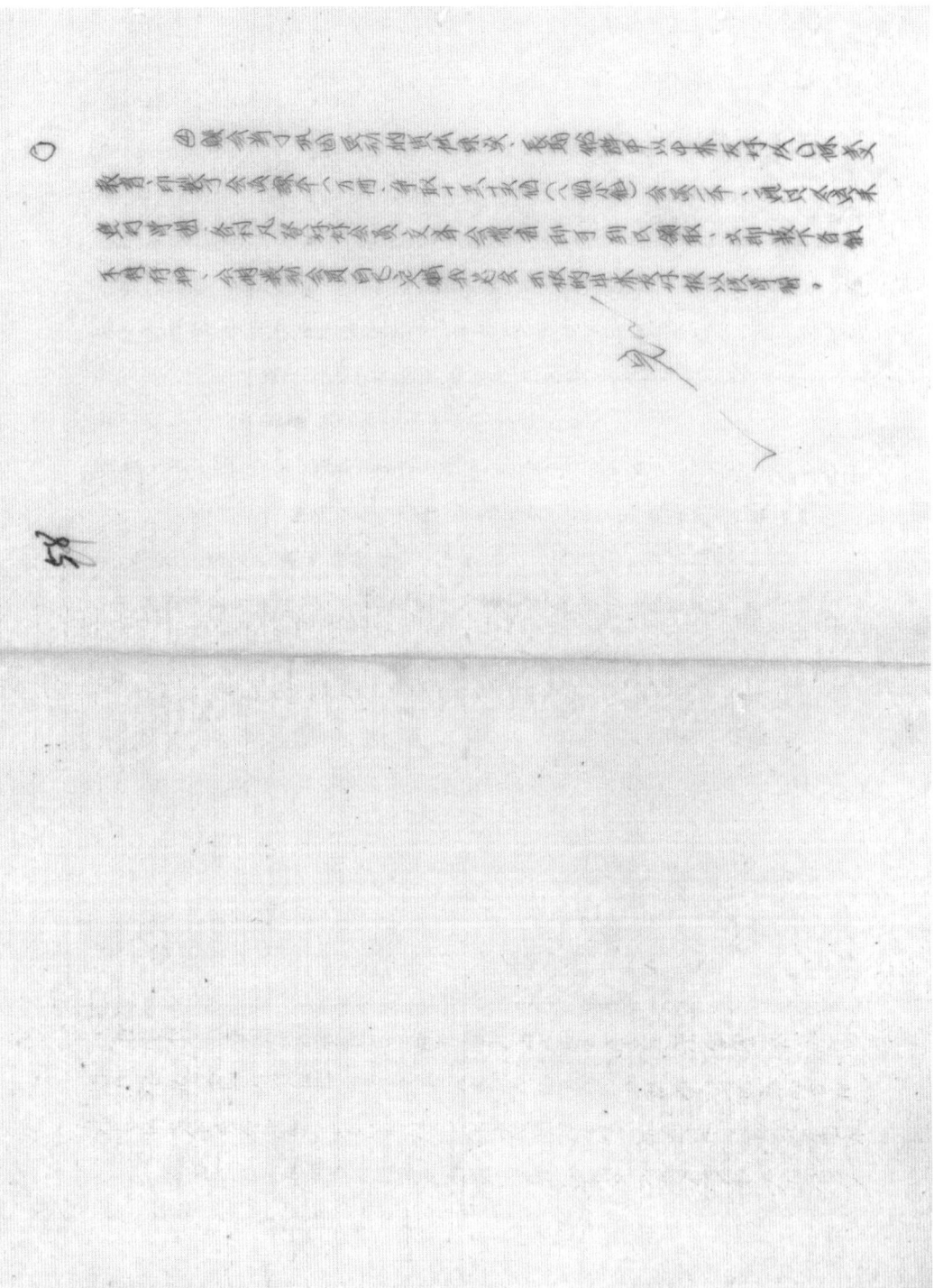

二一一、中共天津市委辦公廳爲整頓友協組織方案事致吴德函（一九五三年一月二十四日）

X3-Y-6077

中國共產黨天津市委員會用箋

17

吳　德同志

送上『整頓友協組織的方案』請審閱準備意見，擬於市委會議上討論。

一月廿六日下午

此致

敬禮

中共天津市委辦公廳

一九五三年一月廿四日

已交班，此件退。

吳德

整頓友協組織的方案

三年來天津市中蘇友好協會的工作有了很大發展，目前天津友協已成爲天津市最大的群衆組織之一，截止現在爲止已擁有會員七十五萬，通過友協經常性的中蘇友好宣傳，使得全市各階層人民對蘇聯已有了比較清楚的認識，同時，對友協組織也感到很熟悉了，但是由於工作中存在了不統一，沒計劃的缺點，表現在領導系統混亂，思想性不強，會員不能得到應有的教育，今後爲求充分發揮愛國主義與國際主義的宣傳教育，工作中使友協成爲黨的助手，友協分會擬於五三年上半年整頓並建立友協組織其計劃如後：

一、加強黨的領導：

過去友協工作所以不能經常化，友協組織不能鞏固的原因是，缺乏黨的具體領導，友協的任務是爲了增進中蘇友好，中蘇友好是全國人民的要求，也就成了大家的事兒，友協是向全國各階層人民宣傳愛國主義與國際主義的教育，由於這一任務就使得友協成爲一個政治性的、文化性的廣泛群衆性的組織，根據這一組織的廣泛性群衆性，就決定了友協被建築在各個既有的組織之上，面向各階層的人民進行宣傳，吸收了很多會員的廣大組織，過去因爲缺少比較明確的肯定友協組織應由黨領導的精神，結果友協不能發揮其應有的作用，友協的基層組織中（工廠、機關、學校、街道支會）雖有黨的成員參加，但仍流爲形式，支會幹事會的一般幹事也想並願意積極做友協工作，但得不到黨在思想上政治上的具體領導而做不好甚至不敢做。例如棉紡一廠車間幹事想做，可是黨沒有把友協工作進行排隊，結果沒有時間搞會員入了會只能「領證」「繳費」「買牌」「時報」而得不到應有的教育。友協分會與基層組織之間主要是通過友協總支會的聯系和領導，但過去友協總支會的成員根本沒有黨的成份，友協完全依靠產業工會，沒有黨在政治上思想上的領導，工會各部長也不重視，結果總支會不起作用，工作被動。

加強黨的領導，就是在友協總支會和支會的組織中，參加黨組織的負責人，並且做政治思想的具體領導，大的政治運動到來時，黨應起督促、檢查及保證完成工作的作用，友協與工會密切結合在黨的直接領導下進行工作排隊，友協工作就會順利有開展了。

為了加強黨在學校及市府機關的領導，將設學校、市府友協工作委員會，推動友協工作。

二、加強支會的獨立活動：因為友協組織龐大，而上層領導薄弱，如加強支會獨立活動，責成支會負責開展宣傳工作，就必需改幹事會制為會長制，責成會長負責，把在他領導下的支會所有有關中蘇友好的宣傳工作包下來，可聘請幹事會做友協具體工作，支會從領導上重視友協，其工作就不難開展了。

三、設脫產幹部：

友協是有廣大的會員群眾組織，需要有極強的思想領導，但為了加強中蘇友協組織的領導作用，友協分會擬於友協總支會中設脫產幹部做為總支會的秘書，在總支會的領導下貫徹分會意圖，收集會員思想情況，督促檢查並及時反映情況。

整頓後的友協組織其包括成員，將有改變，現舉例說明如後：

一、紡織工會友協總支會的成員，是由工會主席做會長，紡管局黨委宣傳部長做副會長，脫產幹部做秘書，產業工會的各部根據業務分工爲組織幹事、宣傳幹事，工會協同脫產秘書做友協具體工作，如收會費等，黨委進行政治思想領導，大運動時負責推動，並保證完成工作任務，指示所屬幹部重視友協工作。

紡織支會成員由廠長做會長，黨支部書記及工會主席做副會長，積極分子和各方面幹部根據情況分工爲組織、宣傳幹事，廠長給予支持，黨支部保證，工會所有幹事作具體工作，把友協工作排隊，每月可抽一時間爲「友好日」進行活動。

紡織分支會成員，由車間主席爲會長，車間主任或黨分支爲副會長，吸收積極分子爲組織、宣傳幹事，掌握車間內的組織員和宣傳員。

二、區總支會的成員由區長做會長，區委宣傳部做副會長，可聘請幹事會，由區委宣傳部做主任幹事，文化館、區工會、工商聯、公安分局、酒業專賣公司、區法院、人民銀行、區委會（婦聯、青年團）工商分局、稅務分局、區級的機關團體負責人做幹事，由友協分會設脫產幹部做秘書，在區總支會的領導下，做友協具體工作，區友協總支辦公室設區委宣傳部。

街道友協支會的成員由　　做會長，文化館主任做副會長，由文化館宣傳股和重點分支會負責人做幹事，街道友協分支會的成員，由街長做會長，積極分子做組織、宣傳幹事，掌握領導組織員、宣傳員。

三、爲加强對學校及市府各局處支會的領導，成立包括教育局、學聯、教育工會、團工委、學校黨委的友協工作委員會和包括市府秘書長、市府黨委宣傳部長、各局處首長的市府機關友協工作委員會。

學校工作委員會是由學校黨委書記或宣傳部長做主任委員，市教育局爲副主任委員，學聯教育工會、團工委爲委員，由友協分會設脫產幹部一人做秘書，在學校工作委員會的領導下做友協工作。

學校支會的成員是由校長做會長，學校黨支部書記做副會長，會長可聘請幹事會做友協工作。市府友協工作委員會的成員是由市府秘書長做主任委員，市府黨委宣傳部長做副主任委員各局處首長做委員，友協分會設脫產幹部一人做秘書，在工作委員會領導下做友協工作。

市府機關支會的成員是由機關首長做會長，機關黨支部書記做副會長，下聘請幹事會搞友協具體工作。

57

天津市中蘇友好協會第三屆正副會長及理事名單

會長　黃敬

副會長（以姓氏筆劃爲序）

朱憲彝　李燭塵　周叔弢　黃火青　黃松齡　張國藩

楊成武　楊石先　齊耀華　劉再生　羅雲

理事（以姓氏筆劃爲序）

于致遠	于松如	王笑一	王亢之	王心田	王贛愚
王林	王仁忱	王德山	王世麟	方紀	方先之
毛鵬雲	石英	安壽頤	朱繼聖	朱夢蘇	呂驥
邢德禹	狄子才	宋景毅	宋羅[illegible]	宋春化	李耕濤
李華生	李安	李周行	李允恪	李鐘楚	李霽野
李權超	李之楠	李兆珍	李[illegible]之	李繼之	李鑑波
谷小波	杜新波	杜乃權	吳硯農	吳大任	吳廷[illegible]
吳克齋	何啓君	何燁	沈楨	季陶達	周克剛
孟波	孟秋江	范瑄	俞鴻峰	胡命[illegible]	洪寶順

馬恩驄
孫永如
高秀濤
張克忠
畢鳴岐
萬福恩
楊黎源
趙光庭
魯西良
翟培修
韓子毅

馬　逵
梁寒冰
宴凝先
張　濟
曾壽隆
齊清心
楊壽鈞
趙今聲
魯　荻
穆芝房
邊潔清

連以農
陳　榮
張逢時
張化東
馮文潛
喻宜萱
裘永芳
劉錫瑛
魯　藜
錢嘉光
譚志清

郭洪濤
陳春森
張淮三
張淑雲
馮樹章
楊　英
董研斌
劉持鈞
潘世綸
魏壽昆

郭尚義
陳典衡
張華撤
張高峰
彭　青
楊振亞
靖任秋
劉[illegible]祺
潘長有
魏振華

郭展雄
高鏡瑩
張琴南
章文晉
萬曉塘
楊亦周
趙步崇
劉蔭福
潘承孝
蕭采瑜

59

天津市中蘇友好協會第四屆正副會長及理事名單（草案）

會長　黃火青

副會長　吳德　吳硯農　楊亦周　楚雲　李權超　朱燾彝　李燭塵
周叔弢　張國藩　楊成武　章文晉　楊石先　劉再生　羅雲
（共十四人）

理事　于致遠　于松如　王笑一　王亢之　王賓恩　王林　王德山
方紀　方先之　毛鵬雲　安壽頤　朱繼聖　朱夢蘇　呂驥
邢德禹　狄子才　宋景毅　宋羅岐　宋春化　李耕濤　李華生
李允恪　李鐘楚　李霽野　李之楠　李兆珍　李艷芝　李繼之
李鑑波　谷小波　杜新波　杜乃權　吳大任　吳廷璆　吳克齋
何啓君　李陶達　周克剛　孟秋江　俞鶴峰　胡命謨　洪寶順
馬思聰　馬達　郭尚義　郭展雄　孫氷如　梁寒氷　陳與衡
高鏡瑩　高秀蓉　婁凝先　張淮三　張嵩撒　張琴南　張克忠
張濟　張化東　張淑雲　張高峰　畢鳴岐　曾壽隆　馮文潛
馮樹章　萬曉塘　萬福恩　喻宜萱　楊英　楊黎原　楊壽鈞

董研斌　趙步崇　趙光庭　趙今譽　劉錫瑛　劉符鈞　劉希祺
劉蔭福　魯西良　魯　荻　魯　藜　潘世綸　潘長有　潘承孝
翟培修　穆芝房　錢嘉光　魏振華　蕭采瑜　韓子毅　邊潔清
譚志清　黄　敬　鄭孝勉　鄭天挺　李何林　李純青　王芸生
過祖源　王光英　鍾炳昌　翟　新　馬平夫（新任塘沽區委書記兼區長）
劉民英　于　文　鄭錫三　馮文彬　傅鴻賓　郭秀雲　陳伯祿
劉長福　（現共一百十三人）
羌維戍（天津造紙廠總工程師學習稻草[illegible]料漿者）
任景業（第一發電廠副廠長燃廠燃燒低質煤成功）

61

一一二、華北宣傳部關於執行『中央改進中蘇友好協會的工作指示』的幾點意見（一九五三年二月四日）

X3-C-4899

會後收回

關於執行「中央改進中蘇友好協會工作指示」的幾點意見

關於改進中蘇友好協會工作中央已有兩次指示發出。最近中蘇友好協會總會又發出了該會第三次全國工作會議的决定和各人民團體關於加强中蘇友好工作的聯合通知。現將在執行中需要各地特別注意的幾個問題提出請加研究。

㈠各地應注意不要因調整了中蘇友協的機構，就放鬆了對中蘇友協工作的領導，應切實按照中央指示，由各級黨委宣傳部指定專人負責管理，建議分局並各省、市委宣傳部，在會後抽時間召集同級的各人民團體討論中央指示，並根據中央指示研究如何通過各人民團體改進中蘇友協工作的具體辦法。

㈡各級黨委宣傳部應將中央指示、總會決定、聯合通知的精神採取做報告或其它適當方法向直屬機關的所有幹部作一次傳達，以便他們正確瞭解並向群衆宣傳解釋。

㈢基層黨組織還應根據中蘇友好報刊載的宣傳材料，通過黨的宣傳網把需要群衆知道的一些事情（如今後將發展團體會員一般不發展個人會員；不收會費；不發會證、證章等），主動地向群衆講清楚。必須使每個工廠、農村、街道、學校的成員，都能聽到這樣一次講話。這件事情事前應由農村和城市的區委、工廠和學校黨委召集各支部書記或宣委來開一次會做統一的

130

佈置（農村區委召集會議如有困難，可採取分頭傳達辦法）。

㈣農村中的友協基層組織，凡已完成劃鄉的，各村的友協組織機構，可與其他組織機構同時宣佈撤消，不必單獨保留。鄉可掛鄉中蘇友好協會的牌子，但不設理事、幹事等機構，也不搞經常活動，只由鄉支部書記擔任鄉友協會長名義（請考慮是否經過一個適當的選擧手續），以便在大的中蘇友好節日活動時能夠出面活動。凡未完成劃鄉的地方，原有的友協基層組織機構名義仍保留，牌子也照舊掛，不得宣佈撤消。至於劃鄉完成以後，可按前述規定辦理。

一一三、天津市人民政府致斯大林治喪委員會唁電（一九五三年三月七日）

X3-C-4642

天津市人民政府唁电

苏联部长会议主席、苏联共产党中央委员会书记格·维·斯大林大元帅治丧委员会：

今日天津市的人民以极度哀痛的心情，聆悉了我们最敬爱的导师和最诚挚的朋友斯大林同志逝世的噩耗。斯大林同志以自己整个的一生献给了人类解放的事业，他的逝世是全人类最沉重的损失。

中国人民永远不能忘记斯大林同志对全人类的不可磨灭的功绩，永远不会忘记斯大林同志给予中国人民崇高的同情、指导和援助。

我们全天津市人民，决在毛主席和中国共产党的领导下，以最大的坚定性，和苏联人民永远紧密地团结一致，巩固并加强以苏联为首

第 3 頁

的和平民主陣營，提高警惕，加倍努力，打击戰爭挑撥者，為求中两國人民的永久利益和世界和平的安全而奋斗到底！

天津市人民政府
一九五三年三月七日

30×10=300

一一四、中共天津市委致蘇共中央委員會唁電（一九五三年三月七日）

X3-C-4642

第1頁

中共天津市委的唁电

苏联共产党中央委员会：

惊悉全世界劳动人民的伟大领袖和导师、中国人民最敬爱的朋友约·维·斯大林同志逝世，天津市全体共产党员和全体人民震悼万分。

斯大林同志关于中国革命问题的光辉的理论贡献和政治指导以及对中国人民的慷慨无私的援助，将为中国人民世世代代感念不忘。

在这个悲痛的日子里，天津市的全体共产党员决在党中央和毛主席的领导下，继续以最大的坚定性，加强对于苏联共产党和苏维埃社会主义共和国联盟的信任和支持，和苏联共产党和苏联人民坚密地团结一致，在列宁斯大林的光荣旗帜下，为和平民主的事业，为共产主义的事业奋斗到底。

中国共产党天津市委员会

一九五三年三月七日

30×10=300

一一五、天津市人民政府外事處派員協助蘇駐津總領事館開展吊唁斯大林同志逝世工作（一九五三年三月十日）

X58-C-1231

外事處工作日報　　外日(53)字第三六號　　一九五三年三月十日（星期二）

天津市各界人民赴蘇聯駐津總領事館弔唁斯大林同志逝世，我處派幹部協助領館工作

三月六日在獲悉斯大林同志逝世的悲痛消息後，首由津市黨、政、軍、民負責人（市委代理書記黃火青、副市長吳硯農、駐津部隊代表蕭新槐、中蘇友協總幹事方紀及外事處處長章文晉等多人）代表津市人民親赴蘇總領館向馬繼宗總領事面致沉痛的哀悼，繼由各民主黨派、各人民團體及各大機關負責人至領館弔唁。外事處也於是日由秘書主任蕭彪率領全體科長級幹部至領館弔唁。以後前往弔唁者有工人、部隊、機關幹部、學生和居民代表。此外山東省政府、唐山、保定、濟南及青島等地黨、政、民負責人亦曾先後專程來津弔唁。自六日起至十日止，前往弔唁者達六萬餘人，送去花圈兩千餘個。

我處爲此曾派交際科科長黃可參加追悼斯大林同志大會籌備會工作，交際科副科長石鼓、翻譯關子業及其他幹部共十餘人協助領館的弔唁工作，使工作能順利地完成。領館對我處努力的協助表示非常感激。爲使津市人民對斯大林同志的悼念，讓蘇聯人民深切的瞭解能迅速帶給蘇聯人民，弔唁工作結束後，總領事館親自提出，我們留幹部三人協助其整理花圈及弔唁信的工作。

天津市人民政府外事處

一一六、天津市人民政府税務局爲免徵失業無業蘇僑工作隊工商業税事通知税務五分局（一九五三年三月三十一日）

X58-C-308

副本

天津市人民政府税務局（通知）

（53）税政二字第677號

（承辦單位　僑务科　）（會辦：　）

第一頁

事由：關於本市失業無業蘇僑組織的工作隊暫准免征工商業税希遵照由

附件：

主送機關：五分局

抄送機關：各分局、天津市財委会、華北區局、天津市外事處

擬辦：稅务五分局現已進行了解，俟了解後再與我処联系如何通知

經由稅局安公室稍後不欲外出，由我处通知已于16/4通知苏联公民 3/4

批示：劉剑主委　實達布瑞伊克夫可以减免，並不征税 16/4

收文　僑（53）字第0230號　1953年4月1日　時收

24

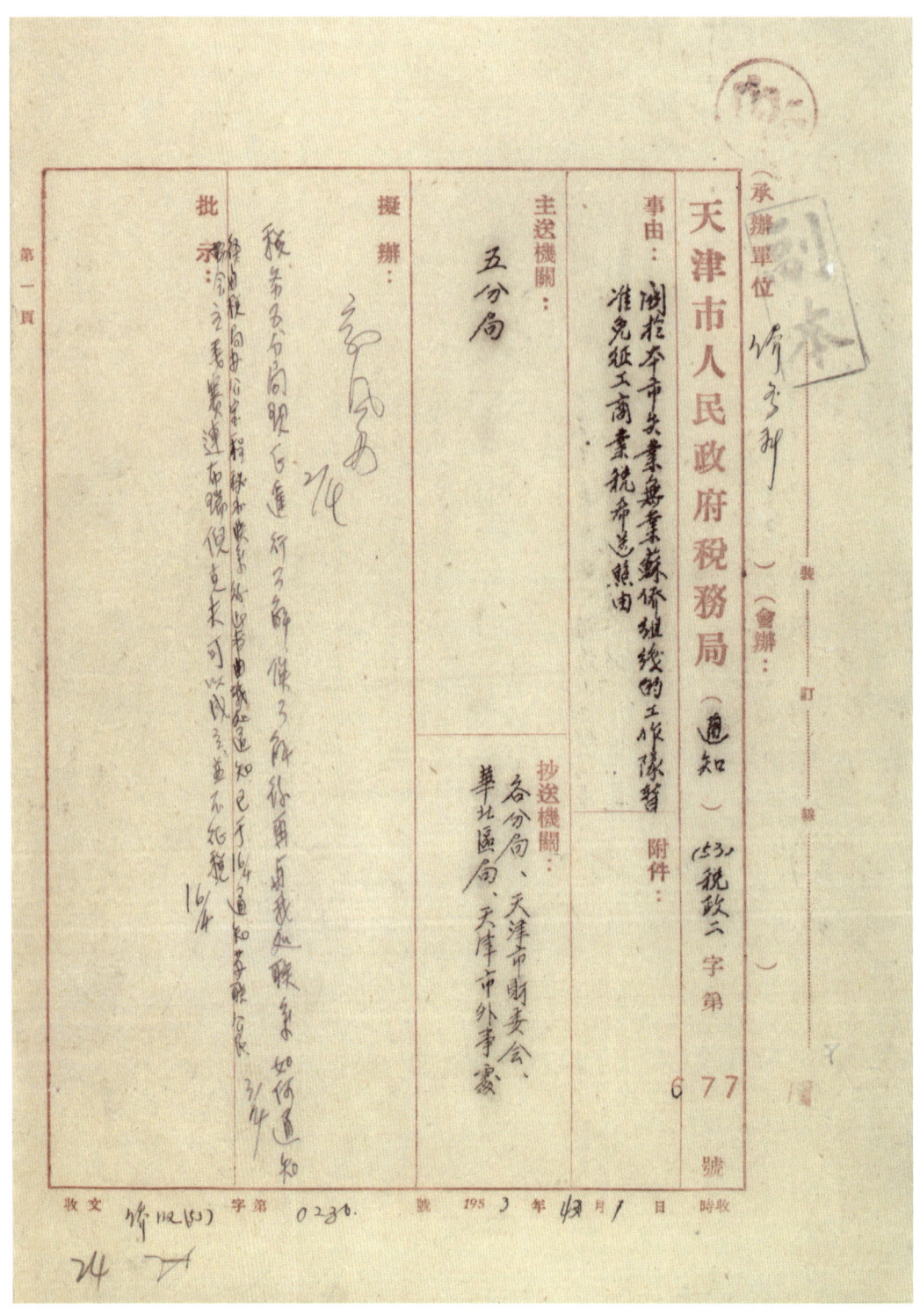

接天津市人民政府外事处一月二十三日外侨(53)津字第〇一九号函天津市财委会副本略称："天津失业无业苏侨共约一百五十余人，苏联公民协会为了协助解决其生活问题，将一些有劳动力的失业侨民组成四个工作队：(1)钳工机械队。(2)粉刷木作队。(3)缝纫队。(4)洗涤队。共约百人左右。工作队的对象限于苏侨及苏联公民协会，係生产自救性质，受苏联公民协会领导，协会方面为该工作队制备一些工具，并借给了几间房子使用。各工作队人员收入除提百分之十做为该工作队办公及工作所需开支外，其余收入全归参加工作人员分。苏联公民协会派两个人帮助其管理账目，係义务职。各工作队队长都是该会派来的兼职人员，负责领导各队工作，也是义务职。根据此性质，该会提出请求，准许该工作队成立，并能免税。经我处与工商局联系研究该队组织可不按商户看待不予征税。"等语。我局正在了解研究中，奉天津市财委会三月十八日财(53)字第七九七号通知："失业苏侨之职业，因其条件限制不易解决，组织起来使其生产自救减少扰乱社会治安及其他犯罪事件，是必要的。其工作对象范围很狭，不致影响本地行业，其收入亦甚微少。因此，同意外事处之意见，对此种不对外营业的生产自救组织，不按商户看待，不予征税，由外事处加强管理。如发现该队有剥削行为或营业范围扩大或改变时再作研究。希考虑办理或请示华北税总。"经我局考虑对该工作队可暂准免征其工商业税，但须随时注意该工作队如有剥削行为或营业范围扩大与变更时，应即报告市局以便与有关部门联系另行研究征免除抄报区局外，希即遵照执行。

天津市人民政府税务局
一九五三年三月卅一日

25

一一七、華北行政委員會財政經濟委員會爲實行寄發『中蘇聯運貨物發收對照表』事通知河北、山西、北京、天津財委會（一九五三年四月九日）

X77-C-1966

華北行政委員會財政經濟委員會　通知

(53)財經物字第　一二五　號

事　由：爲實行寄發「中蘇聯運貨物發收對照表」由

主送機關：河北、山西省，北京、天津市財政經濟委員會

中國五金、機械、化工等進口公司鑒於中蘇聯運以來，由於國外發貨未能完滿並及時寄送發貨通知，使錯發錯運錯收事故不能及時處理，以致造成物資積壓，嚴重影響資金流轉。因而，決定根據國外發貨後所通過雙方國家銀行寄交之承付單據，填發「中蘇聯運貨物發收對照表」以資查對。本委認爲該辦法能加强訂貨部門及進口公司彼此聯系和主動催交國外訂貨，同時對錯發錯運錯收事故亦可及時處理。因此希各訂貨部門於收到該表後七日內填好寄回各有關進口公司。如該表所列發貨日期已逾兩月尚未到貨者，即向到站鐵路，並同時向滿綏口岸中國陸運分公司查詢該項貨物進口發送情況，並抄知有關進口公司。特此通知。

附：一、中蘇聯運貨物發收對照表一張。
二、中蘇聯運貨物發收對照表填寄辦法一張。

一九五三年四月五日

中機總3.1953.1.3 ②5×20×50本（民生）

裝訂綫

中蘇聯運物資驗收對照表

第　　聯

年　月　日　　　　蘇來第　　號

蘇方發貨情况										到貨情况		
發貨		運單號	[illegible]號碼	發票號	合同號	嘜頭	品名	數量	到站	到貨		數量
月	日									月	日	
附註												

1. 本表一式　份。
2. 蘇方發貨各欄，由進口公司根據來往單據填寫；到貨情况欄由收貨單位根據貨物到達後填，於收貨後　日內寄交　　聯營司。
3. 本表不做索賠及財務報賬依據。

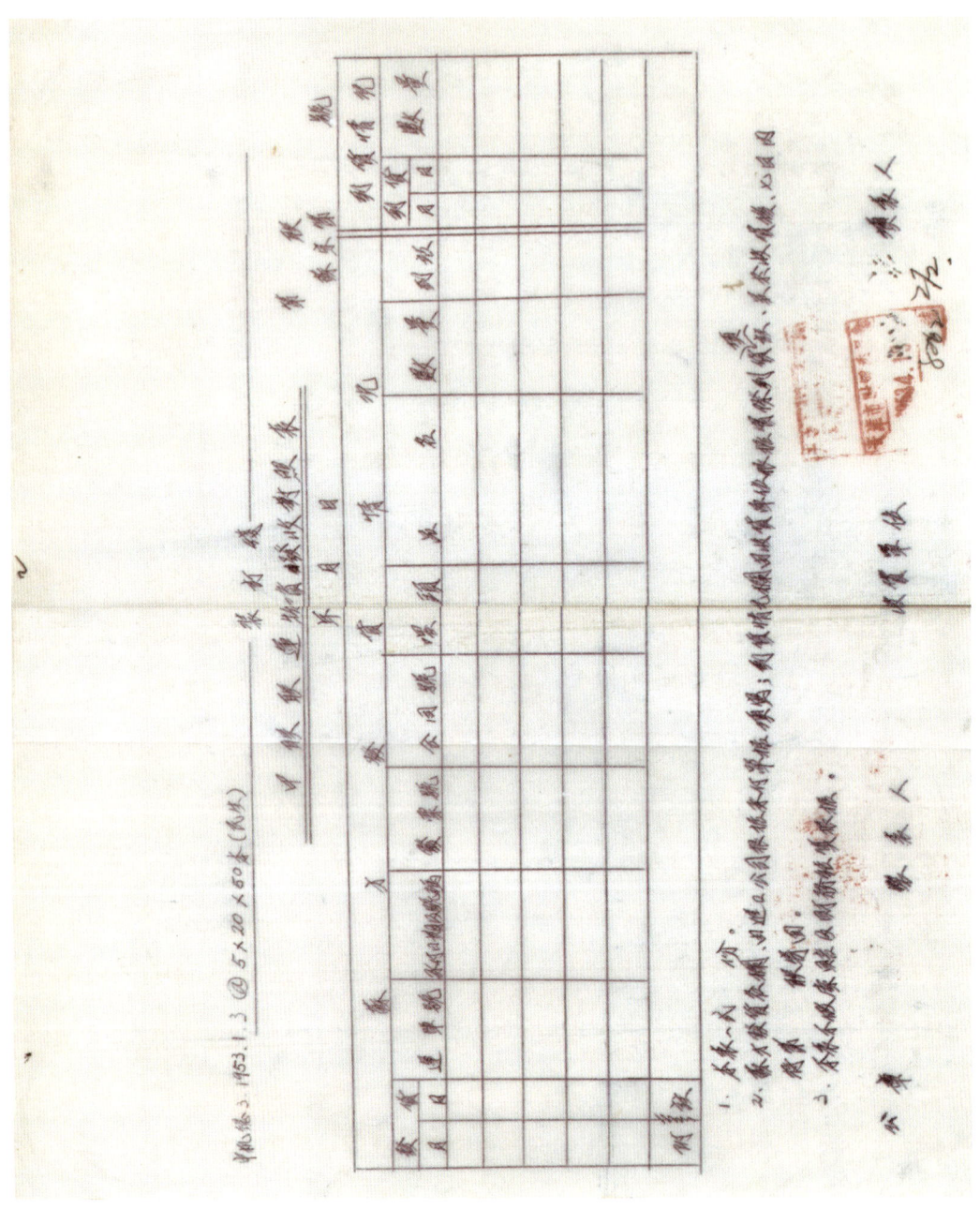

公章　　　　製表人　　　　收貨單位　　　　填表人

「中蘇聯運貨物發收對照表」填寄辦法

一、凡屬關內訂貨本表一式四份，屬東北區訂貨需一式五份。

二、表內蘇方發貨情況各欄，由進口公司依據承付單據填寫，到貨情況欄由收貨單位根據實際到貨填註。

三、關內訂貨該表一式四份，第一聯進口公司自存，第二聯送中國陸運總公司，第三、四聯寄收貨單位，收貨單位除將第三聯留存外，將第四聯寄回有關進口公司。

四、東北區訂貨該表一式五份，第一聯進口公司自存，第二聯送中國陸運總公司，第三、四、五聯寄東北區進口公司，由東北區進口公司留存第三聯外，將四、五聯寄收貨單位，收貨單位留存第四聯，將第五聯寄東北區進口公司，由東北區進口公司按旬彙報進口總公司。

五、收貨單位於收貨後七日內，填註該表寄回有關進口公司。

一一八、中蘇友好協會總會關於改進中蘇友好協會工作的決定（一九五三年四月二十九日）

X3-Y-6077

關於改進中蘇友好協會工作的決定

——一九五三年四月廿九日中蘇友好協會第三次全國工作會議通過——

中蘇友好協會自成立以來，在中國共產黨和中央人民政府的領導下，在各人民團體的配合和蘇聯對外文化協會的幫助下，由於本會全體幹部和全體會員的積極努力，在我國人民中進行了巨大規模的關於中蘇友好和介紹蘇聯的宣傳教育工作，使全國廣大人民普遍提高和增進了對偉大蘇聯的認識和熱愛；在促進中蘇兩國文化交流，推廣蘇聯先進經驗和組織俄文學習等方面，也做了不少的工作。所有這些工作，對於鞏固和發展中蘇兩國人民偉大友誼和保衛遠東與世界和平運動，起了很大的作用。

從今年起，我國進入了有計劃的經濟建設新的歷史時期。毛主席在全國人民政協第四次會議上號召全國人民：「在全國範圍內掀起學習蘇聯的高潮，來建設我們的國家。」隨着整個形勢的發展，隨着全國人民對蘇聯認識的日益提高和對蘇聯友誼的日益加深，更進一步加強中蘇兩國人民的友好合作和學習蘇聯，以加速我國國家建設，已成為全國人民的迫切要求。在此情況下，本會的工作任務就更加加重了，本會原有的組織形式也就日益顯出不能適應於新的情況和新的要求。過去本會在組織工作中忽視了發展團體會員，過份注重了發展個人會員和進行組織事務工作，因而未能集中力量進行對羣衆的宣傳教育工作；同時，在工作方法上亦未能盡最大力量聯合和推動各人民團體及有關方面的宣傳力量，共同進行工作，因而在一定程度上將工作範圍局限於在自已的組織系統中。爲了適應新的形勢，將中蘇友好，學習蘇聯的工作順利推向新的階段，及時地和適當地改變本會的組織形式，努力改進工作方法，大力加强宣傳教育工作，已經是十分必要的了。爲此，特作如下決定：

一、本會是以增進和鞏固中蘇兩國人民兄弟般的友誼與合作，向廣大人民羣衆進行關於中蘇友好，學習蘇聯的宣傳教育的羣衆團體。爲了減少組織事務工作，使今後能集中全力擔負起向廣大羣衆宣傳中蘇友好和學習蘇聯的偉大任務，本會的組織形式應作如下改變：

1、今後本會一般只發展團體會員，即通過各種社會的、經濟的、文化的組織形式如工會、農會、青年團、婦聯、青聯、科聯、合作社、機關、學校及其他系統，吸收團體會員。過去已經入會的個人會員應逐步地按各自系統或單位轉爲團體會員的成員，其中如有尚未參加其他人民團體還不能轉爲團體會員的成員者，得保留其會籍，其原有的基層組織亦暫在名義上保留。今後一般不在發展個人會員，但如有個別未參加其他人民團體的個人要求入會者，得以最簡便方式個別吸收入會，待將來其本人參加其他人民團體時即轉爲團體會員的成員。

2、今後會員一律不收會費。以前各級友協所收會費應認眞清理，作恰當的處理，並向會員羣衆作清楚的交代。

3、由於廣大羣衆均以團體爲單位參加本會成爲團體會員，因此今後一律不發會員證和證章過去已發的會員證，證章仍歸會員保留。

中俄（蘇）交往天津檔案史料選編

二、本會的主要任務是向我國廣大羣衆進行中蘇友好的國際主義教育和學習蘇聯的宣傳工作。過去本會工作在這方面的主要缺點，是沒有很好的結合國家的總任務和羣衆的生活與思想實際，宣傳工作一般化，思想內容貧乏。今後必須繼續加强關於中蘇友好和國際主義的一般經常宣傳，反覆深入的闡明中蘇兩國人民的友誼的基礎是馬克思、恩克斯、列寧、斯大林的偉大的國際主義原則，因此這種友誼是牢不可破的最偉大的友誼；必須密切結合當前國際和國內形勢的發展，用現實生活中具體生動的事實，說明中蘇兩國人民的友好合作對我國國家建設和保衛遠東及世界和平的巨大意義；必須有系統地宣傳列寧、斯大林和蘇聯人民和政府在各個時期對我國人民的熱烈愛情和眞誠支持。由於國家大規模經濟建設已經開始，今後必須大力加强宣傳和組織學習蘇聯的工作，首先要協同各方面宣傳列寧、斯大林的偉大學說；介紹和推廣蘇聯先進的科學技術。宣傳蘇聯人民高尚的共產主義品質；並繼續大力推廣業餘俄文學習。在宣傳中要善於運用蘇聯人民生產勞動中各種生動事例，和我國學習蘇聯先進模範事蹟和成功經驗，通過各種適當的方式向羣衆進行宣傳。

爲了完成上述任務，總會應集中力量辦好『中蘇友好報』和供應各種宣傳資料。各級友協應通過各種方式如展覽會、報告會、座談會、讀報組、推廣俄文學習，並適當的編寫一些宣傳資料，進行經常的宣傳教育活動。各大、中城市在可能條件下應逐步建立中蘇友好館，作爲進行各種經經常性的羣衆活動的場所。各基層團體的經常的有關中蘇友好的宣傳活動應密切結合本單位的中心工作。

三、中蘇友好和學習蘇聯是全國人民共同的重要政治任務。今後本會應在中國共產黨的領導下，善於聯合各人民團體和各種宣傳教育機構，善於通過和推動他們的宣傳力量和宣傳陣地來進行工作。這是我們最重要的工作方法，各級友協應加强與各級工會、青年團、婦聯、青聯、文聯、科聯科普等人民團體的聯系，通過和聯合他們進行中蘇友好和學習蘇聯的工作，只有這樣，才能將中蘇友好的工作全面展開，並獲得穩固的基礎。各級友協的幹事會應吸收各有關團體的負責代表參加，以便及時和有效地佈置工作。各級友協應及時地供應各人民團體以各項有關中蘇友好和學習蘇聯的宣傳資料。

四、爲了順利完成上述組織形式的轉變並切實改進中蘇友好的宣傳工作，各地友協應有領導，有步驟地貫澈上述方針，避免急躁草率，造成工作上甚至政治上的損失。各級友協應將本決定的精神，向廣大羣衆進行廣泛的宣傳和解釋。

一一九、天津市東方油廠業主及合作人爲改訂契約事呈外事處文（一九五三年五月二十二日）

X58-Y-334

11

來文摘由紙

來文機關或人名：东方油厂			國籍：苏
收文編號：外商 收㈠字第0305號		收到日期	1953年 5月23日

附件：契约二份。

摘由：苏商请将租赁式合作契约改订为正式租赁契约，请准予备案。

交辦：商字科。

宝林 25/5

擬辦與批示：

東方油廠業主黃伯良紀樊列夫將廠子租給以王孟威為代表的七個中國人經營，每年收租金11,500,000元，實際上完全系於華商在經營，故只能送明檢之蘇僑的。但若是改成華商，機器及房子又是蘇僑的，說是外商，出資經營的又是華商，這一點比較難辦。我意擬仍令改成華商，但在同時雙方代表立字據，聲明機器及廠子仍是蘇僑的，以為今後發生產權問題時之處理證據。

经营权可以改华商，但产权仍属外商 查 11/6

雷 11/6 彭阅。

處理經過：

17/6 通知夏伯洛夫；

18/6 通知王孟威。

夏伯洛夫已於11月5日致函我處申請出售廠房及機器，信中並稱"現有的承租人拒絕將來的租賃"，查該廠與王孟威之租約將於一九五三年十二月卅一日滿期，故我處考慮無必要再要其改華商。 孫 1953.8.21.

+2

呈

天津市人民政府外事處

具呈人　天津市東方油廠業主蘇僑紀變烈夫等
合作人　路五福　李北辰　王孟威等

事由：　爲遵照
市人民政府工商局登記科指示已將前訂之租賃式合作契約作廢改訂爲正式租賃契約茲呈送契約
副本送請
批准備案由

爲呈報事具呈人等前於一九五一年一月三十一日訂立合作契約由業主將東方油廠交與合作人投資經
營製煉植物油業主憑生產工具、機器及房屋等固定資產每月按生產量向合作人收取權利金不負營業
盈虧責任名義雖係合作仍有租賃性質本年二月末奉
市人民政府工商局登記科指示該契約隨時代之進化已不合理應予廢止或改爲正式合作由業主將廠房
機器加入投資年終分紅不收權利金或改爲正式租賃其權利金應按月改爲固定租金由合作人自行報請
地區工商分局登記經營等因具呈人等遵將舊約作廢另商新約經兩月之協商已另訂正式租賃契約茲呈

34

送租賃契約副本兩份敬請留存一份另一份轉

市工商局批准予以備案俾合作人另向工商局登記領取新照經營實爲公便

謹呈

天津市人民政府外事處

東方油廠

業主 紀㝡烈夫

費伯（代理人夏伯告夫）

合作人代表王孟威

公元一九五三年五月二十二日

4

一二〇、各人民團體關於加强中蘇友好工作的聯合通知（一九五三年六月二十七日）

X52-Y-27

87

〈53〉會總合第 05 號

各人民團體關於加强中蘇友好工作的聯合通知

加强中蘇兩國人民的友好合作和學習蘇聯，是我國全體人民的最大利益和重大政治任務。目前我國已開始進入有計劃的經濟建設時期，毛主席號召全國人民「在全國範圍內掀起學習蘇聯的高潮，來建設我們的國家。」隨着形勢的發展，更加廣泛深入地宣傳中蘇友好和開展學習蘇聯的運動，更進一步加强和鞏固中蘇兩國人民的偉大友誼，以加速我們國家的建設和保衛遠東及世界和平，業已成爲我全國人民的迫切要求和各人民團體的共同任務。爲此，特作如下通知：

一、由於我國廣大人民的政治覺悟已空前提高，多數人民已經普遍地組織起來，中蘇友好協會今後一般已不再發展個人會員，而以發展團體會員爲主。各級工會、青年團、民主婦聯、及其他人民團體和有關單位均應按自己的系統參加中蘇友好協會爲團體會員。全國各人民團體及其他有關單位中現有的中蘇友好協會的個人會員，均應按自己所在系統和單位，逐步轉爲中蘇友好協會的團體會員的成員。

二、全國各人民團體應結合自己的中心工作，將宣傳中蘇友好和推動學習蘇聯作爲自己的重要的任務之一，列入自己的工作計劃和議事日程。各級人民團體並應指定專人負責主持本單位內經常的中蘇友好宣傳教育工作，如舉辦報告會、座談會、晚會、圖片展覽會及組織閱讀「中蘇友好報」等。各人民團體的負責人對於此項工作應作定期的檢查。各級中蘇友好協會應負責向各人民團體供應各項有關宣傳資料，並通過各地報刊、電台、文化館、友好館等進行中蘇友好的宣傳活動。

132

三、爲了保證上述工作的順利進行，各級人民團體應指派一定的負責人員參加同級的中蘇友好協會幹事會，以便加強聯系，共同商討和佈置各項有關中蘇友好的工作，並督促和檢查工作計劃之執行。

中蘇友好協會總會
中華全國總工會
中國新民主主義青年團中央委員會
中華全國民主青年聯合會總會
中華全國民主婦女聯合會
中華全國學生聯合會
中華全國文學藝術界聯合會
中華全國自然科學專門學會聯合會
中華全國科學技術普及協會
中國教育工會全國委員會
中華全國體育總會
中華全國合作總社
中國紅十字會總會
中華全國工商業聯合會籌備委員會

一九五三年六月二十七日

133

一二一、貫徹『關於改進中蘇友好協會工作的決定』的宣傳提綱（一九五三年七月六日）

X52-Y-27

貫徹「關于改進中蘇友好協會工作的決定」的宣傳提綱

一、爲甚麼現在要加强中蘇友好和學習蘇聯的宣傳教育，並要改變友協原有的組織形式？

中蘇友好協會自成立以來，在中國共產黨和中央人民政府的領導下，在各人民團體的配合和蘇聯人民的幫助下，由於全體會員的積極努力，做了許多關於中蘇友好和介紹蘇聯的宣傳教育工作，如：出版書報雜誌，舉辦圖片展覽會和各種報告會、座談會，放映蘇聯電影和幻燈，介紹和推廣蘇聯先進經驗，開展業餘俄文學習等等；特別是通過蘇聯文化工作者代表團、蘇聯青年代表團等的訪問我國，慶祝斯大林七十壽辰，慶祝中蘇友好同盟互助條約的簽訂及十月革命節等大規模的宣傳活動，尤其是通過全國規模的「中蘇友好月」運動，全國人民普遍提高和增進了對偉大蘇聯的認識和熱愛。所有這些工作和活動，對於鞏固和發展中蘇兩國人民的偉大友誼，促進中蘇文化交流及加强保衛遠東和世界和平運動，起了很大的作用。中蘇友好協會已發展成爲擁有六千八百餘萬會員的全國最大的群衆團體之一。

(一)但是幾年來，全國的情況有着重大的變化，我國在國家經濟恢復工作上已取得了巨大成就，從今年起，我國開始進入了一個新的歷史時期，擺在我們面前的首要任務是進行有計劃的經濟建設，以逐步實現國家工業化，並逐步由新民主主義過渡到社會主義。爲了加速完成這一艱巨的國家建設工作，毛主席號召全國人民：「在全國範圍内掀起學習蘇聯的高潮，來建設我們的國家。」由於過去幾年中經過抗美援朝、土地改革、鎮壓反革命、「三反」「五反」、增産節約、思想改造等愛國運動和社會改革運動，全國人民的政治覺悟已大大提高，因此隨着國家大規模經濟建設時期的到來和中蘇友誼的日益加深，更進一步加强中蘇兩國人民的友好合作和學習蘇聯，以加速我國國家建設、保衛遠東和世界和平，實已成爲全國人民的迫切要求。在這種形勢之下，本會所負的任務就更加重大了，爲此進一步加强關於中蘇友好和推動學習蘇聯的宣傳教育工作，以適應客觀形勢的需要，實已成爲本會迫切的嚴重任務。

(二)本會的組織形式已逐漸不適應於客觀形勢的要求。組織形式主要是會員制問題，由於形勢的發展，本會原有的個人會員制已逐漸不適應于我們工作的要求：

1、過去本會基本上是個人會員制因此我們在組織工作上過份地注意了發展個人會員，而忽視了發展團體會員。由於過份注意發展個人會員的結果，産生了一套繁雜的組織事務工作。這首先是使我們分出很大一部分人力去做發展個人會員的組織工作，去逐步建立一個獨立的組織系統；由此而來，又産生了分發作爲個人會員標誌的會員證、會員證章等一套繁雜的事務工作。爲了維持這個獨立的組織系統並使其能進行各種經常活動，本會向會員徵收會費作爲本會各項工作和活動的費用。這又是一項經常性的事務工作。過去在本會各級組織，特別是在基層組織，不少的幹部因爲忙於發展會員、徵收會費、發會員證和證章等工作，佔去了大部的工作時間。由於上述的情況，組織工作就大大分散了我們的力量，從而使我們未能集中力量來做好宣傳教育工作。

2、但應該指出，過去全國各地的中蘇友協大都是在各地解放後不久建立起來的。由於當時各種社會組織尚未完善地和普遍地建立起來，群衆的覺悟水平很不平衡，在這種情況下，本會發展個人會員是適合當時的客觀情況的。但隨着形勢的發展，經過三年多的時間，廣大群衆都已分別組織在工會、農會、青年團、婦聯、青聯、合作社及其他各種組織之中，覺悟水平也已顯著提高，而通過現有的各種人民團體和社會組織可以更好地向廣大群衆進行中蘇友好和學習蘇聯的宣傳工作，同時各人民團體等有關方面事實上也都結合自己的需要和自己的業務，進行了許多有關這一方面的工作。因此我們過去所採用的組織形式就不適應於新的客觀情況了。在這種情況下，如果不及時改變這種組織形式，而還繼續在各種社會組織中大量發展個人會員，並企圖建立獨立的友協會員組織系統以獨立進行工作，則前述各種已屬不必要的、或應加以簡化的組織工作，不僅不能減少，反而會愈來愈繁多，會更加分散宣傳工作的力量。同時本會的龐大的基層組織和組織工作，也必然會加重基層組織複雜的重疊現象和農村中的「五多」現象，增加基層幹部和會員群衆不必要的組織負擔。由於下層的組織多、領導多和任務多，而我們和各種組織的上層又未經常取得很好的配合，因而使我們的宣傳工作往往局限在自己狹小的圈子裡。這又從另一方面削弱和影響了我們的宣傳工作。

根據以上所述情況，由於客觀形勢的發展與變化，一方面本會所負擔的宣傳任務已更加重大，另一方面本會的組織形式又不適應于宣傳工作，在這種情況下，適應形勢的發展和全國人民的要求，改進中蘇友好協會的工作，是十分必要的，迫切的。為此，本會第三次全國工作會議作出了「關于改進中蘇友好協會工作的決定」。

二、改進中蘇友協工作的幾項決定的基本內容是甚麼？

(一)改進友協工作的第一項決定是適當地改變本會的組織形式，並簡化與之相應的組織事務工作。具體辦法是：

1、今後本會只發展團體會員，即通過各種社會的、經濟的、文化的組織形式如工會、農會、青年團、婦聯、青聯、科聯、合作社、機關、學校及其他系統，吸收團體會員。過去已經入會的個人會員應逐步按各自系統或單位轉爲團體會員的成員。其中如有尚未參加其他人民團體還不能轉爲團體會員的成員者，得保留其會籍，其原有的基層組織亦暫在名義上保留。

2、由于廣大群衆都可以團體入會，因此今後本會一般不再發展個人會員。但如有這樣一種情況：即有一些個別的人迫切要求參加中蘇友協，而他們本人却沒有參加適當的群衆組織，因而不能成爲團體會員的成員，對于這樣的一些人，今後仍可採用最簡便的方法吸收爲會員，等他們將來參加了適當的組織時，即轉爲團體會員的成員。因此總的精神仍然是發展團體會員。

3、由于廣大群衆均按團體系統或單位參加本會爲團體會員的成員，因此作爲個人會員標誌的會員證和證章，今後一律不再發，已發的仍歸會員保存或佩帶，並不取消。同時因爲團體會員的經常活動結合在其所在單位中進行，徵收會費已無必要，因此今後團體會員一律不收會費。以前所收的會費應認真清理，作恰當的處理，並向會員群衆交代清楚。

(二)改進友協工作的第二項決定是集中力量做好宣傳工作。中蘇友好協會是一個具有廣泛的群衆性的人民團體，它的工作任務是進行關于中蘇友好的國際主義宣傳教育和關于學習蘇聯的宣傳教育

148

工作，這是本會的兩大基本任務。在目前時期，爲了配合和加速國家的建設工作，又應以學習蘇聯的宣傳教育工作爲重心。圍繞這兩大中心工作，今後本會要集中力量做好幾件主要工作：

1、出版各種有關中蘇友好和學習蘇聯的宣傳讀物和宣傳資料（包括友協總會出版的全國性的「中蘇友好報」），並向各人民團體等有關方面提供這方面的各種資料；

2、在有條件的大、中城市逐步設立「中蘇友好館」，作爲舉辦各種展覽會、報告會、座談會及放映電影等各項中蘇友好活動的場所；聯合和通過各人民團體、報刊、電台、文化館等進行各種有關中蘇友好和學習蘇聯的宣傳活動；

3、根據需要和當地條件，組織和推廣業餘俄文學習；

4、在有蘇聯友人的城市和工礦區，適當地組織以文娛活動爲主的對蘇聯友人的友誼活動；

5、除上述經常活動外，每年結合重大節日（如中蘇友好同盟互助條約簽訂紀念日、十月革命節）舉行一、兩次集中性的活動，以便經常活動和集中性活動結合起來。

(三)改進友協工作的第三項決定是改進工作方法，卽確定以聯合、通過各人民團體和組織各種社會力量進行工作的方法，作爲我們最重要的工作方法。

1、今後各級友協應加强與各級工會、青年團、婦聯、青聯、文聯、科聯、科普等人民團體的聯系，通過和聯合它們進行中蘇友好和學習蘇聯的工作。

2、各級友協的幹事會應吸收各有關人民團體和有關方面的負責代表參加，以便加强經濟聯系，共同商討和佈置各項有關中蘇友好和學習蘇聯的工作。

3、各級友協應及時供應各人民團體以各項有關中蘇友好和學習蘇聯的宣傳資料，以便利于通過各種宣傳方式廣泛展開宣傳活動。

三、改進中蘇友好協會工作的決定，爲全面加强和更加有效地進行中蘇友好、學習蘇聯的宣傳教育工作開闢了廣濶的道路

改進友協工作的目的是爲了加强宣傳工作。隨着本會工作的改進，今後的工作將會獲得極大的開展：

㈠首先是可以更好地集中力量進行宣傳工作：今後本會只發展團體會員，即採用簡便的方法即可吸收大量的群众參加友協組織，這樣一來，就更加便利于廣大勞動群众參加中蘇友好協會，擴大我們的政治影响。但更重要的是，由于發展團體會員和過去的個人會員轉爲團體會員的成員，同時又由于取消了過去適應個人會員的一套收會費和發會員證、會員證章等事務工作，就給我們減少了很大一部分組織事務工作，而這一方面的減少正是爲了另一方面的加强，使我們有可能更好地適應宣傳工作的要求，集中全力向廣大群众進行中蘇友好的宣傳教育工作。

㈡可以擴大我們的宣傳陣地：今後我們將用最大力量聯合和通過各人民團體及其他有關方面來共同推動中蘇友好和學習蘇聯的宣傳工作，同時今後許多人民團體和社會組織都將發展爲本會的團體會員，並將中蘇友好宣傳工作作爲自己的工作任務之一，列入自己的工作計劃，這樣一來，就進一步增進了本會和各人民團體在加强中蘇友好、學習蘇聯這個共同任務上的密切關係，由于聯

150

合和通過各人民團體和廣泛組織各種社會宣傳力量，這就是說，今後進行中蘇友好工作除了集中本會的力量以外，還聯合了各人民團體等各万面的宣傳力量，大家一齊通力合作來進行這個工作。這毫無疑問地就會大大擴大我們的宣傳陣地和宣傳規模，從而為中蘇友好工作的全面展開提供了充分有利的條件。

(三)可以使中蘇友好工作更好地結合各項中心工作，從而使宣傳工作能更有效地進行：今後各團體會員單位的中蘇友好工作，結合在自己的中心工作和經常業務中進行，這樣可以防止中蘇友好宣傳工作脫離實際、單搞一套的傾向，而使它更好地結合中心工作的需要。

(四)綜上所述，根據「關于改進中蘇友好協會工作的決定」改進本會的組織工作、宣傳工作和工作万法的結果，將給本會帶來新的工作面貌：集中我們的宣傳力量、擴大我們的宣傳陣地和加強我們的宣傳效果，從而使中蘇友好工作獲得全面加強及更為鞏固的工作基礎。由此可見，中蘇友好協會第三次全國工作會議作出這個決定，不但是根據形勢的發展和全國人民的需要，而且是從中蘇友好工作的全面鞏固和長遠利益出發的，因此是完全必需的和正確的。

（中蘇友好協會總會宣傳部）

附：宣傳員講話載「中蘇友好報」第十九號，不另發。

一二二、天津市人民政府外事處爲開會研究蘇聯公民協會所屬機構之中國職工轉業問題事致總工會、勞動局等公函（一九五三年七月十日）

X58-C-1233

事由	为召开关于英联合民众会所属机构之中国职工解雇问题之会议
主送機關	侨委会、劳动局、总工会、五金工会
抄送機關	
文別	公函
附件	〇件
擬稿	9/7
急緩	急
份數	四份

英联合民众会所属各机构（会址、学校、医院、合作社、药房、养老院、墓地、公共宿舍及英侨信用社、英侨商会）共有中国职工六十二人，其中三十岁以下廿十八人，四十岁以下廿十五人，多为服务员、通讯员，职员不多，每月工资共需三千零九元七角（三千八百元）。现该会因有钱会员多已出境，经费开支困难，活动减少，工作不多，无法维持全部职工，只拟留用十八人。最近英联合事务（已决定）将青年中国工人送往技术训练班学习技术，由该会发给工资，并请设法解决其他职工问题。据津市有大量英侨[illegible]，该会经费确系困难，职工解雇将不可避免，但[illegible]妥[illegible]护，如处理不当，将产生不好影响。兹定于七月十三日下午三时在我处开会研究，请届时派负责同志参加为荷。

（预为准备）

处长 章文晋

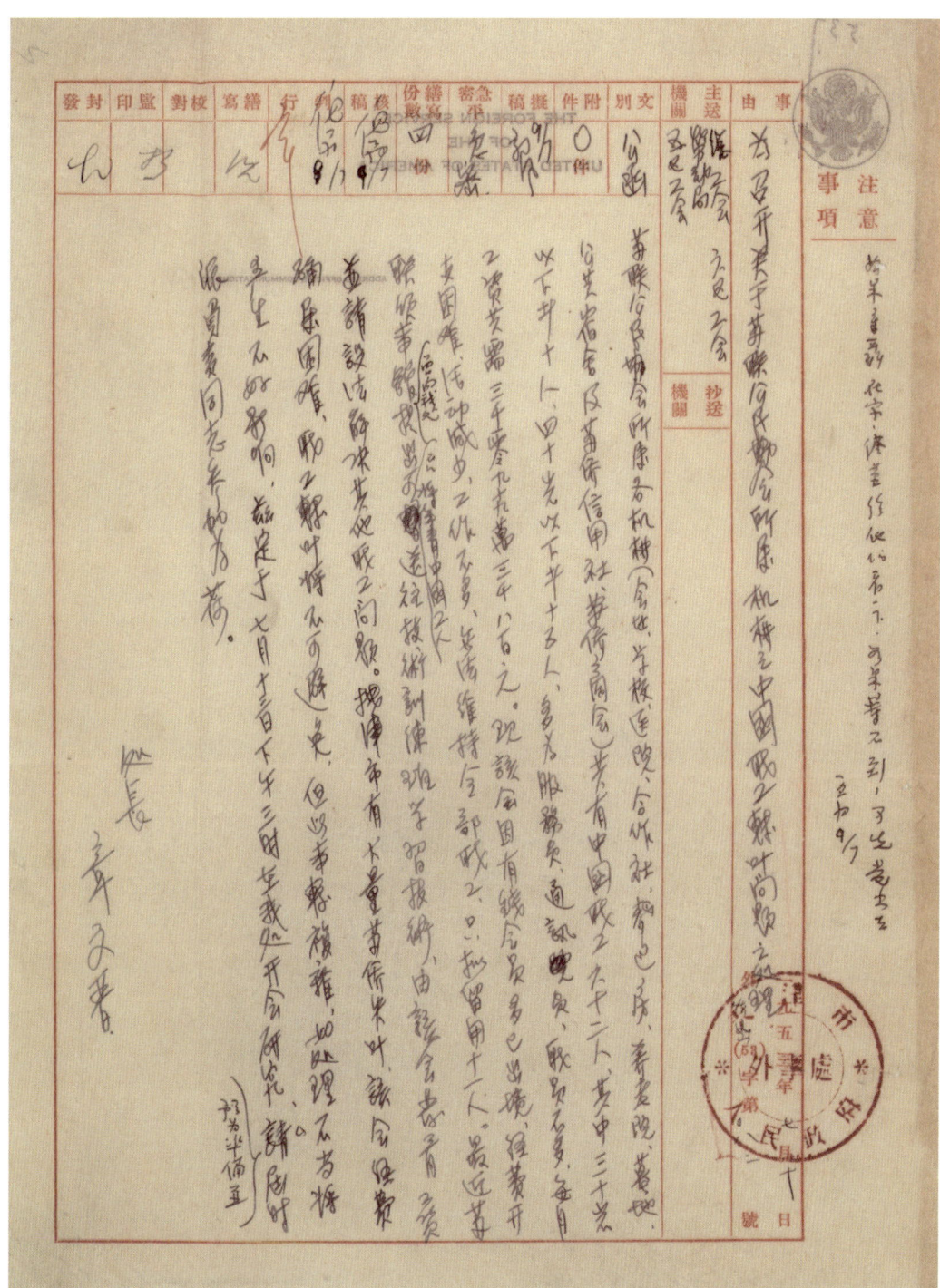

一二三、中國科學院訪蘇代表團長錢三强同志作關於訪問蘇聯的報告（一九五三年七月二十六日）

X41-Y-50

166

苏联问题讲座（第三讲）　一九五三．七．二十七

请中国科学院访苏代表团团长钱三强同志作「关于访问苏联」的报告：

主席，诸位同志：

中国科学院由苏联科学院邀请去苏访问，代表团共二十六人组成，在苏访问共三个月。今天我只是把我自己看的情况和体会介绍一下：这次我们访问的任务是了解和学习苏联如何组织和领导了苏联科学工作，如何运用最先进的马克思列宁主义理论来发展苏联科学的经验。我们到苏联的时候，天已是不寒，[illegible]，九时五十五分[illegible]。我们参观了三个共和国[illegible]，我到了二十[illegible]。

天津市各界人民代表会议协商委员会稿纸

我们在三月十日开始工作，到五月[illegible]，[illegible]访问有两种形式：一是座谈会，由科学院各所作报告介绍全面情况；一是分别访问研究所。在三个月的访问中了解了苏联科学的概况、苏联科学院组织工作经验，对我们非常有用处。现在我们把参观所得介绍一下：

一、关于[redacted]先进苏联科学的发展面貌：苏联科学工作的[illegible]，[illegible]，[illegible]。苏联科学是世界第一位。苏联科学院[illegible]，[illegible]，对科学有无限的[illegible]。[illegible]，但不仅是[illegible]的科学人才，也是[illegible]科学[illegible]人才。[illegible]

167

第　　頁

主義國家說科學無國防，而實際上受着資本主義國家的限制，我們也是受着資本主義教育。原俄羅斯科學院只有一百多人，那些科學與人民是脫離的，脫離實際的，只有了科學而科學，但是偉大十月革命勝利後消除了科學與人民的脫離，而發展了科學，列寧曾指出過科學的發展前途，而當時舊俄羅斯遺留的科學仍未改變舊的科學，雖有列寧提出但沒有人被採用，以後由於黨的領導——馬列主義的教育，蘇聯的科學慢慢發展起來了，自在一九二九年調查了科學院這個調查后蘇聯科學院作了劃時代的貢獻，製定了一個科學研究生條例，並把對革命忠實的先進幹部拔入科學院，科學院根據這個措施，一九三一年第一次科學院年度計劃製定了，使科學院大

天津市各界人民代表會議協商委員會稿紙

大發展起來了，由一千多人發展到一萬多人，這當中有了先進科學家及干部成為蘇聯科學院的領導。但在衛國戰爭中斷了科學研究的計劃，對科學院提出新任務，必需要他的貢獻最大力量為國防服務，也就是把科學完全貢獻給人民。斯大林演說中曾向科學家們及科學院同志們要求把蘇聯科學的發展，趕過世界的科學，這次黨十九次代表大會上馬林科夫同志提出中已提出蘇聯科學佔世界上第一位，因為有許多部門的科學趕過了世界科學，這是社會主義國家按規律改造自然是比資本主義國家更好利用自然改造自然，這也提出從世界第一位的任務。目前蘇聯科學院有三萬人，其中院士有一百二十人，通訊院士有二百四十人，以自己豐富科學知識和自己活動促進蘇聯科學發達。現在無論研究什麼科學都是[illegible]了

195　年　月　日

168

辯證法的光輝，這是研究科學的經典。不能離開科學而論。

七、蘇聯科學的組織：蘇聯科學的研究工作全國範圍內有十一个：蘇聯科學院和各加盟共和國科學院的一部分。從事研究科學有以下三個機構：第一、就是蘇聯科學院和各加盟共和國科學院；第二、就是各部門的研究所；第三、就是高等教育研究機構。這些機構是分工合作整個計劃，蘇聯科學院是全蘇科學領導機構，蘇聯的科學院他們負責普遍、綜合、原則理論性的，解決綜合性的問題。蘇聯科學院主要組織有院士大會，為科學院最高權利機關，他們三年一次的開全會，也以所屬各地的科學領導，院士大會選出他們科學領導組成。也一是，他們選出有經驗的院士組成主席團。另外有主席團由院長

天津市各界人民代表會議協商委員會稿紙

三個副院長，及所屬八個學部的領導組成，這樣使科學院科學的工作更進一步集中。主席團下設學術部、學術秘書處。秘書處向主席團匯報情況，聯系各部，主要任務是研究計劃各部門到那些不重複的問題，幫助科學院主席團檢查工作情況，調查了解（包括論文的出版），對科學院計劃的科學組織方面，以外的科學家聯系的秘書處負責做這方面的聯系工作。蘇聯科學院有八個學部：物理數學、化學、生物、地質、技術科學、歷史哲學、經濟法律、文學。每個學部有若干研究所由學部大會選出領導，每研究所之科學研究委員會組織，但各個大的學部有一千多人，如生物學部、物理學部之大的研究所主席團下還有專門委員會，是科學界的研究工作的委員會。

195　年　月　日

169

第　　頁

建設委員會。由生產力研究委員會說了蘇聯各科學家們去一個地區調查大概情況後，制成計劃，成為科學的參謀。在共產主義建設中包括很多科學問題，也是組織全國科學家來這個努力，根據我們現在了解建設工程中的大水電站可以供一億人口的需要，每人收入增加50%。完成這樣的物質基礎對共產主義建設邁入一大步，所以務為共產主義建設，這建設不僅這些科學家也有學生參加這委員會去研究。分院都是設立在經濟落後地方，起初由調查隊建立研究所以後慢慢擴大成為分院，但分院多部分是帶有地方性，也有的說要有加盟共和國科學院，這科學院也由加盟共和國部長會議主席團領導，也是由蘇聯科學院有聯系，如烏茲別克共和國之科學院，這次是十九次代表大會，巴林阿去分克提出中

天津市各界人民代表會議協商委員會稿紙

說要棉產量增產到50—60%。但棉產量增加有兩方面，一是增加種地，一是在單位面積上增加產量，根據烏茲別克的意見指示，物理科學家們由物理原子著展對棉花進行實驗，可以把磷肥放在棉花葉上不但對產量有增加，對質量也很好，實驗結果可以增加60%，於是烏茲別克共和國科學院把這消息告訴了蘇聯科學院，蘇聯科學院馬上告訴了部長會議主席團，從指示推廣這辦法，以後產量結果已增加了120%，這樣使棉花產量增加。這說明他們之間的關係。現在蘇聯科學院主席團共包括科學家大大研究各科學，擴大範圍，政府的林農企業部門都有實際科學研究地方，大學和專科研究也有，但是大學計劃常常不如科學院，以專業按計劃完成，因為大學是以教學為主，而科學研究

195　年　月　日

70

第　頁

計劃也可同時作出長期計劃，所以他需要的作出長期的，但大多數科學研究仍然可以有計劃的作出來，由於他需要的作長期計劃。主要認識到這些計劃的重要，因此在科學研究上不要急躁冒進。

三、基礎科學與長期科學計劃。基礎科學是以科學認識自然規律為目的，而在基礎科學中有長遠的計劃，也就是說計劃的時期，科學家們認為是可以做好計劃，也說不上長期上從有計劃而來研究科學。認為它們與科學的發展，但是從長期計劃工作上的研究問題，有些年間的研究工作，個人的計劃，計劃和行政方法，以及老科學家的方法，沒有計劃工作科學也行了以。但是在計劃工作和個人的作用中計劃來說，基礎科學雖然科學的作出來的個人主觀作用和集體的建立中計

劃，他們也仍然以個人作用為主要的。認為社會主義建設，要求主義建設所需要時，就應該把科研機構的組織在那個時候，以及它們信，科研工作沒有好的，也人員上不足的，是否就能好好的做，這科學家好認識自然規律，而是科學家也以自己的工作自覺的適合社會主義科學主體的組織形式，以主要建設的需要。但根據自己的實際和科學科學作出的第一個五年計劃主要建設上說來看，但是就有這一個問題是說明我們以前其中的科學，把問題以深入的研究上的重要。所以明了這個問題，就有一定的理論周折。因為主要的是也要有計劃的大部分要使科學家用的以，把問題上也要的解決。所以科學家應認識到科學不可以把握其他，科學家作為自身的，在當前科學的規律。但是科學

195　年　月　日

計劃上不是平均主義，都一樣的發展，目的是根據國民經濟需要，而又是這部門科學能引起各部門科學發展的方向的，所以科學戰線上非常合理，不是全部都動，是有重點發展。這門科學發展比其他的科學大大發展，這門科學有特別生長點。計劃中要明確注明（說明）這點，這與國民經濟有影響的，如物理化學及生物的關係有極大的聯系，幾乎各方面都發展，在這方面中如有關生物學說，米丘林學說等，所以必須掌握這規律來發展科學。也必須根據這方面來體會，來處理我們事情，和需有自己工作要配合其他部門工作。這就是蘇聯科學院計劃的思想和目的性。

四、關于蘇聯怎樣培養科學干部：一九二九年蘇聯科學院根據條件招收了青年工作人員，現在都變成科學界領導，這是由俄羅

天津市各界人民代表會議協商委員會稿紙

斯科學院發展來的，培養出很多干部，這是蘇聯很注意的問題，另外俄羅斯民族以國際主義精神幫助其他民族的科學研究工作，這表現了列寧、斯大林的民族政策在科學上的政策，對各民族是無私幫助。凡入研究所的人，必須先在生產部門有表現，青年專家及大學中的優秀學生，這些人還要經過科學的考試，但馬克思主義理論是基礎，另外比別人更好的研究業務學習馬列主義，各個研究生都要經過許多門考試，如物理研究生，首先要經考政治理論，本科，愛好的知識及外國文等過程，考外國文就是要能懂兩種外國一切科學。~~這考試的過程具有三個，也就~~ ~~對于研究生考試~~以外，研究生的論文考試是非常嚴格的，這要求比外國的，是相當于美國、英國、法國比較好的博士水平，蘇聯稱為"副博士"，候補

72

[illegible]

[illegible]

[illegible]

[illegible]

[illegible]

[illegible]

[illegible]

[illegible]

[illegible]

[illegible]

天津市各界人民代表会议协商委员会稿纸

[illegible]

[illegible]

[illegible]

[illegible]

[illegible]

[illegible]

[illegible]

[illegible]

[illegible]

[illegible]

195 年 月 日

173

社会主义经济问题」「联共(布)党史」「马克思主义与民族问题」「论列宁主义基础」、毛主席著「实践论」。这些著作必须深入的学习，而决不是取巧来的，而是从本国实际情况慢慢发展的。 科学不仅是培养博士，而要有全部科学制度，除培养制度外还有奖励制度，这制度就是在这计划性的科学研究中要看个人的创造性积极性，给创造者要有奖励，发奖金，其奖金相当二个月工资，最高奖金是斯大林奖金，另外待遇也高。如有些大剧院是全国最好艺术家演出，因此看大戏的不是有钱阶层，看戏的人是谁，而是对国家有贡献最大的来看戏，这个形式就成为群英会。这种奖励是对有贡献的人感觉这机会是荣誉的。其结果使他们的学术方面与其他各方面都增了向上，这是对科学家培养很好方法。他们的物质待遇也提高了，自一九二九年起他们根据国民经济的需要，对国家的贡献很大，对培养研究生下很大工夫，后来在卫国战争反法西斯取得胜利中他们对国家贡献很大，所以对他们都有特殊待遇。另外用批评与自我批评的方法不断发展，在讨论辩史中大家都是自由发言，提出了意见加以修改，他们认为批评与自我批评是好办法，是帮助，不是打击。批评与自我批评最高表现是决定一个学科的发展，如分析某学科缺点或某中科学院研究几个问题，但不作不准备的会，对学术性的会议他们认为最重要的是掌握时间。在自我批评在一个事情上争论没有结论时不作结论，如化学至今没有统一东西，现有五、六种看法。另外也说明了自我批评的严格性。

174

至于我们所看到的苏联各方面的成就，今天我提三大题目来谈一谈：

第一，地球科学。资源的开採和对地球科学有关。对地震的一切都和科学有关。关于地震的预测是一个複雜的科学。地震不是今天来明天到来了，是有它的一定规律。地震的发生是由于地層活动，而小地震就是地球内部的变化，就是了解地層構造，防御和减少地震，苏联对这方面很注视。关于地震造成现在的灾难有一百多次的纪录，在地球上的地震，他们对这问题是考虑去看。他们对地震的一些科学是很细致的，过去没有看重这些，现在看到了。他们一方面收集数字，作有关科学方面的工作，一方面搜集资料，将理论科学作成记录，这些就对地球構造、矿藏储藏有很大的帮助，对于土壤因地球之规律，与材料问题也有很大的贡献。

第二，技术科学。也就是说由材料及技术科学有很大的发展。在冶炼方面，高温度高压力，很难去克服，技术也大大发展了，而我国目前还不能炼到这么大的高压，他也有限度，大约六00—1000大气压，这样比我们还要高得多，我们达到高温高压的程度。此刻我看 [redacted] 不是完全靠机器力，但是需要有很好的科学基础，这样就是个大问题。苏联专家用这种方法现在已经超过一千六百度，需要用高温热处理把材料……，高温热处理去了。关于动力学，现在从太阳能及风力的使用，是其中之一，利用手工操作掌握得很好，能达到自动化的现象，两个手的操作配合起来，就能使电流……成为没有机械损坏，利用太阳能的发电，完全能掌握的科学研究都不注意

175

第　　頁

的，關于動力发展了新的方向，現在正從重工業解放出來，如煤現在用联合採煤机（康拜因）這还是人下去，现又在創造把地下煤氣化，不用工人去採煤了。關于配合共产主义建設又造很大机械如挖土机，可以代替七千工人劳動，這在中用高等數學，數学也能為共产主义建設服务。關于苏維埃城市建設，是利用一切科学技術，他们在建設工程中提出三個口号，是：建設標準化，材料工廠化，施工机械化，莫斯科建築是世界上最美最偉大。

第三、基礎科学：主要两個大方向，一方面原子核物理，一方面物質物理。原子核物理使苏联掌握原子動力，这也结束了美帝國原子彈的恫嚇，現在物理学者都继續研究原子科学，原子是

物理最重要的動力发展，主要方向就是半导体。物理电子学的发展对冶金起很大作用。所以数学、力学结合物理来发展，也大大发展了其理論。苏联知道大自然主要是從地面二公尺深范围适合生物的生長，這方面大大發展了。開採石油現在研究过濾，並使石油结合化学药品，还可以開採出300%的石油，这在全世界範围还是少有的。苏联的科学除理論上証明外还要作模型的实驗，這是主要方向之一。他们不是把公式硬套，而是用模型擴廣各地。他们在事情時是重点使用力量，不是平均使用，凡是节省材料尽量使用。

化學对国民經济有很大關係，主要是工廠材料，苏联化学家首先对金属問題重点发展了，掌握了物理和化学的規律，

195　年　月　日

176

对害虫的调节规律也掌握了，这是建立在科学基础上的，不能解决所有的
问题的根本。[illegible]的利用是极其重要的，人们掌握了它，也不能说没
有科学道理，就是草饲加巢保护的特征和意义
不是很好的，这对害虫的天敌利用就有一定保证的了。[illegible]也不是利用全部
便宜的材料，或者[illegible]如何使用这些材料，[illegible]所应利用的，这就是合理的利
用材料与知识及[illegible]的特性。

第四，是饲料问题，这是饲料方面最关键的问题，目前对它的研究的实际
[illegible]问题，指出这个[illegible]的，对于饲养[illegible]有一些[illegible]
方面，[illegible]人民的需要，[illegible]建设。[illegible]
[illegible]的，[illegible]

[illegible]的，[illegible]，人的[illegible]，[illegible]中
国[illegible]，[illegible]
[illegible]，[illegible]。[illegible]
[illegible]利用[illegible]，[illegible]利用[illegible]，所以对[illegible]
[illegible]。[illegible]，这对[illegible]有
很大作用，[illegible]。对[illegible]
们有[illegible]。

[illegible]，[illegible]
[illegible]，[illegible]，[illegible]人的[illegible]。我们中国[illegible]
[illegible]问题，我们对这[illegible]。第二[illegible]

195 年 月 日

177

专家们对语言部分有很大作用，所以我们批判马尔学派的反马列主义思想，来研究我们的语言学。

第五，社会科学。要用历史唯物主义来指导，努力来完成社会主义过渡到共产主义所用的社会科学。不但要完成法律教课书外，还要完成哲学教课书，这是人民所欢迎的。现在历史学者们全世界史的东征数了资本主义阶级的观点，并且对各民主主义国家的研究，对帝国主义的侵略本质及半殖民地殖民地争取自由民主的研究，都有很大贡献。

总之，我们访问的结论有以下四点。

第一，解决科学中的问题的方法就是用辩证唯物法，来使用马列主义更广泛，它的学说就更发展了，

天津市各界人民代表會議協商委員會稿紙

第二，研究科学是有组织性的。

第三，确实的全面的发展，而且是使用力量。

第四，批评与自我批评是推动科学发展的力量。

所以我们要学习苏联的伟大成就，加强中苏科学的联系，这样配合中国科学的发展，我们的学习苏联要结合自己实际情况去学习。这次我们回来时苏联科学院长说：“依照中国科学的发展，现在有许多科学以前的看，而帝国主义不能看，这就保证了中国科学的发展。”所以我们在毛主席教导下根据我们国家情况发展我们的科学，树立起伟大的科学。

第　　页

195　年　月　日

一二四、天津市人民政府外事處章文晋處長赴蘇領館談蘇僑就業問題（一九五三年八月十八日）

X58-C-1231

外事處工作日報　外日(53)字第一〇五號　一九五三年八月十八日（星期二）

章處長去蘇領館談蘇僑就業問題

章處長於十八日去蘇領館談蘇僑就業問題，由總領事馬鐵夫接見，章處長所談要點如下：

(一)蘇僑就業問題可以解決一部份，但有些蘇僑公開拒絕找工作，因之發生困難，今後最好根據其本人要求再介紹職業；(二)一部失業蘇僑如織毯工可參加生產合作社，自備生產工具、資金，爲合作社加工訂貨，受合作社領導付給工資，俟有成效後可再逐步推廣；(三)職工文教費及失業救濟費可以減免，但只能限於蘇聯公民協會所屬機構。(四)蘇聯公民協會中國職工轉業問題，目前無法全部解決，除個別可設法代謀轉業外，其他人員可由該會根據需要情況逐步解雇。馬氏完全同意以上各點並送來自願工作的蘇僑名單一份，請我優先解決。此外馬氏詢問二蘇僑申請旅行遲遲不得批准之原因，並請我協助解決。章處長答即與公安局聯繫儘可能解決。

天津市人民政府外事處

一二五、關於蘇、波領館、蘇商代處及中波公司持普通護照人員辦理居留、旅行、出境手續情況及存在的問題　（一九五三年九月二十八日）

X58-C-1398

1

交(二)153)15号

報告用紙　　報告人 [illegible]

1953年9月28日

外出報告

關於蘇、波領館，蘇商代處及中波公司持普通護照人員辦理居留、旅行、出境手續情況及存在的問題

九月十四日上午曾去公安局外僑管理科了解蘇、波駐津領館，蘇聯商務代表處天津辦事處及中波海運公司持普通護照人員辦理居留、旅行及出境手續情況。茲將了解的情況及目前工作中存在的問題，報告如下：

一、目前情況：

1.關於居留：

①上述持普通護照人員應於來津後五日內，由其本人或派人至公安局外僑科辦理居留手續。

?
②申請人須填寫申請書四份（三份中文、一份外文），連同本人相片五張，交外僑科，並繳納手續費一萬元，由外僑科出具收據，按指定時日再往領取居留證。

③核發居留證後，外僑科不再發予戶口冊。

④居留期限為一年，期滿後須重辦居留手續，填寫中文申請書一份，本人相片兩張並繳手續費一萬元。

⑤上述人員如因工作調動，遷往他地，則應在三天前向外僑科辦理遷移手續。

2.關於旅行：

①上述人員申請旅行應在二三天前向外僑科提出，但特殊情況可予照顧。

②申請人須填寫申請書一份，交本人相片一張，並繳納手續費五千元。

③關於旅行地點、旅行期限及往返次數，對此項人員，公安局並無硬性規定及限制，一般均接其申請，經領導批准後發予旅行證。

④交通工具僅限火車及輪船（如自天津去大連）。

⑤自其他各地來津旅行的持普通護照人員，應於抵津後二十四小時內至公安局外僑科辦理臨時戶口登記手續。如旅行證過期則應至外僑科辦理延期手續。

⑥領得旅行證後未按期成行及使用後作廢之旅行證，應立即交回外僑科註銷。

審閱人：　科　處　科

2

3. 关于出境：

① 上述人员申请出境，应在一定期前向外侨科提出，但特殊情况可予通融。

② 申请人须填写申请书两份、照片两张，并缴纳手续费五千元。由外侨科在其普通护照上加盖出境签证。

③ 出境地点，公安局无明确规定，一般均按其申请，经领导批准后出境。

④ 关于出境有效期，一般视其出境地点远近具体掌握。对华侨持普通护照人员之出境期限，遵外交部指示，一律发予三个月内出境有效之签证，但不得超过其护照有效期。

⑤ 领得出境签证后，不拟成行者，应即去外侨科注销。

二、存在的问题：根据上述各项规定，此项人员在办理居留、旅行及出境手续上自较一般外侨简便，但在某些手续上仍嫌繁琐，如：

1. 在居留方面：申请居留时需填写申请书四份并缴相片五张。居留期满后，再重办居留手续，填写申请书一张，缴相片两张。此外，申请书上所载项目也很多，如政治面目、社会关系、个人履历等。苏联籍者对此表示不满，认为有些项目无须填写。

2. 在旅行方面：每次申请旅行需缴相片一张。中波海运公司波籍持普通护照人员曾对此表示不满，常在旅行证使用后，将盖有公安局钢印之本人相片揭下，以后再将作废之旅行证交回公安局注销。

三、个人意见：各国驻华使领馆及商务代表机构中持用普通护照人员，虽不能与外交、公务人员享有同等待遇，但此项人员前来我国系与外交事务及对外贸易有关，因而对他们的待遇自应与一般外侨有所区别，在办理居留、旅行及出境手续上亦应给予适当之方便。根据上述存在的问题，特提出下列两点改进意见，当否，请指示：

1. 在居留方面：关于填写申请书份数，应提请公安局考虑，根据实际工作需要加以精减①。如需要份数确有需要，则可考虑由公安局按照申请人所填之一份抄录存查，对外手续应力求简便。关于居留期满后重办居留手续问题，可提请公安局考虑②以延期加签代替之，如此即可不必重填申请书及另缴相片。③关于申请书的内容，可考虑另行制定一种专用的、内容较为简明的格式，或

第二頁

3

所以对此次人员即望项目可不要求其详细填写。

乙、旅行方面：按照公安局的规定，外出旅行，除必须有旅行证外，並需与其本人之居留证同时使用，方为有效。因居留证上已贴有照片，故对此次人员可不必再要求其缴贴相片。

上述第二项意见，因於贴相片事，曾和华与外侨科同志交换过意见，他们认为这是中央的统一规定，自不便於变更办理。因此，上述两项意见拟於领导批示後再与外侨科负责同志作进一步的商议，然後分别呈报中央考案决定。

可召集一次会来谈谈，尤其在执行上述工作中外籍人员以及时常代外籍人员办理手续人员（如中侨公司等处）的问题，应研究一下，求得解决。——[illegible] 6/五

今天主要的问题是明确区别对待的原则和简化手续，仍可由兰再去外侨科和他们交换意见，提出改进办法连同过去执行情况和其他问题，一併报部请示。会暂勿庸召集。 黄 7/10

这些问题需要好好解决，我想先当面再谈一下，然后才向对解决问题的方法有所具体意见。但因这问题是一外事问题，不向公安局征求意见，有些要由部一般性的和外资科的同志商，取得一致意见。争取由外事处及公安局会衔报中央、外交两部，这事解决问题可能较好。否则由外事方面报部，恐不好解决。（有些情况，也可在报告内写吧）

[illegible] 8/10

第三頁

一二六、市政建設委員會宋景毅主任向蘇聯駐津總領事馬鐵夫介紹市政建設情況（一九五三年十月二十八日）

X58-C-1231

135

外事處工作日報　外日(53)字第一二八號　一九五三年十月廿八日（星期三）

市政建設委員會宋景毅主任向蘇聯駐津總領事馬鐵夫介紹市政建設情況

本日上午九時市政建設委員會宋景毅主任在市府向蘇聯駐津總領事馬鐵夫及副領事孔爾柯夫介紹一九五三年津市市政建設及公用事業發展情況。如下水道、橋樑、公園之修建，自來水、電車、汽車之發展等。馬氏並詢及學校、醫院之修建情況，建築工程之機械化遠景，建築工人之工資制度等問題。宋主任均予解答。

天津市人民政府外事處

一二七、天津市各人民團體關於加强中蘇友好工作的通知（一九五三年十一月五日）

X3-Y-6077

天津市各人民團體
關於加强中蘇友好工作的通知

四年來天津市中蘇友好協會的工作，在黨和政府的領導下，在各人民團體和蘇聯對外文化協會的幫助配合下，有了很大的發展。會員發展達八十餘萬人；結合各項中心工作和保衛世界和平運動對天津市人民進行了廣泛的國際主義教育；宣傳和介紹了蘇聯先進科學技術及生產經驗，並推動了俄文學習運動。通過這些活動，在全市廣大人民羣衆中樹立了中蘇友好與蘇聯是世界和平的堡壘的觀念。

隨着形勢的發展，更加廣泛深入地宣傳中蘇友好和開展學習蘇聯的運動，以加速我國經濟建設和保衛世界和平，業已成為我國全體人民及各人民團體的共同任務。根據全國各人民團體關於加强中蘇友好工作的聯合通知及中蘇友好協會第三次全國工作會議決議，特作如下決定，希本市各級人民團體切實執行。

一、由於當前羣衆國際主義覺悟已迅速提高，多數人民已經普遍組織起來，中蘇友好協會今後一般不再發展個人會員，而以發展團體會員為主。本市總工會、青年團、青聯、婦聯及其他人民團體等，遵照全國各人民團體關於加强中蘇友好工作的聯合通知，均按自己系統及單位轉為中蘇友好協會的團體會員。

二、加强中蘇友好是全體人民的共同任務，因此各人民團體及下屬組織，應將宣傳中蘇友好與推動學習蘇聯的工作作爲重要任務之一。應結合各項中心運動與經常業務，將宣傳中蘇友好與學習蘇聯列入工作計劃及議事日程；並應指定專人負責，經常舉辦各種形式的活動，如報告會、座談會、晚會、圖片展覽、學習俄文、組織閱讀中蘇友好報等，向本系統的會員羣衆進行國際主義教育，各人民團體負責人應定期檢查以上工作。

三、爲了保證上述工作順利進行，本市各人民團體應指派一定負責人參加市友協的幹事會，以便加强聯系，共同商討和推動各項有關中蘇友好工作，並督促和檢查工作計劃的執行。

四、關於轉變組織的具體辦法由各團體分別下達。

天津市中蘇友好協會
天津市總工會
中國新民主主義青年團天津市委員會
天津市民主青年聯合會
天津市民主婦女聯合會
天津市學生聯合會
天津市文學藝術界聯合會
天津市科學技術普及協會
中華全國自然科學專門學會聯合會天津分會
天津市體育分會
天津市合作總社
天津市紅十字會
天津市工商業聯合會

一九五三年十一月五日

22

一二八、中共天津市委辦公廳爲黄火青在慶祝蘇聯十月社會主義革命節三十六周年大會上的報告徵求意見的函（一九五三年十一月六日）

X3-Y-6054

65 337 62

中國共產黨天津市委員會用箋

送上火青同志明日（十一月七日）上午在慶祝偉大十月社會主義革命節三十六週年大會上的報告稿一份，此件火青同志囑請常委審查。有何意見，請於今日晚以前逕告火青同志之祕書。

致以

敬禮

中共天津市委辦公廳
一九五三年十一月六日

中國共產黨天津市委員會辦公廳

火青同志已報告過了。

7

65

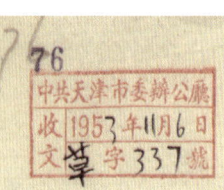

76

黄火青同志

同志們：朋友們：

今天是蘇聯十月社會主義革命三十六周年。我們在這裏，以無比興奮的心情，慶祝蘇聯人民偉大的勝利！蘇聯是世界和平民主陣營強大的堡壘和領導，蘇聯人民的勝利也就是全世界愛好和平的人民的勝利！因此，在今天全世界各個角落愛好和平的人，都會在各種不同的情況下，以各種不同的形式來慶祝蘇聯人民這個偉大的節日。

俄國工人階級從一九一七年十月革命起，在一個腐敗的、落後的、軍事的、封建的帝國主義國度裏，突破了資本主義世界，誕生了世界上第一個社會主義的國家。從那時起，社會主義的蘇聯以一個初生的嬰兒，經歷了帝國主義在一搖籃裏的扼殺，經歷了內部暗藏敵人多方的陰謀破壞，經歷了嚴重的經濟困難，終於站住了腳，長成一個不可戰勝的巨人。他不但沒有被扼殺，沒有被打倒，反而扼殺了侵犯的敵人，打倒了

-1-

76

敵人，特別是打敗了德、日法西斯強盜的侵略，拯救了全世界人民，免於法西斯奴役的威脅，使東歐好幾個國家脫離了資本主義的軌道，帮助中國革命取得了偉大的歷史性的勝利，而以同一更加浩大的聲勢，推動歷史的車輪向前邁進。三十六年來，蘇聯所走過的光榮而艱巨的道路，給全人類指出了走向自由、幸福的新世界的途徑。蘇聯建設的每一重大勝利，對全世界勞動人民爭取和平、民主和社會主義的鬥爭，都給予了無限的鼓舞、信心和希望。

我們中國人民的革命事業從開始以來，直到勝利，一直受到蘇聯人民的關懷和援助。革命勝利以後，在鞏固勝利、恢復經濟中，在抗美援朝打退美帝國主義的侵略等偉大勝利中，都是與蘇聯的援助分不開的。幾年來，我國工礦企業的改建和新建，巨大的水利、鐵路工程的興修，以及文化教育事業的許多改革，蘇聯專家的親自幫助和蘇聯先進經驗的指導，實具有不可估量的作用。正是由於蘇聯的偉大無私的援助，我們才能夠迅速地完成了恢復工作，從今年起開始了經濟建設的第一個五年計劃。

今年我國政府代表團在莫斯科與蘇聯政府進行了關於蘇聯對我國經濟建設援助問題的商談。商談的結果，蘇聯政府同意給予我國經濟建設以長期的、全面的巨大援助，連同過去三年來幫助我國設計的企業在內至一九五九年爲止，蘇聯政府將幫助我國新建和改建一百四十一項規模巨大的企業，其中包括鋼鐵聯合企業、有色冶金企業、煤礦、煉油廠、機器製造廠、汽車廠、拖拉機製造廠、電力站等。蘇聯幫助我國建設這些企業，從選擇廠址，搜集設計基礎資料、確定企業設計任務書、進行設計、供應設備、指導建築安裝和開工運轉，一直到新產品的製造，無

79

償地供給製造新產品的技術資料等等，都是從頭到尾地全面給予援助的。同時還接受我國派遣工人和工程技術人員到蘇聯企業中進行專業實習，並繼續派遣各種專家來中國帮助。凡是必要的，有條件辦的，並且單靠我們自已辦不到的，蘇聯政府都充分地滿足了我國的要求；而且連應辦而沒有考慮到的，蘇聯還向我國建議，增加了設計項目。蘇聯又以他三十多年來社會主義建設的豐富經驗對我國的五年經濟建設計劃提出了許多原則的和具體的建議，使我國的經濟建設事業避免許多錯誤和少走許多彎路。蘇聯對我國的這種偉大的、全面的、長期的、無私的援助，實在是歷史上從來沒有過的創舉。這宗全證明了斯大林同志關於和平民主陣營各國經濟關係的著名論點：「這個合作的經驗表明：沒有一個資本主義國家能像蘇聯那樣給予各人民民 主國家以真正的帮助和技術精湛的帮助。問題不僅在於這種帮助是極度便宜的，技術上是頭等的。問題首先

80

在於這種合作的基礎，是互相幫助和求得共同經濟高漲的眞誠願望。一很明顯的，如果沒有蘇聯給我們以這樣偉大的援助，我們是不可能在這樣大規模上以這樣的速度來進行建設的。因此，在今天慶祝偉大的蘇聯社會主義十月革命三十六週年的時候，我們是應當深深地感謝蘇聯黨、政府和人民的。除了感謝蘇聯而外，爲了保證我國社會主義建設事業的迅速成功，必須認眞執行毛主席的學習蘇聯的指示。

（緊接下頁）

80

第一、要學習馬克思、恩格斯、列寧、斯大林的學說，學習蘇聯社會主義建設的理論和經驗。蘇聯走過的道路，就是我們今天正走着的道路。我們今天對每一項方針政策的決定，對每一個重大問題的考慮都是以馬克思、恩格斯、列寧、斯大林的學說，蘇聯的經驗和中國的具體情況爲依據的。我們過渡時期的總路綫的確定，過渡時期一些具體政策的確定，如國家工業化的方針，引導資本主義工商業走國家資本主義的道路的政策，引導農民走互助合作道路的政策，對糧食問題的政策等等都是正確運用蘇聯建設社會主義的理論和經驗，結合中國的具體情況製訂出來的。如果我們不很好學習蘇聯建設社會主義社會的理論和經驗，不學習聯共黨史，特別是其中的九到十二章，我們就不能透澈地理解這些政策，就會成爲一些沒有遠見的政治上的庸人，就會不懂得經濟建設發展的規律，就會使我們建設速度推遲，過渡時期要延長。因此，深刻地

82

學習蘇聯共產黨的歷史，學習蘇聯新經濟政策時期和社會主義建設時期的經驗，研究當時蘇聯所處的國內外經濟和政治的條件，和確定出的堅定不移的方針政策，列寧、斯大林爲首的聯共中央集體創作的正確方針政策，學習黨在貫徹政策中所採取的具體措施等等，對於我們今天的經濟建設工作，實在是有極其重大的意義。

第二、要學習蘇聯的科學技術，認眞貫徹蘇聯專家的建議，全心全意地向蘇聯專家學習。蘇聯的科學技術是世界上頭等的技術，它早已超過了資本主義國家。蘇聯在生產建設、國防建設、國家建設，文化建設等各個方面所達到的光輝成就和獲得的先進經驗，都値得我們很好地學習。蘇聯專家對我們天津的工業給了很大的幫助，解決了許多工業技術上的困難問題。例如蘇聯專家帮助汽車製配廠解決了翻砂技術上的問題，使汽缸體的澆鑄由百分之四十的報廢提高到百分之百的合格。帮助電業局解決了設備檢修，調整負荷和統一調度的問題，使我們在不增加設備的條件下，可以保證充分地供電；幫助天津鋼廠解決了許多的技術問題，提高了我們煉鋼的技術水平，縮短了熔煉時間，增加了爐子的容量和提高了鋼錠的質量；啓發紡織管理局的工程師試行了原棉加乳劑的辦法，減少了冬季的飛花和用花量等等。蘇聯專家們不僅以他們頭等的技術給了我們很大的幫助，而且以他們不怕艱難困苦，爲人民服務的國際主義精神和高尚的政治品質，感動和教育了我們的工人和工程技術人員。（但是也有個別的工程技術人員或由於存在保守思想和崇拜資產階級技術觀點，或由於機械搬用，不與中國具體實際相結合，都對貫徹蘇聯專家建議，造成了一定的阻碍，今後是應當堅決糾正的。）

第三、要學習蘇聯人民的共產主義道德品質和爲進行社會主義建設服從計劃艱苦奮鬥的精神。我們知道：蘇聯人民今天的幸福生活，是經歷了和克服了巨大的困難才得到的，而不是輕輕容易地得到的。當時蘇聯人民為了積累資金，進行國家工業化的建設，曾經在全國精兵簡政，節衣縮食，實行了最嚴格的節約制度。又由於農業的發展趕不上城市人民增加的需要，工業生產又必須首先着重於生產資料而不能着重於消費資料。因此，蘇聯人民在國家工業化時期曾經遭受了農產品和日用品不足的困難，並且由於這種情況而長期實行購物證制度和配給制度。但是蘇聯人民為了將來更美滿幸福的生活，寧願在當時節衣縮食，服從國家的計劃建設，並且發揮艱苦奮鬥的精神，展開了愛國主義的勞動競賽，為加速建設社會主義社會而奮鬥。這種精神是十分值得我們學習的。今天我們大建設剛剛開始，為了集中力量進行國家經濟建設，服從國家的計劃實行精簡節約是完全應該的，也是可能的。

最後，我們今年是進行五年經濟建設計劃的第一年。這第一年計劃

—9—

85 85

的完成與否，關係國內外的實際經濟工作和政治影嚮。其意義甚爲重大。

我們知道蘇聯人民的第一個五年計劃是四年零三個月完成的。我相信由於我們全體同志的努力，由於學習蘇聯人民節衣縮食，艱苦奮鬥的精神，由於學習蘇聯開展增產節約運動的經驗，我們是能夠全面超額完成國家計劃，並爲一九五四年的國家計劃準備好有利條件的。

偉大的十月社會主義革命三十六週年萬歲！

共產主義建設者——偉大的蘇聯人民萬歲！

中蘇兩國人民牢不可破的友誼萬歲！

全世界勞動人民的國際團結萬歲！

一二九、天津市人民政府國營商業局爲修訂統一對蘇聯及新民主主義國家盧布牌價事的通知（一九五三年十一月六日）

Q187-Y-4

1953.11.7
内收文 物字第1370號

物文

天津市人民政府國營商業局 通知

一九五三年十一月六日
(53)津商物字第一〇七九號

事由：為轉知「關於修訂統一對蘇聯及新民主主義國家盧布牌價的決定」

主送機關：五金、化工、交電、醫藥、百貨市公司、站 信託公司

奉中央人民政府商業部(53)財會字第四九六號通知：『政務院財政經濟委員會一九五三年九月廿九日(53)財經財(金)字第三六號命令：「關於修訂統一對蘇聯及新民主主義國家盧布牌價的決定」，茲特轉發希即按照執行為要。』茲轉知，希按照執行為要。

附件：如文

校對 張鳳山
監印 費銀線

天津市人民政府國營商業局

中央人民政府政務院財政經濟委員會 命令 (53)財經財(令)字第三六號

摘由：關於修訂統一對蘇聯及新民主主義國家盧布牌價的決定。

[illegible]

根據中蘇兩國政府最近簽訂的「關於人民幣對於盧布行市的議定書」一規定。。由原來每一盧布折合人民幣六、七五四元，改爲每一盧布折合人民幣五、〇〇〇元，本委特將(52)財經財字第六四號命令（附見本委公報第六七期）中的各項規定修訂如下。

一、對蘇聯及新民主主義國家一切貿易與非貿易的滙價一律均按每盧布折合人民幣五、〇〇〇元牌價計算。

二、對蘇聯及新民主主義國家貿易貼補率相應調整爲。。對蘇聯、東德、捷克、羅馬尼亞四國之出口，每盧布按五、〇〇〇元之滙價外再貼補滙價之百分之九十（即四、五〇〇元，加滙價——五、〇〇〇元仍爲九、五〇〇元）；對波蘭、匈牙利、保加利亞三國之出口，每盧布再貼補滙價之百分之六〇（即三、〇〇〇元，加滙價五、〇〇〇元仍爲八、〇〇〇元），各出口公司向銀行辦理出口結滙時，銀行即按不同貼補率付給貼補費，各進口公司及各用貨部門向銀行辦理進口結滙時，亦按上述貼補率付給銀行貼補費。

三、海關徵收關稅一律按五、〇〇〇元牌價折算。

四、中蘇、中波等合營企業之投資及進出口結滙一律按五、〇〇〇元牌價計算。

五、保險公司收付均按原幣，其向銀行清算時亦按五、〇〇〇元牌價計算。

六、關於以資本主義國家外滙（如英鎊等）支付蘇聯及新民主主義國家運費、保險費、雜費等，今後統一按銀行對資本主義國家外滙牌價計算。

七、進出口結滙差價計算仍按本委(52)財經財字第六四號命令中第六條規定執行。

八、本決定自一九五三年十月一日起實行並同時取消六、七五四元之牌價。

主任　陳雲

一九五三年九月廿九日

5

一三〇、中共天津市委關於加强中蘇友好協會工作的指示及補充通知（一九五三年十一月十二日）

X52-Y-27

天津中蘇友协

98

中共天津市委關於加強中蘇友好協會工作的指示

四年來，天津市中蘇友好協會的工作有了很大發展，發展了會員八十三萬餘人，結合各個時期的中心工作和保衛世界和平運動，對天津市人民進行了廣泛的國際主義教育；宣傳和介紹了蘇聯的國家性質、建設經驗和蘇聯的先進科學技術、生產經驗，並推廣了俄文學習運動。通過這些活動，基本上肅清了過去反動派在群衆中散佈的反蘇疑蘇思想，樹立了中蘇友好與蘇聯是世界和平堡壘的觀念。但隨着形勢的發展，一方面全市人民大多數已組織起來，另一方面加強中蘇友好與學習蘇聯已逐漸成爲全體人民的經常要求和各人民團體的共同任務。因此，根據中央指示，友協組織形式應加改變，過去按友協系統推動工作的方法應加改進，宣傳工作應大力加強。爲此，特作如下指示，希各級黨委切實執行。

一、爲了減少龐雜的組織業務手續，更好地做好宣傳教育工作，中蘇友協今後一般的不發展個人會員，只發展團體會員，並且不再收會費和發會員證和證章。同時，由於鞏固中蘇友好已成爲全體人民的共同要求和任務，因此各階層有組織的群衆，均應全體首先加入中蘇友好協會；各人民團體、各機關單位原有的個人會員，均應按組織系統轉爲團體會員。此次轉變之精神及辦法均已在十一月五日天津市各人民團體關於加強中蘇友好工作的聯合通知（見十一月七日天津日報）及關於轉變組織辦法的規定（由各團體下達）中詳細說明，各級黨委應即領導各人民

152

團體，各機關單位完成這一轉變，防止因爲自流而形成取消中蘇友協的組織，以致造成政治上的損失和不良影響。

二、今後中蘇友好協會的主要任務，是通過和聯合各人民團體及有關單位進行中蘇友好與學習蘇聯的宣傳教育工作。在市委宣傳部領導下，市友協成爲進行國際主義教育與對外文化交流的機構，其經常工作爲研究與供應有關宣傳資料，推廣俄文學習，介紹蘇聯先進經驗，通過中蘇友好報，開展經常的、群衆性的文化活動，並做好和各人民團體的具體組織聯絡工作。各系統的團體會員及其所屬單位，應結合中心工作與本部門業務，有計劃地進行中蘇友好與學習蘇聯的國際主義宣傳教育工作。關於配合國內外重大事件的全市性的中蘇友好活動，由市委（或通過中蘇友協）統一佈置和領導進行。

三、今後中蘇友協工作由各級黨委宣傳部門統一領導。各基層單位領導幹部即爲該單位友協之當然負責人，不另進行選舉和建立組織機構。其日常工作，在黨支部領導下，通過青年團支部、工會、學生會等組織兼做。不設專職幹部。各級黨委一般應每三個月討論一次友協工作，各區委、黨委應定期向市委作報告。

四、爲了使中蘇友協工作更好地結合實際，深入群衆，各級黨組織應注意和善於結合各項中心工作與部門業務，在群衆中貫徹毛主席「一邊倒」及「在全國範圍內掀起學習蘇聯的高潮，來建設我們的國家」的指示，不斷提高群衆的國際主義思想覺悟水平，認眞教育群衆學習蘇聯先進經驗，以推動各項工作的開展。

中共天津市委會
一九五三年十一月十二日

中國共產黨天津市委員會

153

99

方紀 閱

通知

委字第一一一號

爲了改進友協工作及加强中蘇友好的宣傳，市委會發出關於加强中蘇友好協會工作的指示，其中有關市委、市府所屬行政單位及各區之組織轉變辦法，特補充如下：

一、市委、市府所屬各行政機關單位友協組織的轉變，由市委機關黨委及市府黨委分別領導。轉變辦法，可在一定會上宣佈轉變意義，各機關一律按單位轉爲團體會員，保留以單位爲名的中蘇友協名義，不另成立機構及選舉負責人（駐津機關亦同）。

二、各區（包括市、郊區及塘沽區）之區級人民團體、街道（或村鎮）市民等，都按各人民團體系統轉爲團體會員或團體會員之成員（此項轉變工作分別由各人民團體下達）爲了展開全區性中蘇友好工作，仍保留區中蘇友好協會名義，在區委領導下由區委宣傳部具體負責，區中蘇友協可以掛牌子，但不另成立機構及選舉負責人，亦不另設幹部（原塘沽區友協幹部一人可保留）原來各區所設中蘇友協之脫產工作人員則不再保留。

此致

市委機關黨委、市府黨委、各區委

中共天津市委會

一九五三年十一月二十七日

154

一三一、中共天津市委書記黄火青向蘇聯駐津總領事馬鐵夫介紹一九五三年津市工作情況（一九五三年十一月十四日）

X58-C-1231

外事處工作日報　外日(53)字第一三七號　一九五三年十一月十四日（星期六）

中共市委黃火青向蘇聯駐津總領事馬鐵夫介紹一九五三年津市工作情況

本日下午四時中共市委書記黃火青同志假雲南路市府招待所向蘇聯駐津總領事馬鐵夫介紹一九五三年津市工作情況，所談問題如下：㈠社會主義過渡時期的總路綫，如何對資本主義及個體農民經濟和小手工業進行社會主義改造；㈡增產節約運動；㈢糧食問題；㈣建黨工作。馬氏提出關於天津港對外貿易情況問題，黃火青同志略爲解答。參加談話者尚有蘇聯駐津(總)副領事札爾柯夫及外事處章處長。

天津市人民政府外事處

一三二、天津市蘇聯僑民商會爲告知遷移辦公地點及辦公時間事致外事處函（一九五三年十二月二十九日）

X58-C-1296

ТОРГОВАЯ ПАЛАТА ГРАЖДАН СССР
В ТЯНЬЦЗИНЕ

USSR CITIZENS' CHAMBER OF COMMERCE
TIENTSIN

42, TAI AN ROAD, (EX-MEADOWS ROAD) 5TH AREA
TEL. 31192

天津市蘇聯僑民商會
第五區秦安道四十二號
電話三一一九二號

Тяньцзин, ... 195.... г.

函字第一七三八號

天津市人民政府外事處：

謹啟者茲因我會決定自一九五四年一月一日起遷至本市五區曲阜道一〇五號蘇联公民協會內辦公，除星期日及例假外每日辦公時向為下午二時半至五時半，特此函達即請查照為荷，此致

敬禮

天津市蘇联僑民商會

理事長

秘書

公元一九五三年十二月廿九日

郭凤 30/12

僑收 字〇八八三號

一九五三年十二月卅日收

一三三、中國農民代表親眼看到的蘇聯集體農莊：農村宣傳參考材料（一九五三年十二月）

X3-Y-6198

中國農民代表親眼看到的蘇聯集體農莊

——農村宣傳參攷材料

中國共產黨天津市委宣傳部編印

一九五三年十二月

51

66

一九五二年四月底，我國各地選拔了許多全國聞名的農業勞動模範和一些搞農村工作的幹部，組織了「中國農民代表參觀團」，專門到蘇聯去參觀蘇聯的集體農莊，學習蘇聯的先進的農業經驗。參觀團在蘇聯住了四個月，參觀了很多地方，代表團團員們親眼看到了蘇聯農業集體化和機械化的好處，看到了蘇聯人民的幸福生活，並且學到了許多新的農業知識。現在，我們把他們所見所聞的一部分材料，加以整理，編印成册，作爲農村工作幹部學習和向農民宣傳總路綫的參攷材料。

一、蘇聯的集體農莊是怎樣組織起來的

蘇聯的農民在十月社會主義革命以前，也是受地主和富農的壓迫和剝削。一年忙到頭，吃不飽穿不暖。

十月革命勝利了，地主的土地、牛馬、農具都被國家沒收了，國家把土地分給農民，把農具貸給貧苦農民使用。

農民在自己的田地上勞動了，但是使用的還是粗笨傢伙，笨鋤頭，種地還是老法子，收成沒有好多少，日子雖然過的好些了，但是還不够很富裕。

怎麼辦呢？蘇聯共產黨告訴農民：農民在個體經營下不能擺脫窮苦的日子。要過富裕生活，只有組織起來走集體化的道路，這是農民的一條光明大道。

蘇聯的集體農莊是慢慢地從無到有，從小到大搞起來的。

在蘇聯，最初農民也是成立合作社。比如「赫魯曉夫」集體農莊，在一九二一年時，村裏先組織了一個消費合作社，農民自願加入，入社的每人要交五十盧布的股金和三盧布的入社費。這些錢就做為合作社的資金。合作社收購農民的粮食和副業產品，運到城裡去賣，再用賣得的錢採購些農民必需的日用品和工業品運回村來賣給農民。這樣就免掉了商人的中間剝削。又過了三年，村裏有七戶貧農組成了共耕社。共耕社和咱們的常年互助組差不多，生產資料如農具、牲口還是個人私有的，但是大夥是在一起集體勞動。共耕社裏的計算勞動的方法，是按參加勞動的天數計算，分配生產品是按每戶所有人口分配的。這樣就不是根據多勞動多得報酬的原則，因此有缺點。可是，組織起來就比單幹强的多。比如克什也夫卡村和高老也夫村，共有五個共耕社，合着向國家貸款買了三架拖拉機和一架打穀

52

68

機，一公頃（合咱們十五畝）地可以打二千斤穀子，一般單幹戶只打一千三、四百斤。單幹戶看自己白天黑日的幹也趕不上共耕社，於是，要求入社的人就一天天多起來了。

到一九二七年，國家工業生產發展了，可以製造很多的農業機器；同時農民幾年來已體會到集體生產的好處，蘇聯政府就決定大批的建立集體農莊。

在開始組織集體農莊時，農民們的思想顧慮很多，如「斯大林」集體農莊有一個六十八歲的老莊員和中國農民代表參觀團的團員們說：「開始組織集體農莊時，我沒有參加，我總是東想西想。集體農莊要把土地牲口農具等公有化，可是我呢，我愛自己的小房子和牲口，我怕大夥一起幹，人多心不齊，收成不好，養活不了我的老婆孩子。我還怕分配收成時不公道，自己吃虧，怕這怕那的，我一直觀望了兩年才參加農莊。」

到一九五〇年因爲新的農業機械在小規模的集體農莊裏施展不開了。所以集體農莊展開了合併運動。現在的「列寧」集體農莊就是克什也夫卡村和高老也夫村兩個村裏的十一個小農莊合併成的。「列寧」農莊現在共有一千三百四十七戶，五千零六口人，有勞動力的是一千五百七十六人；共有土地十二萬畝。小農莊合併成大集體農莊以後，生產效率就更高了。

二、蘇聯農業的集體化和機械化

現在蘇聯已經沒有單幹戶，農民都參加集體農莊。在集體農莊裏，都是用機器生產。用機器生產眞是又快又靈巧，用一架拖拉機帶着兩個康拜因機割麥子，一天能收九百畝地（咱們連割帶打五個人一天才能收拾一畝地）。機器割麥子一點也不掉麥穗。這架機器一邊割着麥子，一邊就立刻打成麥粒，裝滿了機器上的倉，有人把大汽車開過來，麥粒就自己流到汽車上運到倉庫去了。這架機器把麥子割下來，同時還可以把麥楷堆成垜。使用這種機器的收割手連同三輛運麥子的汽車司機在內，一共才用十四個人。河北省的豐產模範耿長鎖說：「九百畝麥地，在我們那裏割麥時得用三百六十個人，把麥子拉到打麥場得用一百二十個人、六十頭牛、六十輛車。打麥得用一百八十個人、六十頭牛、減杈得用一百八十個人、一百八十頭牛和一百八十付犂。」蘇聯農民耕地也用機器，用一輛拖拉機帶兩個五鏵犂，能耕九寸深。用兩三個人一天就耕四百五十畝地。耿長鎖說：「要在我們那裏，一天耕四百五十畝地就要用一百五十個人、一百五十頭牛、一百五十付犂、三十付耙，而且只能耕四寸深；如果要耕九寸深，還要加一倍人力和畜力。」

解放以後，咱們人民政府貸給了農民一些新式農具，像用馬拉農具種地可以比以前多種一倍的地；用馬拉摟草機摟草，一會功夫就可以摟一車。但是如果跟蘇聯的農業機器來比一比，那還差得很遠。蘇聯的拖拉機拉的摟草機一天能摟一千八百畝地的草，用人工的話得要二百人才成。從這裏可以看出：只有用機器來耕種才能提高產量，而大規模的使用機器，又必須集體化。因爲只有在大塊連在一起的土地上才能開機器。小塊土地上機器運轉也轉不開，而且一戶幾畝地，這邊三畝種稻子，那邊二畝種玉米，怎麼能用機器呢！

蘇聯的集體農莊還發展多種多樣的生產，不只種莊稼，還養很多牛、馬、猪、羊、雞、鴨、鵝、蜜蜂等等。拿養奶牛來說，一個人管十二頭，一天擠四次奶，讓咱們想：「這不把人累壞了嗎？」原來人家是用機器擠奶。幾個像筒筒的東西往牛的乳房上一罩，牛奶撲塌撲塌地就滴下來了。牛種都是改良過的，一頭奶牛一年可產五千斤奶，比從前多十好幾倍。剪羊毛也用電剪子，一個人八小時可剪八十隻羊的毛，比人工剪快十好幾倍，而且一隻羊還可多出一斤羊毛。

集體農莊裏連刨土豆也用機器，刨出來就甩掉土放在一堆。收割玉米用玉米收割機，一下子收兩

70

行，玉米棒子剝光了放在一個地方；桿子弄碎了丟在地上，後面跟着犂地，就把弄碎的桿子翻到地下做肥料了。如果要留着桿子餵牲口，機器就把弄碎的桿子一小堆、一小堆地落在地上，然後用汽車拉走。摘棉花也用機器，機器在棉花地裏走一次可以摘兩行，機器上有鐵筒一樣的東西把棉絮吸到機器裏去，沒開的棉桃還長的好好的，碰不掉，也擠不壞。

由於蘇聯工業的發達，不只用各種機器來幹地裏的活，同時連飛機也用來爲農業生產服務。像殺虫、施肥、除草這些工作，飛機都能做。前年我國鬧蝗災最厲害的地方像黃驊縣等，人民政府也派飛機撒藥粉去滅蝗，收到了很好的效果；可是咱們還不能廣泛地來使用飛機，一來是咱們還沒有大量的飛機和化學藥品，再說咱們地裏，你種一小塊麥子，他種一小塊豆子，不同的莊稼長不同的虫子，不同的莊稼怕不同的野草，撒藥也不好撒。就拿除草來說吧，稻子、麥子地裏有許多雜草是豆科植物，如刺脚芽、大碗花等等，飛機就可以撒一種專殺死豆科植物的藥粉，碰到這些藥粉這些豆科植物就會死掉。稻子麥子是屬禾科植物的，所以它就不會受到損傷，可是這種藥粉要落在豆子地裏，你的三畝黃豆，他的二畝綠豆可就都死了。用拖拉機和收割機幹活，連成一塊的土地越大，工作起來越方便，用飛機除草施肥也是一樣。

咱們訪蘇代表團團員中有個湖北省的農民代表說：「我們鄉下過去很少看到產業工人，連工廠的機器都沒看過，別說種地的機器了，只是看到過鎭上的裁縫，就認爲工人階級不過像裁縫一樣，他們能夠領導我們嗎？這次到蘇聯看到工人能造那麼多、那麼大的機器，有那麼大的創造性，使農民減輕多少勞動，提高多少產量，我眞認清了，農民確實要受工人階級的領導才能走上集體化。」訪蘇代表團團員李順達也說：「只有集體生產，才能使上拖拉機，康拜因；要想機械化，就要集體化；要想集體化，就得工業化。」

71

的確，蘇聯農民能過着這樣的幸福日子，除了蘇聯共產黨和蘇聯政府領導着蘇聯農民走上集體化的道路以外，蘇聯國家的工業化，也是給蘇聯農民帶來幸福生活的主要原因。由於蘇聯有了强大的工業，不但使農民生產機械化了，還使得農民得到了物美價廉的日用生活品。國家工業化，對保證蘇聯人民的幸福生活，起了極大的作用。所以，蘇聯集體農莊的每一個農民，都十分關懷自己祖國的工業建設，並盡力地支援祖國的工業建設。如「赫魯曉夫」集體農莊的女莊員、勞動英雄拉娃娜對我國代表團團員說：「我感到我所做的工作是再光榮不過的事情。我每天都在想辦法把猪飼養好，長的肥肥的，多出肉送給國家，以滿足國家和人民對我的要求。」去年他飼養的十口猪，原訂在一年內繁殖一百五十口小猪，可是實際繁殖了一百九十口小猪，爲國家增加了財富。「列寧」集體農莊主席向我國代表團團員說：「我們爲了支援國家的工業建設，全莊的莊員們想盡了一切辦法，要生產出更多的粮食、蔬菜、甜菜、各種果類、菜牛、肥猪等賣給國家，使全國人民的物質生活得到有力的保證。國家掌握了粮食、肉類以後，再製造出各種特別好吃的麵包、罐頭等，通過商店和消費合作社供給人民。」

蘇聯的莊稼收成好，除了集體化和機械化以外，人家還講究科學技術。蘇聯的農民不是靠天吃飯，而是靠最先進的科學技術吃飯的，例如集體農莊中所用的種籽，都是經過國家的育種站培養出來的優良品種，沒有經過嚴格審查過的品種，是不能隨便亂用的。

蘇聯農民說他們的莊稼有「四不怕」：第一不怕旱，因爲有各種新式的水利灌溉工程；第二不怕蟲，因爲可以用飛機撒殺蟲藥；第三不怕地瘦，因爲有合理的輪作制和足够的肥料；第四不怕地多，因爲有足够的機器來耕地。關於用飛機撒殺蟲藥用機器來耕地，前邊咱們已經說過。現在說說水利灌溉和輪作制。

蘇聯除了開渠引水外，還可以用人工降雨。就是用一種離地一尺多高的水管架子來降雨，水管上出的水像細雨一樣噴到天空裏洒下來。水管架子是一節一節的，可長可短，一個架子十分鐘能澆五畝多地，下的「雨」能有五、六寸深。

輪作制是蘇聯農業科學中的一大成就。就是將牧草與農作物在地裡輪種，這樣就可以保持肥田。像烏克蘭地方的土地，如果不輪種，一畝地一年只打二百四十斤麥子，輪種的一畝就能打四百六十七斤麥子；而且還多長了喂牲口的草。蘇聯有的地方土不好，不能種棉花，經過用科學方法改良土壤，不但能種棉花而且產量還不斷地增加。像特里曼集體農莊在開始種棉花的時候，平均每畝只能收八十斤籽花，現在平均每畝可收五百三十多斤。有個生產小組的九十畝棉地，一九五〇年每畝產五百三十多斤，一九五一年每畝竟產了一千五百零七斤，他們說：「只有不好的技術，沒有不好的土地。」

三、蘇聯集體農莊的收成怎樣分法

有些人以爲到了社會主義社會就是「一切家產廝合在一起」「吃大鍋飯」「穿一樣的衣服」，其實根本不是這麼一回事。在集體農莊裏，農民們都是一戶一戶的住着，各人有各人的小家庭，都是獨立煙灶。他們只是把田地、農具、牲畜等生產上不可缺少的東西集中起來做公共財產。大家在一起生產，並不是在一起吃大鍋飯。

集體農莊的農民，自己都有一部分個人財產。除了住的房子以外，每戶可以餵一頭奶牛，一頭小牛，一隻母猪（包括母猪生的小猪），十隻羊，二十窩蜜蜂，鷄、鴨、鵝等養多少都可以，不受限制。另外每一戶還可以有一小塊園子種蔬菜或菓木。

集體農莊裏，除了上年紀不能勞動的老人、上學的青年和小孩外，有勞動力的農民，按照各人的特長和志願，編進生產小隊：生產小隊分好幾種，有專門種田的，有開拖拉機的，有專門餵猪或餵牛羊

555

的，分工合作，各盡各的責任。

大家集體生產出來的東西，除拿一部分向國家繳納公粮、留一部分做下一年擴大再生產的基金和舉辦公共福利事業的費用外，其餘大部分都按大家的勞動來分配。分配的辦法是「按勞取酬」，勞動多的多得，勞動少的少得，並不是平均分配。計算勞動多少，是拿「勞動日」做單位。爲了計算公平合理，他們根據不同性質的工作，把每個「勞動日」需要做多少事情都規定好了。比如規定二十個勞動日做好的工作，如果十五天就做好了，還是算他二十個勞動日，如果三十天才做好，也只算二十個勞動日。一塊土地的產量也有規定，比如該收一萬斤粮食的，如果收了一萬二千斤，就可以得到獎勵（多算勞動日，把多收的那部分粮食的四分之一獎給他）；如果勞動的不好，減了產，除了扣勞動日外，還要受處分。他們把飼牲畜的勞動日也計算好了，比如養一千隻雞，過一天算一個勞動日，每生一百五十個蛋又算一個勞動日。用這種好辦法，就能鼓勵莊員們努力勞動。

按照集體農莊的規定，每個莊員一年至少要做一百二十個到一百五十個勞動日。可是一個普通的莊員，每年大都做四百個到六百個勞動日。勞動英雄做的更多，比如社會主義勞動英雄伊馬諾娃，全家六口，她和大女兒兩人參加勞動，她種棉花每畝產了一千五百多斤籽棉，創造了當地產棉的新記錄，受到農莊和政府的獎勵。她自己得了二千二百個勞動日，這裏面有一千六百個是農莊給她的獎勵。她的女兒也得了一千六百個勞動日，全家得的勞動報酬有六萬八千一百三十四個盧布，還有一萬二千一百六十斤粮食。在她家自有的兩畝多園地裏，還種了蔬菜和桑樹，她家養了一頭牛、十隻雞，還養了很多蠶，收入這樣多眞是吃不完、穿不完。她家新蓋了兩層樓的房子，一共六間，非常漂亮。在蘇聯，大夥都是積極地向勞動英雄的目標奮鬥。他們既不要買地，又不愁老了、病了沒辦法，大家都是一心一意的好好勞動，得了報酬就改善生活、提高文化，對於生活最幸福的人，大家都很羨慕，因爲那

74

是人家勞動得來的，那是最大的光榮。

四、蘇聯集體農民到底過着什麼樣的好光景

蘇聯的集體農莊都是幾萬畝、幾十萬畝地連成一片，說種棉花，幾萬畝地全是棉花，說種麥子，一大片全是麥子。莊稼長得實在好，這是因爲大夥勞動得好。勞動好，生活就富裕啦！在農莊裏都有學校、俱樂部、圖書館、託兒所、醫院、商店。每個莊員的家都像小花園似的，小洋房的周圍是綠蔭蔭的果樹和菜園子；屋子裏舖着漂亮的地毯，窗上掛着絲綢的窗帘，睡的是鋼絲床，差不多家家都有無線電或話匣子，有的莊員自己還有小汽車。他們家裏的設備和吃穿，簡直賽過從前鄉下的財主。

只要生產發展了，就甚麼都會有。集體農莊每年都由生產收入中抽出一大筆錢來辦公共福利事業。公共福利辦得好，個人生活就不發愁了。小孩、青年上學不用花錢，成年莊員在冬閑時還可以在農業技術學校學習。生病、生孩子、住醫院也不用花錢。老年人，男的在五十五歲、女的在五十歲以上，就可以領養老金，不勞動也可以過活。可是很多老年人還是不肯休息，像八十歲的老頭子沃格達沙洛夫，他的老婆也六十多歲了，全家七口人，四個勞動力，按照農莊的規定，他們老兩口子每人每月可領二百個盧布和一百二十八斤糧食的養老金。可是他們都不願停止勞動，兩人都在農莊的葡萄園裏工作。一九五一年，沃格達沙洛夫做了五百個勞動日，他的老婆作了三百個勞動日。這位老人的身體很健康，他說：「勞動最光榮，我們的幸福都是勞動得來的，人要不勞動就不會有快樂。」

集體農莊對婦女和小孩更是照顧的很周到。婦女在懷孕期間，只分配做輕便的勞動，每天還可以少做一小時的事。產前產後各休息一個月，休息期間還可以得到工資。一個婦女生到第三個孩子，國家

75

56

就要發給特別津貼；生到第九個孩子，就被稱爲「光榮母親」，要受到政府獎勵。小孩生下以後，可以送到托兒所去，願意早晨送去晚上接回來也行，願意長期放在托兒所寄養也行。所以，女莊員們並不會因爲小孩多而防碍自己參加生產。例如「斯大林」集體農莊的一位「光榮母親」，她的名字叫阿里耶娃，生了九個孩子，大兒子在農業學校學習，二兒子學獸醫，三兒子在農莊勞動，其餘，四個孩子上學，最小的兩個放在托兒所裏。因她生的孩子又多，照管的又好，國家每月給她三百盧布做爲母親保養費，農莊裏又因爲她的兩個大兒子學習的成績好，每月給他們每人二百八十盧布獎學金。她們夫婦倆和三兒子勞動的都很好，她自己是社會主義勞動英雄。一九五一年她家做了兩千三百個勞動日，分到四萬三千二百個盧布，三萬零三百二十斤糧食，此外還有牛奶、水果、蔬菜等，她家的園子也還收了許多東西。因此生活過得很好，做飯是用電爐子，厨房裏非常乾淨。

集體農莊的農民，生活過的眞是又幸福又自在。他們每天工做十小時，散了工便自由活動。像學生一樣，每到星期天就休息。這天每人都打扮得漂漂亮亮，有的到俱樂部去看戲、跳舞，有的到圖書舘去看書，有的到運動場去打球，有的坐着自己的小汽車進城去玩。蘇聯的農民也都很愛學習，家家戶戶有報紙，人人都識字，很多十月革命以前一字不識的人，現在都成爲有文化的人了。給咱們農民代表做翻譯的戈托夫同志，原先就是個貧農，沒有文化。十月革命後翻了身，他就努力學習文化現在他懂得五國語言，在莫斯科做大學教授了。

社會主義社會的生活眞是美好極了，可是蘇聯的農民並不滿足，他們還在創造一種更好的生活，準備進入到共產主義社會。到那時候，農村和城市沒有分別，工人和農民也沒有分別，人人都有很高的知識技術，一切生產都是電氣化，生產出來的東西更多，人民的生活也就過得更好。在俄羅斯共和國的阿沙各夫集體農莊，有一位九十多歲的老莊員還在參加勞動。咱們的代表團團員問他說：「你年

76

紀這樣老了，家庭的生活已經過得很好，爲什麼還要參加勞動呢？」他回答說：「同志！我們今天的生活還比不上共產主義社會呢，要到共產主義社會就更好了。今天的生活是靠勞動得來的，今天我們多努一把力，共產主義社會就能更快一些到來。」

五、蘇聯農民的道路就是我國農民的道路

我國農民代表團在蘇聯親眼看見了社會主義倒底是個啥樣子，看到和學習了好多新東西，心裏豁亮極了。大家深深地體會到：蘇聯農業發展的道路就是中國農民將來要走的道路。農業必須走集體化的道路，才不會少數人冒「小尖」，多數人受苦受窮。同時更瞭解到：只有集體化，才能很好地使用機器和先進的農業技術，使農業生產發展的更快大家的日子更幸福、更富裕，同時也能够供給國家充足的粮食、畜產品和工業原料，支援國家的經濟建設。

到蘇聯去參觀的所有農民代表都下定決心，一定要學習蘇聯農民組織起來的好經驗，把我們的農村，一步一步地由單幹戶組織成互助組，組織成農業生產合作社，以後隨着國家一步一步地實現社會主義工業化，再發展到集體農莊。那時，咱們就可以過着像蘇聯農民今天一樣幸福的生活了。

一三四、關於天津中蘇友好館工作報告（一九五三年）

X52-Y-29

關於天津中蘇友好館工作報告

天津市中蘇友協中蘇友好館是在十一月七日開幕的。至今共一個半月，舉辦了報告會、展覽會、蘇聯文學、音樂、美術的座談會、欣賞會等共四十八次，參加人數達一萬九千餘人，在這些活動中多爲介紹蘇聯科學文化和社會主義建設成就，其次是關於天津方面中蘇友好的集體事例（如有關蘇聯專家在天津幫助工業建設的報告，關於訪蘇代表團的報告等）

但這些活動還不够活躍，不够普及未能成爲各界羣衆學習蘇聯的活動中心。從十二月份下半月開始試行由各人民團體或各系統專業包場活動的辦法，從包場給建築業技術員，工程師的晚會例子看，包場給專業，聽取有關的報告，配合電影學習蘇聯是有很大收穫的。包場的人也表示了滿意。又如包場給學聯組織中學生前來活動，同學們都有好的反映。將來友好館活動對象除了實行包場外，還可舉辦一些內容豐富的具有一般性的給一般幹部、學生和基層羣衆來參加。

中蘇友好館各室工作情形：

蘇聯美術室：過去除了陳列和介紹蘇聯美術作品外，還組織了一些美術愛好者前來作臨摹學習根據大家要求，需要組織一個蘇聯美術研究組，人數不要多，以後可通過這個組向中學美術教員，工人學生美術愛好者推廣和介紹蘇聯美術作品。

蘇聯文學室：是以介紹蘇聯文學作品爲主要目的，對象以工人、學生爲主。現已組織了蘇聯文學術研究組。（多爲大學蘇聯文學史教授等）以後可經該組作蘇聯文學活動的推廣中心。

蘇聯音樂室。目前經常工作是組織音樂欣賞晚會，範圍較小的欣賞會是以音樂工作者，聽現代和古典的樂曲均不成問題，但範圍較廣的大型音樂欣賞會則應着重在現代歌曲，發說明書，作詳細介紹，並在每次欣賞後教一個短小易於流行的歌曲，發歌片。該室下面有一「蘇聯音樂合唱體」的組織經該團的活動，可大量在工廠、學校傳播蘇聯歌曲。

友好廳。經常活動是舉辦各種報告、集會、電影晚會；今後報告應配合友協宣傳工作任務，舉辦一些較有教育意義的報告會，此外也可作爲活躍各室的中心（如配合放映電影、幻燈、舞蹈等）

展覽廳。經常工作是舉行圖片展覽，介紹蘇聯社會主義建設，開館以來已組織了一個蘇聯建設圖片介紹，現正在組織一套配合國家總路線學習的蘇聯社會主義的圖片展覽會。

俄文圖書館。除了向天津科學技術部門介紹蘇聯最新出版有關讀物外，並設有蘇聯雜誌閱覽室該館下面組織了業餘翻譯組。

圖書資料工作大部份經過翻譯組的翻譯和介紹，與要求學習蘇聯的各部門連系起來。

以上，是中蘇友好館活動情況，由於開館時間還短，工作方式與內容都還在和各方面探討和改進中今後該館的活動是友協宣傳工作之一種方式。

一九五三年　月　日

一三五、關於轉變友協組織形式辦法（一九五三年）

X52-Y-27

（53）会字组转第07號

93

關於轉變友協組織形式辦法

一、由於當前羣衆國際主義覺悟已迅速提高，中蘇友好已成爲廣大羣衆堅信不渝的政治認識，並由於目前基本羣衆都已組織起自己的團體，所以友協大量發展個人會員、擴大宣傳隊伍的歷史任務業已完成。當友協今後即應簡化過去一套繁雜管理個人會員的組織事務工作，轉變組織形式，發展團體會員，以便集中精力通過和聯合各人民團體全面展開中蘇友好工作。

二、轉變組織工作方式，應以簡便易行爲原則，具體辦法如下。

1、各全國性的人民團體，由其中央一級代表加入友協爲團體會員，本市分支機構（如市工會、市婦聯、市青聯等）遵照其中央機關決議，加入市友協做爲團體會員。今後市友協分會與市各人民團體建立經常的聯席會議，推動本市中蘇友好工作的開展。

2、各行政機關可在所屬黨委領導下，按單位轉爲同級友協的團體會員。其宣傳活動由各單位所屬黨委統一領導。

3、各區級機關、團體，因爲皆係加入市友協爲團體會員的各機關團體的基層機構，故除保留以其單位爲名的中蘇友好名義外，不另進行轉變工作。其經常宣傳活動由區委宣傳部統一領導。

4、各區無組織居民爲數不多，可按區轉變爲團體會員，其基層以街（或村）爲單位，保留街（或村）友協名義。其宣傳活動由區委宣傳部領導。

三、各團體會員所屬各級組織及工作機構，均保留以其單位爲名的中蘇友協名義（也可掛牌子）以便進行

103

工作。其經常宣傳活動即由各單位有關負責人（如工會主席、機關負責人）負責，不另成立機構及選舉負責人。

四、各團體會員中如有少數人不願加入友協則可保留自己意見，但不妨碍該團體成爲團體會員。

五、在慶祝中月革命節活動中，各單位即可按照系統及歸定進行轉變友協組織工作，爭取在年底前全市各主要單位基本轉變完竣。

關於基層留用會費處理辦法

原市友協所屬各級友協組織所存之會費（現已凍結）應立即進行公佈賬目工作。

向會員將會費賬目公佈後，如無問題，應即按下列方式將全部凍結會費上繳分會。

1、各總支會所屬支會一律將會費上繳至總支會。

各直屬支會將會費直接送交分會，轉交指定銀行代收。

2、各總支會將本身留用會費及各支會上繳會費分別上繳分會，並同時向分會送交清單，向各支會公佈賬目。

全部上繳工作在年底完成。

104

一三六、天津市各人民團體關於加强中蘇友好工作的聯合通知（草案）（一九五三年）

X3-Y-6077

天津市各人民團體關於加强中蘇友好工作的聯合通知（草案）

四年來天津市友協的工作，在黨和政府的領導下，在各人民團體和蘇聯對外文協的配合幫助下，由於全體幹部和全體會員的積極努力，有了很大的發展。在廣大的人民羣衆中進行了廣泛的中蘇友好和學習蘇聯的宣傳教育，發展會員達八十三萬餘人，結合着各項中心工作宣傳和介紹了蘇聯先進的科學技術和生產經驗，并進行了俄文學習的推廣工作。因而在人民羣衆中樹立了中蘇友好與蘇聯是世界和平的堡壘的觀念但隨着形勢的發展，更進一步的加强中蘇兩國人民的友好合作和學習蘇聯，以加速我們祖國的建設，已成爲全體人民的迫切要求，在此情況下，友協的工作任務益形加重，友協原有的組織形式已日益不能適應這種情況和要求。因此友協的組織形式需加以改變，友協的工作需大力加强。根據全國各人民團體關於加强中蘇友好工作的聯合通知和中蘇友協第三次全國工作會議的決議精神，茲共同做出如下決議，希各級人民團體予以切實貫澈執行。

甲、由于我國廣大人民羣衆的政治覺悟已空前提高，多數人民已普遍地組織起來爲減少繁雜的組織事務工作，以更好的集中力量進行宣傳中蘇友好協會今後一般的不發展個人會員，只發展團體會員。并且不再收會費和發會員證和證章。各級工會、青年團、民主婦聯及其他人民團體和機關單位均應按自已的系統參加中蘇友好協會爲團體會員。在現有團體單位中，凡已發展個人會員，建立友協組織者，均應按自已的系統和單位，根據具體情況轉變爲中蘇友好協會的團體會員。

一、在國公營工廠和私營工廠中，均以工會系統轉變爲團體會員。私營工廠的資方和私營工商業資方均應按工商聯合會系統轉變。

二、在大、中、專科學校中均應以學生會和教育工會的系統，進行聯合轉變。

三、在機關，企業單位中，應以本行政單位或業務單位進行轉變。

四、在區街居民和郊區農民中，凡已參加適當組織的羣衆（如工會、農會、或其他組織）均按其系統或單位進行轉變。凡尚未參加適當組織的婦女羣衆均可按民主婦聯系統團體入會。

五、進行組織轉變時，均應由所在單位之人民團體召集適當的代表性的會議，由負責人講明轉變友協組織，發展團體會員之意義。取得本單位成員之同意，并向市友協進行登記，即可取得團體會員資格。另外或由該單位的領導機構通過也可。

乙、在進行組織轉變之前，各級友協均應在所在單位人民團體的幫助下進行一次會費的清理工作。將會費的收支與上繳情況向會員公佈，然後將留存會費和會員證，逐級上繳分會。關於今後各團體會員單位之中蘇友好活動費用，由各團體會員單位自行籌劃解決。

丙、為了使今後中蘇友好的工作更加密切結合各人民團體的中心工作，減少組織事務，今後天津市友協主要是通過各人民團體的上級組織推動其基層組織亦即團體會員單位進行工作，一般的不直接下達通知佈置工作。

丁、各人民團體應結合自已的中心工作與業務需要，將宣傳中蘇友好和推動學習蘇聯作為自已的重要任務之一，列入自已的工作計劃和議事日程。各級人民團體并應指定專人負責本單位內（亦即團體會員單位）的經常中蘇友好宣傳教育工作，如舉辦報告會，座談會，晚會，圖片展覽及組織閱讀『中蘇友好報』等，各級人民團體的負責人和其上級機關對這些工作應作定期的檢查。市友協應負責向各人民團體供應各項有關的宣傳資料，并可通過報紙，電台，文化館等宣教機構和陣地進行中蘇友好的宣傳活動。

戊、為了保證上述工作的順利進行，各人民團體應指派一定的負責人參加市友協的幹事會，以便加强

70

13.

聯系，共同商討和佈置各項有關中蘇友好的工作并督促和檢查工作計劃的執行。

天津市中蘇友好協會
天津市總工會
中國新民主主義青年團天津市委員會
天津市民主青年聯合會
天津市民主婦女聯合會
天津市學生聯合會
天津市文學藝術界聯合會
天津市自然科學專門學會聯合會
天津市科學技術普及協會
天津市體育分會
天津市合作總社
天津市紅十字會
天津市工商業聯合會

一九五三年 月 日

23

一三七、關於轉變中蘇友好協會組織形式與今後工作的報告（一九五三年）（推算）

X52-Y-27

關於轉變中蘇友好協會組織形式與今後工作的報告

根據中蘇友好協會總會今年四月召開的第三次工作會議決議，幹事會對本市中蘇友協四年來的工作，進行了初步檢查，並提出關於轉變組織形式與今後工作的意見如下。

一、

天津市中蘇友好協會四年來在總會及市委的正確領導下在各人民團體的配合及蘇聯對外文化協會的幫助下，對全市人民進行了廣泛的中蘇友好宣傳，並推動了學習蘇聯的運動。

首先，結合各時期的社會改革運動和保衛和平運動，通過中蘇友好宣傳，提高了全市人民的國際主義覺悟，樹立了中蘇友好與蘇聯是世界和平堡壘的觀念，基本上肅清過去反動派在人民羣眾中散佈的反蘇疑蘇影響。四年來參加中蘇友好協會的各階層人民達八十三萬餘人，形成了廣泛的宣傳中蘇友好與鞏固中蘇友好的羣眾隊伍。

其次，在宣傳工作上，四年來出版了二十餘種介紹蘇聯，宣傳中蘇友好的書籍，發行了廿餘萬冊，出版了「天津中蘇友好報」，發行達一百萬份；組織了各種羣眾性的宣傳與文化活動，四年中僅參加市友協活動的羣眾即達二百七十餘萬人，在去年中蘇友好月中，全市廣大人民參加了各種中蘇友好活動，形成了中蘇友好活動的高潮。

第三、配合有關[illegible][illegible]，結合中心工作，重點地宣傳與介紹了蘇聯先進經驗，推動了本市學習蘇聯的運動。如配合與協助本市醫務界與民主婦聯順利推行蘇聯先進醫學經驗「無痛分娩法」，並取得顯著成績。又如舉辦「學習蘇聯先進經驗展覽」，推動了本市中小工廠學習蘇聯先進經驗。

第四、推廣了學習俄文。創辦了一個業餘俄文學校，學員近千人，學習有一定成績。與人民電台合辦了俄文廣播學習班，參加並堅持學習的有三千餘人。此外並培養了推廣俄文運動的骨幹，開辦了幾個專業俄文速成班，協助各單位建立或堅持了俄文學習班，配合國家經濟建設的需要，推動了各單位學習蘇聯先進經驗的工作。

但友協工作也存在不少缺點，主要表現在以下兩方面：

第一、在發展會員的工作上，存在着盲目性，以致隨着個人會員的大量增加而引起事務性的組織工作的繁雜，妨碍了宣傳工作的開展。

第二、在宣傳工作中，和各人民團體聯系不够密切，還不能深入羣衆的生活實際與思想實際進行中蘇友好的宣傳教育。

二、

根據工作發展及現存缺點，以及整個情況的變化，總會決定改變友協的組織形式：由於發展及鞏固中蘇友好已成爲我國全體人民的共同要求。各階層人民大多數已經建立了自己的社會的、經濟的各種學術的團體。中蘇友好協會大量發展個人會員、擴大宣傳隊伍的歷史任務已經完成，今後友協即一般不再發展個人會員，只發展團體會員，以便集中精力通過和聯合各人民團體，共同開展宣傳中蘇友好與推動學習蘇聯的運動。

轉變組織的方式，主要是將已發展個人會員建立友協組織的單位，分別按各人民團體系統或機關單位轉變爲友協的團體會員。本市各人民團體已遵照中央各人民團體的聯合通知作出共同決定，通知各有關單位實行。今後各人民團體都將把宣傳中蘇友好與學習蘇聯當作自己的任務之一，結合羣衆的實際需要與業務需要深入進行，使宣傳中蘇友好與學習蘇聯成爲推動各種工作的實際力量。在組織轉變之前，要進行一次會費清理。各級友協組織應將會費收支及上繳情況向其下一級（支會向會員）公佈交代，將所繳會費全部上繳分會，作爲友協的基金，統一使用。

第二、加强宣傳工作。今後中蘇友好協會將以在人民羣衆中進行國際主義宣傳敎育與促進中蘇文化交流爲主要任務。這一任務必須密切配合各人民團體與結合各部門業務共同進行。因此，今後中蘇友好協會的經常工作主要是：

1、研究與供應有關中蘇友好、學習蘇聯、介紹蘇聯科學、文化、藝術成就等各方面的材料出版各種專門性的小冊子，並舉辦各種一般性和專門性的報告會、座談會、展覽會等。這些活動將結合本市實際需要，與各人民團體機關單位共同進行。

2、繼續加强推廣學習俄文的工作，辦好俄文專科夜校，培養俄文人材，特別是滿足在職幹部、技術幹部、與俄文敎員進修的需要，以便直接學習與吸收蘇聯先進經驗，推動祖國建設。對羣衆性的俄文學習運動加以輔導，特別是電台的俄文廣播學習班。並在有條件的單位開辦專業俄文速成班。

3、建立中蘇友好館，廣泛的組織各種羣衆性的文化活動。如介紹蘇聯的文學、電影、音樂美術，及供應俄文圖書報刊資料，舉行經常的圖片陳列等，以通過各種方式介紹蘇聯，促進中蘇文化的交流。

4、加强聯絡工作，組織本市文化、藝術、科學、技術等各方面的專家，結合他們的研究工作，通過蘇聯對外文化協會與蘇聯的各方面專家建立通訊聯系，以學習蘇聯先進經驗，推動本市專家研究工作的進行。

發展與鞏固中蘇友好，是我國人民長期的歷史任務，過去幾年，已經取得很大成績，今後必須繼續加强中蘇友好協會的工作，貫徹毛主席「在全國範圍內掀起學習蘇聯的高潮，來建設我們的國家」的號召。

140

一三八、關於轉變組織辦法的規定（一九五三年）（推算）

X52-Y-27

關於轉變組織辦法的規定

一、各人民團體在其中央一級代表加入中蘇友協爲團體會員，本市分支機構（如市總工會、青年團市委會、市民主青年聯合會、市民主婦女聯合會等）應遵照其中央機關決議，轉變爲市中蘇友協的團體會員。各團體可在一定代表性會議上傳達中央決議及具體轉變辦法，不另通過決議。具體辦法如下：

1、各國公營工廠及私營工廠職工均按工會系統轉變爲團體會員成員。

2、各大、中學校及專科學校，均分別按學聯（學生）及工會（教師）系統轉爲團體會員成員，但爲工作方便起見，可保留以學校爲名的中蘇友協名義，共同進行工作。

3、在區街居民及郊區農民中，已參加適當組織的羣衆，均按其系統轉爲區級團體會員成員尚未參加適當組織的羣衆。婦女可按區婦聯系統轉爲團體會員成員。其他可按合作社系統轉爲團體會員成員。

4、私營公商業資方均按工商聯系統轉爲團體會員成員。

二、各民主黨派如願全體加入中蘇友協爲團體會員，可按人民團體辦法加入。

三、行政機關（包括駐津機關）不能按人民團體辦法轉變者，可在其所屬黨委領導下，按單位轉爲中蘇友協團體會員。

四、區級人民團體、機關單位及所屬居民組織等，因皆係各市級人民團體和機關的下層組織，可隨市級團體、機關轉變爲中蘇友協團體會員，不另舉行會議。原區中蘇友好協會名義保留，在中共區委的統一領導下進行工作。

五、各人民團體系統及各機關所屬各級組織及工作機構，如各工廠、學校、企業單位等，爲了開展工作方便，可保留以本單位爲名的中蘇友協名義。（也可掛牌子），其經常活動卽由各單位有關負責人（如工會主席、單位首長等）負責，不另成立機構及選舉負責人。進行轉變後各單位應將負責人姓名通知市中蘇友協，以便聯系。

六、各團體及機關中如有少數人不願加入友協，可保留其個人意見，但不防碍該團體或機關成爲團體會員。

七、個別不能通過以上辦法轉爲團體會員的個人會員，得保留其個人會員資格。

八、在慶祝十月革命節活動中，各單位卽應開始進行傳達或轉變工作，爭取在年底以前基本完成。

一三九、中共天津市人民政府機關委員會宣傳部關於中蘇友好協會開辦俄語廣播講座的通知（一九五四年二月十三日）

X66-D-1

16
11

25

幹教(54)字第29號

各總支、支部：

為了滿足廣大在職幹部迫切要求學習俄文進而直接學習蘇联的須要，天津市中蘇友協與人民廣播電台曾於去年舉办了「俄語廣播講座」，第一期已於日前結束，始終堅持學習的学員約有三千餘人，一般均能掌握課本中的基本語法和近一千個詞彙。該講座在上期已經取得一定成績與經驗的基礎上，現已訂出本年度工作計劃，決定今年以整頓鞏固與提高教学效果為方針，並由中蘇友协負主要实际領导責任，在教学與輔导工作上，均將大力改進。該講座今已決定本年度開办初級與中級兩個班，並分別向各單位發出通知與招生簡章，希各單位總支支部重視这一学習，並動員你單位条件适合並有可能堅持这一学習的幹部或技術工作人員踴躍報名，並要協助你單位把他們組织起来，按照該講座招生簡章的規定，分出小组，选出大、小组長，填好報名單，督促報名代表按期前去報名。此外在今後的学習期間，希你單位能給学員以最大的照顧與支持，如保証收聽廣播與複習的時间，經常关心和督促学員的学習等，以使參加学習者能認真堅持学習，從而收到預期的效果。

中共天津市人民政府機関委員會宣傳部

一九五四年二月十三日

已由郭焜芬同志按此通知完畢

組織部

二月十三日

一四〇、蘇聯僑民信用社關於變更經理的申請及工商局致外事處函（一九五四年三月十六日）

X58-C-1520

11

來文摘由紙

來文機關或人名：苏聯僑民信用社　國籍：

收文編號：外 商 收(附)字第098號 收到日期：1954年3月17日

附件：申請書三紙

摘由：申請享更經理

承辦：商務科　[illegible] 18/3

擬議與批示：僑務科來電話說：本僑務科已同意更換經理，但已將經理合約改為雜文司去。僑務科對於[illegible]意見(意)。

擬同意更換經理。　[illegible] 1954. 19/3　陳 20/3

處理經過：已於20/3/1954抄、[illegible]　[illegible] 20/3/1954

天津市外資企業變更申請書

茲遵照

人民政府法令申請變更特塡具下列表格敬希

鑒核謹呈

天津市人民政府外事處

企業名稱（中文）蘇聯僑民信用社（蓋章）
（西文）КРЕДИТНОЕ ОБЩЕСТВО ГРАЖДАН СССР в Тяньцзине

經理（中文）羅文司吉（簽字蓋章）
（西文）Л.П.Ровенский

一九五四年三月十六日

（下接背面）

企業名稱	（中文）蘇聯僑民信用社	國籍	蘇聯
	（西文）КРЕДИТНОЕ ОБЩЕСТВО ГРАЖДАН СССР в Тяньцзине		
地址	第3區曲阜道105号	電話	3.2565
業別	金融业	公司 合夥或獨資	股份有限公司
變更項目	更换经理（苏联籍）		
變更原因	兹因前经理撒沃斯卡洵夫（苏联）年老且时常有病因而辞职，由罗又司吉（苏联）任新经理。		

變更前後情況	變更前	缺
	變更後	缺
備考		

註：1.注意填寫要詳盡

2.如係變更經理須註明經理國籍，如係變更資方代理人則須同時繳委託書

查外事字第149號函蘇聯文化用紙申請一案，本局審查後同意，應辦手續已於　月　日辦完。即希查照為荷。此致

工商局　並轉

外事處

（此聯寄返外事處）

54年8月16日

一四一、天津市人民政府税務局第五分局關於回國蘇僑工商業税報告（一九五四年五月）（推算）

X90-Y-700

苏侨四国关于工商业税报告

在五区共有十一户苏联四国各户存在问题报告市局基本情况：①有应退税②有欠缴53年所得税的③有的欠税部不欠，主要是54年歇业所得税大部份到六月底才能结束，现在不能肯定所得税多少④有53年偷漏所得税。

进行的方法：退税户进行检查，经过我们领导上研究确定的基本上是掌握从宽精神，54年所得税是由该商要求协商一个纯益率不进行检查。只由苏侨按七个纯益率行了

(一)应退税户共有3户

(1)赛进富印字馆53年所得税申请审议，该户已按规定交纳70%计税款5016800元，经查后应全部退免，实际上是亏损，54年也无所得，不应征所得税。处理意见如还求理区税

(2)欧美鞋店53年所得税申请审议，经查后应退税款7079300元，原纯益率16%，查后是8.5%。关于54年据该商讲准备作到六月底结束，所得税多少不能计算，经与该商协商54年还按8.5%征收所得税，根据实际情况是适当的。

(3)摩登西房53年应退税534000元，税已退给该户。关于54年按53年7.76%之纯益率，因该户准备6月底才停止营业，现在还进行经营，还不能解决。到六月底全部清完

(二)欠53年所得税的

~~(1)新联电料行欠53年定交所得税款5505400元，该商一定不能交税~~ 如果纳不了再六月交清的

经常滞纳，该商纯益没有问题，该商没提出任何意见，同时他还有货和能力在六月二日收医药公司货款800多万，另外沈阳医药公司货款480多万元，还有货多约值5000多万。根据以上情况同意在户计划在6月份交清应欠税。

关于54年还按53年纯益率，本户已同意我们的意见，请求我们催交外，望外事处协助使税款入库。

(三)过去偷漏所得税

(1)桑托斯牧场53年所得税款1968600元，偷是大多由发现的，该商是四到经收户于部出外联系按说没有问题，没有搞清，搞清后再入库，由于干部粗枝大叶不负责任，就使该户偷漏，另外53年应补所得税款6355600元，共计8324200元，入库没有问题。 向经理查？（注意）？

54年因现在还进行经营不能计算，与该商磋商纯益率按22.32%，是53年纯益率。

(四)关54年所得税

(1)聚宝盆该商53年纯益率26.33%，根据实际情况54年成本按商店说按20%征，因该商有中国刘鹰四想继续开，会计作税款由刘负担，因外商抽走2000万，如果到六月底马上要交所得税有问题，要求缓交，外事处初步同意，我们的意见也同意。

21

(2) 欧洲眼镜公司

因税已逐月经营准备新到6月底由该户自报商纯益率按53年22.5%因为经营情况没有变化税收入库无问题。　经交车核同意，并经已召集意见，

(3) 马力斯洋行　该商53年全年及54年1—4月份因错用税率应补53年营业税186,600元54年应补营业税330,700元附加17,600元54年1—5月所得税因该户54年营业额远不如53年经协商纯益率收入由21%降为15%收益由37%降为30%应纳所得税1,626,000元附加162,600元。（现仍继续营业）　经查属实经已通知，税款已交纳了起。

(4) 开鑾卷具工厂　该商因53年2、3、6、8月错用税率应补营业税967,500元因54年营业情况较差所得税纯益率由该商协商收益税使用30%（53年40%）收入使用15%（53年22%）应纳所得税10,211,700元附加1,021,200元（现仍继续营业）

(5) 中美影机公司　该商因53年及54年1—5月份错用税率应入营业税562,100元54年所得税因营业与53年无甚变化经与该商协商仍用53年纯益率收入为22%收益为40%应纳所得税4,808,000元附加480,800元。（现仍继续营业）

(五) 免欠外商税问题

(1) 西北利亚食品店　在53年1—3月停止营业营业款700多万元分向意见免纳所得税在53年7月以后出售该商旧存原料至54年5月共计营业款6,280,000元已征外商税。

8

税务　分局

天津市人民政府税务局第　分局

6/15

8

22

一四二、天津商品檢驗局爲蘇聯專家駐津工作事請示中央對外貿易部商品檢驗總局（一九五四年八月三十一日）

X183-C-78

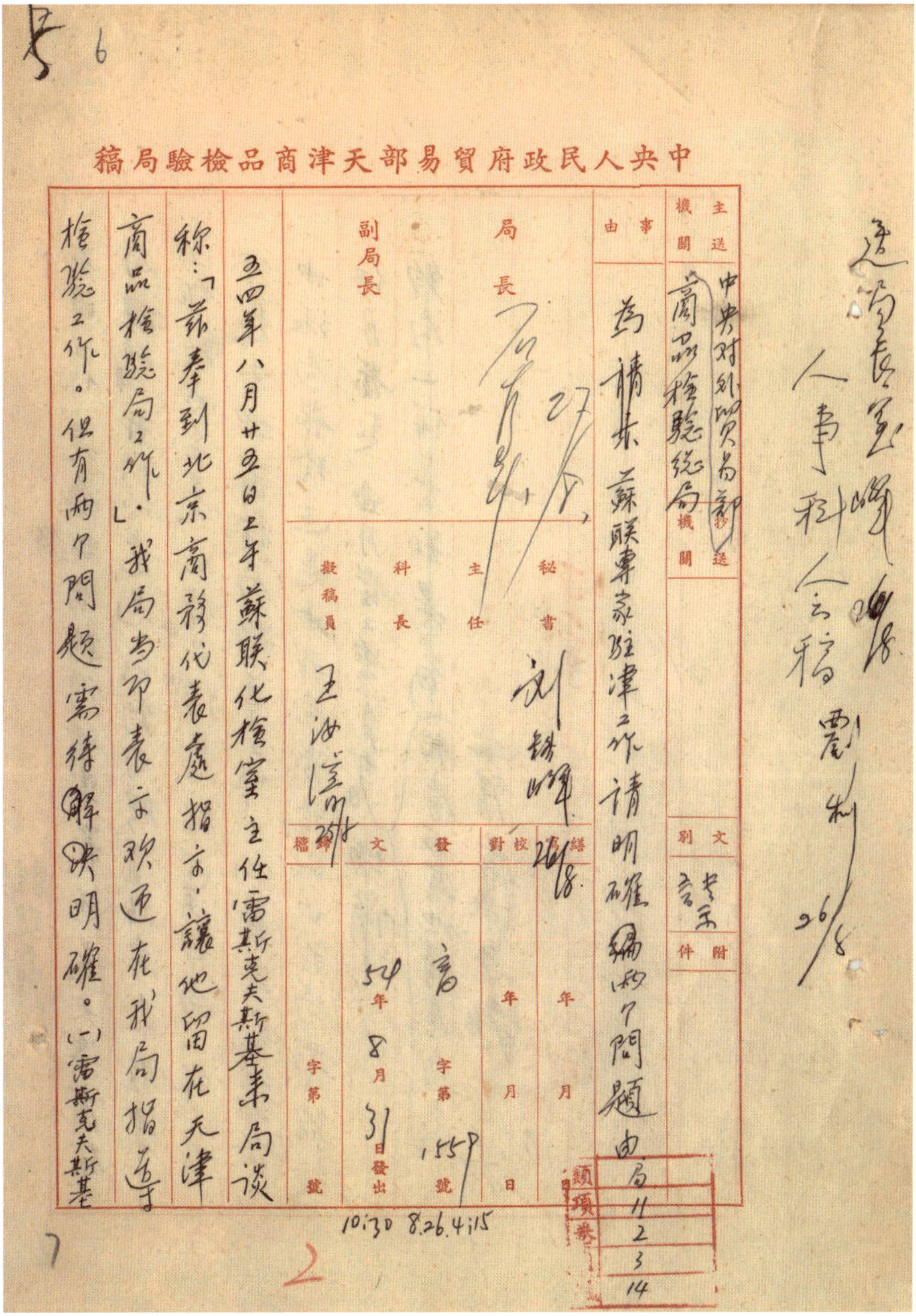

中央人民政府貿易部天津商品檢驗局稿

主送機關	中央对外贸易部商品检验总局
抄送機關	
事由	為請求蘇联專家駐津工作請明確編两个問題由
文別	专呈
附件	
局長	石肖巖 27/8
副局長	
秘書	劉錫峰 26/8
主任	
科長	
擬稿員	王汝濤 26/8
發文	言字第1559號 54年8月31日發出

五四年八月廿五日上午蘇联化检室主任雷斯克夫斯基来局谈称：「前奉到北京商務代表處指示，讓他留在天津商品檢驗局工作」。我局当即表示欢迎在我局指導檢驗工作。但有两个問題需待解決明確。(一)雷斯克夫斯基

送局長呈閱 26/8
人事科人云稿 劉制 26/8

10:30 8.26.4:15

類 項 卷
局 11 2 3 14

2

在津工作，是属钧局聘请的专家，还是天津商检局聘请的？我们的意见：以钧局聘请的专家驻津工作较为妥善。这样专家则便于以指导我局工作，也可赴各地商检局指导工作。（二）苏专家的工资由总局发给还是由我局发给？如由我局发给，从何月发起，每月发工资多少？均请钧局一并示知是荷。（住房、其他待遇问题）

此请

示

天津商检局局长之章

吴

一四三、天津商品檢驗局爲蘇聯專家供給問題事請示對外貿易部商品檢驗總局（一九五四年九月三十日）

X183-C-78

6.6 8

急件（速打）

中央人民政府對外貿易部天津商品檢驗局稿

送主機關	商檢總局
抄送機關	
事由	為請示蘇專家住給問題，希總局與北京蘇代表處洽辦由
文別	請示
附件	

局長：（簽）

副局長：

擬稿：楊美錦 九月廿九日 五時〇分

發文：津檢（秘）字第 號 一九五四年九月卅日發出

1790

查我局蘇聯專家雷司克夫斯基同志，據了解，自前所居之房屋、電燈、水煤及工友費用等，均由專家個人負擔，我局為了照顧蘇友人之生活起見，曾由唐勳全志赴京面請總局，並蒙指

（旁批：係俄外地表外之房子費）

91

3

中央人民政府对外贸易部天津商品检验局稿

来，应由我局负担，因此回津后，即将总局精神予以传达，并请开具佣单，自七月份起由我局照付，当就当时表示，因合同中并未规定，不能接受，经我局再度坚持，始允待与津代表分处主任交换意见后，再予答覆，兹根据苏专家答覆：「关于供给问题，曾与津分处主任交换意见，而津分处主任并未有所表示，个人认为合同既未规定，不便接受，可否请总局洽北京苏联商务代表处，待取得同意后，由京代表处通知本人，较为妥善」等语，因此我局意见，拟请总局予以办理，祈[illegible]是否有当，谨呈

查核。

中央人民政府对外贸易部天津商品检验局

天津商检局校对之章

10

根据天津市专家招待委员会和总局指示原則，请总局专家住房及交通工具等由我们负责供给，请总局在京与苏联商务代表处联系办理，并将结果電示。

一四四、蘇聯駐津總領事館爲停止工作閉館事通知天津市人民政府外事處（一九五五年一月十四日）

X58-C-1681

8.

蘇維埃社會主義共和國聯盟駐天津總領事館茲向天津市人民政府外事處致意並謹通知：根據蘇維埃社會主義共和國聯盟外交部的決定，蘇聯駐津總領事館擬於一九五五年一月十六日起停止其工作。今後天津領事區的各項領事職務將由蘇聯駐中華人民共和國大使館領事部担當。為求便利辦理蘇僑業務起見，蘇聯駐華大使館領事部的代表將定期來津。

此致

天津市人民政府外事處

蘇聯國駐津總領事館（蓋章）

一九五五年一月十四日　天津市

一四五、天津市人民政府外事處關於蘇聯駐津總領事館舉行告别宴會的通知（一九五五年一月十七日）

9

蘇聯駐津總領事館已於一九五五年一月十六日結束其在津之工作，正式閉館。該館訂於本月十七日晚七時於幹部俱樂部舉行告別宴會。爲了表示我們兩國之間的親密友誼和我們送別之意，務請您準時出席，並請在席間主動與對方同志交談敬酒。

天津市人民政府外事處

一九五五年一月十七日

一四六、吴德市長在歡送蘇聯駐津總領事館宴會上的講話稿（一九五五年一月二十一日）

X58-C-1681

18.

親愛的代總領事同志，同志們：

蘇聯駐天津總領事館已經結束了它底工作。代總領事孔雷柯夫同志和領事館的全體同志們光榮地執行了蘇聯黨和政府委託給他們的任務，就要離開我們了。我們相信蘇聯政府在目前情況下撤銷駐天津總領事館的決定是正確的，但是由於我們與蘇聯同志們經過了長久的相處，一旦分離，自然會感到留戀的。

天津解放以來，我們與蘇聯同志們進行了非常親密的合作，我們深刻地體會到蘇聯人民對於中國人民的真摯友誼。蘇聯同志們對於中國人民的建設事業的每一個成就，都表現出了發自內心的歡欣鼓舞，對於我們正在進行的各種工作給予了真誠的關懷。他們像兄弟一樣地、毫無保留地把蘇聯的經驗，把他們所知道的一切告訴我們，希望我國的社會主義建設事業能夠進行的更加順利，少走些彎路。這種崇高的友情，使我們深受感動。我們從他們的身上看到了偉大的無產階級國際主義精神。

19

中國人民今天正在建設社會主義，將來還要建設共產主義，我們需要向蘇聯學習的東西太多了。偉大的蘇聯人民永遠是中國人民學習的光輝榜樣。

中蘇兩國人民之間的友誼是非常寶貴的。這種友誼使我們兩國更加繁榮富強和不可戰勝。

親愛的代總領事同志，我代表天津市人民對於你們所給予我們的關懷和幫助表示衷心的感謝。我們雖然要分別了，但是我們將永遠不會忘記我們之間的同志的兄弟般的友誼。我祝賀你們在新的工作崗位上獲得更大的成就。

同志們，讓我們舉杯，

為扎爾柯夫代總領事和領事館全體同志們的健康

為中蘇兩國人民之間永恒的牢不可破的友誼乾杯！

一四七、蘇聯駐津總領事館奉令撤銷（一九五五年二月二日）

X58-C-1681

23.

蘇聯駐津總領事館奉令撤銷

蘇聯駐津總領事館奉蘇聯政府令已於一月十六日閉館。該館代總領事扎爾柯夫於閉館前後曾拜會市長及外事處負責人，並舉行臨別宴會。黃火青市長亦曾設宴為扎爾柯夫代總領事及領事館全體人員送別。

扎爾柯夫代總領事於昨日離津，天津市人民政府外事處負責人曹克強及天津市中蘇友好協會總幹事方紀等曾前往車站歡送。

到車站歡送的還有蘇聯駐華商務代表處天津分處燕吉巴維夫處長及中波海運公司布勞總經理等多人。

奉蘇聯政府令

蘇聯駐津總領事館閉館

【本報訊】蘇聯駐津總領事館奉蘇聯政府令，已於一月十六日閉館。該館代總領事扎爾柯夫於閉館前後曾拜會天津市市長及外事處負責人，並舉行臨別宴會。黃火青市長亦會設宴爲扎爾柯夫代總領事及領事館全體人員送別。

扎爾柯夫代總領事已於一日離津，天津市外事處負責人曹克強及天津市中蘇友好協會總幹事方紀等會前往車站歡送。

到車站歡送的還有蘇聯駐華商務代表處天津分處處長燕吉巴羅夫及中波海運公司總經理布勞等多人。

見一九五五年二月二日天津日報

一四八、蘇聯駐津總領事館閉館工作小結（一九五五年）

X58-C-1681

印度驻沪总领事馆开馆工作小结

五四年十二月十五日印代总领事[illegible]来我处谈称，由于情况发展，印联政府决定撤消[illegible]驻沪总领事馆，其侨务工作将由其驻华大使馆领事部负责，一切有关开馆之筹备工作拟于十二月底结束，请我处予以协助。领事馆得知此消息后，即向工作同志交代开馆工作的重要意义及各方予以协助的精神。科内遂着手拟定系统礼宾活动计划，并对解雇员工，货运等需由我处协助处理的具体事宜进行考虑，准备工作做得是比较及时的。但由于开馆日期未确定，我处又无法瞭解其内部情况，加以我们对于开馆方面的国际惯例缺乏常识，因而在一个多月的期间内，我们是处于被动的等待状态中。

五五年一月十四日印领馆以照会正式通知我处将于十六日开馆，并于开馆前（14日）拜会市长及外事处长，并定廿日以前举行招待会。时间是很急促的，但由于市首长的重视，各有关单位的积极协助，以及全体同志对于加强中印友谊伟大意义的认识，各项工作均能按计划顺利地进行，并体现出中印两国的友谊。

有关此次领馆开馆所进行的系统礼宾活动及协助处理的具体事宜有下列各项：

拜会

一月十五日下午三时代总领事偕秘书[illegible]拜会[illegible]处长、[illegible]秘书主任及[illegible]科长。

当日下午五时[illegible]处长陪同代总领事拜会[illegible]市长，由付市长办公室秘书长出席参加。

宴会

一月十七日晚七时印领馆借俱乐部设宴招待我方首长及有关代表。

一月廿一日晚七时[illegible]市长借俱乐部设宴为印代总领事及秘书饯行，并摄新闻[illegible]。

友谊联欢

一月廿二日晚七时中印友协举行送别晚会，邀请印领馆及印商代办全体人员参加

33.

该大使新部同志设宴洽多招待。

一月廿三日我处举行除夕（旧历年）联欢晚会，洽多招待并举行舞会，邀请苏联铁路全体人员及苏商代处人员，我处全体全员参加。

一月卅日我处请铁路秘书及苏商代处人员主持苏军部队慰问团苏军团长吃茶点。

签证　苏联铁路人员赴北京、上海、广州、满洲里等地旅行签证并办理旅行证延期加签手续。

货运

为铁路局联系换调运铁路车皮三个及核发搬运费等手续。

为搬运处向铁路局包装铁皮及载重汽车运输铁皮等事宜。

汽车运输

为汽车监理所联系办理汽车牌照及司机过户手续，由我处出证明信免予加盖馆印。

员工解雇、调换及安置

苏联领馆调司机丁闻文去大使馆工作，调厨师闻佩林及电工高玉春去苏商代处工作（苏商代处解雇厨师宋玉亭及杂工李桂林），解雇女佣陈马氏、富来、杂工陈宝田及王文斌。对于被解雇的员工工作问题，我处提请市府协助解决。

送行

一月十三日石诚付科长赴车站送秘书处将奇特尔全家回国休假，赠糖一盒。

二月一日曹处长、马秘书、主任及石诚付科长赴车站送苏联总领事及秘书库达希夫离津赴京，赠糖两盒。中苏友协市纪念委员会前往欢送，赠象牙烟咀两支，糖两盒。

馈赠

苏联总领事夫人赠吴德市长夫人糖果一盒。

吴德市长夫人回赠苏联总领事夫人绣花枕套一、象牙筷两双、绒花一盒。

新闻报导　我处拟定苏联领馆闭馆消息送天津日报、大公报及新华社分社于二月二日见报。

第　之　页

34

苏联接待工作是比较成功的。首先由于领导上明确交代了在工作中应体现出中苏友谊的亲切真挚友谊，尽量予以照顾方便。具体工作同志也基于中苏友谊的感情，体会了领导的意图，做到每次宴会都对热烈自然，每次事务都能顺利解决。苏代表的节前再三表示感激我们的关怀及协助，并称在我们的关系中体现出中国人民对苏联人民的热爱。我们从这项工作中进一步体会到外交形式与内容相结合的问题，首先要由国家的友结表现出同志的真诚感情，而不应仅局限于形式。第二是我们吸取了波兰接待工作中的经验教训，有~~[illegible]~~主动协助其解决困难，但也诚恳地说明了情况，例如苏联需买苹果困难，我们一方面要求有关单位予以照顾，同时也提醒苏联方面保守秘密。员工问题的处理我们也主动地提出意见并说明理由。因而苏方面都能配合，较顺利地完成工作。不过仍有些问题由于事先考虑不周，形成忙乱，~~过~~例如开幕式发言稿的翻译不够及时，以致修改再三，直至当日中午才最后确定；新闻稿也是全由这方拟好后才请苏方代表决定，其中反复联系造成人力浪费及忙乱现象；我处联欢晚会效果是很好的，但由于决定时间较迟，以致影响到全处各方面的工作，像如此重大全处的工作，不宜太临时的临时性决定，若能早日决定，有组织有步骤地~~[illegible]~~进行筹备，是不致影响工作的。此外在员工问题上也是因为未及时通知工会关于其节成处的依员工的事，以致工会未能事先向员工做些工作，引起了员工的情绪波动。这都说明我们在工作的做法方面仍需加倍努力。

此报告作为工作记载归档。—— [illegible] 15/Ⅲ

第 3. 页

一四九、關於進一步加强中蘇友好開展反對使用原子武器簽名運動的決議（草案）（一九五五年二月十四日）

X52-Y-42

關於進一步加強中蘇友好開展反對使用原子武器簽名運動的決議（草案）

天津市各界人民慶祝中蘇友好同盟互助條約簽訂五周年大會，在聽取了黃火青同志的報告後，對於中蘇兩國人民偉大友誼的鞏固和發展表示熱烈祝賀；對於美國帝國主義干涉我國內政，霸佔我國領土台灣的侵略行爲和進行原子恐嚇及戰爭挑釁的陰謀，表示極大的憤慨。

我們完全擁護世界和平理事會常務委員會所發出的「告全世界人民書」，熱烈響應中國人民政治協商會議全國委員會常務委員會和中國人民保衛世界和平委員會常務委員會聯席擴大會議關於發動反對使用原子武器簽名運動的號召。并號召全市人民積極開展反對使用原子武器的簽名運動，同全國人民一起，向美國帝國主義表示嚴重的抗議。

天津市各界人民慶祝中蘇友好同盟互助條約簽訂五周年大會

一九五五年二月十四日

5236.

一五〇、方紀總幹事做天津市中蘇友好協會工作報告（一九五五年三月八日）

X52-Y-44

天津市中蘇友好協會工作報告

方紀

各位代表，各位來賓：

天津市中蘇友好協會會長委託我向大會做本會的工作報告，並請大會審查批准。

本會從一九四九年成立至今已經五年了。五年來，在總會及市委的正確領導下，在各人民團體的配合和蘇聯對外文化協會駐津辦事處的幫助下，對全市人民進行了廣泛的、深入的中蘇友好宣傳，推動了各界人民的學習蘇聯運動。

首先，結合各個時期的中心　工作和中蘇友好的重大節日，在全市人民中廣泛的進行了國際主義精社會主義的宣傳教育。在抗美援朝、保衛世界和平運動中，通過了中蘇友好的宣傳和兩大陣營對比的宣傳，大大提高了全市人民的國際主義覺悟，樹立了「中蘇友好就是保衛世界和平的堅强堡壘」的觀念，基本上肅清了國民黨反動派過去在人民群衆中所散佈的崇美、反蘇的思想影響。結合黨和政府的各項中心工作，特別是結合國家在過渡時期總路線的宣傳，用蘇聯建成社會主義的先進榜樣，向廣大人民群衆進行了社會主義前途教育。説明了「蘇聯的今天，就是我們的明天」，鼓舞了和增强了廣大人民艱苦奮斗建設社會主義的信心和力量。

为了擴大中蘇友好的宣傳隊伍，本會從成立以來即進行了發展會員的組織工作。截止至一九五三年底，本市各階層人民參加中蘇友協為會員的達八十三萬餘人，形成了廣泛宣傳中蘇友好和擁護蘇聯的强大群衆隊伍。隨着人民愛國主義和國際主義覺悟程度的日益提高，中蘇友好協會勢必將發展成為全民性的團體，因此以個人會員為基礎的組織形式將不能適應這種形勢，同時由於各階層人民自已的組織相繼建立，中蘇友好協會大量發展個人會員的歷史任務已經完成，因此，中蘇友好協會總會在一九五三年決定轉變友協組織形式，以團體會員為組成基礎。天津市即在五三年十一月聯合各人民團體進行了組織轉變工作，將已發展的個人會員，和已建立友協組織的單位，分別按人民團體系統或機關單位轉變為團體會員。此項工作已順利完成了，這樣就使得中蘇友好事業擁有了更廣泛的群衆基礎。

其次，在宣傳工作方面，五年來出版了三十餘種介紹蘇聯、宣傳中蘇友好的書籍和宣傳資料，共發行二十餘萬册。出版了「中蘇友好報」四十八期，發行一百多萬份。舉辦了各種群衆性的宣傳和文化活動，直接參加的有三百一十多萬人，其中僅圖片展覽一項就舉辦了一千四百餘場，觀衆達一百九十多萬人。在一九五二年的「中蘇友好月」中，全市有一百多萬人受到了中蘇友好的教育。去年在北京開幕的「蘇聯經濟及文化建設成就展覽會」，本市有十三萬人前往參觀，許多工廠單位參加了該館的經驗交流活動，回到本單位後，改進了生產。

一九五三年底，建立了「中蘇友好館」，在這裏經常舉行各種座談，報告，音樂欣賞，詩歌朗誦，電影晚會等，開展了宣傳和介紹蘇聯的文化活動。友好館一年來曾組織集會一百六十餘次，參加活動的群衆達五萬五千多人，聯系和團結了一批學習蘇聯的積極份子，形成本市群衆中學習和傳播蘇聯先進科學文化的中心。

第三，結合中心工作，配合有關單位，重點的宣傳和介紹了蘇聯的先進生產經驗和科學技術成就，推動了本市學習蘇聯的運動。

幾年來，各生產部門和文教單位都廣泛地開展了學習蘇聯先進經驗的運動，因而改進了工作，提高了生產。如：紡織機械廠在蘇聯專家的指導下，製造「單程三道粗紡機」成功，成爲我國紡織工業方面的一大革新，它不僅縮短了紡織工藝過程，而且給我國輪胎工業打下了基礎；新港碼頭的改建工程，由於執行了蘇聯專家的建議，降低了築港費用六十三萬餘元，並保證了提前開港。本會在一九五二年舉辦了「學習蘇聯先進經驗展覽會」，推動了本市中，小工廠積極學習蘇聯先進經驗，又如在醫務界中，一九五二年配合與協助本市醫務界和民主婦聯宣傳和推行了蘇聯先進醫學經驗「無痛分娩法」，並取得了顯著的成績。組織了醫務界對「巴甫洛夫」高級神經活動學說和「活質」學說的學習，推廣了蘇聯的各種先進醫療方法。

由於學習了蘇聯的先進經驗和執行了蘇聯專家的建議，因而在生產技術革新運動及推廣先進工作方法中，湧現出大批的先進模範人物。

中蘇友好協會還結合各單位的業務需要，供應了蘇聯科學技術的書刊、雜誌，五四年一年即向一千多單位供應了二千餘册。如：棉紡四廠根據蘇聯書刊上的材料解決了「緯縮」問題，提高了產量；電車公司修造廠，學習的自動固定切刀，把過去八小時切一根大軸的工作，提高到一小時做完。

第四，進行了群衆性的俄文教學工作。從一九五一年起，創辦了一個業餘俄文夜校，培養在職幹部學習俄文，以打開學習蘇聯的大門。現已開辦了八期，現在參加學習的共一千人。已畢業了五期，共三百五十人，這些學員都具有一定的閱讀和翻譯能力，在工作上起了一定的作用。又在市委工業部的支持下，舉辦了「工程技術人員俄語語法講習班」，共分七個專業，已有一百二十多人畢業，使這些工程技術人員初步掌握了學習蘇聯的工具。如：電車公司的張毅學了俄文以後，自己翻譯了「自動固定裝置的切刀問題」，並應用到生產上，把工作效率提高了七倍；紡織工業局張履欽替耐火材料廠翻譯了「耐火磚成型機床的構造和應用」一文，幫助了該廠以機械化代替了手工業操作技術革新工作。此外，與市人民電台合辦了「俄語廣播講座」，全市堅持學習的有六千多人。協助和輔導了各單位的俄文學習班，推動了群衆性的俄文教學工作。

如上所述，天津市的中蘇友好工作和學習蘇聯運動，在過去五年中有了很大的發展，並取得了一定的成績， 但是也存在着不少缺點；主要是宣傳運動還不經常，還不能具體結合群衆的思想情況和當時需要。中蘇友協在這方面也缺乏深入的工作，和各方面的聯系不够密切，還沒有充份發動社會力量和利用各種宣傳工具，盡一切可能來加强宣傳中蘇友好和推動學習蘇聯。這些都是在今後工作中應當努力克服的。

在中國共產黨和毛主席的領導下，我們正在進行着偉大的社會主義建設，蘇聯政府給予了大力的支援。一九五四年十月間，中蘇兩國根據中蘇友好同盟互助條約的精神在北京舉行了會談，發表了一系列有關中蘇關係、中蘇進一步合作和各項國際問題的公報，向全世界再度肯定了我們兩國的合作和互相尊重國家獨立與民族平等的基礎，又一次表明了兩國在保衛遠東及世界和平方面的堅定決心和完全一致的立場。最近蘇聯政府又決定在促進原子能和平用途的研究方面，給予我國和其他兄弟國家以科學技術和工業的幫助。因此。我們更需要進一步的鞏固和發展中蘇友好，更加加緊學習蘇聯的建設經驗，以順利的實現我國的第一個五年計劃，增强我國的經濟力量和國防力量，爲保衛亞洲與世界持久和平而斗爭。

大家知道，現在以美帝國主義爲首的侵略集團正在瘋狂的實行擴軍備戰政策，製造國際緊張局勢。在歐洲臭名昭著的「歐洲防務集團」遭到可耻失敗後，美、英、法等帝國主義者又簽訂了旨在重新武裝西德，製造新的世界大戰的「巴黎協定」。並公開叫嚣準備原子戰爭，准許德國復仇主義者的軍隊擁有原子武器。在亞洲，美帝國主義不但千方百計的阻撓朝鮮問題的和平解決，還猝然組織「東南亞防務集團」，陰謀破壞印度支那的和平協議，更無耻的和蔣介石賣國集團簽訂了侵略性的所謂「美蔣共同防禦條約」，霸佔我國的台灣，並企圖操縱聯合國陰謀活動所謂「停火」建議，企圖阻撓我們解放台灣的神聖事業，最近更糾集了「馬尼拉條約」侵略集團，召開「曼谷會議」，製造亞洲緊張局勢，進行新戰爭的準備。美帝國主義這一系列侵略行為和戰爭挑釁，其目的就是堅決與中蘇兩國人民為敵，破壞社會主義陣營的和平建設。我們必須提高警惕，加強中蘇兩國人民的親密團結，堅決解放台灣，堅決反對使用原子武器與原子戰爭策劃者，保衛世界持久和平，制止新戰爭威脅。

根據目前形勢及天津的總任務，全市人民必須在原有基礎上進一步發展和鞏固中蘇友好，繼續增强中蘇經濟、文化合作和交流的各項工作。更好的介紹和推動學習蘇聯的先進建設經驗和科學技術成就。為此，我們應作好下列工作：

第一、加強國際主義和社會主義的宣傳教育。各工廠、企業、機關、學校，應結合本單位的具體情況加強中蘇友好工作。特別是目前在過渡時期階級斗爭更加尖銳的情況下，在國際帝國主義企圖挑起新戰爭的情況下，一切國內外敵人必然處心積慮的挑撥中蘇關係、破壞中蘇友誼。因此，我們必須結合當前國際形勢和群眾思想情況，在廣大人民群眾中繼續加強中蘇友好工作，提高警惕，防止一切國內外敵人造謠、挑撥，為進一步鞏固中蘇友好，保衛祖國的社會主義建設與保衛世界持久和平而斗爭。

第二、為了推動社會主義建設，鼓舞人民勞動熱情，應運用具體事例，繼續宣傳蘇聯人民艱苦奮斗建設社會主義的精神與經驗，推動全市人民，為完成國家建設計劃而奮斗。我們建議：有條件的工廠、企業、機關、學校等單位，應在黨委領導下，整頓和建全中蘇友好協會的組織，建立加強中蘇友好宣傳和學習蘇聯的經常活動。市中蘇友協應密切配合各人民團體的工作，及時供應材料和具體幫助，在各種群眾活動中加強中蘇友好和國際主義的內容。

第三、繼續推動各界的學習蘇聯運動和加強介紹蘇聯文化科學的工作。在學習蘇聯先進經驗方面，應克服一部份技術人員和幹部中對學習蘇聯先進經驗的懷疑態度和自滿情緒，並注意使學習蘇聯和我們的具體情況結合，防止機械搬用。其次應加強重點介紹和推廣蘇聯先進文化和科學技術的經驗知識，對學習蘇聯獲有成效的單位，應總結經驗，加以推廣。中蘇友協應在這方面多作些組織聯系和供應材料的工作，中蘇友好館作爲宣傳陣地之一，應繼續廣泛組織各種文化、科學活動，宣傳蘇聯的科學技術和文化藝術。

第四、爲了順利的開展學習蘇聯運動，應繼續發展和提高業餘俄文教學工作，培養更多的俄文人材，爲本市經濟及文化建設服務。爲此，應繼續辦好俄文專科夜校，並大力開展俄語基礎教學工作，加强對各單位俄語學習的輔導，更廣泛的組織工程技術人員參加俄語學習。此外，還應加强對本市各單位的俄文人材的聯系，供應材料，組織翻譯，以推動各單位的學習蘇聯工作。

同志們：這就是我們當前應當進行的幾項重要工作。當我們正滿懷信心地爲建設社會主義和解放台灣而斗爭的時候，我們更感覺到我們的任務艱巨和責任重大，但是我們完全相信，由於黨的領導，全體會員的努力，我們的任務一定能够完成，中蘇兩國人民的友好團結一定更加發展。

讓我們盡一切努力來鞏固和發展中蘇兩國人民之間的友誼！

讓帝國主義在中蘇人民的堅强團結面前發抖吧！

偉大的、牢不可破的中蘇友好萬歲！

一五一、蕭采瑜副秘書長在歡送蘇僑歸國大會上的講話稿（一九五五年四月十三日）

X52-Y-44

60

75

亲爱的朋友们：

我代表天津市中苏友好协会向你们祝贺，祝贺你们即将光荣地参加到伟大的苏联共产主义建设事业中去，为创造人类所共同向往的幸福生活而劳动！

伟大的苏联人民在共产主义建设中已经获得了伟大的成就。一九五四年苏联的工业有了巨大发展，在这一年里苏联已经生产了四千一百万吨钢，三千一百万吨生铁，三亿五千万吨煤，五千八百万吨石油。如果按这种速度发展，不仅第五个五年计划将在今年提前完成，而且再过一年至四年的时間内，伟大的斯大林在一九四六年所提出的几個目标——年产生铁五千万吨，钢六千万吨，煤五亿吨，石油六千万吨就要被分别地突破了。苏联去年在农业方面开展了苏联历史上、也是世界历史上空前的开垦荒地運动，在一九五四年一年内就开垦了一千七百六十万公顷荒地。这样，在重工业和农业迅速发展的基础上，苏联的日用品和食品工业也迅速的发展起来，在一九五四年平均每两天就有一個肉类和乳类工厂开工，苏联的棉毛纺织品一年生产就有六十二亿六千二百万公尺，这样使苏联人民的生活水平大大提高起来，一九五四年苏联国民收入比一九五三年增加了百分之十一。这些都充分说明了苏联国家的伟大和苏联人民的幸福生活。在这样一个時候，你们回到祖国去是光荣的、幸福的。一九五四年苏联党和政府向苏联人民发出参加开垦生荒地和熟荒地的号召以後，获得了全体苏联人民广泛的响应和热烈的拥护，在短短的两個月时間内，就有五十多万苏联爱国者热情地要求政府派他们担任开垦工作，有十五万以上熟练工人、工程师、技術员、农艺师和其他农业专家们自愿下乡，并積極地参加了这项光荣和重大的事业，在那裡建立了一百二十四個

96

61

76.

現代化机器裝備起来的新的大型穀物国营农場，現在他們已经在那裡安居下来，工作得很好，生活得很好，在那裡也要建立起学校、兒童宫、托兒所和幼兒园，一些新的城市将不断的出現。这些成就就証明了苏联国家力量的增長很大和苏联人民生活進一步的提高和改善。这些也都証明了苏联国家和社会制度的优越性，苏联勞动人民的高度的精神上和政治上的团结一致，以及他們的政治積極性和为建成共产主义而竭尽全力的决心，对我們中国人民以及全世界勞动人民都是極大的鼓舞。

去年夏天，我們曾多次在这個地方以兴奮和热烈的心情欢送了一批批回到他們的偉大的祖国去参加共产主义建設事业的苏联朋友，今天，我們又歡聚在这裡怀着同样的心情来歡送你們。我們深切的了解你們，你們都是熱愛祖国、热爱勞动的苏联公民，在離別的時候，我們不能不产生惜别之意，但看到你們積極熱烈地投身于共产主义建設事业中去的時候，我們更为你們未来的幸福和成就感到高兴，你們就要回到你們的祖国去了，希望你們能把中国人民对苏联人民兄弟般的友誼帶給苏联人民。中苏两国人民的友誼是以進行和平勞动的真誠願望为基础的，这种願望是互相援助，促進两国人民間的兄弟友誼的進一步鞏固和扩大，從而促進世界和平和安全，因此它是牢不可破的，不可战勝的，永恆的友誼。当此欢送你們的時候，我們真誠熱烈地希望我們两国人民之間的友誼愈加鞏固与發展。最後祝你們一路平安，身体健康。

在欢送苏侨归国大会上黄来瑞付秘书長的講話稿

一九五五·四·十三

97

一五二、天津市中蘇友好協會五年來的工作報告（草稿）（一九五五年四月二十六日）

X3-C-5768

10

9

天津市中蘇友好協會五年來的工作報告（草稿）

天津市中蘇友好協會五年來的工作報告（草稿）

天津市中蘇友好協會會長和幹事會委託我向大會做本會五年來的工作報告，請大會審查批准。

本會從一九四九年成立至今已經五年了。五年來，在總會及市委的正確領導下，在各人民團體的配合和蘇聯對外文化協會駐津辦事處的幫助下，對全市人民進行了廣泛、深入的中蘇友好宣傳，推動了各界人民的學習蘇聯運動。

首先，結合各個時期的中心工作和中蘇友好的重大節日，在全市人民中廣泛的進行了國際主義和社會主義的宣傳教育。在抗美援朝、保衛世界和平運動中，通過了中蘇友好的宣傳和兩大陣營對比的宣傳，大大提高了全市人民的國際主義覺悟，樹立了「中蘇友好就是保衛世界和平的堅強堡壘」的觀念，基本上肅清了國民黨反動派過去在人民群衆中所散佈的崇美、反蘇的思想影響。結合黨的各項中心工作，特別是國家在過渡時期的總路線宣傳，用蘇聯建成社會主義的先進經驗，向廣大人民群衆進行了社會主義前途的教育。說明了「蘇聯的今天，就是我們的明天」，鼓舞了和增强了廣大人民艱苦奮斗，建設社會主義的信心和力量。

為了擴大中蘇友好的宣傳隊伍，本會從成立以來即進行了發展會員的組織工作。截止至一九五三年底，本市各階層人民參加中蘇友協為會員的達八十三萬餘人，形成了廣泛宣傳中蘇友好和擁護蘇聯的強大群衆隊伍。隨着人民愛國主義和國際主義覺悟程度的日益提高，中蘇友好協會勢必將發展成為全民性的團體，因此以個人會員為基礎的組織形式不能適應這種形勢，同時由於各階層人民自己的組織相繼建立，中蘇友好協會大量發展個人會員的歷史任務已經完成；因此，中蘇友好協會總會在一九五三年決定轉變友協組織形式，以團體會員為本會的組成基礎。天津市則在五三年十一月聯合各人民團體進行了組織轉變的工作，將已發展的個人會員，和已建立友協組織的單位，分别移交人民團體系統或機關單位轉變為團體會員。此項工作已順利的完成了。這樣就使得中蘇友好事業擁有了更加廣泛的群衆基礎。

其次，在宣傳工作方面，五年來出版了三十餘種介紹蘇聯、宣傳中蘇友好的書籍和宣傳資料，發行二十餘萬冊。出版了「中蘇友好報」四十八期，發行了一百多萬份。舉辦了各種群衆性的宣傳和文化活動，直接參加的達三百一十多萬人，其中蘇聯電影片展覽會舉辦了一千四百餘場，觀衆一百九十多萬人。在一九五二年的「中蘇友好月」中，全市有一百多萬人受到了中蘇友好的教育。去年在北京舉辦的「蘇聯經濟及文化建設成就展覽會」，本市有十三萬人前往參觀，許多工廠單位還參加了參觀的觀摩交流活動，回到本單位後，改進了生產。

一九五三年底，建立了「中蘇友好館」，在這裏經常舉行各種座談、報告、音樂欣賞、詩歌朗誦、電影晚會等，開展了宣傳介紹蘇聯的文化活動。友好館一年來舉辦一百六十餘次，參加活動的群衆達五萬五千多人，聯系和團結了一批學習蘇聯的積極份子形成了傳播和學習蘇聯先進文化科學的中心。

第三，結合中心工作，配合有關單位，重點的宣傳和介紹了蘇聯的先進生產經驗和科學技術成就，推動了本市學習蘇聯的運動。一九五二年舉辦了「學習蘇聯先進經驗展覽會」，推動了本市中小工廠學習蘇聯先進經驗的熱情。

幾年來，各生產部門和文教單位都廣泛地開展了學習蘇聯先進經驗的運動，因而改進了工作，提高了生產。如：紡織機械廠在蘇聯專家的指導下，製造「單程三道粗紗機」成功，成爲我國紡織工業方面的一大革新，它不僅縮短了紡織工藝過程，而且給我國輪胎工業打下了基礎；新港碼頭的改建工程，由於接受了蘇聯專家的建議，降低了築港費用六十三億餘元，並保證了提前開港；又如在醫務界中，一九五二年配合與協助本市醫務界和民主婦聯宣傳和推動了蘇聯先進醫學經驗「無痛分娩法」，並取得了顯著的成績。組織了醫務界對「巴甫洛夫」高級神經活動學說和「活質」學說的學習，推廣了蘇聯的各種先進醫療方法。

由於學習了蘇聯的先進經驗和接受了蘇聯專家的具體幫助，因而在生產技術革新運動及推廣先進工作方法中，湧現出了大批的先進模範人物。

中蘇友好協會還結合各單位的業務需要，介紹和供應了蘇聯科學技術的書刊、雜誌，五四年一年即發弄了一千多單位，供應了二千餘册。如，棉紡四廠根據蘇聯書刊上的材料解決了「緯縮」的問題，提高了產量；電車公司改進了刨刀，把過去每天切削一根車軸的產量提高到四十分鐘一根。

第四，進行了群衆性的俄文教學工作。從一九五一年起，創辦並堅持了一個業餘俄文夜校，培養在職幹部學習俄文，以打開學習蘇聯的大門。現已舉辦了八期，現在參加學習的共一千　人，已畢業五期，共三百五十人。這些學員都具有一定的閱讀和翻譯能力，在工作上起了一定的作用。又在市委工業部的支持下，舉辦了「工程技術人員俄語講習班」，共分七個專業，已有一百二十多人畢業，使參加學習的工程技術人員初步掌握了學習蘇聯的工具。如：電車公司的張毅學了俄文，自己翻譯了「自動固定裝置的切刀問題」並應用到生產上，把過去用鋼條來銲電車大軸的辦法，改用固定切刀來操作，工作效率提高了七、八倍；紡織工業局張履鼓替耐火材料廠翻譯了「耐火磚成型機床的製造和應用」一文，幫助了該廠以機械化代替了手工業操作的技術革新工作。此外，與市人民電台合辦了「俄語廣播講座」，全市堅持學習的有六千多人。協助和輔導了各單位的俄文學習班，推動了群衆性的俄文教學工作。

如上所述，天津市的中蘇友好工作和學習蘇聯運動，在過去五年中有了很大的發展，取得了一定成績，但是也存在着不少缺點；主要的是宣傳運動還不經常，還不能具體結合群衆的思想情況和實際需要，學習蘇聯的運動也還不够普遍，有的單位不够重視，有的單位則結合實際情況不够。中蘇友協在這方面也缺乏深入的工作，和各方面的聯系不够密切，還沒充份發動社會力量和各種宣傳工具，盡一切可能來加強中蘇友好和推動學習蘇聯。這些都是在今後工作中應當努力克服的。

在中國共產黨和毛主席的領導下，我國正在進行着偉大的社會主義建設，蘇聯政府對我國的社會主義建設實行大力的支援。一九五四年十月間，中蘇兩國根據中蘇友好同盟互助條約的精神在北京舉行了會談，發表了一系列有關中蘇關係、中蘇進一步合作和各項國際問題的公報，向全世界再度肯定了我們兩國的合作和互相尊重國家獨立與民族平等的基礎，又一次表明了兩國在保衛遠東及世界和平方面的堅定決心和完全一致的立場。最近蘇聯政府又決定在促進原子能和平用途研究方面，給予我國和其他兄弟國家以幫助。因此，我們更需要從政治上進一步的鞏固和發展中蘇友好，在實際工作中更加加緊學習蘇聯的建設經驗，以順利的實現我國的第一個五年計劃，增強我國的經濟力量和國防力量，為保衛亞洲與世界和平而斗爭。

大家知道，現在以美帝國主義為首的侵略集團正在更加瘋狂的實行備戰政策，製造國際緊張局勢。它們在歐洲臭名昭著的「歐洲防務集團」遭到可恥失敗後，美、英、法等帝國主義者又簽訂了旨在重新武裝西德，製造新的世界大戰的「巴黎協定」。在亞洲，美帝國主義不但千方百計的阻撓朝鮮問題的和平解決，還拼湊組織「東南亞防務集團」，並陰謀破壞印度支那的和平協議。最近更無恥的和蔣介石簽訂了侵略性的所謂「美蔣共同防禦條約」，霸佔我國的台灣，並企圖操縱聯合國陰謀活動所謂「停火」建議，企圖阻撓我解放台灣的神聖事業，美國國會最近又通過了艾森豪威爾挑釁性的「特別咨文」，公開的武裝干涉我國內政，堅決與我國人民為敵。我們必須提高警惕，加強中蘇兩國人民的親密團結，堅決解放台灣，來保衛世界和平，制止新戰爭的威脅。

根據目前的形勢及天津的總任務，全市人民必須在原有基礎上進一步的發展和鞏固中蘇友好，繼續增強中蘇經濟、文化合作的交流的各項工作。更好的介紹和推動學習蘇聯的先進建設經驗和科學技術成就。為此，我們應做好下列各項工作：

第一、加強國際主義和社會主義的宣傳教育。各工廠、企業、機關、學校，應結合本單位的具體情況加強中蘇友好工作。

特別是目前在過渡時期階級斗爭更加尖銳的情況下，在國際帝國主義企圖挑起新戰爭的情況下，一切國內外敵人必然處心積慮的挑撥中蘇關係，破壞中蘇友誼，因此，我們必須在廣大人民群衆中結合當前國際形勢和群衆思想情況，繼續加強中蘇友好，提高警惕，防止一切國內外敵人的造謠、挑撥，為進一步鞏固中蘇友好，保衛祖國的社會主義建設而保衛世界和平而斗爭。此外，應運用具體事例，繼續宣傳蘇聯人民艱苦奮斗建設社會主義的精神與經驗，動員本市人民為完成國家建設計劃而奮斗。為此，我們建議：有條件的工廠、企業、機關、學校等單位，應在黨委領導下，整頓和建全中蘇友好協會的組織，建立和加強中蘇友好宣傳和學習蘇聯的經常活動。市中蘇友協應密切配合各人民團體的工作，及時供應材料和具體幫助，在各種群眾活動中加強中蘇友好和國際主義的內容。

第二，繼續推動各界的學習蘇聯運動。首先在學習蘇聯先進經驗方面應克服一部份技術人員和幹部中對蘇聯先進經驗的懷疑態度和自滿情緒，并注意使學習蘇聯和我們的具體情況相結合，防止機械搬用。其次應加強重點介紹和推廣蘇聯先進文化和科學技術的知識經驗，對學習蘇聯獲有成效的單位，應加以總結，繼續推廣。中蘇友協應在這方面多作些組織聯系和供應材料的工作，中蘇友好館作為宣傳陣地之一，應繼續廣泛組織各種文化、科學活動，宣傳蘇聯的科學技術和文化藝術。

第三，為了順利的開展學習蘇聯運動，應繼續發展和提高業餘俄文教學工作，更多的培養俄文人材，為本市經濟及文化建設服務。因此：中蘇友協應辦好俄文專科夜校，并大力開展俄語基礎教學工作，加強對各單位俄語學習的輔導，更廣泛的組織工程技術人員參加俄語學習。此外，還應加強對本市各單位的俄文人材的聯系供應材料，組織翻譯，以推動各單位的學習蘇聯工作。

同志們：這就是我們當前應當進行的幾項主要工作。當我們在這裏慶祝中蘇友好同盟互助條約簽訂五週年的時候，當我們正滿懷信心地為建設社會主義和解放台灣而斗爭的時候，我們更感覺到我們任務的艱巨和責任的重大，但是我們完全相信，由於黨的領導，和全體會員的努力我們的任務一定能完成，中蘇兩國人民的友好團結一定能更加發展。

讓我們盡一切努力來鞏固和發展中蘇兩國人民之間的友誼！

為帝國主義在中蘇人民的堅強團結面前發抖吧！

偉大的、牢不可破的中蘇友好萬歲！

一五三、財政部税務總局爲中蘇合營四個公司移交我國後進口物資納税問題事通知新疆省、北京市税務局（一九五五年七月四日）

X90-C-767

66

字第 9 號

中央人民政府財政部稅務總局（通知）

事由：	关於中苏合营四个公司移交我國後其進口物資的納稅问題	主送機關：	新疆省、北京市稅務局	擬辦：一處速上
附件：	(55)政二字第二六三〇號	抄送機關：	新疆石油公司、新疆有色金屬公司、大連造船公司、民用航空公司、海關總署、遼寧省、天津、旅大市稅務局	批示：擬請一科办理

收文 一 字第 938 號 1955年 7月 7日 時收

67 1955年 8月 4日

2-1

67

一

按財政部(55)17財稅吳字第四十六號通知：「关於中苏合营四个公司移交我國後，其進口物資的納稅問題，前經對外貿易部与各有关部門開会研究，並報經國務院（五办）以国義寅三十八號電報批示同意，按以下規定办理：㈠自一九五五年一月一日起進口的应稅產品，不論合同是屬於那一年訂定的，均应於進口時照章交納商品流通稅或貨物稅。㈡在一九五五年一月一日以前進口而未使用的应稅產品，凡供本厰自用者，不再补納商品流通稅或貨物稅，但此項產品如在市場出售者，仍应照章交納商品流通稅或貨物稅及营業稅」等語。此項規定应自一九五五年一月一日起执行。一月一日以後進口或出售一九五五年以前進口的应稅產品均应按此項規定予以追补。

一九五五年七月四日

校對朱平

68

一五四、天津海關關於擬准蘇商大陸油廠繳銷外貿執照事請示天津市外貿局（一九五五年七月十二日）

X175-Y-94

35 5

天津市對外貿易局
收文 1383 號
1955年7月13日

(叫) 268

第二業務處

中華人民共和國天津海關 請示

(55)津進出字第二一八〇號

事由：為擬准蘇商大陸油廠繳銷外貿執照

主送機關：天津市外貿局

抄送機關：

附件：

擬辦：擬准繳銷執照，批復海关，請

元化檔存

[signature] 7/14

批示：

收文 字第 號 19 年 月 日 時收

7

津関135.54.12.5000張(一版)

接天津市人民委員會外事處本年六月二十八日外燮字第一七一號函通知：蘇商大陸油廠申請撤銷進出口業務，原則上同意一節，經我關審查結果，該商主營工業加工，過去雖領有外貿執照，但實際並無外貿業務，故擬准其撤銷執照，特此報請核示。

中華人民共和國天津海關

一九五五年七月十二日

8

一五五、天津市人民委員會爲同意撤銷蘇商大陸油廠外貿執照事批復市外貿局（一九五五年八月三日）

X175-Y-94

357

天津市對外貿易局
收文 2303 號 304
1955 年 8 月 5 日

天津市人民委員會（批覆）

（收文承辦單位 第二業務處）（會辦 ）

事由：如文

主送機關：市外貿局

擬辦：

批示：

附件：

發文 津委財(55)字第五六號 年 月 日

抄送機關：天津海關

第 頁

收文 字第 號 19 年 月 日 時收

裝訂線

11

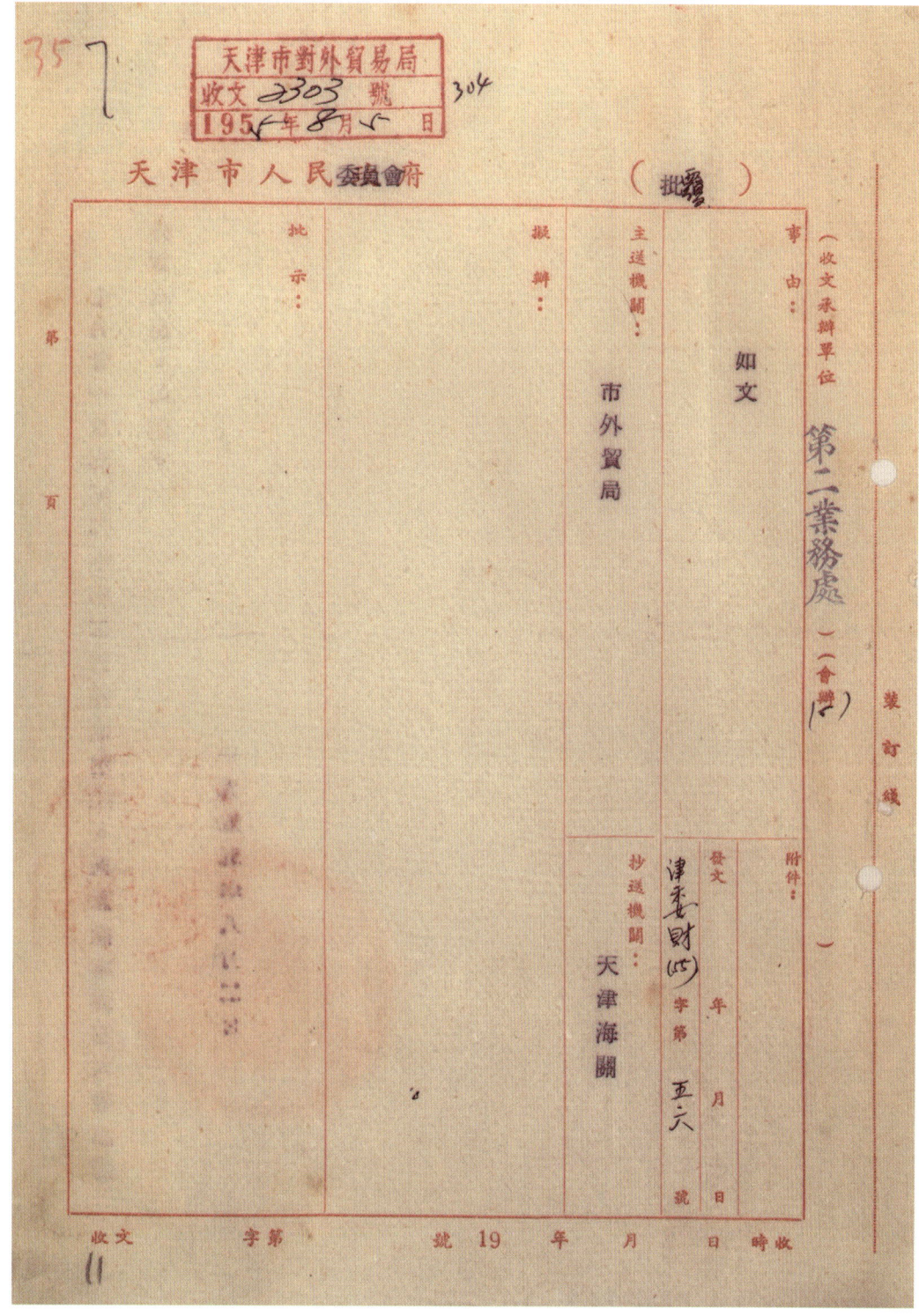

七月廿一日(55)業二字第二五號請示悉。同意撤銷蘇商大陸油廠外貿執照。此覆。

一九五五年八月三日

天津市人民委員會

12

一五六、市外貿局爲批准蘇商大陸油廠繳銷外貿執照事批復天津海關（一九五五年八月九日）

X175-Y-94

中央人民政府對外貿易部天津特派員辦事處

天津市對外貿易局稿紙（批复）

（ ）貿二字第二一八號

事由：為批准蘇商大陸油廠繳銷外貿執照

主送機關：天津海關

擬稿

核稿

發

七月十二日(55)津進出字第二一八〇號請示悉：經報部

人民委員會八月三日津委財(55)字第五六號批复：同意撤

銷蘇商大陸油廠外貿執照。特批复知照。

擬稿單位	有关单位	繕寫	校对	蓋印

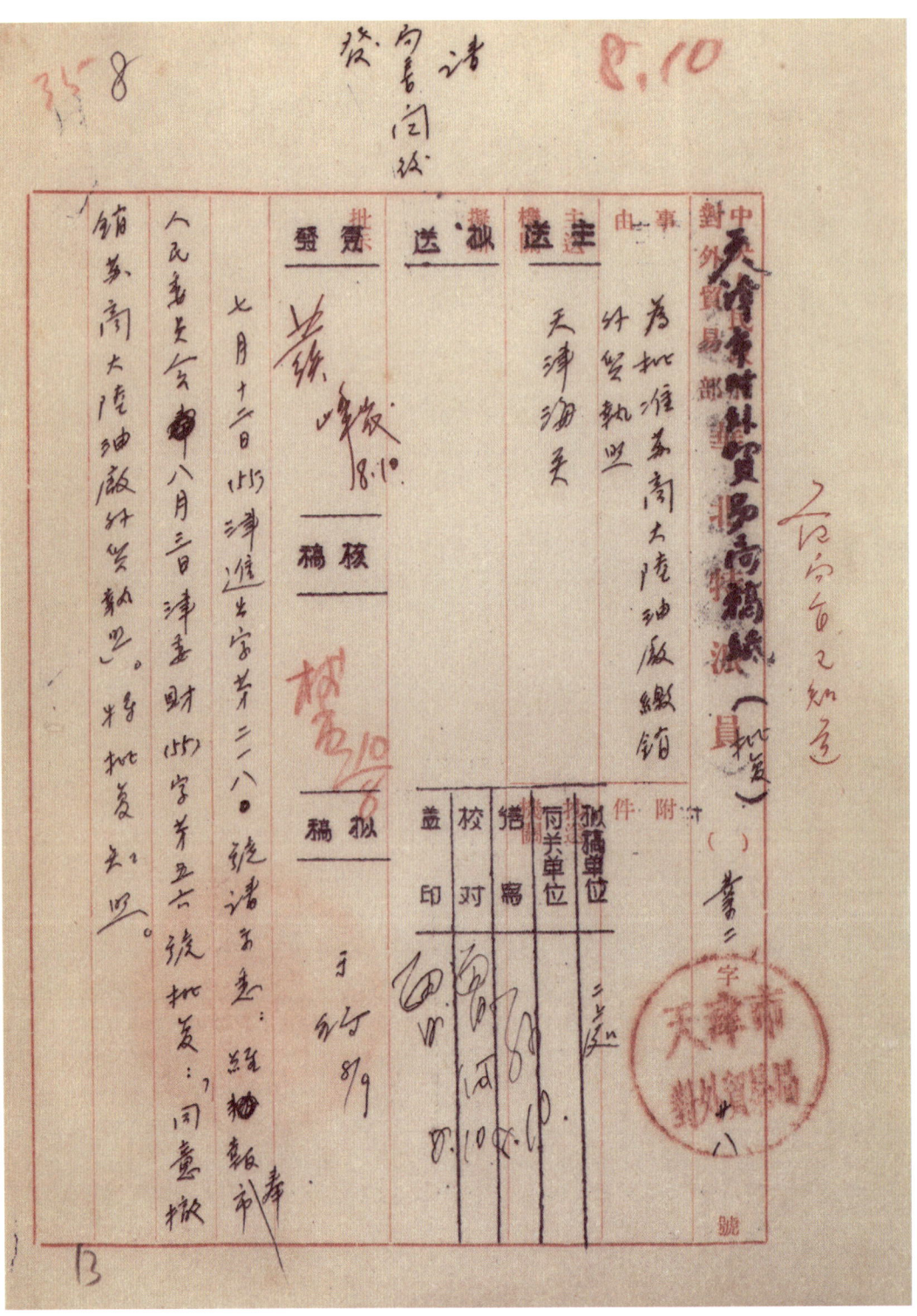

一五七、天津市人民委員會外事處爲安置前蘇領館和蘇商代處天津分處解雇員工工作事致天津市人民委員會辦公廳報告（一九五五年八月十九日）

X58-C-1681

43

事由	呈请安置前苏領館和苏商代处天津分处等解僱員工工作
主送機關	市人民委員会办公廳
抄送機關	市劳動局
文別	報告
附件	一件
擬稿	侯叔敖 17/8
急密平	平
繕寫份數	二份
核稿	[illegible] 17/8
判行	[illegible] 18/8
繕寫	[illegible]
校對	[illegible]
監印	[illegible]
封發	[illegible]

注意事項

一九五五年八月十九日 外文字第〇〇九三號

关於前苏联驻津總領事館中國職工的安置問題，我处曾以外文（55）字第〇〇五号呈報在案。經此市劳動局联系，除厨工宋呈華一人工作因有困难尚待解决外，其餘二人均按鈞令指示由劳動局劳動介紹所先後作了適当的安置。

最近苏联驻華商務代表处天津分处代理处長乾利索夫向我处提出：該处因業務情况的变化將逐步減少在津工作苏联全家的人数（按：过去該处經常保持近四十人，现已减至十八人。），因而該处現有中國職工亦应作适当的裁减，特請我处協助代為轉業。

該处除最近解僱華籍員工二人（名單見附）外，今後还將陸續

天津市人民委員會外事處

划解僱部分職工。特此呈報，並請轉知市勞動局與我處聯系進行此項工作為荷。

附：首批解僱的名單一份。

天津市人民委員會外事處

一五八、蘇聯企業中黨的工作考察報告（第二次修正稿）（一九五五年九月十七日）

X3-C-5514

蘇聯企業中党的工作考察報告（第二次修正稿）

工會代表團在蘇聯下廠考察期間，曾和捷爾仁斯基煉鋼廠、李卜克內西軋鋼廠、有色棉紡廠、莫洛托夫汽車廠、斯大林自動聯合收割機工廠、斯大林礦及第聶伯爾河水電站建築工程管理局等企業的党委書記進行過談話，詢問了蘇聯企業中党的工作的某些地方面的問題。茲將這些談話材料，綜合整理出來，藉供進一步研究和學習蘇聯企業中党的工作的參考。

（一）

企業中党組織的基本任務概括的講是：(1)動員全體職工完成國家計劃，2.教育全體職工明確党和政府政策，決議及路綫之正確性；3.吸收党員教育党員；4.關心和改善職工的物質文化生活條件（按蘇共党章規定，企業中党組織任務爲八項。以上係引自捷爾任斯基廠党委書記談話）。企業党組織對行政活動進行監督，對工會共青團及其他志願團體等進行領導，對企業中群衆政治工作負有全部責任。

（二）

企叶中党的組織按生產原則建立。工廠有党委員會，在車間及工廠管理處建立車間，工廠管理處党的委員會（即我們通稱的支部），党的小組則建立於生產工段和科室中。工廠党委、党的車間、工廠管理處委員會和党小組長都是選舉產生，任期一年。

工廠党委員會一般由九至十一人（僅據我們訪問的幾个工廠的材料）組成，成員包括有党委書記，副書記（一至二人），工廠廠長、工會主席、車間主任、科長、車間委員會的書記、工廠報紙編輯，党圖書館主任及優秀工人等。委員的分工以捷爾仁斯基工廠爲例：書記負責總的領導，第一副書記管組織工作；第二副書記管宣傳鼓動；委員之一的工會主席負責社會主義競賽（也有廠分工管理宿舍政治工作或其他工作的）；廠長負責技術學習及發明與合理化建議室的工作（有的廠長分工管技術宣傳）；委員之一的工廠報紙編輯負責領導車間牆報工作；委員之一的機械車間主任負責生產機械化工作；其它委員則給臨時委託的任務。

車間、管理處有党員十五人以上選舉党委員會，其組成及分工，大致亦和工廠党委員會相似。以捷爾仁斯基廠的高爐車間爲例：該車間有党員一百餘人，委員會由七人組成，除書記副書記外，委員包括有車間主任、工會主席、工長、党小組長等。其分工：書記負責宣傳，組織及共青團和婦女工作；副書記管政治工作，党的教育，實物鼓動，委員之一的車間主任和工會主席負責社會主義競賽；委員之一的党小組長負責幫助各小組長工作；擔任工長的委員負責牆報編輯；另一委員則接受党的臨時委託。

工廠党委員會設有不大的工作機構，領薪人員很少，以李卜克西工廠爲例：党員有七三九人（約佔全體職工百分之十）脫產的工作人員總共才祇六個其中除書記副書記三人外另有圖書館主任一，館員一及秘書兼打字員一。第聶伯爾河水電站建築工程管理局，是一個不小的建築企業，党委脫產人員也只有八個，其中有書記副書記，圖書館主任、館員、秘書、指導員等各一，宣傳員二。党的車間組織，凡党員超過一百人者允許有脫産的書記一人。因此上述幾個工廠一般只有三、四個車間党的書記是專職人員。

蘇聯較大的企業中的党委書記，一般都是蘇共中央組織員（上述捷爾仁斯基工廠，有色棉紡廠及水電站建築工程管理局等党委書記都是）。組織員由中央確定，對中央負責，它有義務向中央反映本企業的一切情況和提出建議，可以直接請求中央幫助。組織員在必要時對當地上級党委的指示或措施可暫時不執行（參看水電站建管局党委書記談話）但這種權利很少或從未使用過。

（三）

党組織的工作，是按計劃進行的。計劃一般分爲党委工作計劃，群衆政治工作計劃和日曆計劃。党委工作計劃，按季或按月製定，計劃內容包括：聽取報告，討論問題召開各種會議以及爲進行這些工作所作的各種準備。計劃中的聽取報告，一般多是聽取行政的報告。但有時也聽取工會、共青團等組織的報告，例如莫洛托夫汽車工廠党委會在十二月份就聽取了：廠長關於縮減管理機構的報告；總工程師關於採用新技術的報告；金屬供應科關於金屬供應的報告及工廠委員會主席關於工人大會問題的報告。在定期的党委會議上討論問題是計劃中的重要項目，凡企業中的一切問題如：党的組織、宣傳工作，工會共青團工作以至對行政的監督工作等都要討論，無所不包，但每次會議僅能根據實際生活的要求，討論三、四個問題。水電站建築工程管理局在十月七日的党委會議上討論了：在宿舍中對青年工人進行教育問題；共青團組織總結選舉大會問題，水泥攪拌廠党小組工作問題。又如有色棉紡廠在十二月份三次党委會上分別討論的問題是：社會主義保證條件；精紡車間工作；人民法院選舉；工人食堂；自修馬列主義；車間宣傳鼓動以及如何提高党的會議作用等問題。除定期的党委會議外，還有党員大會，以及為了某項工作召開的其它党的會議，如党的車間委員會書記和小組長會議等。根據要聽取的報告，討論的問題和召開的某種會議，指定專人或組織專門的工作組事先進行準備。是党的組織工作中很重要的一項，這一項亦須具體的列入計劃。制定計劃是根據党的決議，指示，特別是要根據實際生活中提出來的問題，就是說實際生活中要求解決那些問題就把它訂入計劃。這樣就使計劃具有了充分的客觀實在性。這種實在性加上對每項工作，在完成時間和由誰負責等方面明確具體的規定，就能一般的保證計劃在執行時便於檢查和不致落空。党委的工作計劃須經党委會討論批准，但並不向下佈置，只是一般的通知各車間党組織，使其知道党委在一個月內要作那些工作即可。党委的計劃只是包括党委本身要作的工作，車間党組織的工作由各車間党組織自己製訂計劃。其計劃內容和上述党委計劃大致相同，只是更加具體一些。

群衆政治工作計劃，亦是按月制定，內容包括：全廠各車間鼓動員領導人和鼓動員的學習；鼓動員在群衆中舉行座談的題目；牆報的內容以及對党車間組織書記和積極分子（如小組長牆報編輯）的訓練指導（作專門問題的報告）等。這個計劃同樣經党委批准，批准後下達各車間党組織，車間党委對計劃中有關問題，具體組織執行。

日曆計劃是協調企業中各個組織佔用業餘時間，在全廠範圍內進行大的活動的計劃。這個計劃由工廠党委吸收工會、共青團等組織共同研究制定，一般是三個月視情況更改一次。這種計劃，在有些廠訂得比較具體，如斯大林自動聯合收割機廠，就是按週逐日的定出每個組織的具體活動。有些廠則只粗略的劃分一下經常的幾個大的活動佔用的時間。從幾個廠總起來看一般是：党團政治學習、工程技術人員學習、工會幹部學習和對積極分子指導及志願團體和文藝活動（星期六）等各佔有固定時間。各個組織的各種會議就在這些活動的時間以外或穿插於其間進行。但爲避免衝突，一般都遵規定党團委會議、工會工廠委員會議，党團員大會。工人大會等大的活動的時間和次數，這種計劃其所以要三個月修定一次，是因爲在一定時期中往往有些大的延續時間較久的工作，如總結選舉，集體合同運動等插進來要作，因此就必須適應這種情況重新分配業餘時間與安排各種活動。

正確的組織党的會議，是党組織工作中很重要的問題。党的會議通常有：工廠党委及車間党組織的委員會會議，車間和全廠的党員大會；党小組會議等。

工廠党委及車間党組織委員會會議一般一月二至三次，內容如前所述，包括聽取報告，討論問題，制定決議，批准計劃等等。

党員大會全廠三月一次，車間一月一次。在党員大會上聽取的報告和討論的問題同樣很廣泛，如上次大會决議的執行情況，工作總結與工作任務和計劃，生產技術，勞動紀律，社會主義競賽，宣傳鼓動及文化教育，冬夏季工作（包括衛生、生活、文化休息，兒童活動等）党組織的工作，發展教育党員，党員在生產中的作用，党的紀律等問題，都是党員大會的內容。在党員大會上廣泛的聽取這些問題的報告，進行討論開展批評，是党員群衆對党組織的工作以至行政和各群衆組織的活動，進行監督的一種最有效的形式，因此，党組織對於召開這種會議十分重視，召開党員大會的程序一般是：在党委會議上决定了會議的時間和所要討論的問題之後。接着就一方面向下傳達直到每個党員，一方面根據所要討論的問題，組織工作除了解情況，收集材料，草擬决議。如果是全廠党員大會，這些準備工作一般在會議召開之前一個月就着手進行，會議的具體時間，地點和日程要在舉行會議前五天公佈，党委並向党員正式發通知書。開會時選舉主席團（十一至十三人不等）通過議程和發言時間（如報告多長時間每一次發言幾分鐘）然後由事先指定的報告人作報告，報告後進行討論，批評，最後通過决議。報告時間一般為四十分至一小時，發言時間十分鐘，整個會議時間最長不超過三、四小時。如果是車間党員大會，則會議的時間還要大大縮短。車間党員大會一般都吸收非党群衆參加，全廠有時亦舉行党的公開大會，主要看所要解决的問題的情況而定。

小組會議一月亦二次至三次。凡生產、教育、党的紀律，行政及工會共青團工作諸方面問題亦都討論。而且在絕大多數情況下都吸收群衆參加（如捷爾仁斯基廠有群衆參加的党小組會佔至分之九十八）由於党的小組是建立於决定企業計劃命運的單位中，因此党的小組長的選擇和小組工作的正確組織就十分重要。小組長應當是先進生產者，應當是懂得生產，掌握技術，了解情況而又有一定的政治文化素養。在群衆中享有威信的人。小組長應當成爲「集體的靈魂」應當作到深知群衆疾苦，群衆有什麽問題均願向其提出。小組任務總括起來是：保證完成計劃；教育党員；監督行政；領導工會、共青團組織。小組不作月工作計劃，因爲它主要是解决生活中的迫切問題，小組在進行工作中必須善於依靠工會組織及其積極分子，同時要教育小組每個党員，在生產中發揮先進作用，因爲這是保證小組實現自己任務的主要條件。如有色棉紡廠布分廠某小組的党員，經常完成定額百分之一百一十到一百十八，這樣自然就會在群衆中享有威信，便於進行工作。

在召開會議，聽取報告，討論和解决每一重要問題之前進行的準備工作，在党的組織工作中具有重要意義。進行準備工作通常的方式，是組織工作組（隊）或臨時委員會。工作組或臨時委員會，是根據所要解决的問題的性質，由党政工團各方面各種工作的「權威人士」「內行」專家組成，人數可視情況由數人到數十人不等。工作組或臨時委員會的任務，就是接受党委的委託，對所要解决的問題，進行具體的調查研究，收集材料，準備報告，草擬决議以提供党委討論。但這僅是它的任務的一方面，工作組或臨時委員會，更重要的任務是在進行這些工作過程中就要及時主動的帮助下面，設法採取措施，消滅缺點，起其更積極的作用。例如提爾仁斯基工廠，高爐車間党組織，爲在党委會會議上討論解決十號高爐生產中的薄弱環節——裝料問題、組織的工作隊，在爲會議準備材料的過程中，發現影響裝料的稱量車的値日制度組織的不好，備用零件缺乏。於是就及時幫助工長改善這些工作。由於這一問題的解決，遂使該高爐產量很快由五五〇〇噸提高到七〇〇〇餘噸。蘇聯企叶中党組織在解決問題時運用的這種形式，已經成爲他們進行領導、組織工作，必不可少的一種固有的方法和程序了。上述高爐車間党組織書記曾說：眞理就在於準備。因爲通過這種形式不僅可以使党在解決問題時能掌握有充分的根據，而且更重要的是在於能吸引廣大的積極分子參加解決問題的工作。事實是吸引積極分子從事準備工作的愈多，則參加會議和在解決問題時提出的建議也愈多，問題解決的也就愈好。所以捷爾仁斯基工廠党委書記曾說：「我們的原則就是在解決任何問題時都能吸引更多的人參加，使每項工作都具有群衆性。」党委依靠工作組或臨時委員會進行準備是重要的，但並不是唯一的。党委親自下車間深入現場去實地觀察研究，並和党內外有關人員廣泛保持接觸，同樣是被十分強調的。從這些作法當中，我們不難窺見，蘇聯企叶中党組織在日常領導工作中是如何嚴格的遵循着群衆路綫的方法與實事求是的精神。

党組織工作中的另一重要問題，是組織對党的幹部的訓練和日常指導。党的工作水平，在很大程度上，決定於党基層組織的幹部，是否善於履行自己的職責和是否善於進行組織工作，以使每个党員，都能很好的完成党的委託。因爲「个人上戰場不算士兵」，必須要把自己的力

093

量正確的組織起來。必須使每个環節都發生作用，因此就必須經常不斷的關心與提高基層組織幹部的水平。党組織一年選舉一次，每次選舉都有新的積極分子補充進來，對於這些新當選的幹部的訓練尤其重要。李卜克內西工廠，在今年對新選的車間組織書記組織了二天的脫產訓練，內容是：(1)革命警惕性；(2)党組織如何監督行政；(3)如何領導鼓動員；(4)車間党的組織工作等。訓練之後，又組織到別的先進工廠實地研究了一次党工作的經驗。這樣就使他們在進入工作之前即可具備一些基本知識。在工作中的訓練主要是靠經常系統的習明納爾。習明納爾一般一个月要舉行二、三次，其題目是根據當前工作的要求確定的，如有色稀紡廠十二月份給車間党組織書記和小組長舉辦的習明納爾內容有：如何提高對共青團的領導；党小組如何提高對經濟活動的監督；又如李卜克內西廠，在同月給車間党組織書記和委員舉辦習明納爾的題目是：如何召集党員大會；如何參加人民法院的選舉等。除習明納爾外，有計劃的聽取車間書記和小組長的報告；組織他們的經驗交流與座談會；討論党的指示等對提高幹部的工作水平也很重要。儘管在企叶党組織中專職工作幹部很少，而且每年均有更替，但其工作却能保持高度的水平。很顯然的是和重視對幹部的日常培養教育分不開的。

（四）

企叶党組織對行政活動的監督，是党賦予的權利。蘇共党章規定，「爲了提高生產企叶……基層党組織的作用和他們對企叶工作的責任感，授與這些組織以監督企叶行政活動的權利」。

党組織和企叶行政共同對党，對國家負責，因此它就必須充分的利用這種監督的權利，經常的保證完成國家計劃。

党組織的監督，包括企叶經濟活動的各方面。諸凡生產、技術，供應，產品質量，設備利用，勞動組織，勞動保護，技術安全以至幹部的挑選、培養等等一切工作都應置於党的監督之下。但党監督主要注意力在每个時期究應放到那裏，這要根據党在社會主義建設的各个階段上所規定的方針，和企叶的狀況，條件與面臨的任務而定。例如捷爾仁斯基工廠，在目前，在圍繞爭取進一步改善企叶經濟指標的鬥爭，党組織監督的主要注意力是放到推廣革新者的經驗和提高工程技術人員技術熟練程度方面。

監督的方式通常是採取：(1)在党的會議上聽取廠長、總工程師，車間、科室等負責行政工作的党員的報告，並作出相應決議責成其執行。(2)在党員大會上討論經濟工作開展批評，提出建議。(3)召開生產技術代表會議，或進行生產大檢查，動員職工首創精神，解決企叶的某些基本問題。最後党組織可隨時索閱企叶各種材料，和找行政任何負責人談話以及時的提醒他們應注意的問題。

在党的會議上聽取報告問題前已述及。這一方面是針對當前經濟活動中的某些關鍵問題或薄弱環節（如前述莫洛托夫汽車工廠党委聽取採用新技術和金屬供應問題報告），指定相應的行政人員如廠長、總工程師、技術部門負責人、管理處各科長、車間主任、工段長等向党組織作報告，以便採取党內影響的辦法（如作決議）求得解決這些問題，因此亦如前述，在聽取報告之前進行準備，掌握材料，就十分重要，否則便不能認眞的展開批評，恰當的制定措施和給以切實有效的影響來改進工作。另一方面在党的會議上，亦聽取行政在某一時期（如一季一年）執行國家計劃和實現某項措施的計劃與工作進程和結果的報告（又如上述該廠党委聽取關於減縮行政机構的報告）。聽取這些報告，党組織是爲了了解情況和作一般檢查並給予某些指示或評價，不一定都要作出決議。

在党員大會上討論經濟工作，是動員全体党員、整个党組織，實行監督的最有效的形式。同時通過這種形式可以大大激發和加強全体党員，整个党組織，對於企业經濟活動的關心和責任感。李卜克內西工廠，在一九五四年的各次党員大會上討論了十八个問題，如馬丁爐生產，鐵路車間工作，過多問題等。十一月底召開的全廠党員大會，在討論了經濟工作之後，向党中央提出均衡完成五五年計劃和提前完成五年計劃的保證條件。在党員大會上討論經濟工作主要是揭露缺點開展批評和廣泛的提出建議，党的任務就在於發展這種批評和支持各種建議。「批評開展的愈好，工人積極性愈高，缺點也就會越少」。這已經成爲企业党組織工作者的信條。党員大會同樣可以對經濟活動作出決議，如上述李卜克內西工廠十一月底党員大會通過的決議，即指出党和行政在今後要注意，降低廢品，減少停工鞏固勞動紀律等。

作爲監督形式之一的生產技術代表會議（有的稱爲活動分子與业務積極分子會議）是戰後

年代產生的新方法。生產技術代表會議的任務是動員職工積極主動的首創精神，解決企叶基本任務，改善經濟指標，提高質量，完成國家計劃。從捷爾仁斯基工廠介紹的情况看，召開生產技術代表會議之前，車間都要舉行生產會議廣泛的發動群衆針對生產中的問題提出建議，然後由技術科彙集這些建議，作出草案。開會時廠長據以報告，報告後按生產類型分若干組如高爐平爐、軋鋼、机械、動力、鐵路、商叶等分別對有關問題進行討論研究，最後再開大會討論各組研究的結果，並按車間制成措施，以廠長命令公佈實行。參加會議的成員除本廠先進工人、工程技術人員外，還邀請廠外如鋼鐵學院、專科學校、研究所等處的學者專家，因此在生產技術代表會議上制定的措施，不僅具有廣泛的群衆性而且其科學根據也比較充分。党的任務就在於監督這些措施的實現。在一定時期組織生產大檢查的好處，在於能吸引群衆的注意到主要方面來集中的消滅缺點。党組織都把這些作爲實現群衆性監督的重要方式，而被廣泛的採用着。

爲了進行監督，党組織有向行政索閱材料，找行政談話的權利。但一般的不須要這樣作。因爲党是生活在生產中的，它既可以經常的掌握情况又必須及時的給行政人員以帮助。党的任務在於預防缺點，而不是等問題發生之後才加以過問。

對於党的監督，首先應當了解爲社會的公共的監督，党的監督的力量卽在於其群衆性。因此爲了正確有效的組織監督，就必須依靠整个党的組織和廣大職工群衆。党的車間組織直接處於生產當中，党的小組則更是在決定計劃命運的地方。他們不僅同樣具有監督的權利，而且在監督的實施上，作用亦最大。因爲他們既能最實際的了解情况，又便於最及時的採取措施以利用潛力和消滅缺點。例如李卜克內西工廠馬丁爐小組党小組長，在聽取了工班主任一、二月份報告後，發現質量下降，於是及時的在組內提出批評和採取了措施後，廢品遂即下降到百分之零點六。該組五月份又研究了成本工作，使成本減低了百分之一點六。因此經常的注意提高它們的積極主動精神，和監督工作的水平是正確組織監督的重要環節。

社會主義競賽，生產會議和工人大會等都是体現群衆監督的最好形式，党組織的任務就在於經常關心的發展這些形式所具有的監督作用。

提高党員和廣大職工群衆對於監督經濟活動責任感的關鍵，在於充分的開展批評和積極的支持各種建議。党應當在群衆中造成這樣的信念：就是當他在提出批評和建議的時候，他會想到党一定支持他。党對於不執行群衆的建議，應當看作是嚴重的壓制批評，要給予党的紀律處分。第聶伯爾河水電站建築工程管理局，水閘處第二工段長，長期不執行工人的批評與建議，党委就建議行政撤銷他的職務，党內並給以警告處分。當然党在發展批評中，應當注意引導使批評成爲健全的，這一點也很重要。

爲了保證党的監督之群衆性，党還必須注意支持那些具有監督職責的、國家和社會組織的日常的監督措施。例如技術檢查員，對於勞動保護，工會對於集体合同規定的行政義務和生產會議建議的執行等等的監督，党都應當給予積極的支持。党的監督方式，雖然如前所述，在形式上間有不同但基本上都是貫穿和体現着一種精神，這就是監督之公共性。不認識和掌握這點是談不到眞正的監督的。

党的監督的主要任務是保證完成國家計劃。因此党組織在對行政活動實行監督的同時，就意味着自己承擔着更加嚴重的義務。上面已經講過，党組織在自己的各種會議上，聽取行政報告，對行政工作開展批評，甚至要作出決議制定措施責成行政執行。但決不能忘記，党組織在對行政提出任何建議作出任何決定的時候，都必須要考慮到自己的責任；這就是如何對勞動人民進行政治工作以保證行政措施的實現。由此可見党是一面責成行政要如何改進工作，一面又須動員群衆採取措施保證完成行政任務。監督和保證正是這樣不可分離的聯結在一起的。

党在保證完成計劃與實現行政措施方面，除依靠党的政治工作外，還須進行一系列的組織工作。例如爲了尋求和發掘利用內部潛力，可以倡議開展群衆性的合理化建議運動月。爲了吸引群衆注意力去消滅薄弱環節，可以組織生產與勞動大檢查。有時爲了改善某个落後單位的工作党須重新調配自己的力量，派好的党員去掌握重要環節，保證其置於党的影響之下，以使實現改進措施。党在解決某一關鍵性生產技術問題時（如縮短某个部件生產時間）同樣可以先指定党員發揮首創精神，作出榜樣，以影響群衆。這一點是非常重要的，党的一切措施的實現，都要依靠党員的先進作用，党只有通過党員的先進作用，才能充分的影響和動員群衆。

企叶中党的組織所以具有監督權，就是爲了提高它對生產的作用和責任感。党的監督的目的，就在於實現党對行政經濟任務完成所進行的党的保證。如果不能正確的認識和掌握這點，同樣是談不到眞正的監督的。

正確組織監督的重要條件之一，是党組織要善於確定生產中帶有決定性的任務，從而把監督的主要力量引向解决這些任務。監督還必須是積極的，這就是要多從發掘利用潛力和預防缺點着眼，而不單是注意消滅薄弱環節或等到問題發生之後才採取措施。

捷爾仁斯基工廠党委近幾年來，根據工廠生產技術發展情况，把監督的主要注意力放到推廣生產革新者的先進經驗，和關心幹部成長，提高工程技術人員技術水平方面，就是這種抓住主要環節，有預見的從積極方面出發以組織監督的良好例證之一。又如該廠高爐車間党組織當五四年初十號高爐完不成計劃時党組織發現了薄弱環節，遂即監督行政採取措施解决了裝料場問題。生產隨着上升了，但党組織沒有滿足，緊接着又深入研究可能產生的新的問題。果然又發現鑄鐵机不能滿足要求，於是又動員群衆想辦法，終於又很快的消除了這个薄弱環節，保證了生產不斷發展。

党組織如何才能作到抓住關鍵問題並進行積極監督呢？决定性的問題在於深入鑽研生產經濟以及和直接生產者保持日常的活的聯系。只有眞正是洞察和掌握了生產情况之後，才能帮助党組織找到和抓住帶有决定性問題，並從事有預見的積極的監督。泛泛的一般的被動的監督，很明顯不可能是眞正有效的監督。

党的監督和對行政工作的包辦代替毫無相同之點。企叶行政領導的一長制，保證生産的正常秩序和不斷發展。党的任務就在於鞏固一長制的領導。

廠長受党和政府委託，對企叶行政與經濟活動負有完全責任。但廠長爲了實現自己的職責，他首先是要依靠党組織。行政工作的好坏主要是取決於行政人員能否依靠党組織，能否經常的及時的和党組織商量問題。例如廠長要計劃實現某一大規模的措施，他當然可以下命令，但命令是要人來執行的，因此他爲了使措施得以實現，就必須依靠党組織用對群衆的政治工作來保證廠長命令的執行。

党組織的監督權要求行政把一切重大問題提到党委來討論，但這不等於說所有措施都要經過党委批准。党委關心的只應該是生産、生活中的主要的問題。党委會可以決定問題，但它却無權直接發號施令。發號施令的權利屬於廠長。例如關於幹部配備問題，這是要經党委討論同意的。可是党委並不直接指派某人去作某種工作。指派權是屬於廠長的，但廠長在指派時須取得党委同意，如果党委不同意，廠長是否可以逕自指派呢？一長制賦與廠長有這種權力。可是他決不指派，原因在於党委不支持他指派的人。

党組織的決議，作爲行政負責人的党員必須執行，不執行党的決議是嚴重違犯紀律，党可採取党內影響辦法，必要時給予處分。當然在討論和形成決議過程中，行政負責人有不同意見可以提出，對正確的當會被採納，不正確的大家可幫助其認識修正，如果在某些問題上不能取

101

得一致時，還可請求上級党委解决。由於企叶党組織嚴格遵循着解决問題時必須依靠集体經驗，因而就能保證决議之正確性，不能取得一致的現象幾乎沒有。党的决議中提出的問題不能像行政命令一樣規定事務性措施，党的决議的實現不是超越而是通過行政，這樣就决不會影響一長制的鞏固。

一長制是和吸引職工參加管理密切聯系着的，爲此党組織就有責任保證廣泛的發展群衆的健全的批評。用批評的方法以消除行政工作上的缺點，改善行政工作這是一方面，但另一方面還必須保證行政一切指示命令，被堅决執行。這樣才是具有成效的正確的監督。

党組織監督主要任務如上所述是保證完成國家計劃，而監督的結果如李卜克內西工廠党委書記所說則應當是：改善行政工作；防止違犯國家利益現象發生；鞏固勞動紀律；提高党的先鋒隊的作用，保證行政措施的實現和鞏固一長制。

（五）

企叶中宣傳鼓動工作，全部在党組織的領導和監督下進行。進行宣傳鼓動工作的主要形式是通過党的宣傳員和鼓動員組織。工會共青團和工廠文化机關（文化宮、俱樂部、圖書館等）也在党的統一計劃與監督下進行群衆政治工作。但宣傳工作，即馬列主義理論教育是全由党組織負責的，工會、共青團積極的幫助党進行這一工作。

党的宣傳工作的目的，是對党員（也包括非党員積極分子）進行系統深刻的馬列主義教育，帮助党員提高馬列主義理論水平。党爲進行這一工作，建立了宣傳員。党的圖書館也主要是爲宣傳工作服務。進行宣傳工作亦即組織馬列主義理論學習的方法，主要是自學。除自學外党還選送一些党員進當地市區委舉辦的馬列主義夜大學和党校學習。

自學馬列主義的組織是党的教育網，其中又分爲自學小組與政治學校兩種。參加自學小組的一般都是經過政治學校學習或原來就有一定的理論基礎的党員。自學小組分聯共党史小組，聯共党史和馬列主義（即學聯共党史並閱讀馬列主義原著）小組；政治經濟學小組；哲學小組時事政治小組等。每組五人十人二十人不等，同類組同時可以有幾个，要看人數多少決定。政治學校（是一个抽象名稱不是一般的學校）是爲理論水平低的党員組織的，學習內容是蘇共党史，工人階級革命史等，也以自學爲主，但有統一的自學提綱。爲便於輔導，亦可按人數多寡劃分若干个校。（如季卜克內西廠中就有十一个政治學校有一百四十二人參加）參加學習的主要是党員但也有非党的積極分子如準備入党的青年和共青團員等。非党的積極分子參加學習以捷爾仁斯基工廠統計約佔全体自學的百分之十至百分之十五。（整个參加學習的職工百分之二十至百分之三十）

在組織党的教育網時，必須嚴格遵守自願原則，不論党員非党員本人願意參加那種學習都可以，不得强迫。但如沒有五年制以上文化程度者可勸其參加文化學習，如本人不同意，仍可由其選擇參加一種政治學習。

党的教育綱有學年規定，從本年十月一日到次年六月一日爲一个學年（六月一日到十月一日爲假期），在一个學年中要爲自學者制定講座計劃，習明納爾，講演和解答問題計劃。學年終了後不考試只進行學習的總結。自學者日常的學習均在叶餘。每週星期一是党的政治學習日，在這一天給自學者組織各種輔導。

市、區党委的馬列主義夜大學招收具有高等教育水平的党員，學習時間二年，區委党校多爲吸收党的幹部如党基層組織書記、工會主席、党小組長等，其課目爲經濟，地理，党史，蘇聯歷史等每週授課一次，三年畢叶。凡參加這一種學習的均經党組織選派批准。

爲給自學馬列主義的党員進行輔導，党的宣傳員起着重要作用。党的宣傳員是挑選企叶党組織、經濟組織、工會組織中的領導幹部和具有較高政治知識的党員擔任。例如捷爾仁斯基工廠党的宣傳員，都具有高、中等教育水平，且大部分都是馬列主義夜大學畢叶的。莫斯科企叶中的宣傳員，有的不全是本企叶的党員，如斯大林汽車工廠就有二个宣傳員是莫斯科大學的研究員，他們利用叶餘時間進行工作，工作完了仍回學校。

宣傳員分別領導各自學小組學習和擔任講師顧問與質疑解答。宣傳員對自學者的各種輔導幫助一般都是按照預定計劃進行，差不多每週党的政治學習日，都要舉行各種學習的講座，質疑習明納爾和座談。以有色棉紡廠爲例，僅在本學年開始的二个半月中，就爲五〇六名自學者舉行了三十五次講演，三十八次問題解答，十五次座談。

為了加强輔導工作，對宣傳員的教育特別要緊。每年夏季休假時党的州、市、區委都給宣傳員組織短期訓練班，學年內還有固定的習明納爾、企叶党組織利用圖書館對宣傳員更要經常給予幇助。如有色棉紡廠對宣傳員採取个别指導，聽取他們的講座，檢查解答問題，組織他們上課解答問題時互相觀摩交流經驗，以及幇助他們了解問題，給他們組織質疑，檢查教學提綱，準備參考書籍和各種實物教材等辦法進行日常的幇助。

党的圖書館在幇助党進行馬列主義教育和政治工作，幇助党員學習方面擔負着重要任務。圖書館應當成爲「理論上和方法上指導的中心。」它給宣傳員作顧問，對各種訓練班，自學者和鼓動員進行幇助。上述有色棉紡廠對宣傳員所作的各種指導就是該廠圖書館具体組織和進行的。党圖書館對企叶中党的鼓動組織，同樣進行着巨大的幇助。

党組織不但爲党員創造了良好的學習條件，而且對於党員的學習也進行着嚴格的日常監督。例如在各級組織的會議上，經常聽取党員學習的報告，党委會議亦專門討論學習問題，對於曠課者及時的干涉等，都說明党把提高党員馬列主義水平問題看得非常重要，党是把它作爲自己重要職責而實現着的。

党的鼓動工作的目的，是以共產主義勞動態度教育勞動人民，向廣大職工群衆解釋党和政府的政策決議，解釋經濟組織（全廠、車間、工作班的）面臨的任務，解釋國內外時事等，以動員職工完成國家計劃。

鼓動員組織是党進行這一工作的主要形式。鼓動員按生產原則建立（如按車間等），其成員有党員和非党積極分子，但他們必須是一些有政治文化修養，有豐富生活經驗，並有傳達能力的先進的人物。鼓動員直接受車間党組織書記領導。（有的廠有鼓動組長名稱似為從車間鼓動員中指定擔任領導鼓動員者）

鼓動員按照党委政治工作計劃，利用午休或換班時間，以座談方式對群衆進行鼓動工作。座談的次數一般一週一次，座談的題目很廣泛，如捷爾仁斯基廠頒十二月份座談的題目即有：蘇聯的憲法是世界上最民主的憲法（因配合人民法院選舉）；爲產品質量而奮鬥是全体勞動人民的職責，爲健康生活而奮鬥是每个職工的職責；論宗教迷信與偏見之危害；蘇維埃人民的道德面貌（以上三題爲執行党關於反宗教迷信與健康生活宣傳決議）；堅決推廣革新者和先進生產者經驗，蘇聯爲爭取歐洲集体安全而鬥爭等（正召開歐洲集体安全會議），從這些題目中可以看到有些是屬於大的政治方面的，這是從當地党委取得。另外一些是屬於企业生產生活中的，這由党組織自己根據當前任務擬定。在每个題目後面都列有很多參考書籍，鼓動員可據以學習和進行準備。

進行鼓動工作時最主要的問題是要聯系本廠本車間本工段生產，生活的實際，如忘我勞動，完成計劃，勞動紀律和工人群衆迫切關心的各種問題。只有把政治鼓動和本單位當前任務聯系起來，才能起到鼓動工作應有的作用。

進行鼓動舉行座談，當然最好是在紅角，利用午休或換班時間，最好集中的人多一點。但按有色棉紡廠優秀鼓動員巴利切夫的說法是：進行鼓動工作不能僅限於紅角，在大禮堂，工長辦公室，食堂和工作地點隨處都可以進行，至於時間，在生產中用一、二分鐘亦可以和工人談一談。能集中進行全隊鼓動最好，不可能時就進行个別談話。總之鼓動員要隨時隨地的進行活動。

對鼓動員的培養主要是採取向其作報告和舉行習明納爾等方式進行，一般工廠党委一个月要舉行一、二次鼓動員的學習，車間則每週均要進行。鼓動員學習的問題是党的政治工作計劃規定好的，凡本月學習的就是下一个月向群衆舉行座談時用的。再舉提爾仁斯基工廠為例，該廠十二月份給鼓動員規定的學習是：全廠鼓動員領導人（即組長）座談一次，內容是交流鼓動工作經驗。全廠鼓動員座談一次，內容是：鼓動員在動員全廠職工提前完成一九五五年計劃方面的任務；十一个月工廠工作總結，講座一次，題目是提爾仁斯基工廠的歷史與遠景計劃。各車間鼓動員座談三次，內容是：為產品質量而努力是所有職工的義務；蘇聯憲法是世界上最民主的；最大限度的利用內部潛力是提前完成國家計劃的保證。給鼓動員作報告的有州、市、區党委及企叶党、經濟組織有經驗的領導人員，車間每週的習明納爾則主要靠車間党組織書記和鼓動員領導人。州、市、區出版的鼓動員手冊是鼓動員日常學習的主要材料，党圖書館也為鼓動員準備參考書籍幫助解答問題。党組織就是通過這些辦法，經常的提高着鼓動員的活動水平。

党的鼓動工作的另一種形式是講演宣傳。企叶党組織一般都設有講演組（也稱報告員，是從宣傳員中挑出來專門擔任向群衆作報告和講演的），講師（報告員），由企叶党組織書記、副書記、廠長、總工程師、工會主席及工作委員會主席，車間主任科長等擔任。講師組的任務是向職工群衆作專題講演。講演的題目多屬政治問題如蘇聯爲和平而鬥爭；中華人民共和國在政治和經濟上的成就；批評和自我批評是社會主義前進的動力；群衆和个人在歷史中的作用；資本主義在人們意識中的殘餘等等。講演報告次數以李卜克內西工廠爲例：每月在各車間（約三十車間）分別組織二十到二十五次，五四年全年共組織三〇〇多次聽講者有二萬多人。向群衆進行講演報告的除本廠講師組外，當地党委的負責人也經常被請到工廠來向職工作報告，爲了提高講演報告的質量党組織同樣對講師（報告員）進行着日常的帮助和指導。

工廠報紙和廣播在帮助党進行政治工作上起着重大作用。工廠報紙是工廠党、行政、工會共青團的机關報，直接由党組織領導。爲組織報紙的編輯和出版工作設有廠報編輯委員會。編委委員一般都是党員（有的有非党員如有色棉紡廠）主編往往由一党委委員擔任，直接對党委負責。

報紙工作人員很少，如捷爾仁斯基工廠報紙「捷爾仁斯基的旗幟」就只有三人；主編是党委委員，負責報紙的出版及內容的政治性；另有秘書長一人負責報紙的編輯，聯絡和選稿；其餘爲打字員並管會計及發行等叶務性工作。報紙一般都是四開，有的每日出版（如斯大林汽車工廠）多數是隔日或一週出三期。報紙經費除自得的訂費外（訂費年只十盧布左右其收入約佔經費三分之一）其餘由行政和工會分別補貼（約各一半）。

報紙每月的編輯選題計劃在編委會上研究制定，經党委討論批准。報紙上所有刊載的主要文章材料如社論等都須經党委審查。報紙雖有自己的工人通訊員，如捷爾仁斯基工廠報紙就有工人通訊員六五〇多名。有色棉紡廠工人通訊員在五四年內就寫了一千多篇稿件。

党組織通過報紙教育全体職工群衆。使職工明瞭當前党和政府的政策決議及企叶面臨的任務。動員職工以共產主義態度對待勞動，愛護企叶，爲企叶爭光。報紙的任務是要介紹工廠中先進人物的成就，揭露缺點，鞭策落後者，党通過報紙來改善生產和勞動紀律。

報紙編輯選題計劃以捷爾仁斯基工廠爲例，其內容大致是：社論由主編或請其他組織負責同志撰寫，每期都有，題目是針對生產、學習、生活各方面情况而定。党的生活：內容分爲論述党組織的工作，党員先進作用，党的教育網等等。工會生活：內容爲社會主義競賽先進人物的成就，工會工作先進經驗，勞動紀律等。團的生活：內容有團的工作，團員的學習，宿舍工作，團組織的檢查組揭露出來的各種缺點等。生產：主要是宣傳生產技術上的新成就，這一欄名爲「在我們的工廠」。一般生活：包括食堂商店，文化体育，讀者來信等。除上述各欄外，凡有與本企叶生產有關的國家新聞社會新聞及重大的國內外時事，也選擇發表。

對於社會主義競賽報紙用極大力量予以組織和支持。根據蘇共中央決定反迷信及健康生活宣傳和爭取提前完成五年計劃等是年內思想工作的中心。報紙對發展群衆的批評方面也給予特別注意。凡發表的批評建議都同時通知有關單位或人員，要求它們把接受和改進情况告訴報紙，並公開發表。對於不接受正確批評者，要再予以公開的批評。對於每一篇稿件都須要妥善處理，對於每一个人的意見都必須回答。

党對報紙工作的領導，主要是靠加強報紙編委會的工作。主編參加党的會議，可以經常的了解到党在一定時期的工作方針與工作情况，党委每月都要討論和審批報紙的計劃，這就可以使報紙的活動能符合党的要求。為提高報紙的質量，有的廠舉辦一種報刊編輯訓練班，研究如何編輯和提出問題，如何給寫稿人解答問題等。同時每月在党的宣傳員會議上還舉行報刊評論，藉以幫助編輯提高工作水平。對於報紙通訊員的工作，也須予以關心。提高通訊員的辦法，是依靠報紙工作人員耐心的看稿改稿和與他們談話。同時每月舉行定期的通訊員會議，在會議上研究和指明當前應特別注意那些問題，如何撰寫稿件評論等也以予指導。每年召開一至二次（一般在五月五日因是蘇聯報紙節）通訊員和讀者代表會，在代表會上主編報告工作，聽取意見，獎勵好的通訊員（有物質獎）同時也對通訊員提出要求。

車間牆報是車間党、政、工、團机關報，同樣是由党組織領導。牆報亦組織有編委會，編委會是由工會、共青團推薦，在職工大會上選舉通過。編委有五——七人。主編一般亦是車間党委委員擔任。其餘為秘書，諷刺畫家和採訪員等。牆報的任務，主要是宣揚提高勞動生產率，完成任務，愛護的節約原料和不出廢品。牆報是一个很好的鼓動員，它不僅表揚先進，而且揭露和批評缺點。牆報反映的缺點，車間領導要討論、回答並提出改進措施。牆報出版次數不一，有的每週一次，有的一月出二次。牆報一般不作編輯計劃，但党委的政治工作計劃中往往包括有牆報題目，如捷爾仁斯基工廠十二月份的工作計劃中就規定有：憲法節和我們如何完成國家計劃等二次牆報的題目。牆報編委會每年改選一次（亦在五月五日），改選時主編要向職工大會作工作總結報告。

實物鼓動中，鱷魚報和閃電報等也起着主要作用，有的工廠共青團亦辦有小報（如捷爾仁斯基工廠團的辣角報）。鱷魚報就是一種諷刺畫，在批評揭露缺點上它是一个最有力的武器。一般由廠報（水電站管理局爲車間牆報）編輯，出版不定期。閃電報就是快報，主要報道生產和社會主義競賽中先進人物與優勝者的成就，由工會出版（水電站管理局爲共青團出）。這種報一般裝飾的很美觀，工人一看到就知道是有人獲得了成就。另外有的廠還出版一種飢號報，這是揭示不好情况的。它和閃電報相反，用一種灰黑的顏色裝飾着，工人一看到，就知道是有些地方沒有完成計劃或發生了事故廢等品。工廠、車間的標語、口號、招貼畫的編製，一般也由廠報和牆報編輯委員會負責。這些標語、口號中有些是比較固定的，如党中央在一定時期提出來的任務，口號等。但有些屬於臨時的地方性的和本企业範圍的，如俄羅斯聯邦及地方蘇維埃選舉、政治節日等，則經常更換。招貼畫一般是根據生產要求擬製，如把某種材料價值寫出來，號召職工節約等。

工廠廣播歸党組織領導，經費由行政負責。廣播內容有時事，先進經驗及先進生產者介紹等。一般每日早晚廣播二次，每日廣播內容都須經党委審查批准。

爲使党的鼓動工作具有戰鬥的進攻精神，党組織必須要時時刻刻的了解群衆的思想情況。了解群衆思想情况辦法，主要是靠党組織和群衆保持密切的接觸。經常的接待工人來訪，到車間去找工人談話，諸凡党和政府有新的措施提出，國內外發生大的政治事件，群衆都會向党組織提出各種各樣的問題，從給他們解答提出來的問題中，党是可以感到群衆脈搏的跳動的。除此以外，党還可以通過党組織中的情况彙報員，了解群衆的思想動態。根據群衆的思想，進行切合實際的鼓動解釋，從而把群衆的認識引導到正確的方面，這正是党鼓動工作中的重要任務。

保證党的鼓動工作的政治思想內容，首先是依靠正確的挑選各種鼓動組織的幹部。其次是加强對他們的日常培養和在進行鼓動之前的具体指導。再次是實際的參加他們對群衆舉行的報告、座談，了解他們的工作質量和思想方向。並藉以採取措施，幫助提高。党組織通過這些辦法，經常的加強着對鼓動工作的政治思想領導。

工會和工會文化机關，對党的宣傳鼓動工作給予很大幫助。如爲配合党的馬列主義教育即組織放映有關党史的電影，請老党員作報告。爲協助党的政治工作，經常在俱樂部、紅角、宿舍等處組織報告、講演。總之凡是党在教育及政治工作上的一切措施，都會得到工會的積極幫助與配合。工會也正是在這方面，具体的實現着党的政策的積極傳導者的職責。

（六）

企叶中党組織對工會、共青團及其它志願團体實行領導。這種領導是通過這些組織中的党員實現的。領導的基本環節在於爲這些組織挑選幹部。並可能的使其各級主要領導人員都是党員，如此党就可以通過這些党員幹部實現與群衆的聯系和給這些組織以党的影響。

工會章程中規定，工會是在党領導下進行工作的。党在企叶中的任務是保證完成國家計劃和關心的滿足職工群衆的物質文化生活需要。工會同樣也關心的是勞動生產率的提高，因爲生產率的提高工資就會跟着增加，職工生活可以改善。這就充分說明党和工會的任務完全一致。党正是與工會一起進行工作，以解決這些共同任務的。

党對工會進行領導通常的方法是：党在自己的會議上聽取工會工作報告，討論工會工作，必要時對工會工作作出決議或指示。如莫洛托夫汽車工廠党委在十二月份就聽取了工會主席關於工人大會的報告，有色棉紡廠同樣在十二月份的党委會議上討論了工會工作。

工會主席一般都是党委委員（很多車間亦同）他參加党委一切會議（不是委員者亦應吸收參加）從會議上得到指示，帶同到工會組織去貫徹。党組織認爲這是對工會進行領導一種很好的方法。

党組織的書記或副書記，被選入工會委員會，通過參加委員會工作以進行領導，或經常的參加工會的實際工作與各種會議（如委員會會議，各工作委員會會議，代表大會總結競賽等），及時的在工作中觀察和提出建議。有時還給工會幹部組織報告，如水電站建築工程管理局党委，十一月給該管理局工會各級文教委員會主席，文化宮人員，報告了「迎接三十七週年如何對居民進行宣傳」。莫洛托夫汽車廠党書記給該廠各車間工會主席報告了「在目前推廣先進經驗中的任務」。

党組織參加工會舉行的各種措施，給予帮助。如工會進行總結選舉時，党組織確定一些党員參加工會代表會議，帮助把會議開好。工會召開工人大會時党帮助組織，確定一些党員參加大會並積極發言。党組織經常强調党員應當成爲工會工作的第一个積極的助手。党正是通過對工會的積極帮助以實現自己的領導。

党經常關心工會幹部的選拔與培養，如在工會選舉時党帮助挑選幹部，慎重的研究和審查工會的候選名單，党可建議工會選舉那些人或指示工會批評那些工作不好的人。党的任務就在於帮助工會如何能把更好的工作者選入工會組織，不然選舉了不適當的人，群衆首先會埋怨党考慮不週到。在工會幹部被推薦到蘇維埃的党的經濟的机關工作時党要負責，工會幹部調動須經党委同意。

党組織要帮助工會制定計劃，但它並不在自己的計劃中規定工會工作的計劃。工會計劃須送党委審查，但党不批准工會計劃，党對工會工作計劃只是提出意見給予指示帮助修正。工會計劃應由工會委員會批准。

党組織可以責成党員的工會主席，實現党的某項決議。例如水電站建築工程管理局党委對於全蘇建築工作會議問題感到須要在群衆中進行廣泛的傳達解釋；於是就責成工會主席實現這項任務。工會主席根據指示隨卽採取措施，召開各班工人大會來進行這个工作。

党對工會的具体領導除上述種種形式外，党組織書記和工會主席日常的活的聯系非常重要，而且這種聯系根本不需要規定任何辦法也決不能受任何所謂制度的限制。企叶党組織一般（我們看到是全部）都和工會組織住在一起，從實際生活中看，彼此的聯系商量問題非常密切。党組織和工會都強調的是：「党幇助工會……」「工會幇助党……」「党和工會一起工作完成共同任務」。

從上述這些情況中，不難看到，企叶中工會組織的一切工作，都是在党組織直接領導和積極幇助支持下進行的。而党在對工會的領導中特別注意的是發揮工會組織主動性問題。比如工會工作計劃党組織要幇助擬定，但党並不在自己的計劃中規定關於工會工作，按照莫洛托夫汽車工廠党委書記的說法是：因爲「那樣作了就會阻塞來自下面的主動性」。

在党對工會的領導中党組織還特別注意尊重工會民主。如前所述，工會工作計劃要送党委審查，但党不逕自批准工會的計劃，党認爲批准計劃的權利是屬於工會委員會的。再如挑選幹部問題，党可以審查候選名單，提出意見，但究竟選與不選那些要靠「選舉決定」。党認爲卽

党組
使党委决定了，如果工會群众不同意還是要執行群众的意見。

闻
在實現党對工會領導中，党還特別强調要通過和依托工會進行工作。捷爾仁斯基工廠高爐車間党組織書記說，党在保證完成國家計劃中，「僅僅依靠党組織去完成任務是不可能的，党要依靠工會組織」。該廠党委書記認為党組織在教育群众的事業中更要依托工會，事實也正是工會帮助党實現着對群众的巨大的政治教育工作。這在党的宣傳鼓動工作中看得更為明顯。

工廠共青團組織同樣是在党直接領導下工作。共青團的任務是：保證完成生産計劃；提高團員的先鋒作用；以共産主義精神教育青年。教育青年問題在共青團工作中佔着重要地位。党對共青團的日常領導大致和上述党對工會的領導一樣。只是更加强調要「教會共青團幹部應如何工作」。因此党的各級組織包括党小組長要經常的參加團的各種會議與活動，及時的給予指導。

工廠中還有其它志願團体如志願体育協會，擁軍協會，紅十字會，婦女理事會等，党同樣都要對它們進行領導，原則與方法大致和上述相同。

企叶中所有這些群众組織的活動的協調與統一，是党組織在領導工作中所關心的問題。通常採取如下的辦法：(1)編制日曆計劃統一安排叶餘時間及各種活動。(2)召開党委擴大會議或共同的聯席會議一起研究佈置工作。如斯大林自動聯合收割机工廠就經常舉行這樣的會議，除固定的一个月一次商量佈置一般工作外，凡遇大的政治活動如人民法院選舉，党、工會、共青團總結選舉等都召開這樣的會議，統一研究具体安排時間。(3)党組織統一的審查各个組織的工作計劃，以使其相互協調。其中尤其是關於群衆政治工作方面的計劃必須使党、工會、共青團、報紙和文化宮俱樂部等文化机關互相配合，(4)党組織可向各个組織包括行政提出共同性任務，組織共同執行，有時党也召開党、政、工、團四方面會議，在這種會上一般是研究純粹技術性的問題。最後如遇党的統一政治日，如斯大林七十五誕辰紀念也是由党組織統一組織與佈置。在企业中凡是涉及生產生活中的重大問題，党組織固然必須一般的進行統一的研究與安排，但各个組織在党確定的中心工作中具体的究應如何動作，党組織認爲「他們都會找到自己的位置的」，因此在工作中動作不協調，配合不密切等現象就容易解決。

打字　花永芳　張家孝

校對　李　璉　李惠敏

一五九、『天津學習蘇聯先進經驗圖片展覽會』内容簡介（一九五五年）

X52-Y-42

103

1955年

慶祝中蘇友好互助同盟條約簽訂五周年

「天津學習蘇聯先進經驗圖片展覽會」內容簡介

自解放以來，偉大的社會主義國家蘇聯就給予我國以真誠無私的兄弟般的援助。由於這些援助，使我國在較短期間內恢復和發展了我國的經濟，着手進行大規模的經濟建設，穩步地走上建設社會主義的道路。天津市許多生產部門、文教單位也都廣泛地展開了學習蘇聯先進經驗的運動，因而改進了工作，提高了產量和質量。為了進一步加強學習蘇聯先進經驗，在這個展覽會上，綜合了本市各方面在學習蘇聯先進經驗方面的主要情況及所獲得的成績。在展覽會上，共展出了三百餘幅照片，包括將近五十種先進經驗。展覽內容共分三個部分：

第一部分：工業方面。通過展覽會我們可以看到無論在電氣工業、冶金業、機器製造業、化學工業、紡織工業、交通運輸業等各個方面由於學習蘇聯先進經驗所獲得的成就。例如：在天津鋼廠由於接受蘇聯專家卡爾洛夫的建議，將軋鋼機使用的銅質軸瓦改為膠木軸瓦，全年可給國家增產節約二百零六億三千餘萬元；電車公司由於學習了「自動固定切刀」，把切一二〇公厘直徑的大軸由八小時降低到一小時大大地提高了工作效率；紡織機械廠在蘇聯專家指導下製造單程三道粗紗機成功，成為了我國紡織工業方面的一大革新，因為使用這種機器不僅節省了紡織工業的工藝過程，而且也給我國輪胎工業打下了基礎；在把新港——我國最大的人工港的第一碼頭改建成能停泊萬噸巨輪的工程中，由於接受蘇聯專家的建議，使全部造價節省六十多億元，並且保證了提前開港。

第二部分：醫學方面。天津市的醫務工作者普遍地學習了巴甫洛夫學說，從而改造了舊的醫療思想，並學習了許多先進醫療方法。總醫院試行「角膜移植術」成功，成為了失明患者的福音，使失去工作能力的同志重新走上工作崗位；在醫治輕度肺結核方面，一反過去的辦法，試行了「體育療法」（國家銀行療養院、紡管局醫院，）增進了全身健康，增加了抵抗力，其進步率達到百分之九十五以上；「蘇聯醫療保護制度」的推行，則改進了醫院的環境，改造了醫務人員的思想，這種制度是值得學習和推廣的。其他如「溶血療法」、「封閉療法」、「電游子透入法」等，也都給患者們帶來了極大的好處。

第三部分：文教方面。偉大的蘇聯不僅在工業、科學方面，而且在文化教育方面也給予了我們極大的幫助。天津大學的教學改革工作上，由於蘇聯專家的具體指導而順利完成；又如天津大學、中央音樂學院等校的蘇聯專家在大力地培養着我們的青年專家們；在許多圖片中還表現了天津廣大幹部、學生、羣衆由於認識到學習俄文是通往學習蘇聯的一把鑰匙，而日益衆多地學習着俄文。

通過這個展覽會，可以使我們更進一步地認識到蘇聯人民對於我國建設事業的無限關心以及給予我國的巨大的、慷慨的幫助；認識到蘇聯政府所派來的專家們的實事求是、不怕困難、認真負責的工作作風，還有他們偉大的國際主義精神，並且還可以看到工人同志們，在黨的領導下，如何積極地、創造性地學習蘇聯先進經驗，結合本部門具體情況，提高生產的具體事例。從而使我們更加深刻地認識到學習蘇聯先進經驗對我國社會主義建設事業的巨大意義。

展覽會是從去年就邀請了推行蘇聯先進經驗有成績的工業、衛生、文教部門參加了展品的籌備工作，現展覽會已正式開幕，希各單位抓緊時間組織人來參觀。

展覽會地址：五區重慶道五十五號中蘇友好協會。

时间：二月十二日至三月二十二日每日下午一时—八时。星期日上午八时——下午八时。

126

一六〇、『學習蘇聯先進經驗在天津』圖片展覽會編輯提綱（一九五五年）

X52-Y-42

「學習蘇聯先進經驗在天津」圖片展覽會編輯提綱

工業方面：說明天津是個工業城市。近年來由於天津工業學習蘇聯先進經驗的結果，改進了生產技術、操作方法，並大大的提高了生產質量，直接給天津職工、市民帶來很大的好處。

第一部份：「學習蘇聯先進經驗的成績」，這一部份要系統的介紹推廣蘇聯先進經驗的過程和獲得的事實，給觀衆以清楚的印象並激發其同蘇聯學習的信心。

一、電氣工業：電業局及各大發電廠全體職工積極學習蘇聯「規程」學說，並在蘇聯專家幫助下消滅下列事故，保證不間斷的供應天津全部工業用電。

1.消滅乾氣管暴裂事故。過去平均每月破裂一、或兩次。當即停車檢修，而每停一分鐘即等於鋼廠一小時不能出鋼的全部損失，自從今春經專家建議改進後，到現在未破裂過。

2.改進凝氣器的裝備，消滅操縱溫度不適合的事故。過去操縱溫度不適合，每過冷一度即浪費八〇〇噸煤，因不僅過冷一度，故浪費極大，現已基本肅清，為國家節省了大量財富。

3.學習蘇聯安全用電法，不僅消滅了各種事故，且大大節省用電。

二、機器製造業：

1.紡織機械廠在蘇聯專家建議指導下試製單程三道粗紗機成功，是為我國棉紡工程中之一大改革，不僅簡省棉紡廠的工藝過程（省一台機床，及若干人力）且能紡織細質量的華達呢，卡其布，結實

1955年

耐用，可滿足人民更高的需要，用該機紡成的細紗，織成簾子布是供應汽車輪胎及飛機輪胎的必要條件，給我國輪胎工業打下了基礎。

2、天津汽車製配廠改進「澆信子」後，消滅氣缸體的報廢率從百分之四十降至百分之九十七改進「翻砂法」後提高了產品質量從百分之三十提高到百分之九十。新出產的小型電動機可供農村放映電影用，對普及並提高農民的文化生活水平創造了有利條件。

3、蘇聯專家在天津示範機廠，動力機廠，汽車製配廠幫助解決蘇聯機床的安裝，使用和保養等問題，並教會工人正確掌握機床的使用法親自動手指導工人修好了三十一部機床，在整個工作過程中專家充份表現了大公無私的高貴品質，是值得廣大職工學習的。

三、棉紡工業：棉紡二廠採用蘇聯「加大成型法後」提高了機器的効能。一年內可為國家節省一〇〇億元的財富。

四、化工業：

1.天津印染廠改進「凡拉命」藍底花布的印染法，採用蘇聯「拔染法」後，生產的布匹結實不掉色，同時合理的使用染料和原料，用溴代靛藍印花，可減少漂白粉，全年可節省四〇〇〇萬元且成品漂亮。

2.耐火器材廠實行「加速燒窯法」解決燒窯時間長及耐火磚心燒不透的問題，從過去一四〇小時降至九〇小時，每窯煤耗油三〇噸減到二六，四噸全年可增產節約一百億元。又執行「蓄火燒窑」等十七項建議，提高燒成溫度改進石墨坩堝質量，每月為國家積累資金九億二千五百萬元。

五、日用品工業：天津自行車廠閻春洪在學習蘇聯先進經驗的基礎上改進自動冲模工具，後又執行專家建議改進自動轉盤冲模模具，在保證質量的基礎上提高產量二倍，充份發揮了現有設備的潛在力，五三年該廠自行車的產量相當於一九四九年的九倍多。

六、建築業：市政工程局第二工程處實行蘇聯「電氣養護法」改製混凝土成，每澆製一立方工尺混凝土即降低成本九萬元，並保證冬季施工，提前完成國家任務。

七、交通運輸業：新港，港務監督，執行蘇聯專家建議按裝夜航設備，解決海河灣多夜航不利行船的困難每艘行一隻輪船即可節省一〇〇、〇〇元，對我國經濟建設上有重大意義。

第二部份：在天津市工業順利的發展基礎上，全市人民生活水平的提高其中包括：

一、城鄉交流、工業品下鄉及農村充份供應城市之需要例如天津針織廠接受廣大羣衆的意見改進產品的式樣出產大批美觀，舒適的衣服，天津汽車公司運輸工業品下鄉及郊區供應城市糧食，蔬菜等。

二、市民在百貨公司購買日用品的場面。

三、新建的職工宿舍，及第一、二工人文化宮，的各項活動，工人文化生活之提高。

以上工業方面共分兩部份，其展品由市委工業部、總工會宣傳部協助並責成電業局、紡織機械廠、汽車製配廠、示範機廠、動力機廠、棉紡二廠、天津印染廠、自行車廠、市政工程局、港務局

98.119

百貨公司、耐火器材廠等單位收集材料。

科學方面。主要介紹衛生保健事業中推行蘇聯先進經驗的情形，說明黨和政府對天津市人民的親切關懷，工人的勞動條件和生活環境有了很大改進，衛生保健事業有了很大發展，例如在各醫院工廠推行蘇聯先進醫療方法，及工業性的先進經驗等。

第一部份。衛生保健事業的發展和各醫院推行蘇聯先進經驗的成就。

一、解放後新建的天津兒童保健所、紡管局醫院、郵電醫院、幹部休養所、工人療養院、總醫院門診部、婦幼衛生保健院及全市衛生保健部門增設床位增添新的醫療儀器等，由衛生局供給綜合數字說明之，

二、總醫院等單位推行蘇聯溶血療法主治胃病，十二指腸潰瘍，慢性胃炎，平均成功率爲百分之六十—百分之七十，個別的如棉紡六廠爲百分之九十以上。

三、工人醫院等單位推行蘇聯封閉療法，主治發炎性疾病效率較高一般慢性病百分之五十痊，可減低破傷風的死亡率，急救急性病等。治療病症廣泛，手術簡便費用經濟。

四、總醫院試行角膜移植術」成功，在四十個病人中施行進步率爲百分之五十—百分之七十，成功率爲百分之五十以上，使失掉勞動力的人重新參加了勞動生產。

五、國家銀行療養院等單位推行蘇聯「體育療法」主治肺結核進步率爲百分之九十五以上。

120

六、七一二工廠推行蘇聯工業衛生先進經驗——車間醫師制」，這一制度的優越性是醫師深入車間了解工人作業環境，勞動條件和生產過程，可隨時研究影響工人身體健康的各種原因和預防方法，從而降低職工的患病率，是一種積極的勞動保護制度，極有推廣價值。

七、紡管局醫院推行「蘇聯醫療保護制度。這一制度是改進醫院環境及醫務人員思想的好方法，是我國衛生保健事業發展的前途。

八、總醫院推行「藥物電游子」「透入法」可治療難以治療的疾病，大量節省麻醉劑解除施行各種手術的病人的痛苦。

九、天津醫務工作人員積極學習巴甫洛夫學說的情況。

第二部份。工人勞動條件和生活環境的改進。

一、天津鋼廠安裝自動跑鋼機，天津汽車製配廠（馬達高溫停止器）紡織機械廠在鉋床上安裝安全制動器，不僅減輕了工人的笨重勞動，且消滅了工傷事故。

二、天津鋼廠推行「空氣淋浴法」在高溫車間中工人操作的局部地方可從華氏六十度降溫華氏三十度左右。

三、紡織機械廠安裝「水幕」吸收爐口的輻射熱，可使爐口與車間工人的工作地隔絕。

四、電車公司安裝「鐵鏈幕」功效與水幕有相同處。但不如「水幕」效能高。安裝簡便經濟，每築約七、八十萬元。

五、津各棉紡廠普遍安裝「低溫水送風機」在工人密度大的高溫車間降溫效果很大。

六、天津印染廠安裝小型懸掛送風機降溫爲攝氏十度左右，

七、電業局一、二、三發電廠增添夜間睡眠室，臨時休息室，分班居住睡眠，等設備保證工人有充分的休息時間。

八、國棉印染廠擴大了食堂面積實行粗糧細做供給工人以營養充足的飲食。

以上科學方面共分二部分其展品由衛生局業務科及工業衛生處協助並責成天津兒童保健所紡管局醫院、郵電醫院、幹部休養所、工人療養院、總醫院、婦幼衛生保健院、工人醫院、國家銀行療養院、七一二工廠、天津鋼廠、紡織機械廠、電車公司、各棉紡廠、天津印染廠、國棉印染廠、電業局，收集材料。

文教部門學習蘇聯先進經驗的情況及宣傳介紹蘇聯的各項活動。

第一部份：蘇聯專家在天津各大學，學院幫助教學改革，提高師資積極爲我國培養技術人才的情況，例如專家在天津大學衛生系幫助教學改革，製定各科專業教學計劃，組織教材製定生產實習大綱及實習計劃等。

第二部份：廣大職工積極學習俄文在掌握俄文工具後結合生產翻譯蘇聯先進經驗，進一步開展技術革新運動的情況，其中包括：

一、天津中蘇友協主辦俄文專科夜校，爲天津市工廠、機關、學校培養俄文師資及翻譯人員現全市三分之一俄文教員爲俄專夜校的畢業生。

二、天津友協與市委工業部合辦工程技術人員俄文學習班，經掌握俄文後，如學員張毅翻譯「自動固定裝置的切刀問題」改進電車公司切大軸方法提高工作效率七、八倍。學員張展翻譯耐火磚成型機床的構造和應用」幫助耐火器材廠以機械代替手工操作，大大減輕了繁重的體力勞動。

三、天津友協與人民電台合辦俄語講座有八千餘人堅持學習。

第四部份：介紹中蘇友好館的各項活動，該館爲天津市唯一的宣傳，介紹蘇聯的陣地。一年來，友好館會多方面的有系統的介紹了蘇聯在文化、科學等方面的成就，從而教育了廣大市民進一步認識蘇聯，擁護蘇聯，積極投入我國社會主義建設的偉大事業。其中包括：爲慶祝蘇聯重大節日的紀念會，報告會講座會等。蘇聯圖片展覽會、蘇聯美術作品展覽會、臨摩作品展覽會。爲介紹蘇聯文學藝術而組織的各種文學報告會、座談會、詩歌朗誦會、蘇聯音樂欣賞會以及爲傳播蘇聯音樂而成立的蘇聯音樂合唱團。組織巴甫洛夫科學講座。設有俄文圖書館供應天津工業、機關、學校學習蘇聯先進經驗的各種資料。

以上文化建設方面共分三部份，其展品由天津大學、中央音樂學院、中蘇友協收集材料。

100 123

一六一、天津市中蘇友好協會宣傳部關於將《蘇聯介紹》月刊改爲公開發行的申請附《蘇聯介紹》月刊（一九五六年五月十六日）

X3-C-6315

中共天津市委宣傳部 收文 字2741號 1956年6月17日

60

69

天津市中蘇友好協會

宣传部

负责同志：

我们编辑的"苏联介绍"是介绍苏联科学、文化建设的最新成就，苏联文学、艺术的主要方面和苏联人道德品质修养的月刊。每期一页并刊载中苏友好馆（苏联科学、文化、文学艺术等的宣传阵地）活动日程表，是配合中苏友好馆的各项活动供各单位学习和参考的内部资料。自从1954年九月创刊以来，受到读者欢迎，特别是知识青年（高等学校学生、高中学生及干部）很喜欢阅读，故印数已由五百份增至五千份，最高达六千份。

目前广大青年都在响应向科学进军的号召，为配合这一号召，使广大人民不断开阔眼界，增加新知识，拟将"苏联介绍"改为公开发行（十六开、十六页、月初出版），争取於六月初交天津人民出版社出版。特此申请批准

此致

敬礼

天津市中苏友好协会编辑部启

一九五六、五、十六

供参考　供学習

蘇联介紹

第25期　1956.9.
天津市中苏友好协会宣傳部編印

科学文化

能治病的毒

古里揚諾夫

雅洛波列茨村

內战剛剛結束。莫斯科大学畢業生阿尔罕格里斯基夫妇亞力山大·阿列克謝耶維奇和歐丽加·基莫菲耶夫娜乘車到沃洛科拉姆省去。莫斯科郊区的悅人景色在車窗外馳过。他們心里眞高兴，有無限的理想。幻想着明亮的病房和被他們治好了病的人們感激的臉……

从沃洛科拉姆斯科到这兩位青年医生的目的地雅洛波列茨村至少要走二十俄里的路。馬懶洋洋地拉着大車走。假如不是馬車夫駕馭得好，把坐在馬車上的人就要顚坏了。

馬車夫兴致勃勃地講着他的故乡：

"我們的村子有名望……是个好村庄。古时有一半人是車尔尼舍夫的农奴。听說过嗎？在凱特林女皇时有这么一个車尔尼舍夫，攻打过柏林。另外一半人归岡查洛夫所有 。他的小女兒娜达 丽婭叫普希金娶走了……列寧到过我們这里。怎么来的？很有意思……卡申的农民建筑了發电厂。我們的人們听說了，也要建筑，要在拉瑪河上修建。等列寧到卡申了，我們派人去見他，讓我們也不落在卡申人們的后面，請来看看我們的建設。我們的代表回来說：列寧微笑着，看起来很滿意，搓搓手，答应来看我們的建設，說一定来。結果他履行了諾言，虽然繞了一个大彎，但是从卡申来了。"

……这就是雅洛波列茨村。馬車夫說得对。是个美丽的村庄。詩人到过的岡查洛夫的寬大的房子，窗前的菩提树和"夜鶯島"上的小亭子都还存在……

这就是那明亮的病房！理想实現了。但是医院里沒有病床，沒有被褥，沒有医疗設备。主要的是沒有藥。

在这困难的日子里，亞力山大·阿列克謝耶維奇·阿尔罕格里斯基的腦海中时常浮出童年时代的景致。

……家乡的伏拉基米尔卡的养蜂園。爷爷拿着烟棒在熏着蜂房。小孙子亞力山大也在这里。他不能帮助爷爷，反而打攪他。但是兩个人却挺高兴，因为他們是好朋友。

亞力山大往旁边一跑，跟着就大叫一声，倒在地上。他把脚割破了，露出了骨头。

爷爷把烟棒一扔，打了小家伙一个耳光，叫他注意走路要看着脚底下，罵了一声乱丢鐮刀的馬虎鬼，拿了一个穿着麻綫的針，画了个十字，就开始給孙子縫伤口。

孩子叫得更厉害了，爷爷叱了他一声：

"別叫喊！"

然后又緩和下来，說道：

"別喊，你这个傻瓜。母亲听見了，連你和我都要挨罵，不痛了吧？好……在伤口周圍給你放六个小蜜蜂就会好的。伊万雷帝都用蜜蜂的毒来治風濕病。是呀……"

脚已經不大痛了，孩子好奇地問道：

"爷爷，这是为什么？奶奶說蜜蜂是神聖的……"

"奶奶胡說……蜜蜂有尾針，里面有毒，但不是平常的毒，是能治病的毒，有了这种毒，什么伤口都不会化膿。古代兵士去打仗，就帶着用蜜蜂毒做的藥膏。兵士一受伤，抹上这种藥膏，伤口就愈合了。你的伤口很快也会好的。你看，养蜂人为什么都長寿，也不爱生病？因为他們时常被蜜蜂螫了。有的聰明人故意讓蜜蜂螫。腿一發酸就这样来治。"

一个星期以后，亞力山大的脚就好了。

养蜂老人講蜜蜂講得很有趣味。老头認識字，讀了很多書，会区別眞理和神話、迷信，把一切有益的話都記在厚本子里。这个本子那里去了？現在有它会有多大好处呀！

在雅洛波列茨村医院里建立了一个小养蜂园。蜜蜂成了青年医生們的好助手。

大学生在听課

三十年过去了。这些年里，阿尔罕格里斯基在理論上証明了并在临床治疗中試驗了用蜜蜂毒治疗方法是有效的。他做了几千个試驗，給几百个病人治好了病。

今天他要講課。

桌子上放着一叠病历、工作記录和病人来信。

阿尔罕格里斯基的手——外科医生 的能巧 的手——在翻弄着卡片。

……这个卡片可以拿出来。演員安普魯阿——演小生角色。他的动作应当很美，而他却拖着腿走路。他的病是血栓性靜脉炎。曾用一般的方法治疗了一年無效，用蜜蜂毒治疗，一个月后就恢复了工作。

……病人A·是一位六十七岁的妇女，被大卡車撞伤了。伤口很大，几乎沒有愈合的希望。决定施以蜜蜂毒治疗。伤口的边緣簡直是眼看着就長起外皮来了。十天以后，伤口完全長好了……

这是誰呀！……巴莱舞演員P·也是有趣味的病历。在舞蹈时腿受了伤，生長一个瘡。瘡被割开后，形成越来越扩大的不愈合的伤口，恐怕需要把腿割掉。把病人从烏發城用飞机送来了。她的情緒很低，絕望地說寧願死也不甘心失掉一条腿。

三个月以后，她的名字又出現在戏报上。有特效的毒救了她。

医生把这張卡片拿在手里很久……这是一个很严重的病历。医生都很熟悉脊椎关节炎是什么。不能动作的限制和脊椎的剧痛在十五年当中給病人帶来了难以形容的痛苦，最后病人完全失去劳动能力了。用蜜蜂毒頑强地治疗結果，病人又回到工作崗位，并且还能滑雪。

……医生在学生的陪同下慢慢地在病床中間走过。他要从檢查病人来开始他的講課。

"請注意，"阿尔罕格里斯基把学生領到一个姑娘床前。"現在我們先做一个試驗，我們在治疗的开始一定要做这个試驗。問題在于不是每个人都能接受蜜蜂毒的作用。使蜜蜂先螫一下后，把尾針取出来，身体里只留下一只蜜蜂的十分之一的毒……这些就足够来确定身体的反应。"

阿尔罕格里斯基拿着蜜蜂的腹部，把蜜蜂貼近病人的皮膚上。一刹那，試驗完成了。

"好，現在讓我們到課室里去吧！"

学生尽量想更詳尽地把講課記录下来，但时常被講課吸引住而忘記写笔記了。

蜜蜂毒是略微發黄的透明的液体，其气味有些像新鲜的干草，

蜜蜂螫一次就出来⅒至⅗毫克的毒。尾針上的倒刺使蜜蜂沒法把尾針拔出来，于是尾針和毒囊一起留在人的身体里。留在人身体里的螫器官的肌肉在一小时之內繼續做伸縮动作，这时毒囊里的毒才能完全流尽。蜜蜂各器官和蜜里含有少量蜜蜂特效毒。但是应該制造玻璃瓶裝的特效毒了。

……蜜蜂毒对人身体的影响的过程还沒有研究好，但所有的材料都再次証明了巴甫洛夫的关于在治疗各种病症中神經系統的作用的学說是完全正确的。毒影响了皮膚里的神經系統極微小的末梢，这个刺激傳到中樞神經系統，刺激血液循环和新陈代謝。这又可以帮助身体恢复組織的正常机能。特效毒的外表效果是睡眠熟，食欲增長，血色素增加，胆脂素降低。大概是因为这些原因，所以蜜蜂毒在治疗高血压症，枝气管性气喘，甲状腺腫大等症效果又快又好。这一切給治疗血管硬化病症开辟了广大的前途。

在临床治疗中还沒有發現因用蜜蜂毒治疗而病情惡化了的例子。虽然患腎臟炎或糖尿症不宜于用蜜蜂毒来医治，但是这也还需要作临床檢驗。

苏联在國外的展覽会

基塔因

許許多多的大小箱子。上面都貼着淺藍色方形紙簽，写着：

叙利亞　大馬士革
經敖德薩和貝路特
国际展覽会收

这些紙簽都是印刷厂印的——可見得需要很多。剛裝好了一个箱子，工人又拿起另一个箱子来裝。这个特殊的建設場設在苏联貿易局的入口旁。

在一間不大的屋子里很拥挤——聚集了画家，設計家，展覽会主任等。这太巧了！讓我們請一位画家——K·罗日潔斯特溫斯基給我們的讀者講講他現在正籌备着什么展覽会。

"在开罗举办的展覽会上將有苏联工業展覽会，在十一月中旬开幕。我最近剛从埃及首都回来，可以說："展覽館是很好的，就在东宫，位于开罗中心。我曾不止一次的布置过苏联展覽館，包括在紐約、巴黎、日內瓦和平利用原子能等展覽館，籌备在布加勒斯特、瑞典、印度等地举行过的展覽会。我必須指出，开罗展覽館比其他展覽館要好得多，东宫是个美丽的，寬敞的大樓。中央大厅是兩層的，周圍都是長廊。給我們分配了四千平方公尺的展覽面积。东宫附近又給了我們二千平方公尺的露天展覽場。

埃及人对工業化問題很感兴趣。我們的展覽会上將广泛地展出工業設备。埃及石油工人將会参观我們的取岩心机。埃及已开始开墾沙漠。因此，我們認为我們的朋友們应当了解一下特制的农業机器。我們將展出收棉机的样品，洗棉机的模型。其他展覽部分將介紹苏联加盟共和国的財富。我們籌备着国家大地圖。这个地圖是由許多彩色照片組成，介紹我国的城市，省，边区，并表达我国風景的幽美。"

我們和画家談話时，国外展覽部主任費利波夫同志来了。我們向他提出了几个問題。

最近在國外何地举行了什么展覽会？

欧洲最大的展覽会——米蘭国际展覽会上的苏联展覽会受到热烈的欢迎。我們还参加了最近举行过的萊比錫国际展覽会。

在最近將來那些國家里要举行新的展覽会？

八月底，阿富汗首都喀布尔將首次举行工業展覽会。同时我們还要参加伊斯密尔（土耳其）国际展覽会。九月里，叙利亞首都大馬士革国际展覽会上的苏联展覽会將要开幕。七月二十八日，开自敖德薩的streamer輪將最后一批展覽品运走。在大馬士革將展出苏联的直升飞机。这里还要展出一架苏联民用飞机，它將做几次飞行表演。再晚一些，在希臘城市薩罗尼加，南斯拉夫的薩格勒布及維也納几乎同时要举行国际展覽会。这些展覽会上都有苏联展覽館。

印度尼西亞的前首都卓加卡达城在九月里庆祝建城二百周年，將举行大展覽会。除了苏联，还有中华人民共和国，英国，美国和其他国家参加。苏联展覽会將介紹苏联文化成就，展出我們的美术，黑白画，雕刻，霍赫格姆手工艺品，木刻，骨刻，巴列霍，姆斯切拉的手工艺品等。所有的展覽品都已經啓程了。

今年我們要参加南斯拉夫的国际無綫电工程展覽会。展覽会上將展出苏联在和平利用原子能方面的成

62　　51

就。

將來的計划如何，1957年的計划如何？

預定苏联要参加萊比錫，巴黎，赫尔辛基，波兹南，維也納，美因河上的法蘭克福，伊斯密尔，薩格勒布，德黑蘭，仰光等地的展覽会和国际展覽会。我們还筹备着到印度各大城市的流动展覽。

× × ×

苏联貿易局收到了由比利时寄来的邮包，里面是比国首都地圖。这个地圖上用粗笔道画了一个圈。这就是1958年4月在布鲁塞尔要举行的世界展覽会会址。圖上还注明了苏联展覽館的位置。

1958年的世界展覽会將設在离布鲁塞尔七公里的大公园里。世界展覽会的主任委員姆恩斯·德·費尔寧最近訪問了莫斯科。他进行了有关苏联參加1958年世界展覽会的談判。有五十个国家同意参加这个展覽会。預計我們的展覽館將占三万平方公尺面积。規模很大呀！为了容易比較，讓我們提醒一下，莫斯科工業展覽会上的"机械制造館"占約一万八千平方公尺。苏联展覽品还要在别处展覽，例如在科学艺术宫里。現在正在設計苏联展覽館。有著名的建筑工程师和專家参加这項工作。

× × ×

全世界的人希望彼此能更熟悉。我們在国外的展覽会能帮助他們实現希望。我們的展覽会越来越多了。1950年一共举办过四个展覽会，去年就有二十个。最近几年在国外的苏联展覽会有六百二十万三千观众。

当我們走出来时，苏联貿易局門口已經沒有發往叙利亚的箱子了。箱子都已經發走了。另外一些箱子上貼的紙簽已經是白色的了。上面写着：

"希臘·薩罗尼加·經散德薩·国际展覽会收。"

文学藝術

未發表过的高爾基的信

下面發表的是高尔基給И·卡薩特金的信。

伊万·米海洛維奇·卡薩特金（1880——1939）生在一个貧苦的农民家庭里，一生很艰苦。1902年入党。1904年开始写作。

1908年，高尔基与卡薩特金的多年通信开始了。卡薩特金給在卡普里的高尔基寄去了尼日尼城报紙上發表的他的最初的几首詩和短篇。"从那时起，"卡薩特写道，"我就把所有的手稿都寄到卡普里了。"高尔基苛求地仔細地看卡薩特金的作品，叫他努力修改，然后發表在"知識"出版社的文集和厚杂志上。

"自从我在放逐地——克斯特洛瑪森林里收到了您从辽远的卡普里寄来的第一封信——对我的初学創作的批評和贊揚——已經过了二十五年了，"卡薩特金在1935年写道。"从那以后直到如今，不論我在那里，您的做为無比的导师和朋友的声音始終伴随着我。"这些信是根据苏联科学院世界文学学院高尔基文庫所保存的原信發表的。1927年6月7日的信曾部分發表在1937年6月18日第166期"眞理报"上。

伊万·米海洛維奇，我的亲爱的：

押韵的散文是危險的形式，它含有某种低能的性質。用这种形式写衣服襤褸去謀生的农民——您不觉得这有些不大合適嗎，好像您把这些农民送到吃飽了的文学爱好者的客厅里去似的——而他們到那里去干什么呢，

描写农民需要有力的尖銳的語言，果断的描述，假如您能用这样的文字把他們写出来，就会把他們写得更好了：更有力，更健康。試試吧！不要往实际中加糖，实际沒有糖也美，也津津有味，虽然它是苦的。

給您寄去"在省里"（注：短篇"在省里"發表在1909年"知識"出版社出版的文集第27期中。）正如我已經給您写过，这篇稿子"知識"出版社要了：在修改时，当心不要改坏了。我想法給您寄点錢去——約一百个盧布。

对您有个懇求：給我搜集"小調"，您当然知道这是什么吧；碰上什么样的就要什么样的，不管它是多么不堪入耳，多么無意义。遇上新歌曲——也要記下来。我懇求您！这样您对人文学会做出很大貢献来。

А·培士科夫　　　1909年

亲爱的伊万·米海洛維奇：

短篇（注1）不坏，可以用，几时發表还說不定，我想总不会过这个冬天。

手稿需要做些修改故退回，請您赶快做些修改，再給我寄回来。

不要怪我挑小毛病：在文学里沒有小毛病，正如人的身体里一样——每一根神經，每一个細胞在总的諧調中是必不可缺少的。

要注意文字，必須把作家的这个武器磨煉得尽可能地灵巧而尖銳。

要努力写作，我相信您是一个有才能而認眞的人，相信您有好的心灵。

还有：我需要赫拉姆措夫斯基的書"尼日尼——諾夫格罗德史"（注2）——能不能找到它？找到后，用挂号邮件寄給我，我懇求您！

多謝。再見。

Я·増士科夫

到偏僻的地方去，帶上几本好書，再在那里写点东西——这眞不錯！

可惜我沒有錢了，不能給您那不很小的帮助。沒有什么，很快就会好轉的！

Я·増士科夫　　1909年11月

注1.大概是說卡薩特金的短篇"快乐的神父"，1910年知識出版社于第29期文集中發表。

2.参考"尼日尼·諾夫格罗德簡史和介紹"上下册，赫拉姆措夫斯基著，米丘林出版。

伊万·米海洛維奇，我的亲爱的！

衷心地感謝您給我找到并寄来了斯梅尔恰什金（注1），并非常抱歉給您添了麻煩。这件事情使您破費了吧，我快要到莫斯科去，到那时再和您算清楚。

請您給我寄来"报刊节"（注2）那天出版的报紙——多謝！莫斯科这个集体創作的經驗是很惹人注目的。

我很理解您所說的不能習慣于"Р·С·"（注3）的空气，非常理解，但我也清楚地看到，咱們这一类人流落在国外已經不是第一年了，甚至不是第一个十年了，而这就——应当如此，应当如此，因为沒有別的地方可去。不得不守口如瓶，暫时不說好了。有时緘口無言胜于雄辯，我这样說不是为了安慰您，也不是自我安慰，而是因为我的信仰。沒有什么，先不言語，而讓我們的敌人在这时露骨得赤裸裸的，直至完全無耻。

是啊，是啊——生活相当艰巨。但是誠实的人在俄国一向是生活艰巨的——就是这么一个地方，这也不是安慰，再說我根本不善于安慰任何人，特別是您——我的亲爱的同志。但是大紊乱是要毁灭的，倘若不醒悟过来，回到理智，就会毁灭，正如从前毁灭一样。

我很忙。案子（注4）也很令我着急，我所关心的倒不是案子本身，而是注視它的群众。可能今天要宣判。

好吧，祝您健康！

Я·増士科夫　　1915年2月

注1.斯梅尔恰什金是"俄罗斯童話集"里的第三个童話中的人物（参看高尔基30卷集第10卷）高尔基求卡薩特金給他寄来这个童話的兩份打字的副本，这个童話最初登在1912年第290期"俄国話"报上。）

2.指1915年2月9日出版的"报刊节"日报。

3."俄国話"(1894—1917)资产阶級自由派的报紙，卡薩特金当时在这个报館工作。在給高尔基的信中他不止一次地描写战争期間报館里的民族主义和大民族主义情緒是多么压人。

4.大概是講"社会民主党代表的案子"。国家杜馬社会民主党的五个成員——Г·И·彼得洛夫斯基，А·Е·巴捷耶夫，М·К·姆拉諾夫，Ф·Н·薩莫依洛夫，Н·Р·沙果夫的罪名是屬于以推翻俄国專制制度为目的的社会民主党。

亲爱的伊万·米海洛維奇！

我可能給"紅田地"一篇稿子；請到"国际書店"（庫茲涅茨克12号）去取。

說我贊揚了"士敏土"是完全不正确的，我是贊揚了这个主題，但为了文学，我長久而坚持地批評了格拉特科夫，并且还得罪了他。文学家一般地說来是容易得罪的，特別是俄国文学家，这說明他們的自尊心比对自己事業的热爱还要多。

研究劳动主題——在俄罗斯文学中是个新主題——是应当予以表揚的。您自己也知道，我們这里对劳动的意义还是認識不够。您大概可以看見，人們还是为了"外人"而劳动，实际上早已应当感覺出来，现在在俄罗斯的一切人的工作都是为了自己。我們应当在国内培养劳动的感召力和热情，这是很必要的！您是可以看出来的：我們的敌人苏醒过来了，甚至比朋友增長得还要快。对他們来說，叫我們爭吵比用自己的手做衣服做鞋子，不受他們卑鄙的腐朽貪婪的約束是合适得多。

我很高兴"士敏土"受到讀者欢迎，这說明讀者是很好的。我也替查增金高兴——阿列克塞·巴甫洛夫（注1）写了一本好書，而讀者又給了它好評。我們的讀者眞好。將来还要更好。只可惜批評家先生們总是弄得不淸不楚，讀書讀得也很不够。

再見，同志！

Я·増士科夫

費多尔·希特洛夫斯基（注2）終于拿到了养老金——这是很好的，他是一个很好的工作者！假如給他写信——請代我問候他。

Я·増士科夫　　1927年6月7日

注1.指А·П·查增金的小說"斯切潘·拉辛"（"圓圈"出版社1926年）

2.希特洛夫斯基·費多尔·巴甫洛維奇(1875——1950)是报館工作者，在1896年与高尔基

63

52

在"尼日尼諾夫格罗德之一叶"一起工作，他在尼日尼城曾出版了"航行員"报紙，1907年起，卡薩特金在这报紙上發表了著作（"在运貨木船上"，"推姆"等），后来他在高尔基边区从事手工業組織工作，从1937年担任高尔基城的高尔基博物館館長。

亲爱的伊万·米海洛維奇：

明天到南方去，九月中回莫斯科。多么奇怪，我們总不能見面，虽然我們兩个人都衷心地希望能見面。九月里能到莫斯科吗，昨天这里是少先队員代表大会的第一天。这是具有巨大社会意义的事情——我認为我們这里对这事情的意义还是不够理解。做为一个現象——代表大会是令人惊奇的，当然不只是我一个人惊奇，对許多有关的同志們也像是"發現新大陆"一样——这里順便說一句，这个"大陆"还是他們自己創造的。"基納莫"体育場像一个巨大的鍋，四万个健康的，勇敢的，宝貴的孩子們旺兴的精力在这大鍋里熔煉，沸騰；他們从兩点到八点在体育場，然后在莫斯科苏維埃大楼前走了一个半小时，整整齐齐地走着，这些不知疲倦的，动人的可爱的孩子們。亲爱的伊万·米海洛維奇，这眞是美妙的情景呀！我們活到了多么可爱的时代呀！

"太陽上的斑点"我是看得見的，但它不能遮住太陽給我的光和暖。街上的群众，無論是什么人，对孩子們都非常好。

紧握您的手。沒有时間写了，要审閱手稿，我一共还有309件稿子呢！再見

А·塔士科夫　　　　1929年8月19日

信的整理及注解——苏联科学院高尔基世界文学学院科学工作者，語言学候补博士С·И·多莫拉茨卡娅。

（譯自"十月"雜志1956年6月）

苏联文学动态

去年到美国訪問的七位苏联記者之一，代表"共青眞理报"的作家А·阿朱貝回国后写了"銀色的猫"。这是一本游美观感。美国記者想开誠布公地談話，就把"銀色的猫"放在桌子上，这表示談話是友誼的，不是勾心斗角的。阿朱貝的書中描写他在美国的所見所聞，描写善良的美国人民的生活。文字生动活潑，很受讀者欢迎。

× × ×

苏联作家协会理事会主席团扩大会議从七月十九日至二十一日举行。

到会者为逝世的法捷耶夫和武尔貢默悼一分鐘。

主席团討論了"苏联作家出版社"处理稿件的工作以及組織工作。

苏联作家出版社总編輯Н·列秀切夫斯基在报告中介紹了出版社的工作，以自我批評的精神指出出版社由于狭隘地理解社会主义現实主义，因而把形式和風格不平常的作品視为与我們的創作方法有矛盾。这是錯誤的。在馬克思主义思想体系范圍內可能有引起爭論的書。我們將要出版这样的書籍。

А·苏尔科夫的报告是"組織問題"。二十次党代表会以后，特别尖銳地提出組織問題来了。二十次党代表会要求更提高創作能力，从事認眞的改組。新的杂志越来越多了，高等文学訓練班已經成立了。苏联作协的任务是改进作协理事会的工作，使它成为眞正的全国性的理事会·苏尔科夫建議主席团考虑改組作协理事会中央机構。

在展开的討論中，作家們一致認为不仅要改組理事会机構，并且还要使作家协会成为眞正的創作組織，因此要广泛吸收作家来参加这項工作。

К·西蒙諾夫在發言中建議建立一个新的作家出版社，并且把"苏联作家"也变成眞正的作家出版社。我們往往把書的命运交給水平不高的工作人員。这是很方便的：因为这样的編輯不会堅持自己的意見，审稿也很快。我們應該堅决終止这种現象。經驗丰富的作家一年当中可以审閱一兩本青年作家的書，审閱文学作品是我們的集体的事業和任务。

詩人С·基尔薩諾夫說現在出版的書需要的时間太長了，馬雅科夫斯基在1925年从美国回来，几个月以后讀者就看到了他的書，为什么我們不能做到这点呢？在出版事業中，壟断兴趣是很有害的。我們还有不少編輯要求作家描写爱情时，不是叫青年对瑪莎說："我爱你！"而是一定要說："我爱你，你看，我們的前途多美好呀！"

主席团根据作家們积極提出的意見，尖銳而原則性的批評以及建設性的建議做出决議，决定叫出版社改进工作，改变現存制度的惰性，成为多民族的苏联文学的組織者。

× × ×

作家积極准备迎接偉大十月革命四十周年·列寧格勒杂志編輯部收到許多作家的稿件，其中有关于苏維埃政权四十年的作品，В·薩楊諾夫正在写"祖国的土地"Д·戈拉寧即將完成一部新小說，Ю·戈尔曼在写以历史革命为主題的电影剧本·Е·卡特尔里，В·潘諾娃，П·达列茨基等都在写新作品。一批作家已到卡查赫斯坦的荒地、伏尔加河上的建設場、远东和国家的北方去体驗生活。

列寧格勒作家最近开会討論准备迎接十月革命四十周年的各項組織工作，党委会書記Н·魯果夫措夫致开会詞后，作家相繼發言，介紹了自己的創作計划。

× × ×

人所众知，法捷耶夫的小說"烏兌格的末裔"沒

有写完。这部小說只写到第四部，还应当有第五和第六部，作者不止一次地提到这个。

在他留下的手稿中 我們找到了証明 ：筆記本里存留下来了兩部和結尾的提綱，以及有关这部小說的記載，在一个記載第五部的筆記本里有这么一句話："想法找出"烏兑格的末裔"的变体文。1924年。那时这部小說的名称是"塔茲的末裔"，开始就是写游击队和土匪的会見。原稿或者遺失了，或者在早期著作的档案中，或者放进較晚期的"烏兑格的末裔"的草稿中，这一段（和土匪的会見）是在1925年或1926年罗斯托夫城北高加索边区共青团报紙上發表的。"

这是1947年9月6日的記載，它証明作家始終沒有放弃写完这部小說的願望。在临死几年前他还在考慮它，打算澈底修改一下，預备加进謝尔盖·拉卓的形象。

存留下来的不仅是記載，兩部和結尾的提綱，法捷耶夫还写了小說第五部的前几章。

"'請問，'謝廖沙低声說道，'您在那里沒有遇見瑪森达嗎？'"

'誰是瑪森达？'团長問道，"

这是第四部的最后兩句話，給团長的答复是在第五部的前几章里。

这些陌生的片段將在秋季出版的"文学的莫斯科"文艺作品选集中刊載。

藝　術　日　記

歌頌西伯利亞的人

在莫斯科举行的西伯利亞画家伊·其特科夫的画展吸引了許多观众。

其特科夫是研究阿尔泰地区的画家，他画了阿尔泰的美妙風景，画了許多以人民史詩为主題的水彩画和成千种生活用品及裝飾品的彩色画。在偉大的衛国大战时期，他是步兵队的偵察兵上等兵，在他的画册里画了許多生动的素描和水彩画。

在这次画展中，最吸引人的是油画。观众長久地站在"鄂畢河"、"叶尼塞河"、楚依斯基大道"、"貝加尔湖畔"等画前仔細欣賞。

在其特科夫的所有表現和歌頌西伯利亞的画中，旣使画中并沒有人物，也可以使人感覺出改造这雄偉地区的人們。

画家有把死东西变活的技巧。"来晚了"是一幅大水彩画：夏天的晚上，天空的藍色漸深了。院子里在通到鷄窩的梯子上有一只来晚了的公鷄。鷄窩已經关上了，它只好在梯子上过一夜。它豎起羽毛，縮成一团…………

在意見簿里写下自己意見的观众很多，有大学生、科学家、工人、画家、記者、軍人等，但他們一致表示：这个画展是莫斯科艺术生活中惹人注意的事件。所有的观众都好像亲眼看到了偉大的西伯利亞，看見了它那独特的雄偉的風景和改造它的人。

"瓦基弗"上演了

阿塞尔拜疆国立俄罗斯悲劇院上演了薩·武尔貢的話劇"瓦基弗"。

这是描写十八世紀卓越的阿塞尔拜疆詩人和思想家"瓦基弗"的話劇。这个劇本主要的优点之一，是瓦基弗的生活和人民的生活有着不可分隔的联系，和反对地方和外国侵略者的斗爭有着不可分隔的联系。話劇里的抒情場面和叙事場面交錯着，現实主义和浪漫主义配合着，詩意和哲学思想融合着。这个劇很难上演，要求演員有高度的文化和經驗。因此，阿塞尔拜疆俄罗斯悲劇院上演"瓦基弗"是該共和国文化生活中的一件大事。导演是伊斯肯捷洛夫和丘丽阿梅多娃，扮演"瓦基弗"的是米亞基舍夫。演員們演得很成功。这是一部富于民族色彩的有趣味的英雄浪漫主义的話劇。

神話世界

瑞典女作家謝尔瑪·拉格尔列弗所写的著名童話"尼利斯和大雁旅行記"，在苏联被拍攝成彩色动画电影，改名为"受了魔法的男孩"这部电影不是用"艾克雷"方法（即先拍攝演員，然后把他变成动画形象）拍攝的，主角小尼利斯是在紙上画出来的。这个小孩有着小細腿，在帽沿下露出一縷縷地淺黃色的头髮，眉毛像一条綫，眼睛滴溜圓。小观众們看来，他是和他們一样的孩子。但他的遭遇却引起了他們的莫大兴趣，他們未見得能理解許多場面的拍制技巧是多么美妙，他們暫时不会理解海的場面或是在大黃月亮背影上飞着大鳥的黑影接近了日本版画家的优秀作品。但是他們会相信这些純潔的、鮮艳的色彩正是神話世界的色彩，在这个世界里住着慈善的可笑的小矮人，在这里一个輕浮的孩子会变成小矮子，雁是空中交通工具，狐狸是可怕的敌人，急流的河水是很大的障碍……也許小观众們不会想到动画画家下了多大的功夫，但他們会記住，会爱上神話中的主人公們。这部电影很生动，幽默，給孩子們帶来不少愉快，是一部眞正的艺术作品。

答讀者問

温　暖　的　手

波特洛夫

編者按：許多讀者來信，希望知道在苏联，医生的工作态度，医生与病人之間的关系，以及应当怎样看待医生等，今选譯了这篇文章，答复讀者。

有一次，大学生問他們的教授——一位大科学家，也是小兒科女医生——說做一个小兒科医生首先应該具备什么条件？

"溫暖的手"——这就是她的回答。

这句話里含有深刻的意义。医生的劳动反映到他的整个外表。

医生不仅是一种职業，一种專長；这也是一个天职，是責任，医生是精神構造特殊的人。

著名的学者B·M·貝赫切洛夫說过，假如病人和医生談完了話不覚得輕松許多，那么这个医生就不能算为医生。另外一个学者很正确地說每一个病人除了患病以外还有恐惧心理。

医生的任务首先在于消除使病人痛苦的，剝夺病人对尽快痊愈的意志的惧怕心理。于是問題就不仅限于知識了。

請你們想像这么一个情况：医生到病人家里去。白髮蒼蒼的老医生知道病人患毒瘤癌症，只能活三个来星期了……看望这样的病人，并且不止一次地去看他，这是需要多少自制力，內心的溫柔和勇气呀！

病人也是个上岁数的人。

"春天咱們釣魚去嗎，"医生問。

"一定去！"病人回答道。

病人也知道他活不長了。他們兩个人談釣魚的事完全是为了病人的妻子。她是个教師，她的学校里有120个学生，120个小生命，不能叫悲痛折磨她，否則就会影响孩子們。

这种事情每天都發生：不是要把死击退，动員病人本人来参加和死的战斗，就是要帮助減輕周围的人的痛苦，鼓励他們，安慰他們……

俗話里含有人民的智慧："人对人就是藥"。这句俗話和巴甫洛夫关于語言的医疗作用的学說是相呼应的。

应当在医生的周围建立善意的关怀的气氛。这样对大家——病人，健康人，孩子，老年人——都会有好处。

很多人都熟悉倫勃朗的名画"学習解剖"，画上有許多穿着花边領子的大鬍子男人圍着一个尸体。但是很多人所不知道的是教解剖学的帶寬边帽子的人是眞人。他是文艺复兴时代的卓越医学家万丘里普。他建議医生的象征为燃燒着的蠟燭，箴言为："給别人照耀——自己燃燒尽"。不是每一种职業都能选擇这句話作为箴言的。

每一个医务工作者都应当有溫暖的手，但是我們对他們也应当关怀，对他們要表示深切的尊敬。

医生經常担負起生命或命运的責任，担負一个家庭的幸福或不幸的責任，担負許多人的情緒和工作能力的責任。他的工作做得越好，他耗費的精力，心思和感情也就越多。必須弥补他这一切，恢复他的精力，他的乐观主义成分，他的自制力。沒有这些，他是不能帮助人的。

为了战胜每日的許多战役，医生需要些什么？

获胜能手，偉大的苏沃洛夫曾問过，兵士的主要特点是什么。人們回答說——勇敢，有耐力，迅速以及許多其他。他說：不是，主要的是"相信自己"。这就是說熟悉自己的动作，深信自己是正义的，深信在你的背后有国家来支持你，深信左右的人都不会背信弃义。

在医务工作中，"相信自己"是什么呢？首先就是深刻熟悉自己的業务。

所以关怀医生应該从关怀他的进步开始。但是应該更經常地提出問題：是否已經做到了一切能做到的，有沒有医学書籍、杂志？有沒有試驗用的动物和設备？更重要的是有沒有时間，能否縮減事务性工作时間，騰出功夫来从事研究工作？

首先应当滿足医生精神上的要求，应当考虑他的前途——那就是說应当考虑他的完善化和專業化。

能不能再一次考虑一下如何来改善医生的工作条件，譬如，是否应当取消非常不合理的制度：值了一夜班，有时甚至做过手术的，疲劳不堪的医生，在第二天早晨不能回家去休息，反而还应当工作一天，疲乏地，精疲力尽地，易怒地工作一天。

从易怒到爭吵只有一步。而我們的事業所要求的不是易怒，而是微笑，和藹，說笑話。

医生必須深信有人会支持他，不会讓他受委屈。最近，某医学院里發生了这么一件事情：院長收到一封匿名信，說某科主任是个沒有能力的外科医生，在最近半年之內，他的手术台上死了四个病人。

派了一个調查小組进行了解調查。

"怎样，証实了？"

"証实了。"

"把他撤职了嗎？"

"想不到吧，沒有撤职。"

調查小組發現了在許多手术中有四个确实是失败的。原来这位經驗丰富的，上年紀的外科医生在即使沒有希望的情况下也要做手术。在这种情况下，他总是要亲自做手术。他說："我不能允許在一个年青的外科医生的刀下死病人。这种刺激不是每一个人所能受得住的——請回憶一下著名的柯罗姆寧教授，他的女病人死了，他就自杀了。年青的外科医生会受不了的。"于是他亲自去做手术——这是一位勇敢的人，眞正的医生。

他住在很远的地方，夜里常去看患重病的人，給他們治疗，坐在他們旁边，鼓励他們的精神。

而写匿名信的人用自己的信証明了在他的意識中，資本主义遺毒还沒有完全除淨，証明某些渺小的人还能給好人帶来不少痛苦。

命令公布了——表揚这位外科医生，因为他不顧自己的名譽，不怕"不好的統計表"，冒着危險，在不能冀救病人的情况下尽一切力量延長病人的生命，尽一切力量保护年青的医生不遭到可能的不幸。

我認識一个区衞生部的主任，他一定要站起来迎接到他办公室来的医生。他故意强調在他眼中誰是最重要的人。人們有些笑話他，称他为浪漫主义者，但是人們还敬爱他。任何一件事情里加上一些浪漫主义是有好处的。

尊敬并不是說姑息缺点。相反地，尊敬——首先是要求高。正因为我們相信他的能力，所以我們对他的要求也高。

必須善于看見人的进步，珍惜他的热情，精神，以及改善事業的願望和把自己的經驗傳授給年青人的志願。应当善于發現，適当地評价有力量的，美好的，技术高超的工作。

在平常日子里，在可紀念的日子里——例如老医生从事医务工作周年紀念日——都应当这样来做。

这天的一清早，讓执委会主席到他家里去給他道喜。白天，讓少先队和工人——医生曾把自己一生的許多歲月都貢献給工厂——来給他祝賀。讓当地报紙上發表一篇关于他的温和与亲切的文章。讓科学协会开会时詳細分析他对病人的态度。晚上，讓他的战友和学生們举着香檳酒走过来向他祝賀。

在第二天必須叫全市都談紀念会。談执委会主席，非常忙的人，竟找出功夫来祝賀老医生。談紅臉蛋的少先队員穿着节日的服装給他献了花——冬天里，他們从那里找出了鮮花！談在深夜里，老医生致答詞时，用顫动的声音講到把人变得年青了的卓越的苏維埃制度，講到視人高于一切的党。談这位老人最后对青年人說了：

"希望你們，我的朋友們，也会有这么一天！"

讓大家在深夜回家时說："值得贊許的一生！可欽佩的一生！"

医务工作像是个交响乐，有許多参与者，所以不应該忘掉其中任何一个人。

"剧院要从存衣室开始，"天才的导演史达尼斯拉夫斯基說。"艺术"出版社最近出版了史达尼斯拉斯基的著作"文章，演說，座談，書信"。这本書里有給莫斯科艺术剧院存衣室工作人員的祝賀信，他以非常尊敬的态度写道："你們帮助了我們演話剧……你們第一个迎接了来看戏的观众；你們可以給他准备对舞台上的戏有好的或坏的印象……請接受我的最衷心的亲切的感謝……"

医院、診疗所也是从存衣室开始。可是我們，医务工作者，得出史达尼斯拉夫斯基所做出的結論了嗎？

在列寧格勒医务工会代表大会上，車尔尼果夫城市立医院的护士瑪特瞻娜·米海洛夫娜·克拉普里斯达娅講了話。她的講話是很出色的。

"你們總說巴甫洛夫的学說，"她这样說了，"但是医生在病人跟前只呆一小时，而我們做护士的，一天要呆上八小时，甚至还要多，假如护士不去自覺地搞工作就不会有好效果。"

思想教育工作在任何一种事業中都是很重要的，在医务部門里就更重要而突出了。在这里，本位主义、漠不关心和教条主义尤其不能容忍，因此也就更需要創造性的見解和反对刻板公式。教育护士方法不一，可以背指示，还可以拿起"安娜·卡列尼娜"，朗讀描写尼古萊的死的一段。列文不知所措，他感覺厭惡、可怕，等女人——吉提来照顧快死的人时，他就立刻感到舒适多了。

关怀人，善于給人帶来愉快——这是需要学習的。

医学史在这方面可以做个有益的提示。我們知道，鈴蘭是民間用藥。在古医学書上提到"鈴蘭治打噴嚏，心神不定"。許多人以为鈴蘭只是一种內服的藥。我認为应当把活的鈴蘭給人，送人一束鮮鈴蘭花！

温柔的手和热忱的心是医生的宝貴的，人民所需要的品質。对医生的要求是很高的，但是讓我們也来考虑一下，怎样来帮助他。

（譯自"健康"杂志1956年7期）

天津市中苏友好舘九月份活動表

日期	星期	时 間	活 动 名 称	內 容	对 象
7	五	晚8.00	苏联电影观摩	片名：百貨公司窗后	發 票
10	一	晚8.00	俄語对白电影		俄文工作者
15	六	晚8.00	苏联音乐欣賞晚会	1.音乐录音 2.电影：齐日克水手	音乐爱好者
22	六	晚8.00	苏联电影观摩	片名：魯敏切夫案件	發 票
24	一	晚8.00	俄語对白电影		俄文工作者

一六二、天津市人民委員會外事處爲中蘇互免簽證問題事致外交部的請示（一九五六年七月十二日）

X58–C–1776

10.

急

天津市人民委员会外事处發文稿紙

簽發：吳[illegible] 7.11.	核稿：[illegible] 10/VII
	主办單位和擬稿人：一科 苗長春 10/VII
事由：請示有关中苏互免签証的问题。	急、平、机密、絕密
	附件：
主送机关：外交部領事司	抄送机关：天津市公安局 天津边防检查站

打字：沈玉[illegible]　校对：王宝珍 11/7　監印：王宝珍

發文津外(一)办字第047号　1956年7月12日　王宝珍　封發

天津市人民委员会外事處

1956年6月21日(56)办領甲字第01002号函悉。

关于中苏两国互免签証的規定，我处有以下問題不够明確，請批示：

1. 双方所有因公来往人员及其配偶，如外交、公务人员、苏联专家等，不论因公因私，是否均应免办入、出、过境签証？

2. 新規定实行后，双方一般持普通护照人员前往对方国家时，仍应办理签証。但如其有意或无意地違反規定，而不办理签証，因其所持护照与按規定免办签証的普通人员所持护照并无区別，又无其他

11

11、

証件，我检查机关如何識别出其是因公或因私？

3. 除外交机关外，其他政府机关是否也有权发给集体証件？

第六

天津市人民委员会外事处

外交部没覆函。苗注

第 頁

一六三、天津市人民委員會外事處有關蘇聯駐華商務代表處天津分處機構撤銷的工作報告（一九五六年十一月二十一日）

X53-C-1285

天津市人民委員會
(56)會收總密字第863號
1956年11月23日

43

天津市人民委員会外事处

有关苏联驻华商務代表处天津分处机构撤銷的工作報告

外交部領事司、　　　　津外(一)(56)字第107号

天津市人民委員会办公廳：

苏联驻华商務代表处天津分处已於1956年11月5日結束其在津的工作，並宣佈撤銷其机构，暫留6名工作人員（另有3名夫人）在津工作。該处处長燕吉巳維夫已於本月15日离津返国，11月5日曾举行告别宴会招待我市首長及各有关單位負責人。我市付市長、外貿局及我处均曾分别举行宴会为其餞行。

原苏商代分处租用市房產公司的房子及該处华籍員工，除留一幢房子及2名华籍員工外，其余均轉給市苏联專家招待部門使用。原苏商代分处撤銷后的其他善后事宜，如出售傢具、撤回我公安部隊的警衛等均經我处联系解决了。特此報告。

天津市人民委員會外事處

1956.11.21.

1183

一六四、天津市中蘇友好協會關於慶祝蘇聯建軍節活動的報告（一九五八年二月十六日）

X3-C-7405

29

同意。

2.21下午
已由吉格速送

札 2.21

天津市中蘇友好協會

关于庆祝苏联建军节活动的报告

本月廿三日为苏联建军节40周年，根据中央指示各大城市均应举办庆祝活动，除本市部队系统的宣传活动由警政贯彻总政指示在所属部队进行外，本会与警政在22日晚联合举办庆祝会。庆祝会在中苏友好馆举行，拟请警备司令部萧思明政委（中苏友协副会长）作简单报告，并请津市苏联专家代表一人讲话，会后放映苏联影片。为了在本市各宣传方面也适当开展一些宣传活动，本会并编发各党委、团体、文化宫馆下发宣传材料二种计4000份，供各单位参考使用。

天津市中苏友协
二月十六日

地址：五區重慶道五十五號　電話：三局三五三六號
三局三五四〇號

天津市中蘇友好協會

一六五、天津市兩年來接待蘇聯自費旅行者總結（一九五八年三月六日）

X52-Y-55

44

方紀

一九五八年四月十日

天津市两年来接待苏联自費旅行者总結

請友林看之 方

59

45

天津市两年来接待苏联自費旅行者总結

一、基本概况：

自1956年5月以来，根据中苏两国国际旅行社签訂的旅行合同，有苏联自費旅行者74批，2，058人来津进行了参观遊覽。他們来华的时間分散全年，平均每月有3批。有的是按同性質专业組織的，有的是按同一地区組成的。

通过两年来的工作，初步体会到苏联自費旅行者的特点是：

(1)职业广泛，兴趣各异。他們来自苏联各地、各省、各大城市，遍及边远地区和15个加盟共和国。从其职业来看，多种多样，无所不包。有一般工人、农民，也有工程師、科学工作者；有大学校长、教授也有学生；有作家、音乐家，也有党、团、工会及行政領导干部。在身份上高低不一，有国际上著名的音乐家，重要的科学家，亦有一般家庭妇女。由于旅行者成員职业及身份具有广泛的群众性，他們的要求与兴趣各不相同，日程安排上很难全部滿足。

(2)热情誠恳，愿意接触群众，喜欢和我們交朋友。他們在各种場合都要通过各种方式，表达对中国人民的友誼。与有关人員建立通信和工作联系的很多。对我生产技术、企业管理能誠恳地提出建議和改进意見。对有些看不慣的事物，也能直率的提出意見。如認为三輪車不人道应尽快取消，不应該給小孩擦口紅等。

(3)有广泛的兴趣，爱多看多問。他們在国内，虽对我国的建設成就有一般的了解，但无实地体驗，缺乏感性認識，因此看到什么都很新奇。要求日程排的紧，爭取多看多玩。参观过程中提問較多，了解的很詳細，准备回国后報导新中国的建設情况。

(4)有交流专业的要求。旅行者的成員大多都有一定的专业知識和丰富的生产經驗，因此来津后多要求我同行座談，进行技术交流。

我們根据他們的特点与要求組織外宾参观工厂、学校、港口及各种

·1·

60

福利設施等290余次，进行专业座談及个别訪問12次，在工作中取得了一定的成績。通过这些活动，使苏联自費旅行者看到了天津市解放几年来，在政治、經济、文化、人民生活等各个方面的发展和成績。他們为我国的經济发展迅速而欢欣鼓舞，說：「才建国7、8年，工农业就发展的这样快！」他們贊揚中国人民是勤劳智慧的化身，贊許我国人民謙虛的品質和热爱学习的精神：「中国人民不論年令大小，都爱学习，每个城市所有職工几乎都上夜校」。他們深为各处所受到的热烈欢迎和眞摯的招待而感动：「在国內知道中国人民是我們最好的朋友，但体会还不深，到中国旅行后，深深感受到这种牢不可破的友誼」。另一方面通过与他們的接触使我市广大群众又一次地受到了生动的国际主义教育，普遍反映苏联旅行者，不单是旅行者，而是中苏友誼的使者，是我們的良師益友。总之，通过苏联自費旅行者的来訪，进一步加强和巩固了中苏两国人民之間的了解、友誼和团結。

二、工作中的几点体会：

接待苏联自費旅行者是項新的工作，經驗很少，日常研究及时总結又做的差，仅有以下几点不成熟的体会：

㈠組織群众与他們接触，交朋友，是加深中苏两国人民之間友誼与了解的最好方法。

由于旅行者来华主要的目的，是进一步促进两国人民之間的友誼与了解，因此他們来后往往要求尽可能地了解我国社会主义建設各个方面的情况，更多地要求直接接触群众，以加强两国人民之間的联系。他們提出：「我最希望能和中国同志坐着談談唱唱，而参观工厂时，工人都忙于干活，没有时間談話。」因此在安排活动項目时，除一般的参观生产建設、福利設施等外，更重要的是要让他們有較充分的时間与我們的工人、农民、学生、工程技术人員等深入交談，以进一步的加深了解，沟通感情。

凡是这方面工作做的好的，就能既滿足了外宾的要求，又給我們的群众上了国际主义教育的一課，事半功倍，收效极好，57年初我們組織了一批苏联自费旅行学生代表团到天津大学去参观，事先与該校研究，明确了接待的政治目的是通过这項活动，顯示出中苏两国人民之間的了解与牢不可破的友誼与力量，并对学生进行了思想动員与組織准备工作。在参观时，只一般地看看設备，更多地則是将苏联学生分散到宿舍与中国同学談心，或举行小型联欢会，說說唱唱。在学校虽只停留二、三小时，但双方都已建立了深厚的感情，离别时难舍难分。他們回国后，来信說：「我們的会見是不能以言語和文字来形容的，每次回忆起我們見面时的情节，实在令人难忘。」我們的学生通过这次活动，亦深受感动，認为苏联同志就"象自己的亲兄弟一样"。此外在参观座談等活动中，他們还与津市的許多工人、学生們交上了朋友，建立了通訊和工作上的联系。有的感情深厚，回国后还不断托其他旅行者給中国朋友捎来紀念品。

解放几年来由于我們一再的对广大群众，进行了国际主义的教育，同时在实际生活中苏联对我无私的援助与苏联专家帮助我国建設社会主义的忘我劳动，中苏友好已深入人心，这是我們工作客观有利条件。但在苏共廿次党代会后，国际上出現了反共高潮，一小部分群众多少受些影响。再加目前社会上右派分子尚未处理，坏分子、流氓尚未彻底清除，因而在組織群众与苏联外宾接触时就不能馬虎从事，認为苏联老大哥問題不大，应事先进行动員，不得麻痹。稍有差錯，即将影响两国人民的感情，如我們組織了4批苏联自费旅行者去青年宫参加午会，因事先未及对与会群众进行思想动員，秩序不好，发生了强索外宾紀念章，对外宾态度不好等情事。外宾虽无反映，但影响是不好的。这虽是个別現象，应引起今后組織群众工作时注意。

与群众接触的方式，还应根据代表团不同的情况採取各种形式。如对专业旅行者代表团，可組織同行座談或联欢，专业分散的参观团、代表团則可参加一般群众性的活动，如参加工人文化宫的各項文娱活动等。

(三)爭取一切机会向苏联学习：

48

旅行者中有很多是高級技术人員、各方面的专家、学者和有丰富生产經驗的勞动人民。我們应珍惜老師送上門来的好机会，爭取学习一切有益的經驗与技术。这一点是我們在具体工作中逐步明確的。事事也說明了这样做主客两利，皆大欢喜。如某乐器专家在津帮助工农兵乐器厂掌握了制作黑管等乐器的技术，建筑专业工程師在参观工地后提出很多节約木材、鋼材等办法，这对解决我技术上的疑难問題，对我国貫徹勤儉建国的方針与社会主义的建設，都起到了良好的作用。

此外，我們还从他們的身上学到了不少高貴的品质，进一步具体地深入地体会到苏联人民无私的国际主义精神。他們在参观遊覽期間普遍流露出对我国人民生活状况的改善情况的关怀。見到我工人在操作上忽視安全或車間通風設备不好，却誠恳地提出批評和建議，并毫不保留地将自己的全部技术傳授給我們。有时亲自做示范表演，孜孜不倦教导我工人掌握先进技术。有的甚至为了給我介紹先进經驗犧牲了全部在津的全部遊覽活动时間。有的白天跑了一正天，至深夜仍伏案写一路見聞，以便回国后報导宣傳新中国人民的偉大成就。他們很謙虛，虽然技术水平比我們先进，但見到我們的点滴成就与发展却不肯放过，認真的誠恳的向我們学习。如見到我工厂自己改制了自提进口的机器，較原机器提高生产率六倍时，仔細进行了观察，并繪制下来。这些苏維埃人民的高貴品质，很値得我們好好的学习。

㈢安排参观活动时，既要执行合同，又要适当满足个别的专业要求。

自費旅行者的特点之一，就是他的成員职业广泛，要求与兴趣各异，只有分散活动才能充分满足要求。但是，由于他們是自費旅行者，与一般邀請来的外宾又有不同。他們的活动与生活待遇必需按合同规定的标准办事。分散活动涉及到交通工具的問題。用小汽車，如由我方負責，則超过标准。如由旅行者負責，又碍有困难。因此过去虽然每批旅行者实际上却有个別活动的要求，但又都受到标准的限制，不好主动提出，

63

49

不得不做集体活动。这就給我們按排日程帯来了一定的困难。我們摸索到的經驗是严格地毫无例外地执行合同固然是最簡单的事，但这在人情上，在解决实际問題上并不合适。在一般的情况下是应該按中苏旅行社签定的合同办事的，如在处理一般的个别要求时，应按企业性服务成本核算，避免超过規定的标准。該由旅行者自理的就应自理。这样既免于超支，又可避免因各地招待不一产生的不良后果。另一方面在个别情况下，仍要根据旅行者的身份、专业、喜好与我們的需要，适当的組織一些分散活动，如个別訪問座談会等。这样不但使外宾滿意，我們也获得了一些有益的知識。如苏联某音院校长在各地參观时，因未接触其专业一路悶悶不乐，无精打彩。来津后，根据她的要求結合我們的需要，安排她个别訪問中央音乐学院。她主动地介紹了音乐与体育活动如何結合，如何保護音乐家的手不受伤等宝貴經驗。回来后，喜笑顏开，有說有笑。

当然我們在按排个别活动时，必須事先征得苏联旅行社領队的同意并要做好摸底工作，由我方主动提出要求，以免領队为难。

三、工作中存在的問題和今后意見：

天津是苏联自費旅行者在华旅行的最后一站。它負有特殊的使命要弥补各地的不足，收集他們的訪华观感和意見，加深对他們的影响和表达出中国人民热爱苏联人民、向苏联人民学习、团結无間的眞摯感情。过去由于我們对接待苏联自費旅行者的政治意义与天津市应起的作用認識不足，因而缺乏日常的研究与总結，工作中政治性、思想性差，缺点很多。目前工作中存在的主要問題是：

(1)事先摸不清情况，按排活动帯有一定的盲目性，总社交代情况往往过于簡单，如对旅行者的身份，发来的名单只有「工程師」「經理」而未說清是那个专业的工程師或經理，再加各地之間缺乏联系，以致制定計划、按排活动，多凭主观忆断，常不符合外宾要求或与外地日程重复。有时不得不更改計划，临时布置，过于仓促。有时旅行者代表怕我們麻煩，重复的节目亦去看，外宾兴趣不高，收不到預期的效果。

5 64

50

(2)翻譯水平低，力量不足。

两年来我們在提高翻譯的政治与业务上确实做了一些工作，亦有了一定程度的提高，但目前还只能免强应付一般的生活导游等工作，远远不能滿足外宾的要求，有的旅行者反映：„你們各方面工作都好，就是与翻譯人員說話太困难”。翻譯在主宾之間起着桥樑作用，譯員水平的高低直接决定着工作的質量。今后除应有計划的加强現有譯員的政策业务水平外，还应适当調配有一定水平的譯員以充实之。

今后意見：

(1)希望总社尽可能事先将旅行者的情况交待清楚并要建立上下站联系制度，密切交换情况，以便充分作好准备。

(2)加强研究总結，加强接待人員的政策与业务学习，以提高水平改进工作質量。

(3)密切与中苏友协分会的配合与联系。接待苏联自費旅行者的工作与中苏友协的日常工作密切結合，但由于过去大家对接待苏联自費旅行者的意义認識不足，未列入日常工作进行研究。今后应由中苏友协出面組織一部份接待活动与群众場面，以共同搞好自費旅行者的接待工作。

1958年3月6日

65

一六六六、對在津蘇聯專家的工作——天津市中蘇友好協會宣傳工作材料之一（一九五八年六月）

X3-C-7405

对在津苏联专家的工作

天津中苏友协宣傳工作材料之一

过去对在津工作的苏联专家注意不夠，他們在中国工作二三年，对中国情况不甚了解，在日常生活上他們經常反映寂寞，沒有地方去，自从1956年以来我們开始認真的开展专家的工作。

首先，我們注意到向专家介紹中国及天津地方的情况，特别是介紹党和政府的某些政策措施在天津实践的情况，如“工商界的社会主义改造”“百花齐放、百家爭鳴”“知識分子下放及劳动鍛炼”“工农业生产大跃进”“資本家的‘交心’及其改造”“天津沿革及其概况”等报告，这些报告使专家对当前中国形勢及我們的政策措施有了一些了解，这些报告均为专家所欢迎，有的听报告时作笔記，有对他們有兴趣的报告，听完后还三番五次的索取报告稿，表現了十分关心中国的新事物，并能虚心的提出有关問題。

为了向专家介紹中国的傳統艺术，还为专家举办了各种艺术展覽会，如“齐白石画展”“泥人張作品”“民間剪紙艺术”“天津国画家作品展”等展覽，并請艺术家們当場为苏联友人表演。还組織专家們观看中国各劇种的戏劇，参观了艺术博物館，及各种手工艺品的生产合作社。丰富而优美的中国傳統艺术引起了专家的莫大兴趣。这些活动也充实了他們的文化生活，加深了对中国的了解。

为了使专家对天津当地情况更加了解和熟悉，我們組織了各种参观活动：如参观仁立毛紡厂、印染厂、天津自行車厂等；看了东亚毛呢厂的职工大字报（作了翻譯）；参观了地毯厂、草籃、絨花、刺繡手工业合作社；参观了东郊区的东方紅农业生产合作社；在秋收时期专家主动提出到北郊区丰产社青光农业社参加义务劳动——掰棒子。

~1~

又如組織专家遊覽市容、遊覽南开大学、天津大学，出海遊覽、参观中国自造飞机和观摩飞行表演等。此外，还为不同专家組織了专业性現場参观，如混凝土专家参观建設工地，化学专家参观了橡胶厂、合成橡胶加工厂等。这些参观活动一方面使专家对天津当地生产建設风土人情更加了解，一方面参观本身也形成生动的中苏友好的場面，增进了中苏人民的友誼。

其次，我們还注意到組織专家向天津群众作介紹苏联的工作，如請专家作报告，举行音乐专家演奏会等。在专家报告中，按来津工作的各业务专家作专題报告：属于科学技术方面的，計有：“苏联的自动化精密仪器”“混凝土构件”“苏联电气火車”“日常生活中的化学”“苏联兽医工作”“青貯飼料”等。属于文化艺术方面的有：介紹“高尔基”“普希金”“契訶夫”“格林卡”及“俄罗斯音乐”等。其他报告还有：“莫斯科大学”“基洛夫工厂”“苏联青年”“苏联妇女”等。这些使专家和当地群众通过文化交流方式見面的活动双方都滿意而重視，請专家作报告或音乐演出，他們非常愼重認眞，对中国听众抱很大热情。

还注意了組織专家和中国各界的友好活动，如在我們的各种节日組織“中秋晚会”“元宵晚会”“除夕联欢”等，在三八妇女节組織了“中苏妇女的联欢”活动。特别是組織专家們在农业合作社参观、开座談会、訪問农民家庭、参加义务劳动給专家及中国群众留下了深刻的印象。另外对过往津市的苏联友人也注意适当的为他們安排一些友好活动，如苏联大学生旅行者到津时，我們組織了津市大学生与他們联欢，双方尽兴玩至深夜，并交换礼物，效果非常好。

以上活动在专家中产生了良好的反映，使专家对中苏友协以及对天津地方及群众感到友誼的温暖，有的专家归国来本会辭行时依依不捨，說他們要把天津当作自己的第二故乡而毕生不忘。另外，专家們对天津

~2~

5

地方的了解熟悉了，对中国各种政策措施理解体会了，无疑的将会在他們工作崗位上發揮更大的作用。中苏人民的友好接触，大大加深了天津群众对专家的認識，和对苏联帮助的看法，增強了他們国际主义的思想感情。因此，我們認为作好专家工作，将是中苏友协今后重要任务之一。

在作专家工作中要注意和接待专家的单位如交际处专家招待所，密切协作工作才能更順利。

1958年6月

一六七、八年來介紹宣傳蘇聯先進經驗工作——天津市中蘇友好協會宣傳工作材料之二（一九五八年六月）

X3-C-7405

八年来介紹宣傳苏联先进經驗工作

天津中苏友好协会宣傳工作材料之二

介紹宣傳苏联先进經驗工作是在摸索中进行的，最初偏重于在工厂推广苏联先进技术經驗。由于我們不懂技术，工作不能深入效果不大。后来扭轉了此偏向，着重于宣傳和組織工作，以进行政治思想教育。介紹的苏联經驗尽量結合实际，虽不一定能推广，但要求起开闊眼界及有參考价值的作用。

㈠ 八年来我們曾介紹了以下各种苏联先进經驗：

学术方面：巴甫洛夫学說，活質学說，米丘林学說。

医学方面：組織疗法，睡眠疗法，无痛分娩法，角膜移植，封閉疗法，低温麻醉，心脏手术，流行性感冒的防治，妇产科及小儿科疾病的治疗。

工业技术方面：制作鋼筋混凝土槽形板及混凝土板的經驗
在木板模內澆筑鋼筋混凝土屋頂板和迅速拆模方法
苏联建筑业中关于提高質量降低成本等問題
关于苏联生产会議的內容介紹
紗的絲光化問題（对企业有很大參考价值）
消灭切削时机床震动的新方法
多刀多刃法
高速切削法
蛋品的保藏方法（經实驗証明了还有效）
烟草发酵（对企业有很大參考价值）

商业方面：介紹苏联合作社
苏联的合作社与国营商店
商店橱窗的装飾

体育方面：苏联劳卫制

其中"无痛分娩法"及"睡眠疗法"两先进經驗，經过我們組織座談会、报告会、編发小册子等大力宣傳，已在全市普遍推广。"紗的絲光化問題"解决了針织品精漂硫化問題，并找出了顏色不匀的毛病。天津紡織机械厂根据"消灭切削时机床震动的新方法"作过两次試驗，虽有些效果，但沒有应用起来。在宣傳"巴甫洛夫学說"及"活質学說"时，我們和卫生局联合組織大夫們有系統的学习，开始使大夫們接受了唯物观点的先进医学理論。

㈡ 宣傳和介紹的方法——有以下几种：

1.举办全市性学习苏联先进經驗展覽会——共两次，展出各单位推行苏联先进經驗的情况及所获得的成績。用具体事例說明苏联先进經驗的优越性，激发职工学习苏联的决心。

2.組織报告会、座談会——邀請和苏联专家在一起工作过的同志或积极学习苏联的先进工作者作报告，以現身說法介紹和推动群众向苏联学习。在庆祝中苏友好的节日时，举办座談会，邀請劳动模范等先进人物座談学习苏联的体会感想等，交流經驗，并通过报紙宣傳。

3.配合电影——在介紹以上各种經驗时，曾配合放映电影：
"建筑技术"短片、"生命的起源"、"条件反射"、"重見光明"（角膜移植）、"米丘林傳"等。这种形象宣傳很受欢迎。

4.利用口头翻譯或文字資料——从俄文书报杂誌中找出材料，主动和有关各部门联系，共同选擇題目后，翻譯（口头或文字）成中文，分別向有关单位介紹苏联先进經驗及最新学术动态。

在宣傳和推动各部门学习苏联先进經驗中只是作为一种經驗交流，开闊眼界，作为參考的性質。至于採用与否，要根据各单位的工作需要来决定，不要教条主义的硬搬硬套的方法。象这样的工作以后还可以根据各部门的需要大力的作。

1958年6月

一六八、中蘇友好館活動——天津市中蘇友好協會宣傳工作材料之三（一九五八年六月）

X3-C-7405

7

中苏友好館活动

天津市中苏友好协会宣傳工作材料之三

中苏友好館从1953年十月革命节成立五年来，作为中苏友协的宣傳陣地，作了一些較有影响的工作，特別是在宣傳介紹苏联科学文化成就方面由於它的內容丰富形式新鮮，給人們留下了較深刻的印象。例如在介紹苏联科学技术、文化艺术，以及在介紹宣傳苏联先进經驗方面，很多工作开展的过程，即是群众在思想认识上由不接受、不喜欢到接受，热爱的过程，在帮助群众改变或提高对苏联的认识上，是起了一定的作用的。　兹將主要工作列述於下：

一、介紹苏联科学技术的活动：

在苏联科学迅速发展的情况下，作到了及时地介紹宣傳苏联研究的最新成就。如介紹苏联研究"半导体""超声波""和平利用原子能""凝地探險""太陽能""地球內部热""彈道火箭""人造卫星"的科学报告会，都十分及时，反映都很好。又如介紹苏联研究"生命起源""长寿"以及"巴甫洛夫高級神經活动学說"的学术性报告，也在有关的学术界中产生一定的影响。在介紹苏联科学成就活动中，还充份地利用了苏联优秀科教影片，如"生命起源""星际旅行""原子发电站""示踪原子""粉末冶金""角膜移植"等，有些影片是在专业对象中，作为业务学习，反复放映效果很好。此外，还經常以口譯报告会的方式向群众介紹苏联最新的科学技术成就的消息。

二、介紹苏联先进經驗的活动：

在本市各單位学习苏联运动　迅速开展的情况下，中苏友好館也举办了一些宣傳介紹活动。如請学习苏联先进經验有成績的劳模、工程师（天津自行車厂，铁道部第三設計院）作现身說法的报告，使到会职工很受啓发。又如关於介紹苏联"青年晚督崗""苏联汽車司机先进工作者""莫斯科百貨商店""苏联工厂卫生"活动，內容都比較新鮮，並在实际工作中产生了实效。另外，还請苏联专家作了一些介紹苏联先进經驗的工作，如介紹"苏联的兽医工作""畜牧业中的青貯飼料""卫生消毒工作"等皆還受到人們的重視。在节日前后举行的几次各工厂企业学习苏联先进經驗座談会"以及在医务界中举行的大型講座也都很有影响。

三、介紹苏联文化艺术的活动：

介紹苏联文化艺术活动包括介紹苏联文学、音乐、美术的活动及电影活动。这些活动虽不如苏联先进經驗那样具体，但是几年工作經驗証明，一般群众（特别是知識份子）接受苏联文学艺术的过程，同样是改变、提高对苏联认識的过程。例如音乐工作，解放前市面流行黄色歌曲和爵士乐，音乐爱好者也只知道西欧音乐，对苏联音乐則是一无所知，在这种情况下我們联合有关团体通过苏联音乐欣賞（最多时每月举办四次）介紹、苏联（及俄罗斯）音乐名家紀念会、演出会等活动及成立苏联音乐合唱团，直接推广苏联歌曲等，基本上扭轉了人們对苏联音乐不理解、不接受的狀况，並且逐渐热爱起来，现在的友协的苏联音乐欣賞会，已像听众們所說的"已經成为文化生活中不可缺少的东西了"。在介紹苏联文学、美术方面，如請作家戈宝权、方紀等同志作介紹苏联文艺的报告，在文艺界中举行关於苏联文学"典型性和党性"的座談等活动，都在津市文艺爱好者有着积极的影响。又如在过渡时期总路綫，宣傳艰苦奋斗时推荐了苏联著名作品"我們切身事业""拖拉机站长和总农艺师""海鸥""鋼与渣""三个穿灰大衣的人""战士"时間呀！前进""被开垦的处女地""勇敢"等书，此外，还通过口头翻譯形式及时地向文艺界介紹了苏联文艺界动态，很受欢迎。苏联詩歌朗誦会、苏联（及俄罗斯）詩人、作家紀念会等也受到群众的欢迎。在介紹苏联美术方面举行了画展，組織过临摹，如"苏联政治諷刺画展覽""苏联版画展""俄罗斯和苏联名画展""馬达防苏画展"及天津美术界临摹苏联画的画展，反映最好。此外，还举办了关於列平的专題講座，关於苏里科夫的报告，及观摩苏联美术影片等，也都有收护。关於苏

8

联的电影是最受欢迎，观众最踊跃，是最有力的宣傳方式科学技术片，文艺片，新聞紀录片…都帮助人们更进一步地了解了社会主义制度下苏联人民的生活、精神面貌、共产主义道德品質等。最后，値得提出：

1.以上介紹苏联文化艺术的活动，除了一般学生、干部、职員外，工厂企业中的工人也同样喜欢，在参加的群众中，佔了一定的比例。

2.工作实践証明，这些工作是在人们精神生活領域内，改变或提高对苏联認識的一項有意义的工作，認为这些工作是「可作可不作」的説法是不对的。

四、訪苏报告和一般介紹苏联的工作：

訪苏报告是很受群众欢迎的宣傳方式，我们已經爭取每一訪苏的同志都在中苏友好館内作傳达报告。如許广平、方紀、喩宜萱、周叔弢等人的訪苏报告和劳模刘[illegible]福的訪苏傳达，規模影响都很大。在庆祝十月革命40周年前夕，还为工人举办了"介紹苏联"講座五講，因对象是一些中小型工厂的职工，有的並且同厂傳达，所以影响較大。

以上，中苏友好館成立五年來，虽然在介紹苏联科学文化建設方面，作了一些工作，吸收了較广泛的群众來参加活动，在群众中也有了一定的影响，但是几年來，在工作上还沒有摸索出一套成熟的工作經驗，随着国内外形式的发展，活动的內容和数量也跟不上需要。今后如何使活动內容更充实，將有待与各方面交流經驗。

此外，中苏友好館活动內容，虽然可以多样，但是它的范圍应当是介紹苏联或与苏有关的內容，它应成为宣傳部的宣傳中心，过多地进行一般的文化娛乐是不适宜的。关於友好館收費問題，也有待从各兄弟友好館的經驗中得出結論。

1958年6月

一六九、圖片工作——天津市中蘇友好協會宣傳工作材料之四（一九五八年六月）

X3-C-7405

9

图片工作

天津市中苏友好协会宣傳工作材料之四

八年來中苏友协图片工作是有很大發展的。图片宣傳工作主要是通过大型图片展覽、巡迴展覽站（下厂下街道），画窗及书店橱窗展覽等形式進行宣傳。由於图片的画面比較真实細緻內容具体，工人和市民都喜欢看，比較容易相信苏联的优越性，平均每年約有100万人次参观了这些图片展覽。

在大型展覽中，由於內容丰富並有組織的組織群众参观，在群众中的影响較大。如最初（1950年）举办的"苏联妇女"展覽，因系解放初期，使群众由不認識苏联而到对苏联有了初步的了解。另外，在举办"共产主义建設""苏联經济文化建設展覽"及战后斯大林格勒的建設"等大型展覽就更加强了人民群众对苏联的認識。又如在1952年举办的"学习苏联先进經驗展覽"在內容上用具体事实說明了学习苏联先进經驗的好处，因此，在工人当中起了学习苏联先进經驗推动作用。这种大型图片的展覽平均每年举办約四次（主要是配合十月革命节，中苏同盟等大节日及紀念苏联名人等）。仅今年举办的"苏联人民生活"及"中苏人民的兄弟友誼"的大型展覽就有約15万人参观了这个展覽。

1954年开始，友协在本市工会、文化館及郊区等建立了14处图片巡迴展覽站，每季定期輪换，每站每季至少供应25—30套图片，在該站范圍內巡迴展覽。如塘沽区文化館每季除在該館礼堂举办大型展覽外，並將图片在街道、工厂、漁村、漁船及学校內輪迴展覽。又如工会系統的紡織工会等，在借到友协图片后即分发到該工会系統內各大、中小型工厂內的俱乐部、車間等处作陈列性的展覽。据統計每季每套图片的展出率至少是兩次，最多达七次之多（塘沽区）。

1954年友协还在本市街道、公園建立了五处大型画窗。由於在画窗內展覽的图片內容比較新颖，很受群众欢迎。並通过画窗展覽在使群众对苏联大事的了解方面起了很大作用。

图片的編輯方面：1954年編印了供本市宣傳十月革命节用的彩色掛图50000份。

1955年及1957年友协还拍攝了本市各工厂、医院、学校及建港工程等方面"学习苏联先进經驗及苏联专家帮助我们建設的情况"和"苏联专家在天津"的图片，並在本市各地巡迴展出，向本市工人、市民及学校等介紹了苏联专家在津工作及生活的情况。

1956年全国農业合作化高潮时，編輯了100餘套介紹苏联農业情况的图片，分发到各郊区配合郊区農业合作化的宣傳，影响很大。

由於图片的宣傳，群众易於領会易於普及而又能深入基层，因此图片的需要量較大，但因图片價格較貴，經費不多，因此就限制了我们的数量，希总会考慮今后能本着多快好省的方針來印制图片，适当降低售價。另外，各地友协印制的掛图内容多有重复，是否請总会統一发行。

1958年6月

一七〇、俄文圖書館工作概况——天津市中蘇友好協會宣傳工作材料之五（一九五八年六月）

X3-C-7405

10

俄文图书館工作概况

天津中苏友好协会宣傳工作材料之五

1951年由苏联对外文协移交我会俄文图书8000多册，現有16700多册。科学技术书6000多册，各种杂誌120多种。每月借出书200多册，杂誌200多册。每月进书30——60册不等。借阅书籍科技书占80%，文艺书籍大多是苏联专家借閱。

除了一般借閱，图书館作了下列工作：

一、团結俄文翻譯人材——

(1)組織了俄文翻譯工作者（本会俄文专科夜校培养的在职干部，工程师，工程技术人員）每星期天在图书館学习，聘請了教員，帮助提高翻譯水平。这項工作到58年3月告一段落。

(2)組织他們翻譯书籍，并联系出版社代为出版。53—56年：共譯160万字，出版了四本书："体育場的設計与用具"，"乒乓球"，"怎样練习跳高"，"短跑"。

(3)介紹翻譯人材为津市工厂企业翻譯书籍，如为化学油脂厂譯"棉籽炼油法"，为第一工人技术学校譯"教学大綱"，为第一发电厂譯"机器的安装和操作"，为天津印染厂譯"印花滚筒"等等。

二、举办口譯座談会

(1)給医务界举办的口譯座談会

低温麻醉

心脏手术

流行性感冒

外科

妇产科

小儿科

(2)給美术界举办的口譯座談会

介紹列宁的画

俄罗斯名画家苏里科夫

摘譯苏联"美术"杂誌关于美术中社会主义現实主义的文章

(3)給文学界举办的口譯座談会

苏联作家第二次代表大会

"怎样写特写"，"文学中的典型性"

(4)給紡织工业局口譯"絲光化"

(5)給食品加工厂和商业局口譯"蛋品保存"一书。

(6)給恒大烟草厂口譯"烟草发酵"一书。

(7)給第三商业局口譯"百貨商店橱窗陳設"一书。

三、解决生产上某些具体問題

(1)本图书館"用馬合烟原料制造烟酸和宁蒙酸"一书，对德氏制药厂的生产起了很大作用。不但降低了成本15%，而且反映迅速，准确，操作簡便安全。在这以前，制造一公斤烟酸需要进口的磷酸氫二鈉4.2公斤，学习了苏联方法后改用天津永利碱厂的火碱，只用0.44公斤就够了，比进口磷酸氫二鈉的价格低六倍。

(2)中天电机厂借了图书館的"紅外綫烤漆一书，应用于生产上，起了很大作用。过去該厂用烤箱的电热来烤干漆膜，需要三小时才能干透。現在用紅外綫来烤只要15分鐘就可以烤干，效果比用电快十二倍。电炉烤箱的設备每个需要1500元，紅外綫烤箱則最多需要500—600元。

(3)中天电机厂还借了一本"金属电镀光技术"，大大提高了生产質量。以前，鋼鉄零件镀镍，复盖层抗腐性低，不能摸，一摸就有指印。利用了苏联的方法，不仅外表美观光亮，而且抗腐性高，手摸不留指印。

这种例子还有，这里不一一列举。

11

四、推荐书籍，新书介紹

根据各单位需要，主动推荐有关书籍，每一二月发新书目录，团結了一批既懂俄文又懂专业的人材，請他們帮助选购新书，并利用友好館活动，俄专上課等时間宣傳介紹图书館。

五、贈书

图书館由苏联对外文協接收很多重本书籍，将重本分别贈送天津人民图书館，各大學图书館等。

八年来，本会俄文图书館是作了許多工作，及时地配合了宣傳工作，介紹了新书，团結了一批翻譯人材，解决了不少生产和技术上的問題，但是图书館总的方向不是发展的，因为本市很多高等学校，企业都成立了专业图书館，所以俄文图书館的今后任务是加强介紹和利用現有的书籍，适当地选购各方面的科技书籍和文艺作品，継續作为綜合性图书館为讀者和苏联专家服务。

1958年6月

一七一、宣傳介紹蘇聯文字編譯工作——天津市中蘇友好協會宣傳工作材料之六（一九五八年六月）

X3-C-7405

12

宣傳介紹苏联文字編譯工作

天津市中苏友好协会宣傳工作材料之六

文字編譯工作是隨着国家形势的发展而有所变化的，八年來共編輯了46种资料印发約二百万份。

一、在1953年以前着重結合各項中心工作和保卫世界和平运动，編輯和出版了活頁宣傳材料、通俗报紙和小册子，大張旗鼓地进行中苏友好国际主义教育，肅清反苏恐苏的思想影响，宣傳和介紹社会主义制度优越性。計有：

宣傳材料：中苏友好同盟互助条約簽訂三週年

苏联的恋爱婚姻与家庭

配合婚姻法运动参考資料

苏联的社会主义競賽和斯达漢諾夫运动是如何开展的

社会主义的劳动紀律

报紙：於天津日报开闢专刊"巩固中苏友好，保卫世界和平"（半月一期共出六期）

天津中苏友好报（半月一期，共出48期发行100餘万份）

小册子：中苏友好合作的新时代

学习資料彙編

苏联工人生活

快乐的苏联青年

幸福來到他们家里

生产革新者

伟大的共产主义建設

无痛分娩法（此为介紹苏联先进科学小册子，很受欢迎，會再版三次，共发行98000册）

苏联劳卫制

一个地方苏维埃代表

一个苏联工人家庭

一个苏联母亲英雄

一个苏联先进紡織厂

苏联专家在鋼厂的时候

后五种均为专題通俗小册子，由天津通俗出版社出版，其中「一个苏联工人家庭」及「一个苏联母亲英雄」均再版过，前者印數为13000册，后者为38000册。

二、

从1953年下半年起，除了配合中心工作外，尚根據各部門需要分門別类供給介紹苏联先进經驗的資料。同时用真人真事的方法將生动的中苏友好的事迹寫成小册子宣傳苏联专家的国际主义精神及在我国建設事业中所起的作用。共編写了：

苏联建築业中关於提高質量降低成本等問題

关於苏联生产会議的內容介紹

苏联的合作社与国营商店

介紹苏联合作社

苏联建築中新技术及先进經驗：

1.制作鋼筋混凝土槽型樓板及混凝土板的經驗

2.在木板模內澆築鋼筋混凝土屋頂板和迅速拆模方法

紗的絲光化問題

消滅切削时机床震动的新方法

和流行性感冒作斗爭的切身問題

如何养猪

苏联医学在外科、心臟、肺病方面的成就

苏联的先进生产者

今日的苏联

(13

劳动的快乐

苏联专家在天津

向苏联专家学习

天津学习苏联先进經驗特辑

三、

1954年9月，配合中苏友好館活动，开始出版「苏联介紹」月刊，专門介紹苏联科学技术的最新成就，文化艺术的最近消息以及苏联人民的共产主义道德品質等，頗受讀者欢迎，讀者反映該刊內容新鲜，常看能增加不少知識。共出版30期，每期最高发行量达6000份

此外，經常向出版社推荐俄文书籍、小册子，共同选題，由我们組織翻譯力量。曾供稿給天津人民出版社、天津美术出版社及上海新文艺出版社。出版的书籍計有：

苏联技术革新者

伟大的十月社会主义革命及其国际意义

茹可夫

巴甫洛夫

高尔基及文学問題

高尔基与俄罗斯文学

風貌与直爽（此书曾发行270120册）

除了編譯以上各种資料外，还經常發总会供給的宣傳材料。在群众迫切地要求瞭解苏联学习苏联的形势下，这些文字資料在宣傳工作中起了一定的作用，特别是在結合大节日和大运动宣傳的时候，宣傳材料很受欢迎。各單位曾利用它結合具体情况，通过各种形式（如报告。黑板报。大字报。广播等）广泛地进行宣傳。后来因为紙張供应緊張，同时为了避免和总会重复，逐漸將力量轉到口头宣傳工作上。从1957年3月起沒有再出版資料。但是，今后在配合大节日或运动以及介紹苏联先进經驗等方面的宣傳上、文字資料还是很必要的。

1958.6.

一七二、幾項大的宣傳工作——天津市中蘇友好協會宣傳工作材料之七（一九五八年六月）

X3-C-7405

14

几项大的宣傳工作

天津市中苏友好协会宣傳材料之七

一、中苏友好月的活动：

1952年中苏友好月，在党委領导下，开展了一次規模空前、深入广泛的中苏友好宣傳活动，全市人民參加各种庆祝会、报告会、展覽会、遊園会等活动的人数近三百万人。"中苏友好"、"向苏联学习"的宣傳作到了家喻户曉，在运动进行中当时友协会員由50万人增至83万餘人，全市有三万餘职工干部提出学习俄文的要求，影响是非常深远的。

二、

在1952年举办的学习苏联先进經驗展覽会，通过图片、实物、操作表演等方式，展出了全市工业農业，医学等部門学习苏联先进經驗的成果，这是津市学习苏联的第一次大檢閱。展出期間共有六万餘人登記參观，展覽会不仅令人信服的說明学习苏联先进經驗的必要，同时在会場上进行了技术交流工作，許多苏联先进經驗（如燃燒低質煤、电火花磨刀等）在会上得到推广，特别是一些中小型工厂的职工，有的反复观摩，並且回厂后立即改进了生产技术。

三、

苏联伏尔加—頓运河通航后，开展了一次較大規模的介紹"苏联共产主义建設"的宣傳活动，邀請苏联专家作了报告，包括一次兩万餘人參加的广場报告大会，並举办了一次大型图片展覽会，影响比較大。

四、下厂、下乡活动：

1951年結合基層支会工作，組織了工作隊深入各大工厂，在工厂中配合工会活动，整頓組織、培养了骨干份子，給經常活动打下了基礎。但主要的是在这次下厂工作中我們取得了一些工作經驗教訓，通过这次大規模的下厂工作，我們明確了友协單独下厂搞一攤、搞技术、包办工会及党委的宣傳工作是力倍功半的，甚至是行不通的。这次下厂使我們明確了工厂工作的方向，使得以后对工厂的宣傳工作少走了許多彎路。

对郊区農民的宣傳，除通过郊区文化館外，每年平均組織一二次对農村的集中宣傳，通过口头宣傳、图片、电影等方式，很受農民的欢迎。特别是1956年結合農业合作化高潮，我們編輯了百部图片，携带几部影片到郊区巡迴宣傳，影响比較大，有的合作社剛剛建社，通过宣傳后命名为中苏友好合作社。

下厂下乡工作的同时，通过訪問、座談、共同劳动还作了些工人農民的思想調查工作，特别是和劳动人民一起生活一起劳动，对友协干部（主要是知識份子干部）的思想領域，是有很大帮助的。

五、反击右派反苏謬言及庆祝十月革命40週年的报告活动：

1957年为了反击右派散佈的反苏謬言，組織了本会干部深入到基层單位作了报告，嚴正批駁了右派散佈的誣蔑苏联及破壞中苏友好的反动言論。

在庆祝十月革命40週年的宣傳活动中，报告形式的宣傳最为突出，远在五月份即为各区举办了"介紹苏联"的講座，为庆祝十月革命的宣傳打下基礎。在节日前后，除邀請能出来报告的訪苏者作报告外，並組織了講演团，預备了几个講題，深入各区及系統單位作报告，作到了分門別类、有求必应，由市內到郊区及附近城鎮，市內則由大系統直至基层單位，宣傳面空前广泛。

六、几次大的报告会：

1956年邀請了錢三强、华罗庚等人作介紹苏联研究原子能科学报告，1957年邀請陳遵媯作关於苏联人造卫星的报告，这些报告在津市影响是比較大的。特别是1957年十月革命节总会錢俊瑞秘书长所作的报告，对津市中苏友好的宣傳起了积极地推动作用。有的單位进行了报告的傳达，有些沒有听到报告的單位还按工会及党委系統，听取了报告的录音。特别是一些干部听了报告后，对在当前形势下加强中苏团結的意义有了新的認識，从而也对中苏友协的工作有了新的認識，

15

可以看出，这个报告对友协今后工作的开展是有着积极的影响的。

七、

“苏联人民的生活”及“苏中人民的友誼”图片展覽，从1958年2月起共展出五个月，参观人数約18万人，这是友协成立以来展覽会参观人数最多的一个。

关於比較有影响、大規模的活动，不拟經常作，但如一年有一次就很好。

天津市中苏友好协会

1958.6.

一七三、河北省中蘇友好協會關於貫徹執行中央『關於中蘇友好協會今後工作任務』的指示的請示報告（一九五九年八月二十日）

X3-C-8017

河北省中苏友好协会关于贯彻执行中共
"关于中苏友好协会今后工作任务"的指
示的请示报告

省委宣传部：

一九五九年五月十七日，中央批准转发了中苏友好协会总会党组关于中苏友好协会今后工作任务的请示报告，这个文件首先明确的指出，中央在一九五七年二月六日批准的中苏友好协会的方针是正确的，必须继续坚决贯彻执行。同时也指出，近来有些地方出现了对于中苏友好活动不够重视的现象，因此，要求各地根据既定方针，相应的加强和充实中苏友协的工作。

为贯彻执行中央的指示，我们于八月十五日至十八日，召开了我省七个市的中苏友协的负责干部会议。经过讨论，大家一致认为，中央指示精神完全符合我省当前的实际情况，这个指示是及时的，正确的，都表示要在工作中坚决贯彻执行。

自从去年总会第一次党组扩大会议的精神在我省传达贯彻后，各地中苏友协在当地党委的领导之下，都作了一定的工作，（如都比较集中地宣传了苏共二十一大和苏联的七年远设计划等）有一定的成绩，但是，正如中央着重指出的，近来在我省各地，同样也出现了不够重视中苏友

协工作的一股消极情绪，如有的市中苏友协工作处于瘫痪状态，有的市则因与其他部门合署办公被挤掉了工作，有的市不仅工作没有专人管，连中苏友协的牌子也摘掉了，有的市因为事务费太少，欠债累累形将无法支持工作；有的市友协所设的画窗（或画廊）长期不更换，不修整，内容陈旧甚至破烂不堪，影响很坏；有的县因无人负责管理友协工作，连发出的宣传材料也没人收；在中苏友协干部的思想中也存在着不同程度的消极情绪和错误的想法。

经过讨论，大家一致认为，这些消极情绪和对中苏友协的工作不够重视的现象，都应该加以克服纠正。一致同意中央指示的精神：必须把中苏友协的作用作恰当的估计，任何不适当的强调友协的作用，要求友协特殊化，搞大友协的思想和作法当然是错误的，去年总会党组扩大会议对此已经进行了彻底的批判。但是，绝不能因此就可以认为中苏友协可有可无，对中苏友协的工作就可以採取消极的态度。因此，中苏友协的工作在目前和今后长时期内均应该发挥其应有的作用。中央指示指出，近来苏联非常重视加强苏中友好的活动，苏中友好的活动日益增多，苏联同志们到我国各地都非常注意中苏友协的工作情况，这都要求我们必须相应的加强和充实中苏友协的工作。从我省实际情况看，相应的加强和充实中苏友

协的工作也是十分必要的。因为在广大人民群众中进行以中苏友好和介绍苏联为具体内容的国际主义和共产主义思想的宣传教育，是党的长期的政治任务，不能忽视或有所削弱。随着我们建设事业的发展，苏联友人在我省的活动日益增多，这也给我们提出了必须充实和加强中苏友协工作的任务。当前中苏友好的思想已家喻户晓深入人心，这是无可怀疑的，但这决不等于任何有害中苏友好的思想都被肃清了。自从大跃进以来，在我们的某些干部和群众中，就曾表现有对苏联专家不够尊重，学习苏联先进经验不热心，看不起苏联七年建设计划等有害中苏友好团结的骄傲情绪。因此，中央关于必须相应的加强和充实中苏友协工作的指示，是必须坚决贯彻执行的。

为具体贯彻执行中央指示，我们提出如下意见：

中苏友好协会的总方针是："增进中苏友好，交流中苏两国人民的经验和智慧。"具体工作任务是：(1)向苏联方面进行一般性的友好和文化交流活动；(2)向我国人民宣传中苏友好和介绍苏联的一般情况。我省除天津市和某些对外开放的城市及驻有苏联专家的城市应该作好一般的对外友好活动以外，各地中苏友协工作的重点都应该是"向我国人民宣传中苏友好和介绍苏联的一般情况"。

(二)

一、省和天津市中苏友好协会，在天津市委的统一领导下，首先是作好天津市的友协工作，即作好天津市的宣传中苏友好，介绍苏联，对外友好和文化交流活动；同时要结合有关中苏的重大节日，重大事件，结合我省各个时期的中心工作和政治任务，向全省城市和农村供应有关中苏友好和介绍苏联的宣传材料。

二、设有专职干部的各市友协，应在当地党委直接领导下，联合各有关方面，作好有关中苏重大节日和重大事件的宣传工作，并根据当地具体情况，把宣传中苏友好和介绍苏联的经常工作作好，克服只注意节日活动，忽视经常宣传工作的现象。有苏联专家的和对外开放的城市还应当作好一般性的友好活动，以免被动应付，造成不良影响。

不设专职机构的市：兼管友协工作的机构必须有专人负责，克服只挂牌子无人管理工作的现象。

县、大的厂矿、学校、驻有苏联专家或苏联友人可能去的基层单位，亦应由党委指定专人负责管理友协工作。

三、中苏友协进行宣传活动时，应当充分利用各种宣传工具和社会力量，充分利用当地文化馆、俱乐部等文教设施开展工作，使他们成为宣传介绍苏联和进行友好活动的阵地。

各地在工作中要充分使用中苏友协所发的宣传材料，同

8

时，对于苏中友好周刊应该经常注意扩大和巩固它的发行数量，并充分发挥它的宣传作用。

四、必须适当地充实友协工作内容，充分利用行之有效的为广大群众所欢迎的宣传形式进行工作。在工作中，必须经常注意提高工作质量，加强中苏友协宣传工作的政治思想性，防止形式主义。

五、天津市和各个有条件的城市应该争取当地教育行政部门的协助继续进行业余俄文教学工作。

六、各地中苏友协，均受当地党委统一领导，友协本身不建立垂直或双重的领导关系，省友协对各市只在业务上提供必要的协助（如供应宣传材料和组织经验交流等）。

以上报告请批示，如省委同意请批发各地及有关单位。

河北省中苏友好协会

一九五九年八月二十日

一七四、河北省暨天津市中蘇友好協會一九五九年上半年工作彙報（一九五九年八月）

河北省天津市中苏友好协会

一九五九年上半年工作汇报

一九五九年八月

一九五九年上半年，我们比较集中的宣传了苏联伟大的七年建设计划，通过苏联第一个宇宙火箭的发射成功，苏共二十一次代表大会的召开，非洲、拉丁美洲民族解放运动的新高涨，日内瓦东西方外长会议的举行等一系列的重大事件，採取多种形式，向我省市人民进行了中苏友好，介绍苏联与保卫世界和平的宣传，并对剧院的苏联专家、来津旅行的苏联朋友们进行了友好活动，继续开办了俄文业余学。现将工作情况综合汇报如下：

（一）宣传工作：

一、口头宣传方面：半年来通过天津市中苏友好馆举办了报告会、座谈会、纪念会、庆祝会、联欢会、电影招待会等各种形式的活动115场，参加活动的有43917人次。友好馆作为市的中苏友好宣传工作的主要阵地，这半年的活动是有所加强的，基本上发挥了它应有的作用。此外，我们充分的利用了总会供应的录音胶带，将刘澜涛同志的访苏报告录音，和吴俊扬同志的关于苏联七年计划的报告录音转录给全市13个单位和省属七个市的中苏友好协会，结合学习苏共二十一大文件，向广大干部、职工、学生广为播送，收效很好，录音报告简便易行，深受群众欢迎。为配合国际时事宣传，组织了两次时事报告会，这样的报告会也很受群众欢迎，今后将成为友好馆的经常活动内容之一。

二、形象宣传方面：

1.为配合苏联七年计划的宣传和非洲、拉丁美洲人民反帝斗争的宣传，翻印了“伟大的七年计划”“欢呼反殖民主义斗争的新胜利”两种彩色挂图，共印53877套，发至我省城市和广大农村。

1

2.为扩大中苏友好宣传影响，加强天津市的中苏友好气氛，在本会门前，市人民花园内，纸桥公园门口新建画廊三处，并修整刷新了原有的海河公园、小白楼两处画廊。

3.配合增产节约运动、六一儿童节、苏联青年节展览了苏联人民增产节约的图片，苏联青年和儿童生活的图片，还配合庆祝中苏联盟约签订九周年，纪念波波夫诞辰100周年，肖洛霍夫诞辰160周年举办小型图片展览会5次。半年内对外供应80个单位图片212套，这些图片都纳入到基层巡回展出，是图片展览的较好的方法。

4.为充实加强形象宣传工作，初步建立了摄影工作，并开始拍照了一些本市中苏友好活动的照片，这些照片虽然质量不高，数目不多，但由于都是本地真人实事，展出后很受群众欢迎，因此这个工作很有发展和加强的必要。

5.为配合秦皇岛海滨区举办的中苏友好活动，曾派人专去北戴河与劳动人民文化宫联系，供应给他们一批苏联书报期刊和美术复制品，还集中供应了一批在海滨中苏友好画廊展出的照片。

三、文字宣传方面：

1.配合苏共二十一次代表大会和苏联七年计划的宣传，编写了“伟大的七年计划”“向共产主义胜利迈进”两种小册子，共印7400份，发至全省各人民公社、工厂、学校。还整理了吴俊扬同志七年计划报告录音稿，作为七年计划宣传的参考资料，发至全省各市有关部门。为配合国庆十周年宣传，收集了苏联专家帮助我国建设的稿件48篇，准备整理出版。

2.苏中友好周刊的宣传和发行：我们这半年把推动苏中友好周刊的发行当成一项重要的政治任务，作了许多具体工作，曾与邮局发出三次联合通知，派专人下去重点了解发行情况。还以通报形式介

2

10

绍了各市对该刊发行工作的情况。通过报纸、电台，介绍了每期苏中友好周刊的内容摘要，画窗开辟了介绍苏中友好周刊的专栏，友好馆活动也放送了介绍友好周刊的录音。

由于党委的重视和与有关部門的合作，该刊的发行情况已有好转，从4月分的1064份上升到6月底2029份。从几个市的情况看，除天津不仅未上升，反而下降了几十份以外，各市都有很大增长，要继续提高和巩固发行分数，今后还必须經常的进行宣傳和組织工作。

3俄文图书館这半年主动向本市有关单位介绍新书，組织借阅，半年来俄文图书的使用率很低，借阅新书也很少，但对於某些专业部門讲，俄文图书館现有书籍还是很有用处的，对於在天津的苏联专家，友协的图书館則是他们唯一能够借到俄文书报杂誌的地方，专家借书的比数是很高的，因此，图书館的工作仍有其一定的作用。

（二）对外友好和文化交流活动：

一、在天津的苏联专家的工作：驻天津的苏联专家从来就把中苏友协当作他们的經常活动的場所，半年来共給专家放映电影37次，請专家在友好館作了几次专題报告，此外还組织专家到剧院看了两次戏，組织了一次友誼联欢，这些活动对于充实专家文化生活，增进友誼都有一定的作用，这方面的工作今后仍有必要进一步充实加强。

二、接待苏联自费旅行者：近来苏联成批的自费旅行者日益增多，我们在外办統一安排下，曾于四至六月分先后接待了11批325人。他们来自苏联各个方面，从地区、职业看代表面都很广泛，除了一般的游览之外，还組织了一些友誼联欢活动，这些活动对增进中苏两国人民的友誼关系和互相了解都起了很好的作用。这个工作意义很大，但今后如何具体安排須請中央統一考虑，以統一全国口徑。

三、中苏文化交流的活动：这方面的活动主要是通过中苏友

好館进行的，友好館經常举办音乐欣賞会，詩歌朗誦会，苏联电影观摩会，苏联文化名人紀念会等，友好館的这些活动，有較巩固的群众基础，因此，每次活动的效果都比較好。

（三）俄文教学工作（另有专題总結）

以上是半年来的工作情况，这段工作中存在着的缺点，发生的問題和我们的一些体会主要的有如下几点：

一、中苏友协的宣傳工作质量不高，不能紧密的配合政治任务和中心工作，这是个老問題，在这半年的工作中，这个問題仍然没有得到彻底解决，这主要的表現在我们的一部分工作目的性不明確，缺乏鲜明的思想内容，因而使工作流於形式，但这半年来，从我们对苏共二十一大七年計划的宣傳中也深刻的体会到，要提高工作质量增强宣傳工作的政治思想性，一个非常重要的环节就是必須紧紧地抓住时机，在一定时期内的工作中心必須十分明確，集中全部精力为搞好这个中心努力，这样作不仅突出了中心，使工作有了明確的目的性，也带动了和充实了日常工作，我们认为对二十一大和七年計划的宣傳就是比較成功的，現在的問題就是要求我们在工作中經常的注意这一点。

二、中苏友协宣傳工作的另一个老問題是季节性很强，一年两大节日与平常时間忙閑不均，虽然大城市内友协的日常具体工作較多，但这个現象仍未彻底消除，半年来我们着手安排了一些經常性的宣傳工作，要求逐步作到，无論文字、形象和口头宣傳都有一套經常工作内容，現在友好館活动基本已經常化，内容須进一步丰富多彩，图片宣傳正着手搞一些固定陣地，估計不須很久即可形成一整套完整的有节奏的工作内容。文字工作問題較多，也准备試抓一两种文字宣傳形式把它經常化和基本上定型化。如果这些問題都解决了，我们估計友协的經常工作就可以树立起来，季节性忙閑不均的問題就可以得到解决。

10-1

三、中苏友好的宣传工作如何通过与联合各有关部门进行，如何与群众的工作生活和思想结合起来，是必须经常注意解决的问题，我们虽然在这方面采取了一些措施，如提出把友好任务的宣传活动与有关单位联合，经取群众来送出去的办法等，但问题并没有得到很好的解决，工作联系的面仍不宽，仍然没有注意搜集和研究群众的有关思想情况，这也是友协宣传工作质量不高的一个重要原因，因此，今后应把这一问题作为研究和加强友协工作提高工作的思想性的重要问题加以研究解决。

四、作为形象宣传主要形式的图片展览工作，不仅形象直观，感染力大，深受群众欢迎，还可以造成浓厚的中苏友好气氛，因此我们特别重视这个宣传形式，半年来我们虽然建立了一些画廊，但仍然感到天津市街头中苏友好的气氛有必要继续加强，对广大农村的图片宣传工作这半年抓的不多亦必须适当加强。

五、在口头宣传中我们深深的感到使用录音报告是个简便易行收效良好的工作方法，一些比较有名望的负责同志的报告对于广大干部群众有很深刻的教育作用，这些同志又不可能抽出许多时间来，采用录音转播的办法就解决了这个矛盾，我们希望总会能够经常的注意供应各地录音胶带，在使用录音胶带的一些技术问题上，我们曾发生了一些缺点，致使有的录音报告效果受到影响，这是值得今后特别注意的。

六、对苏联同志们的友好活动应随着相应的加强，这除了住在各地的苏联专家外，比较值得注意的是对苏联自费旅行者的工作，这半年我们虽然曾一度作了一些工作，但问题很多，须请总会与中央有关方面全面安排解决，主要的问题是要求中央主动地介绍自费旅行者的情况，统一地规定各地接待口径，尤其是对其中较有名望的人士，应由中央作出比较明确的规定，以免发生冷热不均口径不一或错、漏掉的现象，我们认为应该把这些自费旅行者看做是友谊的使者，而不应单纯看做是"旅

5

行者"，中苏友协在这方面进行一些必要的工作对于增进和巩固中苏友谊会有深远的影响，这一点值得特别注意。

七、省市友协合并后我们的工作是省市兼顾并以天津市为重点，半年来的经验说明这样作是恰当的，在实际工作中必须防止两个偏向，而当前的主要问题则是对全省的工作有所放松，半年来我们基本上是搞了市的工作，对全省工作抓的很少，而在全省范围内适当的进行中苏友好的宣传工作，在目前和今后的长时期内仍是非常需要的，这一点我们已开始注意在今后工作中加以解决。

一七五、關於蘇聯大使館工作人員來津參觀的情況報告（一九六〇年一月十二日）

X3-C-9188

一九六〇年 壹月 十 九日

72

关于苏联大使馆工作人员
来津参观的情况报告

一、一般情况

苏联大使馆工作人员和家属以及在京实习的苏联学生一行卅五人，由大使馆二等秘书沙罗申同志率领于一月十日上午十一时乘大汽车抵津参观。

外宾来津后直至天津市中苏友好协会，由友协付秘书长马 新同志出面接待。在友协稍停片刻，谈了活动日程即到天津市艺术博物馆参观。十二时开始游览市容，由解放路经解放桥"五一"广场抵百货大楼上七重天鸟瞰全市。下午一时到干部俱乐部进午餐，饭后游览了俱乐部近頭，三时动身到天津市第一地毯厂参观，下午五时离津返京。

二、反映

这些外宾都是第一次来津，在津逗留时间虽短，但对友协安排的活动内容表示很满意。

1、对天津市容表示赞赏，有一位同志说：天津有一条河横穿全市"真像我们莫斯科"。还有一位同志说：天津的街道很像上海"。在七重天鸟瞰城市的时候大家很感兴趣。

2、在参观艺术博物馆时，中国的民间艺术吸引了大家，尤其是泥人张、风筝魏的作品及中国剪纸极为外宾欣赏，许多人看了又看。外宾们对中国地毯大加赞扬，在地毯厂参观过程中，大家看的很仔细，但有人认为，编织地毯的过程几乎全部手工劳动，这样成本太高，应该采用机器。该厂负责同志对此作了解释，说明了中国地毯的特点，并指出厂内的科学技术人员正为生产工序的半机械化紧张的进行设计，不久就要完成。外宾们对此解释表示满意。此外，在座谈中他们询问了工厂中两参一改三结合的情况和该厂的福利事业，该厂负责人一一作了解答。在参观时有的工人说：他们现在工作九小时，有一位外宾表示赞许他说：我们的工人现在每天工作七小时，有的是六小时，从1961年开始都工作六小时，并且每周休息两天。这说明了他对中国工人大跃进的干劲甚为赞许。

三、问题

1、这次苏联大使馆来津参观是1月9日下午中苏友好协会总会电话通知的，由于时间仓促，准备工作做的不够充分，尤其是总会没有告诉清楚来多少人，突然来了卅多人，工作上有些被动紧张。

2、大使馆来的人对天津地毯厂都不熟，故来津后一时找不到友协地址，费了些时间，致使活动时间紧，返京时间推晚。

天津市中苏友好协会，1960年1月12日

一七六、河北省暨天津市中蘇友好協會關於慶祝中蘇友好同盟互助條約簽訂十周年工作計劃（一九六〇年一月二十五日）

河北省暨天津市中苏友好协会
关于庆祝中苏友好同盟互助条约签訂十周年工作計划

1960·1·25

根据中央指示与我省、市具体情况，在中苏友好同盟互助条约签訂十周年前后将举行如下庆祝宣传活动：

一、二月十三日下午六时在天津飯店以省、市政协、省、市友协出名，举行庆祝中苏友好同盟互助条约签訂十周年酒会。出席者为省、市政协主席、付主席、部分驻津常委、秘书长；省、市友协会长、付会长、秘书长以及部分有关的理事；省、市委、省、市人委负责同志以及各有关单位的负责同志；驻津苏联专家等共约二百余人。会上由张承先同志或王亢之同志代表党委致詞，驻津苏联专家代表講話，工、青、妇、和等单位负责同志祝酒。酒会后在人民礼堂举行晚会，由河北歌舞团演出歌舞节目。

二、根据中央指示的宣传内容，联合各有关单位，在二月十四日前后开展为期一周的宣传庆祝活动。

1. 二月六日、七日分别在本会礼堂和河北区文化館，举办訪苏报告会，邀請最近訪苏归来的同志談訪苏观感和苏联建設成就。

2. 联合市、区科协等有关单位，于二月七日至十二日举办"苏联科学宣传周"，邀請各方面的科学家，结合我国的实际情况，介绍苏联机械化自动化、电力工程、火箭技术、农业机械化以及苏联畜牧业等各方面所取得的辉煌成就。

3. 二月十日在本会礼堂邀請驻津苏联专家报告苏联七年計划第一年的伟大成就。

4. 二月十一日在本会礼堂举办曲艺說唱晚会，由天津市曲艺团演出有关中苏友好和歌颂我国大跃进的节目。

5. 二月十三日在青年宫举行庆祝中苏友好同盟互助条约签訂十周年联欢晚会，会上演出文艺节目及电影，并进行交誼舞。

6. 二月十六日在青年宫举办詩歌朗誦会，由天津市广播剧团和中苏友好合唱团演出歌唱及音乐节目。

49

17. 图片展览，除本市七处画窗在节日前全部更换新内容外，还联合了和平区、南开区、塘沽区三个区的文化館和天津市青年宫，分别联合举办四个图片览展会，将展出中苏两国人民的伟大友誼与苏联的建設成就等内容的图片。

三、根据中央的指示，建议各新闻单位及时报道庆祝活动的消息，各报纸要发表纪念文章。

四、请外办通知本市有苏联专家和苏联留学生的机关、学校、工矿、企业和其他部门，在节日期间均举行友誼晚会等活动。

1、[illegible]

2、[illegible]

友谊片

3、地点，[illegible]大会场[illegible]

4、[illegible]全部参加。

上述[illegible] 1.27

一七七、河北省暨天津市中蘇友好協會關於籌建『中蘇友好館』的請示及市委宣傳部的批復（一九六〇年三月一日）

X3-C-9171

50

中共天津市委宣傳部公文箋

來文机關	中苏友协	文件名稱	请示

擬办：请部长意见

處、室負責人意見：

请部长审阅。为适应中苏友谊和外宾往来的活动，筹建一"友好馆"看来是必要的。如同意，是否即请友协制定具体的建筑方案，送请城市建设部门列入规划。

簽字 三月五日

部長批示：同意，可以提出建设计划方案，列入第二个五年计划的头三年计划中。及早弄出交城市建设委员会纳入计划，便于安排。

3.8 月 日

备注：3.8.已复信

195 年 月 日 时收到 收文 字 号

立卷

51

一九六〇年 月 日

河北省暨天津市中苏友好协会
关于筹建中苏友好館的初步意見

1960年3月1日

由于中苏友誼的不断發展，中苏两国人民的友好往来日益頻繁，天津市除常駐的苏联专家和苏联代表团的接待任务外，今年只接待苏联自費旅行者的任务就比去年增加將近两倍，現有活动場所已經不能适应目前活动的需要，为适应对外友好活动日益增多的新形勢，我們認为天津市十分必要籌建一个适合于对外友好活动的与天津市將来的城市建設規模相适应的固定場所，鉴于全国各主要城市如上海、广州、武汉、西安、沈陽、哈尔濱等都先后建築了規模較大的中苏友好館或友誼宫。我們考慮天津市这样的場所也以名为"中苏友好館（或宫）"为宜。目前我們尚无建館的具体計划，只提出原則意見如下：

一、时間要求，应根据市内建設总規划要求，統一安排，我們的意見，最好能在今后二、三年内建成。

二、地点：因中苏友好館是对外友好活动和群众性的友好文化活动的場所，座落地点最好安排在市内較适中和对外影响較大的地方。

三、建築規模：初步考慮应包括下列几个主要部分：

1.礼堂，容1200人能演出較大型歌午剧和放映电影。

2.舞厅，容500人左右跳舞，并可作小型講座，集会場所。

3.图书閲覽室：包括容10万册书籍的书庫和容100人左右的閲覽室。

4.展覽厅：适合于搞大中型图片展覽能容500人同时参观。

5.游艺室：能容百人活动的球棋类游艺場所。

52

6.外賓休息和接待室，可分建容30人和80人的两个。

7.办公室：容50人左右办公及进行活动筹备工作用。

8.附屬設备。

四質量要求：因作为对外活动場所建築和設备質量都应要求較高，至于具体标准須请統一考慮。

五建築面积及佔地面积：具体建築面积須待設計专家計算，至于佔地面积須看具体情况而定，如在市中心，不宜佔地太多，即应从多層建築方面作打算。但也必須考慮到尽量适应群众性活动場所的特点，为便于活动不宜太高。如地面較寬，还可适当考慮安排些室外活动場所。

六建築經費由省財政統一籌划。

以上意見，请审查批示。

一七八、天津市中蘇友好協會關於舉辦『紀念列寧誕辰九十周年展覽會』的請示　（一九六〇年三月二十二日）

X3-C-9171

~~河北省~~天津市中蘇友好協會公用箋　7X

市委宣传部：

关于纪念列宁诞辰九十周年展览会，我们已着手筹备，今将计划送上，请速审阅批示，根据指示意见修改后，尚需印发给各有关单位，因时间紧迫，希能尽早得到指示。

此致

敬礼

同意所拟计划，[illegible]审查修改

请部长批示。

宣传处

三月二十二日

天津市中苏友好协会宣传部

1960.3.22.

26

"紀念伟大的革命导师——列宁誕辰九十周年展覽会"

工 作 計 划

一、展覽会的目的、規模和內容：

四月廿二日是列宁誕辰九十周年，为了紀念伟大的革命导师，并配合我市当前的理論学习任务，推动广大职工、干部更好地学习馬列主义和毛主席著作，河北省、天津市中苏友好协会、天津市人民图书館及天津市新华书店联合举办一大型"紀念伟大的革命导师——列宁誕辰九十周年展覽会"。內容計有："伟大的革命导师——列宁"照片展覽（24吋，为中苏友好协会总会与新华社合編），介紹列宁一生的革命活动，列宁主义在中国的胜利和發展等，共160幅照片；陈列各种版本的列宁著作及有关列宁的书籍；并設有售书亭和借书部，专門出售新到的列宁全集、中、外文版的馬列主义及毛主席著作，有关列宁及其革命活动的油画、图片等。参观者可当場購书或借书閱讀。

展覽地点：天津市人民图书館（和平区承德道22号）

展覽时間：四月十五日預展，四月廿日至五月十日正式展出，每天由上午九时至晚八时，中午不休息。

参观办法：集体参观的单位可事先联系（电話，3·2240），以排定参观时間。个人可在展覽时間內隨时参观。

二、組織机构和經費：

由合办单位各出二人組成展覽会办公室，內設宣傳組織、会場設計美化及总务三小組（办公地点在人民图书館）。在市委的領导下，由三单位集体研究，分工协作。会場設計佈置由办公室全力以赴，宣傳及总务財务工作以友协为主，美化加工以新华书店为主，組織观众和管理会場工作由人民图书館負責。

1

715

經費約3000元，由友协預算中开支。

三、会場佈置：

整个展覽会的佈置，要求隆重、美观、大方、精致，色調樸素、和协。初步計划为：于大門口懸一大紅橫布标，布上写金字"紀念伟大的革命导师——列宁誕辰九十周年展覽会"。进門后，正面为四大塊列宁語录（紫紅色底、金字），左边为售书亭，右边为借书台。并于此厅內飾以紅旗、油画复制品以增加气氛。进口处置列宁半身塑像（石膏），后襯絲絨背景，下飾以鮮花。上楼后即为列宁书籍和有关列宁列宁油画复制品展覽，展覽厅內主要展覽图片。

四、宣傳及組織观众工作：

为了广泛地宣傳这項紀念活动，使我市广大职工、干部普遍受到教育，我们將印發宣傳品（如海报等）和列宁著作目录。并希望本市新华社、各报社、电台等宣傳单位及省、市直屬党委协助我们做好这一工作。要求各新聞单位届时發表消息，登載有关文章，广为宣傳，省、市直屬党委發通知組織所屬单位前往参观。

以上計划是否妥当，請市委批示。

河北省
天津市 中苏友好协会

天津市人民图书館

天津市新华书店

1960年3月22日

一七九、中蘇友好協會總會爲一九六一年合作計劃事致各省、市、自治區中蘇友協函（一九六一年三月八日）

X58-C-2298

天津市人民委员会外事办公室
外 收字 279 号
1961年 3月13日

中苏友好协会总会

省、市、自治区中苏友协：

現将中苏友好协会总会和苏联对外友好和文化协会联合会、苏中友好协会签訂的1961年合作計划发給你們，这个計划已經国务院外事办公室批准，請按計划中規定的与你会有关的項目执行。

中苏友好协会总会

1961年3月8日

抄送：各省、市、自治区外事办公室、中国国际旅行社总社、鉄道部

中苏友好协会总会和苏联对外友好和文化协会联合会、苏中友好协会1961年合作計划

根据中苏友好协会和苏联对外友好和文化协会联合会、苏中友好协会签訂的合作协定，並本着进一步巩固和发展中苏两国人民的友誼和友好联系的愿望，双方議定于1961年进行下列活动：

一、友好联系

1、中苏友好协会（以下簡称中苏友协）与苏联对外友好和文化协会联合会（以下簡称苏方联合会）和苏中友好协会（以下簡称苏中友协）保持密切联系，相互配合进行各項友好活动。

2、中苏友协和苏中友协下列分会之間繼續保持和发展直接联系：

上海市——列宁格勒市

湖北省——烏克兰共和国

（武汉——基輔）

—1—

62

广东省——格鲁吉亚共和国

（广州——梯比里斯）

新疆维吾尔自治区——乌兹别克共和国和哈薩克共和国

黑龙江省——伯力边区

吉林省——沿海边区

辽宁省——伊尔庫茨克州

內蒙古自治区——赤塔州

3、中苏友协和苏中友协有計划地协助20个基层单位（团体会員）之間建立和发展直接联系：

北京清华大学——莫斯科动力学院

北京航空学院——莫斯科航空学院

北京医学院——莫斯科謝琴諾夫第一医学院

北京中苏友誼医院——莫斯科鮑特金医院

北京中央实驗歌劇院——莫斯科国家大劇院

北京西单商场——莫斯科列宁百貨商店

63

上海市第一印染厂——莫斯科谢尔巴科夫絲織印染联合工厂

上海电机制造学校——莫斯科第13技术学校

上海中学——列宁格勒第十五寄宿学校

上海市少年宫——列宁格勒市少年宫

武汉大学——基輔大学

武汉市郊岱山人民公社——基輔市郊的一个集体农庄

武汉市第一男子中学——基輔市某中学

沈阳高坎村人民公社——伊尔库茨克区奥斯克村集体农庄

长春第一汽車厂——莫斯科利哈乔夫汽車厂

吉林大学——白俄罗斯国立列宁大学

黑龙江省"友誼"国营农场——赤塔州"紅色巨人"国营农场

哈尔濱市新发人民公社——阿拉木图州米丘林集体农庄

滿洲里車站——后貝加尔湖車站

呼和浩特市第二中学——赤塔市第一学校

二、交換代表团

4、中苏友协派遣两个代表团到苏联，由苏方联合会和苏中友协接待：

（1）二月間，派遣一个由十人組成的中苏友协代表团，到苏联参加中苏友好同盟互助条約签訂十一周年的庆祝活动，了解苏联人民在共产主义建設中取得的成就和苏方联合会与苏中友协的工作。訪問时间三周。

（2）十月——十一月間，派遣一个由八人組成的中苏友协代表团，到苏联参加偉大十月社会主义革命四十四周年庆祝活动，了解苏联人民在共产主义建設中取得的成就和苏方联合会、苏中友协的工作，並与苏中友协团体会員进行接触。訪問时間十五天。

5、苏方联合会、苏中友协派遣两个代表团到中华人民共和国，由中苏友协接待：

（1）二月間，派遣一个由十人組成的苏中友协代表团，到中华人民共和国参加中苏友好同盟互助条約签訂十一周年的庆祝活动，了解中国人民在社会主义建設中取得的成就和中苏友协的工作。訪問时間三周。

（2）九——十月間，派遣一个由八人組成的苏中友协代表团，到中华人民共和国参加中华人民共和国建国十二周年的庆祝活动，了解中国人民在社会主义建設中取得的成就，並和中苏友协团体会員进行接触。訪問时間十五天。

6、六月間，湖北省和武汉市中苏友协派遣一个由三——五人組成的代表团到基輔市訪問，同基輔市劳动人民进行友好接触和交流工作經驗。由苏方联合会烏克兰分会、苏中友协烏克兰分会和基輔市分会接待。訪問时間七——十天。

7、八月間，苏中友协列宁格勒市分会派遣一个由三——五人組成的代表团到上海市訪問，同上海市劳动人民进行友好接触和交流工作經驗。由上海市中苏友协接待。訪問时間七——十天。

8、中苏友协和苏中友协双方互派代表团时，尽可能吸收已經建立直接联系的城市和地区的代表参加。

三、組織和交換专业旅行組

9、中苏友协組織和派遣两个专业旅行組到苏联进行参观訪問。由苏方联合会、苏中友协与苏联国际旅行社联合接待：

（1）五月間，中苏友协积极分子——先进生产者专业旅行組到苏联进行参观訪問。由苏方联合会、苏中友协組織在莫斯科同苏联革新工作者和共产主义劳动队队員会見，进行友好接触和交流工作經驗。

（2）九月——十月間，中苏友协积极分子专业旅行組到苏联进行参观訪問，並参加苏联人民庆祝中华人民共和国建国十二周年的活动。

10、苏方联合会、苏中友协組織和派遣两个专业旅行組到中华人民共和国进行参观訪問，由中苏友协和中国国际旅行社联合接待：

（1）六月間，苏中友协伊尔庫茨克州分会积极分子——伊尔庫茨克州先进生产者专业旅行組到中华人民共和国进行参观訪問。由中苏友协組織在沈阳同中国先进生产者会見，进行友好接触和交流工作經驗。

（2）十月——十一月間，苏中友协积极分子专业旅行組到中华人民共和国进行参观訪問，並参加中国人民庆祝偉大十月社会主义革命四十四周年的活动。

四、利用其他机关派遣的代表团和旅行組訪問的机会組織各种友好活动。

11、双方尽可能地利用其他机关单位派遣的代表团、艺术表演团、旅行組、个别人士、表演艺术家訪問的机会，組織有助于加强友好联系和交流社会主义与共产主义建設經驗的活动（如同行业的会見、友协积极分子的会見、友好晚会、講演、報告、座談等）。

12、中苏友协和苏方联合会、苏中友协协助两国有关单位組織中国吉林省和苏联沿海边区青年的会見工作。

13、中苏友协和苏方联合会、苏中友协协助两国的鉄路部門在滿州里車站和后貝加尔湖車站組織中苏两国鉄路革新工作者和合理化建議者的会見。

14、中苏友协和苏方联合会、苏中友协及其地方分会积极协助本国的国际旅行社有計划地做好有关双方自費旅行者的工作。

15、中苏友协和苏方联合会、苏中友协对中苏两国文化合作計划的实施予以必要的协助，扩大与合作計划有关的社会联系和接触。

五、庆祝中苏重大节日和紀念文化名人的活动

16、中苏友协和苏方联合会、苏中友协双方分别与国内有关单位联合組織下列庆祝活动：

中苏友好同盟互助条約簽訂11周年（二月十四日）

列宁誕生91周年（四月二十二日）

中华人民共和国建国12周年（十月一日）

偉大十月社会主义革命44周年（十一月七日）

17、苏方联合会、苏中友协和苏联有关团体联合組織下列中国文化、科学界名人紀念活动：

69

紀念詹天佑誕生100周年（四月二十六日）

紀念魯迅誕生80周年（九月二十五日）

18、中苏友协和中华人民共和国有关团体联合組織下列苏联文化、科学界名人紀念活动：

紀念謝夫欽科逝世100周年（三月十日）

紀念高尔基逝世25周年（六月十八日）

紀念罗蒙諾索夫誕生250周年（十一月二十日）

六、举办群众性的活动

19、中苏友协和苏方联合会、苏中友协有計划地組織讲座，介紹中苏两国人民的生活、历史、文化和在社会主义与共产主义建設中取得的成就，以及中苏两国人民的友誼与合作。

20、中苏友协和苏方联合会、苏中友协分别举办图片和其他展覽会：

（1）中苏友协寄出下列三个展覽会的展品，由苏方联合会和苏中友协在苏联組織展出：

—9—

70

“中华人民共和国邮票”展览会

“中国文学艺术”图片展览会

“中国水利建設”图片展览会

（2）苏方联合会和苏中友协寄出下列三个展览会的展品，由中苏友协在中华人民共和国組織展出：

“苏联共产党第22次代表大会”图片展览会

“苏維埃白俄罗斯”彩色艺术摄影图片展览会

“今日苏联”图片展览会

21、中苏友协和苏方联合会、苏中友协經常在友好館和友誼之家为友协积极分子組織放映对方国家的新的紀录片、风景片和故事片。（每月不少于一次）

七、交換工作情况和宣傳資料

22、中苏友协和苏方联合会、苏中友协經常交換：

（1）最新出版的社会政治、科学普及、文学艺术方面的图书，定期出版物、画册、美术作品复制品、宣傳画及画片等：

（2）記录片、风景片、科教片；

（3）幻灯片、唱片、乐譜；

（4）中小型展覽图片及其他图片資料。

23、中苏友协和苏方联合会、苏中友协相互及时寄贈有关計划中第16条、第17条、第18条规定的活动的資料。

24、中苏友协和苏中友协經常交换各自的工作情况和本合作計划的执行情况。

八、其他

25、中苏友协和苏方联合会、苏中友协将进行商討本合作計划中未列入的补充建議。

受中苏友好协会总会委託　　受苏联对外友好和文化协会联合会主席团、苏中友好协会理事会委託

張致祥　　契尔沃年科

1961年2月26日于北京

—11—

72

一八〇、河北省中蘇友好協會爲中蘇友協總會就中蘇兩國友協一九六五年合作計劃復信事致外事辦公室函（一九六五年六月二十九日）

X58-Y-706

外事办公室：

兹将中苏友协总会就中苏两国友协1965年合作計划复苏中友协的信抄上，請参阅。信中所列项目已經苏方同意，故做为两国友协1965年正式合作計划。

河北省中苏友协

1965年[illegible]月29日

此件送：省委宣傳部、外办、市委宣傳部、張承先同志、王亢之同志。

4

（付本）

苏联对外友好和文化协会联合会主席团主席尼·波波娃同志
苏中友好协会理事会主席安·安德烈耶夫同志

尊敬的同志们！

你们2月3日的来信已經收到了。我高兴地通知你们，中苏友好协会总会研究了你们提出的苏联对外友好和文化协会联合会、苏中友好协会和中苏友好协会1965年合作計划草案，并且决定基本接受你们建議的項目，只提出一些个别的补充和修改。我们的建議是：

一、双方交换代表团共十起，即：

今年2月已执行的中苏友协和苏方联合会、苏中友协互派一个由5—7人組成的代表团，到对方国家参加庆祝中苏友好同盟互助条約签訂十五周年的活动。

今年9—10月間，中苏友协派遣一个由8人組成的代表团，到苏联参加庆祝中华人民共和国16周年的活动，訪問时間15—20天。

今年11月，苏方联合会、苏中友协派遣一个由8人組成的代表团，到中华人民共和国参加庆祝伟大的十月社会主义革命48周年的活动，訪問时間15—20天。

今年6月間，中苏友协和苏方联合会、苏中友协互派一个由6人

12

組成的友协积极分子代表团，到对方国家进行友好訪問，并了解对方国家人民的生活，訪問时間10—15天。

今年2月已执行的上海市中苏友协和苏中友协列宁格勒分会互派一个由3—5人組成的代表团，到列宁格勒和上海参加庆祝中苏友好同盟互助条約签訂十五周年的活动。

今年7月，江苏省中苏友协派遣一个由3—5人組成的代表团，到拉脫維亚共和国进行7—10的友好訪問。

今年8月，苏中友协白俄罗斯分会派遣一个由3—5人組成的代表团，到河北省进行7—10天的友好訪問。

二、双方継續保持和加强前已建立了的两国协会分会之間和基层单位（团体会員）之間的直接联系。

三、双方尽可能利用两国其他单位和机关之間人員往来的机会，組织友好活动。

四、双方与本国其他单位联合組织关于中苏友好同盟互助条約签訂十五周年、列宁誕生95周年、中华人民共和国建国16周年、伟大的十月社会主义革命48周年的活动，并根据本国习慣自行决定紀念对方文化名人的活动。

五、双方举办有助于增进两国人民友誼的講座、图片展覽和为协会积极分子放映对方国家影片的群众性活动。

六、双方交換图书、报刊、图片、影片等宣傳資料。中苏友协寄送苏

2

13

方联合会、苏中友协一套介绍中国卫生保健工作的专题图片；苏方联合会、苏中友协寄送中苏友协一套介绍苏联国民教育的图片。

中苏友好协会总会也同意你们提出的用通信方式商定今年合作計划的建議。如果你们同意上述我方建議，即可认为我们双方已就今年合作計划达成了完全的协議，而不必再履行签字的手續。我们等待着你们的答复。

中苏友好协会一貫为增进我们两国人民的友誼和团結而不懈努力。我在此表示希望，我们两国友好协会之間的联系在1965年能够得到进一步的加强。

致友誼的敬礼

中苏友好协会总会会长
宋庆龄

1965年4月　日